I0128770

0583

# LES LOIS DE L'IMITATION

8° R
12054

# AUTRES OUVRAGES DE M. G. TARDE

**La Logique sociale.** 1 vol. in-8° de la *Bibliothèque de philosophie contemporaine*, 1895. (Félix Alcan, éditeur.). . . . 7 50

**La Criminalité comparée.** 3e édition, 1894. 1 vol. in-12 de la *Bibliothèque de philosophie contemporaine*. (Félix Alcan, éditeur.). . . . . . . . . . . . . . . . . . . . . . . . 2 50

**Les Transformations du droit.** 2e édition, 1894. 1 vol. in-12 de la *Bibliothèque de philosophie contemporaine*. (Félix Alcan, éditeur.) . . . . . . . . . . . . . . . . . . . . . . 2 50

**La Philosophie pénale.** 1 vol. in-8°. (Storck et Masson, éditeurs.) 4e édition . . . . . . . . . . . . . . . . . 7 50

**Études pénales et sociales.** 1 vol. in-8°. (Storck et Masson, éditeurs.) . . . . . . . . . . . . . . . . . . . . . 7 50

**Essais et Mélanges sociologiques**, 1 vol. in-8°. (Storck et Masson, éditeurs.) 1895 . . . . . . . . . . . . . . . 7 50

ÉVREUX, IMPRIMERIE DE CHARLES HÉRISSEY

# LES LOIS

DE

# L'IMITATION

## ÉTUDE SOCIOLOGIQUE

PAR

## G. TARDE

---

SECONDE ÉDITION, REVUE ET AUGMENTÉE

---

## PARIS

ANCIENNE LIBRAIRIE GERMER BAILLIÈRE ET Cie

### FÉLIX ALCAN, ÉDITEUR

108, BOULEVARD SAINT-GERMAIN, 108

—

1895

Tous droits réservés.

A LA MÉMOIRE

DE

# AUGUSTIN COURNOT

JE DÉDIE CE LIVRE

# PRÉFACE

## DE LA DEUXIÈME ÉDITION

———

Depuis la première édition de ce livre, j'en ai publié la suite et le complément sous le titre de *Logique sociale*.

Par là je crois avoir déjà répondu implicitement à certaines objections que la lecture des *Lois de l'imitation* avait pu faire naître. Il n'est cependant pas inutile de donner à ce sujet quelques brèves explications.

On m'a reproché çà et là « d'avoir souvent appelé *imitation* des faits auxquels ce nom ne convient guère ». Reproche qui m'étonne sous une plume philosophique. En effet, lorsque le philosophe a besoin d'un mot pour exprimer une généralisation nouvelle, il n'a que le choix entre deux partis : ou bien le néologisme, s'il ne peut faire autrement, ou bien, ce qui vaut beaucoup mieux sans contredit, l'extension du sens d'un ancien vocable. Toute la question est de savoir si j'ai étendu abusivement — je ne dis pas au point de vue des définitions de dictionnaire, mais d'après une notion plus profonde des choses — la signification du mot imitation.

Or, je sais bien qu'il n'est pas conforme à l'usage ordinaire de dire d'un homme, lorsque, à son insu et involontairement, il reflète une opinion d'autrui ou se laisse suggérer

une action d'autrui, qu'il imite cette idée ou cet acte. Mais.
si c'est sciemment et délibérément qu'il emprunte à son
voisin une façon de penser ou d'agir, on accorde que l'emploi
du mot dont il s'agit est ici légitime. Rien, cependant, n'est
moins scientifique que cette séparation absolue, cette discontinuité tranchée, établie entre le volontaire et l'involontaire, entre le conscient et l'inconscient. Ne passe-t-on pas
par degrés insensibles de la volonté réfléchie à l'habitude à
peu près machinale ? Et un même acte change-t-il absolument de nature pendant ce passage ? Ce n'est pas que je nie
l'importance du changement psychologique produit de la
sorte ; mais, sous son aspect social, le phénomène est resté
le même. On n'aurait le droit de critiquer comme abusif
l'élargissement de la signification du mot en question que
si, en l'étendant, je l'avais déformé et rendu insignifiant.
Mais je lui ai laissé un sens toujours très précis et caractéristique : celui d'une action à distance d'un esprit sur un
autre, et d'une action qui consiste dans une reproduction
quasi photographique d'un cliché cérébral par la plaque
sensible d'un autre cerveau[1]. Est-ce que si, à un certain
moment, la plaque du daguerréotype devenait consciente de
ce qui s'accomplit en elle, le phénomène changerait essentiellement de nature ? — J'entends par imitation toute
empreinte de photographie inter-spirituelle, pour ainsi dire
qu'elle soit voulue ou non, passive ou active. Si l'on observe
que, partout où il y a un rapport social quelconque entre
deux êtres vivants, il y a imitation en ce sens (soit de l'un
par l'autre, soit d'autres par les deux, comme, par exemple,

---

[1] Ou du même cerveau, s'il s'agit de l'imitation de soi-même ; car la
mémoire et l'habitude, qui en sont les deux branches, doivent être ratta-
chées, pour être bien comprises, à l'imitation d'autrui, la seule dont nous
nous occupons ici. Le psychologique s'explique par le social, précisément
parce que le social naît du psychologique.

quand on cause avec quelqu'un en parlant la même langue, en tirant de nouvelles *épreuves* verbales de très anciens clichés), on m'accordera qu'un sociologue était autorisé à mettre en vedette cette notion.

A bien plus juste titre on pourrait me reprocher d'avoir étendu outre mesure le sens du mot *invention*. Il est certain que j'ai prêté ce nom à toutes les *initiatives* individuelles, non seulement sans tenir compte de leur degré de conscience — car souvent l'individu innove à son insu, et à vrai dire, le plus imitateur des hommes est novateur par quelque côté — mais encore sans avoir égard le moins du monde au plus ou moins de difficulté et de mérite de l'innovation. Ce n'est pas que je méconnaisse l'importance de ce dernier point de vue, et telles *inventions* sont si faciles à concevoir qu'on peut admettre qu'elles se sont présentées d'elles-mêmes presque partout, sans nul emprunt, dans les sociétés primitives, et que l'accident de leur apparition ici ou là pour la première fois importe assez peu. D'autres découvertes, au contraire, sont tellement ardues que l'heureuse rencontre d'un génie qui les atteint peut être regardée comme une chance singulière entre toutes et d'une importance majeure. Eh bien, malgré tout, je crois qu'ici même j'ai eu raison de faire à la langue commune une violence légère en qualifiant inventions ou découvertes les innovations les plus simples, d'autant mieux que les plus aisées ne sont pas toujours les moins fécondes, ni les plus malaisées les moins inutiles. — Ce qui est réellement abusif, en revanche, c'est l'acception élastique prêtée par beaucoup de sociologues naturalistes au mot *hérédité*, qui leur sert à exprimer pêle-mêle avec la transmission des caractères vitaux par génération, la transmission d'idées, de mœurs, de choses sociales, par tradition ancestrale, par éducation domestique, par imitation-coutume.

Au surplus, ce qu'il y a peut-être de plus facile en fait de conception, c'est un néologisme tiré du grec. Au lieu de dire *invention* ou *imitation*, j'aurais pu forger, sans beaucoup de peine, deux mots nouveaux. — Mais laissons là cette petite chicane sans intérêt.

— Ce qui est plus grave, on m'a parfois taxé d'exagération dans l'emploi des deux notions dont il s'agit. Reproche un peu banal, il est vrai, et auquel tout novateur doit s'attendre, alors même qu'il aurait péché par excès de réserve dans l'expression de sa pensée. Soyez sûrs que, lorsqu'un philosophe grec s'avisa de dire que le soleil était peut-être bien aussi grand que le Péloponèse, ses meilleurs amis furent unanimes à reconnaître qu'il y avait quelque chose de vrai au fond de son ingénieux paradoxe, mais qu'évidemment il exagérait. — En général, on n'a pas pris garde à la fin que je me proposais et qui était de dégager des faits humains leur côté sociologique pur, abstraction faite, par hypothèse, de leur côté biologique, inséparable pourtant, je le sais fort bien, du premier. Mon plan ne m'a permis que d'indiquer sans grand développement, les rapports des *trois formes principales de la répétition universelle*, notamment de l'hérédité avec l'imitation. Mais j'en ai assez dit, je crois, pour ne laisser aucun doute sur ma pensée, au sujet de l'importance de la race et du milieu physique.

En outre, dire que le caractère distinctif de tout rapport social, de tout fait social, est d'être imitatif, est-ce dire, comme certains lecteurs superficiels ont paru le croire, qu'il n'y ait à mes yeux d'autre rapport social, d'autre fait social, d'autre cause sociale, que l'imitation ? Autant vaudrait dire que toute fonction vivante se réduit à la génération et tout phénomène vivant à l'hérédité, parce que, en tout être vivant, tout est engendré et héréditaire. Les relations sociales sont multiples, aussi nombreuses et aussi diverses que peuvent l'être les objets des besoins et des idées de l'homme et les secours ou les obstacles que chacun de ces besoins et chacune de ces idées prête ou oppose aux tendances et aux opinions d'autrui, pareilles ou différentes. Au milieu de cette complexité infinie, il est à remarquer que ces rapports sociaux si variés (parler et écouter, prier et être prié, commander et obéir, produire et consommer, etc.) se ramènent à deux groupes : les uns tendent à transmettre d'un homme à un autre, par persuasion ou par autorité, de gré ou de force, une croyance ; les autres, un désir. Autrement dit, les uns sont des variétés ou des velléités d'enseignement, les autres sont des variétés ou des velléités de commandement. Et c'est précisément parce que les actes humains imités ont ce caractère dogmatique ou impérieux que l'imitation est un lien social ; car ce qui lie les hommes, c'est le dogme[1] ou le pouvoir. (On n'a vu que la moitié de cette vérité, et on l'a mal vue, quand on a dit que la caractéristique des faits sociaux était d'être contraints et forcés. C'est méconnaître ce qu'il y a de spontané dans la plus grande part de la crédulité et de la docilité populaires.)

— Ce n'est donc point, je crois, par exagération que j'ai péché dans ce livre ; — aussi l'ai-je fait réimprimer sans nulle suppression —. C'est par omission plutôt. Je n'y ai point parlé d'une forme de l'imitation qui joue un grand rôle dans les sociétés, surtout dans les sociétés contemporaines ; et je m'empresse de combler ici cette lacune. Il y a deux manières d'imiter, en effet : faire exactement comme son modèle, ou faire exactement le contraire. De là la néces-

---

[1] Le dogme, c'est-à-dire toute idée, religieux ou non, politique par exemple, ou toute autre, qui s'implante dans l'esprit de chaque associé par pression ambiante.

sité de ces divergences que Spencer constate, mais n'explique
pas, par sa loi de la différenciation progressive. On ne saurait rien affirmer sans suggérer, dans un milieu social tant
soit peu complexe, non seulement l'idée qu'on affirme,
mais aussi la négation de cette idée. Voilà pourquoi le surnaturel, en s'affirmant à l'apparition des théologies, suggère
le naturalisme qui est sa négation (voir Espinas à ce sujet);
voilà pourquoi le spiritualisme, en s'affirmant, donne l'idée
du matérialisme; la monarchie, en s'établissant, l'idée de la
république, etc.

Nous dirons donc, avec plus de largeur maintenant,
qu'une société est un groupe de gens qui présentent entre
eux beaucoup de similitudes produites par imitation *ou par
contre-imitation.* Car les hommes se contre-imitent beaucoup, surtout quand ils n'ont ni la modestie d'imiter purement et simplement, ni la force d'inventer ; et, en se contre-
imitant, c'est-à-dire en faisant, en disant tout l'opposé de ce
qu'ils voient faire ou dire, aussi bien qu'en faisant ou disant
précisément ce qu'on fait ou ce qu'on dit autour d'eux, ils
vont s'assimilant de plus en plus. Après la conformité aux
usages en fait d'enterrement, de mariages, de cérémonies,
de visites, de politesses, il n'y a rien de plus imitatif que de
lutter contre son propre penchant à suivre ce courant et
d'affecter de le remonter. Au moyen âge déjà, la *messe noire*
est née d'une contre-imitation de la messe catholique. —
Dans son ouvrage sur l'*expression* des émotions, Darwin
accorde avec raison une grande place au besoin de *contre-
exprimer.*

Quand un dogme est proclamé, quand un programme
politique est affiché, les hommes se classent en deux catégories inégales : ceux qui s'enflamment pour, et ceux qui
s'enflamment contre. Il n'y a pas de manifestation qui n'aille

recrutant des manifestants et qui ne provoque la formation
d'un groupe de contre-manifestants. Toute affirmation forte,
en même temps qu'elle entraîne les esprits moyens et mou-
tonniers, suscite quelque part, dans un cerveau né rebelle,
ce qui ne veut pas dire né inventif, une négation diamétralement contraire et de force à peu près égale. Cela rappelle les *courants d'induction* en physique. — Mais les
uns comme les autres ont le même contenu d'idées et de
desseins, ils sont associés quoique adversaires ou parce
que adversaires. Distinguons bien entre la propagation
imitative des questions et celle des solutions. Que telle
solution se propage ici et telle autre ailleurs, cela n'empêche pas le problème de s'être propagé ici comme ailleurs.
N'est-il pas clair qu'à chaque époque, parmi les peuples en
relations fréquentes, surtout à notre époque, parce que
jamais les relations internationales n'ont été plus multiples,
l'ordre du jour des débats sociaux et des débats politiques
est partout le même ? Et cette similitude n'est-elle pas due à
un courant d'imitation explicable lui-même par des besoins
et des idées répandues par contagions imitatives antérieures?
N'est-ce pas pour cette cause que les questions ouvrières en
ce moment sont agitées dans toute l'Europe? — A propos
d'une idée quelconque mise en avant par la presse, chaque
jour, je le répète, le public se partage en deux camps : ceux
qui « sont de cet avis » et ceux qui « ne sont pas de cet
avis ». Mais ceux-ci, pas plus que ceux-là, n'admettent qu'on
puisse se préoccuper, en ce moment, d'autre chose que de la
question qui leur est ainsi posée et imposée. Seuls, quelques
sauvages esprits, étrangers, sous leur cloche à plongeur, au
tumulte de l'océan social où ils sont plongés, ruminent çà
et là des problèmes bizarres, absolument dépourvus d'actualité. Et ce sont les inventeurs de demain.

TARDE. — Imitation.                                          *a**

Il faut bien prendre garde à ne pas confondre avec l'invention la contre-imitation, sa contrefaçon dangereuse. Ce n'est pas que celle-ci n'ait son utilité. Si elle alimente l'esprit de parti, l'esprit de division belliqueuse ou pacifique entre les hommes, elle les initie au plaisir tout social de la discussion, elle atteste l'origine sympathique de la contradiction même, par la raison que les contre-courants mêmes naissent du courant. — Il ne faut pas confondre non plus la contre-imitation avec la non-imitation systématique, dont j'aurais dû aussi parler dans ce livre. La non-imitation n'est pas toujours un simple fait négatif. Le fait de ne pas s'imiter, quand on n'est pas en contact — en contact social, par la possibilité pratique des communications — est un rapport non-social simplement ; mais le fait de ne pas imiter tel voisin qui nous touche nous met avec lui sur un pied de relations réellement anti-sociales. L'obstination d'un peuple, d'une classe d'un peuple, d'une ville ou d'un village, d'une tribu de sauvages isolés sur un continent civilisé, à ne pas copier les vêtements, les mœurs, le langage, les industries, les arts, qui constituent la civilisation de leur voisinage, est une continuelle déclaration d'antipathie à l'adresse de cette forme de société, qu'on proclame étrangère absolument et à tout jamais ; et, pareillement, quand un peuple se met, avec un parti pris systématique, à ne plus reproduire les exemples de ses ancêtres, en fait de rites, d'usages, d'idées, c'est là une véritable *dissociation* des pères et des fils, rupture du cordon ombilical entre la vieille et la nouvelle société. La non-imitation volontaire et persévérante, en ce sens, a un rôle épurateur, assez analogue à celui que remplit ce que j'ai appelé le *duel logique*. De même que celui-ci tend à épurer l'amas social des idées et des volontés mélangées, à éliminer les disparates et les dissonances, à faciliter de la sorte l'action organisatrice de l'*accouplement logique;* ainsi, la non-imitation des modèles extérieurs et hétérogènes permet au groupe harmonieux des modèles intérieurs d'étendre, de prolonger, d'enraciner en coutume l'imitation dont ils sont l'objet; et, par la même raison, la non-imitation des modèles antérieurs, quand le moment est venu d'une révolution civilisatrice, fraie la voie à l'imitation-mode, qui ne trouve plus d'entrave à son action conquérante.

Cette opiniâtreté invincible — momentanément invincible — de non-imitation, a-t-elle pour cause unique ou principale, comme l'école naturaliste était portée à le penser il y a quelques années encore, la différence de race? Pas le moins du monde. D'abord, quand il s'agit de la non-imitation des exemples paternels, aux époques révolutionnaires, il est clair que la cause indiquée ne saurait être mise en avant, puisque la génération nouvelle est de même race que les générations antérieures dont elle rejette les traditions. Puis, s'il s'agit de la non-imitation de l'étranger, l'observation historique montre que cette résistance aux influences du dehors est très loin de se proportionner aux dissemblances des caractères physiques qui séparent les peuples. De toutes les nations conquises par Rome, il n'en était pas de plus rapprochées d'elle par le sang que les populations d'origine grecque; et ce sont précisément les seules qui ont échappé à la propagation de sa langue, à l'assimilation de sa culture et de son génie. Pourquoi? Parce que seules, en dépit de la défaite, elles avaient pu et dû garder leur tenace orgueil, l'indélébile sentiment de leur supériorité. En faveur de l'idée que les races distinctes étaient imperméables pour ainsi dire à des emprunts réciproques, un des plus forts arguments qu'on pouvait citer il y a trente ans encore était la clôture hermétique opposée par les peuples de l'Extrême-Orient,

Japon ou Chine, à toute culture européenne. Mais dès le jour assez récent où les Japonais, si éloignés de nous par le teint, les traits, la constitution corporelle, ont senti, pour la première fois, que nous leur étions supérieurs, ils ont cessé d'arrêter le rayonnement imitatif de notre civilisation par l'écran opaque d'autrefois; ils l'ont appelé au contraire de tous leurs vœux. Et il en sera de même de la Chine, si jamais elle s'avise de reconnaître à certains égards, — non à tous égards, je l'espère pour elle — que nous l'emportons sur elle. On objecterait en vain que la transformation du Japon dans le sens européen est plus apparente que réelle, plus superficielle que profonde, qu'elle est due à l'initiative de quelques hommes intelligents, suivis par une partie des classes supérieures, mais que la grande masse de la nation reste réfractaire à cette pénétration de l'étranger. — Objecter cela, ce serait ignorer que toute révolution intellectuelle et morale, destinée à refondre profondément un peuple, commence toujours de la sorte. Toujours une élite a importé des exemples étrangers peu à peu propagés par mode, consolidés en coutume, développés et systématisés par la logique sociale. Quand le christianisme est entré pour la première fois chez un peuple germain, slave ou finnois, il y a débuté de même. Rien de plus conforme aux « lois de l'imitation ».

Cela veut-il dire que l'action de la race sur le cours de la civilisation soit niée par ma manière de voir ? En aucune façon. J'ai dit qu'en passant d'un milieu ethnique à un autre milieu ethnique le rayonnement imitatif se réfracte; et j'ajoute que cette réfraction peut être énorme, sans qu'il en résulte une conséquence tant soit peu contraire aux idées développées dans le présent livre. Seulement, la race, telle qu'elle se montre à nous, est un produit national, où se sont fondus, au creuset d'une civilisation spéciale, diverses races préhistoriques, croisées, broyées, assimilées. Car chaque civilisation donnée, formée d'idées de génie provenant d'un peu partout et harmonisées logiquement quelque part, se fait à la longue sa race ou ses races où elle s'incarne pour un temps; et il n'est pas vrai, à l'inverse, que chaque race se fasse sa civilisation. Cela signifie, au fond, que les diverses races humaines, bien différentes en cela des diverses espèces vivantes, sont collaboratrices autant que concurrentes ; qu'elles sont appelées, non pas seulement à se combattre et à s'entre-détruire pour le plus grand profit d'un petit nombre de survivants, mais à s'entr'aider dans l'exécution séculaire d'une œuvre sociale commune, d'une grande société finale, dont l'unité aura été le fruit de leur diversité même.

Les *lois de l'hérédité*, si bien étudiées par les naturalistes, ne contredisent donc en rien nos « lois de l'imitation ». Elles les complètent plutôt, et il n'est pas de sociologie concrète qui puisse séparer ces deux ordres de considérations. Si je les sépare ici, c'est, je le répète, parce que l'objet propre de ce travail est la sociologie pure et abstraite. D'ailleurs, je ne laisse pas d'indiquer leur place aux considérations biologiques que je néglige de parti pris, parce que je les réserve à de plus compétents que moi. Et cette place est triple. D'abord, en faisant naître expressément la nation de la famille, — car la horde, primitive aussi, est faite des émigrés ou des bannis de la famille — j'ai affirmé clairement que, si le fait social est un rapport d'imitation, le *lien* social, le *groupe* social, est à la fois imitatif et héréditaire. En second lieu, l'invention, d'où je fais tout découler socialement, n'est pas à mes yeux un fait purement social dans sa source : elle naît de la rencontre du génie individuel, éruption intermittente et caractéristique de la race, fruit savoureux d'une série d'heureux mariages, avec des courants et des rayonnements d'imitation qui se sont croisés un jour dans un cerveau plus ou moins exceptionnel. Admettez, si vous le voulez, avec M. de Gobineau, que les races blanches sont seules inventives, ou, avec un anthropologiste contemporain, que ce privilège appartient exclusivement aux races dolichocéphales, cela importe peu à mon point de vue. Et même je pourrais prétendre que cette séparation radicale, vitale, établie ainsi entre l'inventivité de certaines races privilégiées et l'imitativité de toutes est propre à faire ressortir — un peu abusivement, ce serait le cas de le dire — la vérité de ma manière de voir. — Enfin, en ce qui concerne l'imitation, non seulement j'ai reconnu l'influence du *milieu vital* où elle se propage en se réfractant, comme je l'ai dit plus haut, mais encore, en posant la loi du retour normal de la mode à la coutume, de l'enracinement coutumier et traditionnel des innovations, n'ai-je pas donné encore une fois à l'imitation pour soutien nécessaire l'hérédité? Mais on peut accorder au côté biologique des faits sociaux la plus haute importance sans aller jusqu'à établir entre les diverses races, supposées primitives et *présociales*, une cloison étanche qui rende impossible toute *endosmose* ou *exosmose* d'imitation. Et c'est la seule chose que je nie. Entendue en ce sens abusif et erroné, l'idée de race conduit le sociologue qui la prend pour guide à se représenter le terme du progrès social comme un morcellement de peuples murés, embastionnés, clos les uns aux autres et en guerre les uns avec les autres éternellement. Aussi rencontre-t-on généralement cette variété de naturalisme associée à l'apologie du militarisme. Au contraire, les idées d'invention, d'imitation et de logique sociale, choisies comme fil conducteur, nous amènent à la perspective plus rassurante d'un grand confluent futur — sinon, hélas!

prochain — des humanités multiples en une seule famille
humaine, sans conflit belliqueux. Cette idée du *progrès
indéfini*, si vague et si tenace, ne prend un sens clair et
précis qu'à ce point de vue. Des lois de l'imitation, en effet,
découle la *nécessité* d'une marche en avant *vers* un grand
but lointain, de mieux en mieux atteint, quoique à travers
des reculs apparents mais passagers, à savoir — sous forme
impériale ou sous forme fédérative, n'importe — la naissance, la croissance, le débordement universel d'une société
unique. Et, de fait, on me permettra de remarquer que,
parmi les prédictions de Condorcet relatives aux progrès
futurs, les seules qui se soient trouvées justes — par exemple
concernant l'extension et le nivellement graduels de la civilisation européennes — sont des conséquences des lois dont
il s'agit. Mais s'il avait eu égard à ces lois, il aurait donné à
sa pensée une expression plus exacte à la fois et plus précise. Quand il prédit, notamment, que l'*inégalité* des diverses
nations ira diminuant, c'est *dissemblance sociale* qu'il
aurait dû dire et non inégalité : car, entre les plus petits et
les plus grands Etats, la disproportion de forces, d'étendue,
de richesse même, va en augmentant, au contraire, ce qui
n'empêche pas les progrès incessants de l'*assimilation* internationale. Est-il bien sûr même que, à tous égards, l'inégalité entre les individus doive diminuer sans cesse, comme
l'a prédit aussi l'illustre philosophe? Leur inégalité en fait
de lumière et de talents? Nullement. En fait de bien-être et
de richesses ? C'est douteux. Il est vrai que leur inégalité en
fait de droits a tout à fait disparu ou achèvera avant peu de
disparaître; mais pourquoi? Parce que la ressemblance croissante des individus entre lesquels toutes les barrières coutumières de l'imitation réciproque ont été rompues, et qui
s'entre-imitent de plus en plus librement, soit, mais de plus

en plus nécessairement, leur fait sentir avec une force croissante, et irrésistible à la fin, l'injustice des privilèges.

Entendons-nous bien cependant sur cette similitude progressive des individus. Loin d'étouffer leur originalité propre,
elle la favorise et l'alimente. Ce qui est contraire à l'accen-
tuation personnelle, c'est l'imitation d'un seul homme, sur
lequel on se modèle en tout; mais quand, au lieu de se régler sur quelqu'un ou sur quelques-uns, on emprunte à cent,
à mille, à dix mille personnes considérées chacune sous un
aspect particulier, des éléments d'idée ou d'action que l'on
combine ensuite, la nature même et le choix de ces copies
élémentaires, ainsi que leur combinaison, expriment et
accentuent notre personnalité originale. Et tel est peut-être
le bénéfice le plus net du fonctionnement prolongé de l'imitation. On pourrait se demander jusqu'à quel point la société,
ce long rêve collectif, ce cauchemar collectif si souvent, vaut
ce qu'elle coûte de sang et de larmes, si cette discipline
douloureuse, ce prestige illusoire et despotique, ne servait
précisément à affranchir l'individu en suscitant peu à peu
du plus profond de son cœur son élan le plus libre, son
regard le plus hardi jeté sur la nature extérieure et sur
lui-même, et en faisant éclore partout, non plus les couleurs
d'âme voyantes et brutales d'autrefois, les individualités
sauvages, mais des nuances d'âme profondes et fondues, aussi
caractérisées que civilisées, floraison à la fois de l'individua-.
lisme le plus pur, le plus puissant, et de la sociabilité con-
-sommée.

                                                G. T.

Mai 1895.

# AVANT-PROPOS

## DE LA PREMIÈRE ÉDITION

Dans ce livre, j'ai essayé de dégager, avec le plus de netteté possible, le côté *purement social* des faits humains, abstraction faite de ce qui est en eux simplement vital ou physique. Mais, précisément, il s'est trouvé que le point de vue à la faveur duquel j'ai pu bien marquer cette différence, m'a montré entre les phénomènes sociaux et les phénomènes d'ordre naturel les analogies les plus nombreuses, les plus suivies, les moins forcées. Il y a de longues années déjà que j'ai énoncé et développé çà et là, dans la *Revue philosophique*, mon idée principale — « clef qui ouvre presque toutes les serrures », a eu l'obligeance de m'écrire un de nos plus grands historiens philosophes ; — et, comme le plan de cet ouvrage était dès lors dans ma pensée, plusieurs des articles dont il s'agit ont pu sans peine entrer dans sa composition sous forme de chapitres [1]. Je n'ai fait que les rendre de la

---

(1) Ce sont les chapitres *premier, troisième, quatrième* et *cinquième*, modifiés ou amplifiés. Le premier a été publié en septembre 1882, le troisième en 1884, le quatrième en octobre et novembre 1883, le cinquième en 1888. — Je n'ai pas cru devoir reproduire ici bien d'autres

sorte, en les refondant, à leur destination première. Les sociologistes qui m'ont fait l'honneur, parfois, de remarquer ma manière de voir, pourront maintenant, s'ils le jugent à propos, la critiquer en connaissance de cause et non d'après des fragments détachés. Je leur pardonnerai d'être sévères pour moi s'ils sont bienveillants pour mon idée, ce qui n'aurait rien d'impossible. Elle peut, en effet, avoir à se plaindre de moi, comme la semence de la terre. Mais je souhaite, en ce cas, que, par suite de cette publication, elle tombe dans un esprit mieux préparé que le mien à la mettre en valeur.

J'ai donc tâché d'esquisser une *sociologie pure*. Autant vaut dire une sociologie générale. Les lois de celle-ci, telle que je la comprends, s'appliquent à toutes les sociétés actuelles, passées ou possibles, comme les lois de la physiologie générale à toutes les espèces vivantes, éteintes ou concevables. Il est bien plus aisé, je n'en disconviens pas, de poser et de prouver même ces principes, d'une simplicité égale à leur généralité, que de les suivre dans le dédale de leurs applications particulières ; mais il n'en est pas moins nécessaire de les formuler.

Par *philosophie de l'histoire*, au contraire, et par *philosophie de la nature*, on entendait jadis un système étroit d'explication historique ou d'interprétation scientifique, qui cherchait à rendre raison du groupe entier ou de la série entière des faits de l'histoire ou des phénomènes naturels, mais présentés de telle sorte que la possibilité de tout autre groupement et de toute autre suc-

articles sociologiques publiés dans le même recueil, mais destinés à une revision ultérieure.

Dans un autre ouvrage (*La Philosophie pénale*), j'ai développé l'application de mon point de vue au côté criminel et pénal des sociétés comme je l'avais essayé déjà dans ma *Criminalité comparée*.

cession fût exclue. De là l'avortement de ces tentatives. Le réel n'est explicable que rattaché à l'immensité du possible, c'est-à-dire du nécessaire sous condition, où il nage comme l'étoile dans l'espace infini. L'idée même de loi est la conception de ce firmament des faits.

Certes, tout est rigoureusement déterminé, et la réalité ne pouvait être différente, ses conditions primordiales et inconnues étant données. Mais pourquoi celles-ci et non d'autres? Il y a de l'irrationnel à la base du nécessaire. Aussi, dans le domaine physique et le domaine vivant, comme dans le monde social, le réalisé semble n'être qu'un fragment du réalisable. Voyez le caractère épars et morcelé des cieux, avec leur dissémination arbitraire de soleils et de nébuleuses; l'air bizarre des faunes et des flores; l'aspect mutilé et incohérent des sociétés qui se juxtaposent, pêle-mêle d'ébauches et de ruines. Sous ce rapport, comme à tant d'autres égards que je signalerai en passant, les trois grands compartiments de la réalité se ressemblent trop bien.

Un chapitre de ce livre, celui qui est intitulé *les lois logiques de l'imitation*, n'y est placé que comme pierre d'attente d'un ouvrage ultérieur, destiné à compléter celui-ci. Si j'avais donné au sujet tous les développements qu'il comporte, ce volume n'aurait pas suffi.

Les idées que j'émets pourraient fournir, je crois, des solutions nouvelles aux questions politiques ou autres qui nous divisent maintenant. Je n'ai pas cru devoir les déduire, et la classe de lecteurs à laquelle je m'adresse ne me reprochera pas d'avoir négligé cet attrait d'actualité. Je ne l'aurais pu, d'ailleurs, sans sortir des limites de mon travail.

— Encore un mot, pour justifier ma dédicace. Je ne

suis ni l'élève, ni le disciple même de Cournot. Je ne
l'ai jamais vu ni connu. Mais je tiens pour une chance
heureuse de ma vie de l'avoir beaucoup lu au sortir du
collège; j'ai souvent pensé qu'il lui a manqué uniquement
d'être né anglais ou allemand et d'avoir été traduit
dans un français fourmillant de solécismes pour être
illustre parmi nous; surtout, je n'oublierai jamais que,
dans une période néfaste de ma jeunesse, malade des
yeux, devenu par force *unius libri*, je lui dois de n'être pas
tout à fait mort de faim mentale. Mais on se moquerait
de moi, à coup sûr, si je ne me hâtais d'ajouter qu'à ce
sentiment démodé de gratitude intellectuelle auquel
j'obéis, s'en joint un autre, beaucoup moins désinté-
ressé. Si mon livre — éventualité qu'un philosophe en
France doit toujours prévoir, même après n'avoir eu
encore qu'à se louer de la bienveillance du public —
était mal accueilli, ma dédicace m'offrirait à propos un
sujet de consolation. En songeant, alors, que Cournot,
ce Sainte-Beuve de la critique philosophique, cet esprit
aussi original que judicieux, aussi encyclopédique et
compréhensif que pénétrant, ce géomètre profond, ce
logicien hors ligne, cet économiste hors cadres, précur-
seur méconnu des économistes nouveaux, et pour tout
dire, cet Auguste Comte épuré, condensé, affiné, a toute
sa vie pensé dans l'ombre et n'est pas même très connu
depuis sa mort, comment oserais-je un jour me plaindre
de n'avoir pas eu plus de succès ?

# LES LOIS DE L'IMITATION

## CHAPITRE PREMIER

### LA RÉPÉTITION UNIVERSELLE

I

Y a-t-il lieu à une science, ou seulement à une histoire et tout au plus à une philosophie des faits sociaux? La question est toujours pendante, bien que, à vrai dire, ces faits, si l'on y regarde de près et sous un certain angle, soient susceptibles tout comme les autres de se résoudre en séries de petits faits similaires et en formules nommées lois qui résument ces séries. Pourquoi donc la science sociale est-elle encore à naître ou à peine née au milieu de toutes ses sœurs adultes et vigoureuses? La principale raison, à mon avis, c'est qu'on a ici lâché la proie pour l'ombre, les réalités pour les mots. On a cru ne pouvoir donner à la *sociologie* une tournure scientifique qu'en lui donnant un air biologique, ou, mieux encore, un air mécanique. C'était chercher à éclaircir le connu par l'inconnu, c'était transformer un système solaire en nébuleuse non résoluble pour le mieux comprendre. En matière sociale, on a sous la main, par un privilège exceptionnel, les causes véritables, les actes individuels dont les faits sont faits, ce qui est absolument sous-

trait à nos regards en toute autre matière. On est donc
dispensé, ce semble, d'avoir recours pour l'explication des
phénomènes de la société à ces causes, dites générales, que
les physiciens et les naturalistes sont bien obligés de créer
sous le nom de forces, d'énergies, de conditions d'existence
et autres palliatifs verbaux de leur ignorance du fond clair
des choses.

Mais les actes humains considérés comme les seuls facteurs
de l'histoire! Cela est trop simple. On s'est imposé l'obligation de forger d'autres causes sur le type de ces fictions
utiles qui ont ailleurs cours forcé, et l'on s'est félicité d'avoir
pu prêter ainsi parfois aux faits humains vus de très haut,
perdus de vue à vrai dire, une couleur tout à fait impersonnelle. Gardons-nous de cet idéalisme vague; gardons-nous
aussi bien de l'individualisme banal qui consiste à expliquer
les transformations sociales par le caprice de quelques
grands hommes. Disons plutôt qu'elles s'expliquent par l'apparition, accidentelle dans une certaine mesure, quant à son
lieu et à son moment, de quelques grandes idées, ou plutôt
d'un nombre considérable d'idées petites ou grandes, faciles
ou difficiles, le plus souvent inaperçues à leur naissance,
rarement glorieuses, en général anonymes, mais d'idées
neuves toujours, et qu'à raison de cette nouveauté je me
permettrai de baptiser collectivement *inventions* ou *découvertes.* Par ces deux termes j'entends une innovation quelconque ou un perfectionnement, si faible soit-il, apporté à
une innovation antérieure, en tout ordre de phénomènes
sociaux, langage, religion, politique, droit, industrie, art. Au
moment où cette nouveauté, petite ou grande, est conçue ou
résolue par un homme, rien n'est changé en apparence dans
le corps social, comme rien n'est changé dans l'aspect physique d'un organisme où un microbe soit funeste, soit bien-
faisant, est entré; et les changements graduels qu'apporte
l'introduction de cet élément nouveau dans le corps social
semblent faire suite, sans discontinuité visible, aux change-

ments antérieurs dans le courant desquels ils s'insèrent. De
là, une illusion trompeuse qui porte les historiens philosophes à affirmer la continuité réelle et fondamentale des
métamorphoses historiques. Leurs vraies causes pourtant se
résolvent en une chaîne d'idées très nombreuses à la vérité,
mais distinctes et discontinues, bien que réunies entre elles
par les actes d'imitation, beaucoup plus nombreux encore,
qui les ont pour modèles.

Il faut partir de là, c'est-à-dire d'initiatives rénovatrices,
qui, apportant au monde à la fois des besoins nouveaux et
de nouvelles satisfactions, s'y propagent ensuite ou tendent à
s'y propager par imitation forcée ou spontanée, élective ou
inconsciente, plus ou moins rapidement, mais d'un pas régulier, à la façon d'une onde lumineuse ou d'une famille de
termites. La régularité dont je parle n'est guère apparente
dans les faits sociaux, mais on l'y découvrira si on les décompose en autant d'éléments qu'il y a en eux, dans le plus
simple d'entre eux, d'inventions distinctes combinées, d'é-
clairs de génies accumulés et devenus de banales lumières :
analyse, il est vrai, fort difficile. Tout n'est socialement
qu'inventions et imitations, et celles-ci sont les fleuves dont
celles-là sont les montagnes ; rien de moins subtil, à coup
sûr, que cette vue ; mais, en la suivant hardiment, sans
réserve, en la déployant depuis le plus mince détail jusqu'au
plus complet ensemble des faits, peut-être remarquera-t-on
combien elle est propre à mettre en relief tout le pittoresque
et, à côté, toute la simplicité de l'histoire, à y révéler des
perspectives ou aussi bizarres qu'un paysage de rochers ou
aussi régulières qu'une allée de parc. — C'est de l'idéalisme
encore si l'on veut, mais de l'idéalisme qui consiste à expliquer l'histoire par les idées de ses acteurs et non par celles
de l'historien.

Tout d'abord, à considérer sous cet angle la sience sociale,
on voit la sociologie humaine se rattacher aux sociologies
animales (pour ainsi parler) comme l'espèce au genre : espèce

très singulière et infiniment supérieure aux autres, soit, fraternelle pourtant. Dans son beau livre sur les *Sociétés animales*, qui est fort antérieur à la première édition du présent ouvrage, M. Espinas dit expressément que les travaux des fourmis s'expliquent fort bien par le principe « *de l'initiative individuelle suivie d'imitation* ». Cette initiative est toujours une innovation, une invention égale aux nôtres en hardiesse d'esprit. Pour avoir l'idée de construire un arceau, un tunnel ici ou là, ici plutôt que là, une fourmi doit être douée d'un penchant novateur qui égale ou dépasse celui de nos ingénieurs perceurs d'isthmes ou de montagnes. Entre parenthèses, il suit de là que l'imitation de ces initiatives si neuves par la masse des fourmis dément d'une manière éclatante le prétendu *misonéisme* des animaux [1]. C'est bien souvent que M. Espinas, dans ses observations sur les sociétés de nos frères inférieurs, a été frappé du rôle important qu'y joue l'initiative individuelle. Chaque troupeau de bœufs sauvages a ses *leaders*, ses têtes influentes. Les perfectionnements de l'instinct des oiseaux, d'après le même auteur, s'expliquent par « une invention partielle, transmise ensuite de génération en génération par l'enseignement direct ». Si l'on songe que les modifications de l'instinct se rattachent probablement au même principe que les modifications de l'espèce et la genèse de nouvelles espèces, peut-être sera-t-on tenté de se demander si le principe de l'invention imitée, ou de quelque chose d'analogue physiologiquement, ne serait pas la plus claire explication possible du problème toujours pendant des origines spécifiques? Mais laissons cette question

(1) Dans les espèces supérieures de fourmis, d'après M. Espinas, « *l'individu développe une initiative étonnante* ». Comment débutent les travaux, les migrations des fourmilières? Est-ce par une impulsion commune, instinctive, spontanée, partie de tous les associés à la fois, sous la pression de circonstances extérieures subies à la fois par toutes les fourmis? Non; un individu se détache, se met à l'œuvre le premier, et bat ses voisins avec ses antennes pour les avertir d'avoir à lui prêter main-forte. La contagion imitative fait le reste.

et bornons-nous à constater que, animales ou humaines, les sociétés se laissent expliquer par cette manière de voir.

En second lieu, et c'est là la thèse spéciale du présent chapitre, de ce point de vue on voit l'objet de la science sociale présenter une analogie remarquable avec les autres domaines de la science générale et se réincorporer ainsi, pour ainsi dire, au reste de l'univers dans le sein duquel il faisait l'effet d'un corps étranger.

En tout champ d'études, les constatations pures et simples excèdent prodigieusement les explications. Et par tout ce qui est simplement constaté, ce sont les données premières, accidentelles et bizarres, prémisses et sources d'où découle tout ce qui est expliqué. Il y a ou il y a eu telles nébuleuses, tels globes célestes, de telle masse, de tel volume, à telle distance; il y a telles substances.chimiques; il y a tels types de vibrations éthérées, appelés lumière, électricité, magnétisme; il y a tels types organiques principaux, et d'abord il y a des animaux, et il y a des plantes; il y a telles chaînes de montagnes, appelées les Alpes ou les Andes, etc. Quand ils nous apprennent ces faits capitaux d'où se déduit tout le reste, l'astronome, le chimiste, le physicien, le naturaliste, le géographe font-ils œuvre de savants proprement dits? Non, ils font un simple *constat* et ne diffèrent en rien du chroniqueur qui relate l'expédition d'Alexandre ou la découverte de l'imprimerie. S'il y a une différence, nous le verrons, elle est tout à l'avantage de l'historien. Que savons-nous donc au sens *savant* du mot? On répondra sans doute : les causes et les fins; et quand nous sommes parvenus à voir que deux faits différents sont produits l'un par l'autre ou collaborent à un même but, nous appelons cela les avoir expliqués. Pourtant, supposons un monde où rien ne se ressemble ni ne se répète, hypothèse étrange, mais intelligible à la rigueur; un monde tout d'imprévu et de nouveauté, où, sans nulle mémoire en quelque sorte, l'imagination créatrice se donne carrière, où les mouvements des astres soient sans période, les agitations de l'éther sans rythme vibratoire, les générations successives sans caractères communs et sans type héréditaire. Rien n'empêche de supposer malgré cela que chaque apparition dans cette fantasmagorie soit produite et déterminée même par une autre, qu'elle travaille même à en amener une autre. Il pourrait y avoir des causes et des fins encore. Mais y aurait-il lieu à une science quelconque dans ce monde-là? Non; et pourquoi? Parce que, encore une fois, il n'y aurait ni similitudes ni répétitions.

C'est là l'essentiel. Connaître les causes, cela permet de prévoir parfois; mais connaître les ressemblances, cela permet de nombrer et de mesurer toujours, et la science, avant tout, vit de nombre et de mesure. Du reste, essentiel ne signifie pas suffisant. Une fois son champ de similitudes et de répétitions propres trouvé, une science nouvelle doit les comparer entre elles et observer le lien de solidarité qui unit leurs variations concomitantes. Mais, à vrai dire, l'esprit ne comprend bien, n'admet à titre définitif le lien de cause à effet, qu'autant que l'effet ressemble à la cause, répète la cause, quand, par exemple, une ondulation sonore engendre une autre ondulation sonore, ou une cellule une autre cellule pareille. Rien de plus mystérieux, dira-t-on, que ces reproductions-là. C'est vrai; mais, ce mystère accepté, rien de plus clair que de telles séries. Et chaque fois que *produire* ne signifie point *se reproduire*, tout devient ténèbres pour nous[1].

Quand les choses *semblables* sont les parties d'un même tout ou jugées telles, comme les molécules d'un même volume d'hydrogène, ou les cellules ligneuses d'un même

_____

[1] « La connaissance scientifique ne doit pas nécessairement partir des plus petites choses hypothétiques et inconnues. Elle trouve son commencement partout où la matière a formé des unités d'ordre semblable, qui peuvent se comparer entre elles et se mesurer les unes par les autres; partout où ces unités se réunissent en unités composées d'ordre plus élevé, fournissant elles-mêmes la mesure de comparaison de ces dernières. » (Von Naegeli, *Discours au congrès des natural. allem. en* 1877.)

arbre, ou les soldats d'un même régiment, la similitude
prend le nom de quantité et non simplement de groupe.
Quand, autrement dit, les choses *qui se répètent* demeurent
annexées les unes aux autres en se multipliant, comme les
vibrations caloriques ou électriques, qui, en s'accumulant
dans l'intérieur d'un corps, l'échauffent ou l'électrisent de
plus en plus, ou comme les formations de cellules similaires
qui se multiplient dans le corps d'un enfant en train de
grandir, ou comme les adhésions à une même religion par
la conversion des infidèles, la répétition alors s'appelle
accroissement et non simplement série. En tout ceci, je ne
vois rien qui singularise l'objet de la science sociale.

Intérieures ou extérieures, d'ailleurs, quantités ou groupes,
accroissements ou séries, les similitudes, les répétitions
phénoménales sont les thèmes nécessaires des différences
et des variations universelles, les canevas de ces broderies,
les mesures de cette musique. Le monde fantasmagorique
que je supposais tout à l'heure serait, au fond, le moins
richement différencié des mondes possibles. Combien dans
nos sociétés le travail, accumulation d'actions calquées les
unes sur les autres, n'est-il pas plus rénovateur que les
révolutions ! Et qu'y a-t-il de plus monotone que la vie
émancipée du sauvage comparée à la vie assujettie de
l'homme civilisé ? Sans l'hérédité, y aurait-il un progrès
organique possible ? Sans la périodicité des mouvements
célestes, sans le rythme ondulatoire des mouvements ter-
restres, l'exubérante variété des âges géologiques et des
créations vivantes aurait-elle éclaté ?

Les répétitions sont donc pour les variations. Si l'on
admettait le contraire, la nécessité de la mort — problème
jugé presque insoluble par M. Delbœuf dans son livre sur la
matière brute et la matière vivante — ne se comprendrait
pas ; car, pourquoi la toupie vivante, une fois lancée, ne
tournerait-elle pas éternellement? Mais, si les répétitions
n'ont qu'une raison d'être, celle de montrer sous toutes ses

faces une originalité unique qui cherche à se faire jour, dans
cette hypothèse la mort doit fatalement survenir avec l'épuisement des modulations exprimées. — Remarquons en
passant, à ce propos, que le rapport de l'universel au particulier, aliment de toute la controverse philosophique du
moyen âge sur le nominalisme et le réalisme, est précisément
celui de la répétition à la variation. Le *nominalisme* est la
doctrine d'après laquelle les individus sont les seules réalités
qui comptent; et par individus il faut entendre les êtres
envisagés par leur côté différentiel. Le *réalisme*, à l'inverse,
ne considère comme dignes d'attention et du nom de réalité,
dans un individu donné, que les caractères par lesquels il
ressemble à d'autres individus et tend à se reproduire dans
d'autres individus semblables. L'intérêt de ce genre de spéculation apparaît quand on songe que le libéralisme individualiste en politique est une espèce particulière de nominalisme, et que le socialisme est une espèce particulière de
réalisme.

Toute répétition, sociale, organique ou physique, n'importe, c'est-à-dire *imitative*, *héréditaire* ou *vibratoire* (pour
nous attacher uniquement aux formes les plus frappantes et
les plus typiques de la Répétition universelle), procède d'une
innovation, comme toute lumière procède d'un foyer; et
ainsi le normal, en tout ordre de connaissance, paraît
dériver de l'accidentel. Car, autant la propagation d'une
force attractive ou d'une vibration lumineuse à partir
d'un astre, ou celle d'une race animale à partir d'un premier
couple, ou celle d'une idée, d'un besoin, d'un rite religieux,
dans toute une nation, à partir d'un savant, d'un inventeur,
d'un missionnaire, sont à nos yeux des phénomènes naturels
et régulièrement ordonnés, autant l'ordre en partie infor-
mulable dans lequel ont apparu ou se sont juxtaposés les
foyers de tous ces rayonnements, par exemple, les diverses
industries, religions, institutions sociales, les divers types
organiques, les diverses substances chimiques ou masses

célestes, nous surprend toujours par son étrangeté. Toutes ces belles uniformités ou ces belles séries, — l'hydrogène identique à lui-même dans l'infinie multitude de ses atomes dispersés parmi tous les astres du ciel, ou l'expansion de la lumière d'une étoile dans l'immensité de l'espace; le protoplasme identique à lui-même d'un bout à l'autre de l'échelle vivante, ou la suite invariable d'incalculables générations d'espèces marines depuis les temps géologiques ; les racines verbales des langues indo-européennes identiques dans presque toute l'humanité civilisée, ou la transmission remarquablement fidèle des mots, de la langue cophte des anciens Égyptiens à nous, etc., — toutes ces foules innombrables de choses semblables et semblablement liées, dont nous admirons la coexistence ou la succession également harmonieuses, se rattachent à des accidents physiques, biologiques, sociaux dont le lien nous déroute.

Encore ici, l'analogie se poursuit entre les faits sociaux et les autres phénomènes de la nature. Si cependant les premiers, considérés à travers les historiens et même les sociologistes, nous font l'effet d'un chaos, tandis que les autres, envisagés à travers les physiciens, les chimistes, les physiologistes, laissent l'impression de mondes fort bien rangés, il n'y a pas à en être surpris. Ces derniers savants ne nous montrent l'objet de leur science que par le côté des similitudes et des répétitions qui lui sont propres, reléguant dans une ombre prudente le côté des hétérogénéités et des transformations (ou transsubstantiations) correspondantes. Les historiens et les sociologistes, à l'inverse, jettent un voile sur la face monotone et réglée des faits sociaux, sur les faits sociaux en tant qu'ils se ressemblent et se répètent, et ne présentent à nos yeux que leur aspect accidenté et intéressant, renouvelé et diversifié à l'infini. S'il s'agit des Gallo-Romains, l'historien même philosophe n'aura point l'idée, immédiatement après la conquête de César, de nous promener pas à pas dans toute la Gaule pour nous montrer

chaque mot latin, chaque rite romain, chaque commandement, chaque manœuvre militaire, à l'usage des légions
romaines, chaque métier, chaque usage, chaque service,
chaque loi, chaque idée spéciale enfin et chaque besoin
spécial importés de Rome, en train de rayonner progressivement des Pyrénées au Rhin et de gagner successivement,
après une lutte plus ou moins vive contre les anciennes idées
et les anciens usages celtiques, toutes les bouches, tous les
bras, tous les cœurs et tous les esprits gaulois, copistes
enthousiastes de César et de Rome. Certainement, s'il nous
fait faire une fois cette longue promenade, il ne nous la fera
pas refaire autant de fois qu'il y a de mots ou de formes
grammaticales dans la langue romaine, qu'il y a de formalités rituelles dans la religion romaine ou de manœuvres
apprises aux légionnaires par leurs officiers instructeurs,
qu'il y a de variétés de l'architecture romaine, temples,
basiliques, théâtres, cirques, aqueducs, villas avec leur
atrium, etc., qu'il y a de vers de Virgile ou d'Horace enseignés dans les écoles à des millions d'écoliers, qu'il y a de
lois dans la législation romaine, qu'il y a de procédés industriels et artistiques transmis fidèlement et indéfiniment
d'ouvrier à apprentis et de maître à élèves dans la civilisation romaine. Pourtant, ce n'est qu'à ce prix qu'on peut
se rendre un compte exact de la dose énorme de régularité
que les sociétés les plus agitées contiennent.

Puis, quand le christianisme aura apparu, le même historien se gardera bien, sans nul doute, de nous faire recom-
mencer cette ennuyeuse pérégrination à propos de chaque
rite chrétien qui se propage dans la Gaule païenne non sans
résistance, à la manière d'une onde sonore dans un air déjà
vibrant. — En revanche, il nous apprendra que, à telle date,
Jules César a conquis la Gaule, et qu'à telle autre date tels
saints sont venus prêcher la doctrine chrétienne dans cette
contrée. Il nous énumérera peut-être aussi les divers éléments
dont se composent la civilisation romaine ou la foi et la

morale chrétiennes, introduites dans le monde gaulois. Le problème alors se posera pour lui· de comprendre, de présenter sous un jour rationnel, logique, scientifique, cette superposition bizarre du christianisme au romanisme, ou mieux de la christianisation graduelle à la romanisation graduelle ; et la difficulté ne sera pas moindre d'expliquer rationnellement, dans le romanisme et le christianisme pris à part, la juxtaposition étrange de lambeaux étrusques, grecs, orientaux et autres, fort hétérogènes eux-mêmes, qui constituent l'un, et des idées juives, égyptiennes, byzantines, fort peu cohérentes d'ailleurs, même dans chaque groupe distinct, qui constituent l'autre. C'est cependant cette tâche ardue que le philosophe de l'histoire se proposera ; il ne croira pas pouvoir l'éluder s'il veut faire œuvre de savant, et il se fatiguera le cerveau à faire de l'ordre avec ce désordre, à chercher la loi de ces hasards et la raison de ces rencontres. Il vaudrait mieux chercher comment et pourquoi il sort parfois de ces rencontres des harmonies, et en quoi celles-ci consistent. Nous l'essaierons plus loin.

En somme c'est comme si un botaniste se croyait tenu à négliger tout ce qui concerne la génération des végétaux d'une même espèce ou d'une même variété, et aussi bien leur croissance et leur nutrition, sorte de génération cellulaire ou de régénération des tissus ; ou bien c'est comme si un physicien dédaignait l'étude des ondulations sonores, lumineuses, calorifiques, et de leur mode de propagation à travers les différents milieux, eux-mêmes ondulatoires. Se figure-t-on l'un persuadé que l'objet propre et exclusif de sa science est l'enchaînement des types spécifiques dissemblables, depuis la première algue jusqu'à la dernière orchidée, et la justification profonde de cet enchaînement ; et l'autre convaincu que ses études ont pour but unique de rechercher pour quelle raison il y a précisément les sept modes d'ondulation lumineuse que nous connaissons, ainsi que l'électricité et le magnétisme, et non d'autres espèces de vibration éthérée? Questions intéressantes assurément et que le philosophe peut agiter, mais non le savant, car leur solution ne paraît point susceptible de comporter jamais le haut degré de probabilité exigé par ce dernier. Il est clair que la première condition pour être anatomiste ou physiologiste, c'est l'étude des tissus, agrégats de cellules, de fibres, de vaisseaux semblables, ou l'étude des fonctions, accumulations de petites contractions, de petites innervations, de petites oxydations ou désoxydations semblables, enfin et avant tout la foi à l'hérédité, cette grande ouvrière de la vie. Et il n'est pas moins clair que, pour être chimiste ou physicien, avant tout il faut examiner beaucoup de volumes gazeux, liquides, solides, faits de corpuscules tout pareils, ou de soi-disant forces physiques qui sont des masses prodigieuses de petites vibrations similaires accumulées. Tout se ramène, en effet, ou est en voie d'être ramené, dans le monde physique, à l'ondulation ; tout y revêt de plus en plus un caractère essentiellement ondulatoire, de même que dans le monde vivant la faculté génératrice, la propriété de transmettre héréditairement les moindres particularités (nées, le plus souvent, on ne sait comment) est de plus en plus jugée inhérente à la moindre cellule.

Aussi bien, on reconnaîtra peut-être, en lisant ce travail, que l'être social, en tant que social, est imitateur par essence, et que l'imitation joue dans les sociétés un rôle analogue à celui de l'hérédité dans les organismes ou de l'ondulation dans les corps bruts. S'il en est ainsi, on devra admettre, par suite, qu'une invention humaine, par laquelle un nouveau genre d'imitation est inauguré, une nouvelle série ouverte, par exemple, l'invention de la poudre à canon[1],

---

(1) Quand je dis l'invention de la poudre à canon, ou du télégraphe, ou des chemins de fer, etc., il est bien entendu que je veux dire le groupe des inventions accumulées (discernables pourtant et nombrables) qui ont été nécessaires pour produire la poudre à canon, le télégraphe, les chemins de fer.

ou des moulins à vent, ou du télégraphe Morse, est à la
science sociale ce que la formation d'une nouvelle espèce
végétale ou minérale (ou bien, dans l'hypothèse de l'évolution lente, chacune des modifications lentes qui l'ont ame-
née) est à la biologie, et ce que serait à la physique l'apparition d'un nouveau mode de mouvement venant prendre
rang à côté de l'électricité, de la lumière, etc., ou ce qu'est
à la chimie la formation d'un nouveau corps. A l'historien
philosophe qui s'évertue à trouver une loi des inventions
scientifiques, industrielles, artistiques, politiques, successivement apparues et bizarrement groupées, il faudrait donc
comparer, pour faire une juste comparaison, non pas le physiologiste ou le physicien tel que nous le connaissons,
Claude Bernard ou Tyndall notamment, mais un philosophe de la nature tel que Schelling l'a été, tel que Hæckel
paraît l'être dans ses heures d'ivresse imaginative.

On s'apercevait alors que l'incohérence indigeste des faits
de l'histoire, tous résolubles en courants d'exemples différents dont ils sont la rencontre, elle-même destinée à être
copiée plus ou moins exactement, ne prouve rien contre la
régularité fondamentale du monde social et contre la possibilité d'une science sociale; qu'à vrai dire cette science existe,
à l'état épars, dans la petite expérience de chacun de nous,
et qu'il suffit d'en rajuster les fragments. Au surplus, le
recueil des faits historiques sera loin de paraître plus incohérent, à coup sûr, que la collection des types vivants et
des substances chimiques ; et, pourquoi exigerait-on du philosophe de l'histoire le bel ordre symétrique et rationnel
qu'on ne songe pas à demander au philosophe de la nature?
Mais il y a ici une différence toute à l'honneur du premier.
C'est à peine si les naturalistes ont entrevu récemment avec
quelque clarté que les espèces vivantes procèdent les unes
des autres ; les historiens n'ont pas attendu si longtemps
pour savoir que les faits de l'histoire s'enchaînent. Quant
aux chimistes et aux physiciens, n'en parlons pas. Ils n'osent

encore prévoir l'époque où il leur sera permis de dresser à
leur tour l'arbre généalogique des substances simples et où
l'un des leurs publiera sur l'*Origine des atomes* un livre
destiné à autant de succès que l'*Origine des espèces* de
Darwin. Il est vrai que M. Lecoq de Boisbaudran et M. Men-
deleef ont cru entrevoir une série naturelle des corps
simples et que les spéculations toutes philosophiques du
premier à ce sujet ne sont pas étrangères à la découverte du
*Gallium*. Mais, si l'on y regarde de près, peut-être ne trou-
vera-t-on pas à ces essais remarquables et aussi bien aux
divers systèmes de nos évolutionnistes sur la ramification
généalogique des types vivants, plus de précision et de certitude qu'on n'en voit briller dans les idées d'Herbert Spencer
et même de Vico sur les évolutions sociales soi-disant
périodiques et fatales. L'origine des atomes est bien plus
mystérieuse que celle des espèces, laquelle l'est bien plus
que celle des diverses civilisations. Nous pouvons comparer
les espèces vivantes, actuelles, aux espèces qui les ont précédées et dont nous retrouvons les débris dans les couches
du sol ; mais il ne nous reste pas la moindre trace des substances chimiques qui *ont dû* précéder, dans la préhistoire
astronomique pour ainsi dire, dans d'insondables et d'ini-
maginables passés, les substances chimiques actuellement
existantes sur la terre ou dans les étoiles. Par suite, la chimie, pour laquelle le problème des origines ne peut même
pas se poser, est moins avancée, en ce sens essentiel, que la
biologie ; et, par la même raison, la biologie l'est moins, au
fond, que la sociologie.

De ce qui précède, il ressort qu'autre chose est la science,
autre chose la philosophie sociale ; que la science sociale
doit porter exclusivement, comme toute autre, sur des faits
similaires multiples, soigneusement cachés par les historiens, et que les faits nouveaux et dissemblables, les faits
historiques proprement dits, sont le domaine réservé à la
philosophie sociale ; qu'à ce point de vue la science sociale

pourrait bien être aussi avancée que les autres sciences, et que la philosophie sociale l'est beaucoup plus que toutes les autres philosophies.

Dans le présent volume, c'est de la science sociale seulement que nous nous occupons; aussi n'y sera-t-il question que de l'imitation et de ses lois. Ailleurs et plus tard, nous aurons à étudier les lois ou les pseudo-lois de l'invention, ce qui est une question tout autre, quoique non entièrement séparable de la première[1].

## II

Ces longs préliminaires terminés, je dois dégager une thèse importante qui s'y montre enveloppée et obscure. Il n'y a de science, ai-je dit, que des quantités et des accroissements, ou, en termes plus généraux, des similitudes et des répétitions phénoménales.

Mais, à dire vrai, cette distinction est superflue et superficielle. Chaque progrès du savoir, en effet, tend à nous fortifier dans la conviction que *toutes les similitudes sont dues à des répétitions*. Il y aurait, je crois, à développer cette proposition dans les trois suivantes :

1° Toutes les similitudes qui s'observent dans le monde chimique, physique, astronomique (atomes d'un même corps, ondes d'un même rayon lumineux, couches concentriques d'attraction dont chaque globe céleste est le foyer, etc.) ont pour unique explication et cause possible des mouvements périodiques et principalement vibratoires.

2° Toutes les similitudes, d'origine vivante, du monde vivant, résultent de la transmission héréditaire, de la génération soit intra, soit extra-organique. C'est par la parenté

---

(1) Depuis que ces lignes sont écrites, nous avons esquissé une théorie de l'Invention dans notre *Logique sociale* (F. Alcan 1895).

des cellules et par la parenté des espèces qu'on explique aujourd'hui les analogies ou homologies de toutes sortes relevées par l'anatomie comparée entre les espèces et par l'histologie entre les éléments corporels.

3° Toutes les similitudes d'*origine sociale*, qui se remarquent dans le monde social, sont le fruit direct ou indirect de l'imitation sous toutes ses formes, imitation-coutume ou imitation-mode, imitation-sympathie ou imitation-obéissance, imitation-instruction ou imitation-éducation, imitation naïve ou imitation réfléchie, etc. De là l'excellence de la méthode contemporaine qui explique les doctrines ou les institutions par leur histoire. Cette tendance ne peut que se généraliser. On dit que les grands génies, les grands inventeurs se rencontrent; mais, d'abord, ces coïncidences sont fort rares. Puis, quand elles sont avérées, elles ont toujours leur source dans un fonds d'instruction commune où ont puisé indépendamment l'un de l'autre les deux auteurs de la même invention; et ce fonds consiste en un amas de traditions du passé, d'expériences brutes ou plus ou moins organisées, et transmises imitativement par le grand véhicule de toutes les imitations, le langage.

C'est, remarquons-le, en se fondant implicitement sur notre troisième proposition, que les philologues de notre siècle, par la comparaison analogique du sanscrit avec le latin, le grec, l'allemand, le russe et les autres langues de la même famille, ont été conduits à admettre que c'est bien là en effet une famille, et qu'elle a pour premier ancêtre une même langue traditionnellement transmise, à des modifications près, dont chacune a été une véritable invention linguistique anonyme, elle-même perpétuée par imitation. Mais nous reviendrons sur cette troisième thèse pour la développer et la rectifier, dans le chapitre suivant.

Il n'y a qu'une seule grande catégorie des similitudes universelles qui ne paraisse pas de prime abord avoir pu être produite par une répétition quelconque : c'est la similitude des parties jugées juxtaposées et immobiles de l'espace immense, conditions de tout mouvement soit vibratoire, soit générateur, soit propagateur et conquérant. Mais ne nous arrêtons pas à cette exception apparente, qu'il nous suffit d'indiquer. Sa discussion nous entraînerait trop loin.

Laissant donc de côté cette anomalie, peut-être illusoire, tenons pour vraie notre proposition générale, et signalons une conséquence qui en découle directement. Si quantité signifie similitude, si toute similitude provient d'une répétition, et si toute répétition est une vibration (ou tout autre mouvement périodique), une génération ou une imitation, il s'ensuit que, dans l'hypothèse où nul mouvement ne serait ni n'aurait été vibratoire, nulle fonction héréditaire, nulle action ou idée apprise et copiée, *il n'y aurait point de quantité dans l'univers*, et les mathématiques y seraient sans emploi possible, sans application concevable. Il s'ensuit aussi que, dans l'hypothèse inverse, si notre univers physique, vivant, social, déployait plus largement encore ses activités vibratoires, génitales, propagatrices, le champ du calcul y serait encore plus étendu et profond. Cela est visible dans nos sociétés européennes, où les progrès extraordinaires de la mode sous toutes les formes, de la mode appliquée aux vêtements, aux aliments, aux logements, aux besoins, aux idées, aux institutions, aux arts, sont en train de faire de l'Europe l'édition d'un même type d'homme tiré à plusieurs centaines de millions d'exemplaires. Ne voit-on pas, dès ses débuts, ce prodigieux nivellement rendre possible la naissance et le développement de la statistique et de ce qu'on a si bien nommé la *physique sociale*, l'économie politique? Sans la mode et la coutume, il n'y aurait point de quantité sociale, notamment point de valeur, point de monnaie, et partant point de science des richesses ni des finances. (Comment donc est-il possible que les économistes aient songé à donner des théories de la valeur où l'idée d'imitation n'intervient jamais?) Mais cette application du nombre et de la mesure aux socié-

TARDE. — Imitation. 2

tés, qu'on essaye à présent, ne saurait être encore que timide
et partielle; l'avenir nous réserve à ce sujet bien des surprises!

## III

Ce serait ici le lieu de développer les analogies frappantes,
les différences non moins instructives et les relations
mutuelles, que présentent les trois principales formes de la
répétition universelle. Nous aurions bien aussi à chercher
la raison de ces rythmes grandioses échelonnés et entrelacés,
à nous demander si la matière de ces formes leur ressemble
ou non, si le dessous actif et substantiel de ces phénomènes
bien ordonnés participe à leur sage uniformité, ou s'il ne
contrasterait pas avec eux peut-être par son hétérogénéité
essentielle, tel qu'un peuple où rien n'apparaît, à sa surface
administrative et militaire, des originalités tumultueuses
qui le constituent et qui font aller cette machine.

Ce double sujet serait trop vaste. Toutefois, sur le premier point, il est des analogies manifestes que nous devons
signaler. Et d'abord, ces répétitions sont en même temps
des multiplications, des contagions qui se répandent. Une
pierre tombe dans l'eau, et la première onde produite se
répète en s'élargissant jusqu'aux limites du bassin; j'allume
une allumette, et la première ondulation que j'imprime à
l'éther se propage en un instant dans un vaste espace. Il
suffit d'un couple de termites ou de phylloxéras transporté
sur un continent pour le ravager en quelques années; l'*Eri-
geron* du Canada, mauvaise herbe assez nouvellement importée en Europe, y foisonne déjà partout dans les champs
incultes. On connaît les lois de Malthus et de Darwin sur la
tendance des individus d'une espèce à progresser géométriquement : véritables lois du rayonnement générateur des
individus vivants. De même, un dialecte local, à l'usage de
quelques familles, devient peu à peu, par imitation, un idiome

national. Au début des sociétés, l'art de tailler le silex, de domestiquer le chien, de fabriquer un arc, plus tard de faire lever le pain, de travailler le bronze, d'extraire le fer, etc., a dû se répandre contagieusement, chaque flèche, chaque morceau de pain, chaque fibule de bronze, chaque silex taillé étant à la fois copie et modèle. Ainsi s'opère de nos jours la diffusion rayonnante des bonnes recettes de tout genre, à cette différence près que la densité croissante de la population et les progrès accomplis accélèrent prodigieusement cette extension, comme la rapidité du son est en raison de la densité du milieu. Chaque *chose sociale*, c'est-à-dire chaque invention ou chaque découverte, tend à s'étendre dans son milieu social, milieu qui lui-même, ajouterai-je, tend à s'étendre, puisqu'il se compose essentiellement de choses pareilles, toutes ambitieuses à l'infini.

Mais cette tendance, ici comme dans la nature extérieure, avorte le plus souvent par suite de la concurrence des tendances rivales, ce qui importe peu en théorie. En outre, elle est métaphorique; pas plus à l'onde et à l'espèce qu'à l'idée, on ne saurait attribuer un désir propre, et il faut entendre par là que les forces éparses, individuelles, inhérentes aux innombrables êtres dont se compose le milieu où ces formes se propagent, se sont donné une direction commune. Ainsi entendue, cette tendance suppose que le milieu en question est homogène, condition que le milieu éthéré ou aérien de l'onde paraît réaliser dans une bonne mesure, le milieu géographique et chimique de l'espèce beaucoup moins, et le milieu social de l'idée à un degré infiniment plus faible encore. Mais on a tort, je crois, d'exprimer cette différence en disant que le milieu social est plus complexe que les autres. C'est au contraire peut-être parce qu'il est numériquement bien plus simple, qu'il est plus éloigné de présenter l'homogénéité requise, car une homogénéité superficiellement réelle suffit. Aussi, à mesure que les agglomérations humaines s'étendent, la diffusion des idées, suivant une pro-

gression géométrique régulière, est-elle plus marquée. Pous-
sons à bout cette augmentation numérique, supposons que
la sphère sociale où une idée peut se répandre soit composée non seulement d'un groupe assez nombreux pour_faire
éclore les principales variétés morales de l'espèce humaine,
mais encore de collections complètes de ce genre répétées
uniformément dès milliers de fois, en sorte que l'uniformité
de ces répétitions rende le tout homogène à la surface,
malgré la complexité interne de chacune de ses parties.
N'avons-nous pas quelques raisons de penser que c'est là le
genre d'homogénéité propre à tout ce que la nature extérieure
nous présente de réalités simples et uniformes d'aspect? Dans
cette hypothèse, il est clair que le succès plus ou moins
grand, la vitesse de propagation plus ou moins grande d'une
idée, le jour de son apparition, donnerait la raison mathématique en quelque sorte de sa progression ultérieure. Dès
maintenant, les producteurs d'articles répondant à des
besoins de première nécessité, et par suite destinés à une
consommation universelle, peuvent ·prédire, d'après la
demande d'une année à tel prix, quelle sera la demande de
l'année suivante au même prix, si du moins nulle entrave
prohibitionniste ou autre n'intervient, ou si nul article simi-
laire et plus perfectionné n'est découvert.

On dit : sans faculté de prévision, point de science. Recti-
fions : oui, sans faculté de prévision *conditionnelle*. A la vue
d'une fleur, le botaniste peut dire d'avance quelle sera la
forme, la couleur du fruit qu'elle produira, à moins que la
sécheresse ne la tue ou qu'une variété individuelle nouvelle
et inattendue (sorte d'invention biologique secondaire)
n'apparaisse. Le physicien peut annoncer que ce coup de
fusil parti à l'instant même sera entendu dans tel nombre de
secondes, à telle distance, pourvu que rien n'intercepte le
son sur ce trajet ou que, dans cet intervalle de temps, un
bruit plus fort, un coup de canon par exemple, ne se fasse
pas entendre. Eh bien, c'est précisément au même titre que

le sociologiste mérite le nom de savant à proprement parler ;
étant donné qu'il y a aujourd'hui tels foyers de rayonnements imitatifs et qu'ils tendent à cheminer séparément ou
concurremment avec telles vitesses approximatives, il est en
mesure de prédire quel sera l'état social dans dix, dans vingt
ans, à la condition que quelque réforme ou révolution politique ne viendra point entraver cette expansion et qu'il ne
surgira point de foyers rivaux.

Sans doute l'événement conditionnel est ici très probable,
plus probable peut-être que là. Mais ce n'est qu'une différence de degré. Remarquons d'ailleurs que, dans une certaine mesure (ce qui est l'affaire de la philosophie et non de
la science de l'histoire), les découvertes, les initiatives déjà
faites et propagées avec succès, déterminent vaguement le
sens dans lequel auront lieu les découvertes et les initiatives réussies de l'avenir. Puis, les forces sociales qui
agissent avec une importance réelle à une époque donnée
se composent non des rayonnements imitatifs nécessairement
faibles encore, émanés d'inventions récentes, mais bien des
rayonnements imitatifs émanés d'inventions antiques, à la
fois beaucoup plus étendus et plus intenses parce qu'ils ont
eu le temps voulu pour se déployer et s'établir en habitudes,
en mœurs, en « instincts de races » soi-disant physiologiques[1]. Donc l'ignorance où nous sommes des découvertes
inattendues qui s'accompliront dans dix, vingt, cinquante
ans, des chefs-d'œuvre rénovateurs de l'art qui y apparaî-
tront, des batailles et des coups d'État ou de force qui y
feront leur bruit, ne nous empêcherait pas de prédire presque
à coup sûr, dans l'hypothèse où je me suis placé plus haut,
suivant quelle direction et à quelle profondeur coulera le

---

(1) On voudra bien ne pas me prêter l'idée absurde de nier en tout ceci
l'influence de la race sur les faits sociaux. Mais je crois que, par nombre
de ses traits acquis, la race est fille et non mère de ces faits, et c'est par
cet aspect oublié seulement qu'elle me paraît rentrer dans le domaine
propre du sociologiste.

fleuve d'aspirations et d'idées que les ingénieurs politiciens, les grands généraux, les grands poètes, les grands musiciens auront à descendre ou à remonter, à canaliser ou à combattre.

Comme exemples à l'appui de la progression géométrique des imitations, je pourrais invoquer les statistiques relatives à la consommation du café, du tabac, etc., depuis leur première importation jusqu'à l'époque où le marché a commencé à en être inondé, ou bien au nombre des locomotives construites depuis la première, etc. [1]. Je citerai une découverte moins favorable en apparence à ma thèse, la découverte de l'Amérique. Elle a été *imitée* en ce sens que le premier voyage d'Europe en Amérique, imaginé et exécuté par Colomb, a été refait un nombre toujours croissant de fois par d'autres navires avec des variantes dont chacune a été une petite découverte, greffée sur celle du grand Génois, et a eu à son tour des imitateurs.

Je profite de cet exemple pour ouvrir une parenthèse. L'Amérique aurait pu être abordée deux siècles plus tôt ou deux siècles plus tard par un navigateur d'imagination. Deux siècles plus tôt, en 1292, sous Philippe le Bel, pendant les démêlés de ce monarque avec Rome et sa tentative hardie de *laïcisation* et de centralisation administrative, un tel débouché d'un monde nouveau offert à son ambition n'eût point manqué de la surexciter et de précipiter l'avènement du monde moderne. Deux siècles plus tard, en 1692, elle

---

(1) On m'objectera que les progressions croissantes ou décroissantes révélées par les statistiques continuées un certain nombre d'années ne sont jamais régulières et sont fréquemment coupées d'arrêts ou de mouvements inverses. Sans entrer dans ce détail, je dois dire qu'à mon sens ces arrêts ou ces reculs sont toujours l'indice de l'intervention de quelque nouvelle invention qui devient contagieuse à son tour. J'explique de même les progressions décroissantes, d'où il faudrait se garder d'induire qu'au bout d'un temps, après avoir été imitée de plus en plus, une chose sociale tend à être *désimitée*. Non, sa tendance à envahir le monde reste toujours la même ; et, si elle est non pas désimitée, mais bien de moins en moins imitée, la faute en est à ses rivales.

aurait profité à la France de Henri IV, plus qu'à l'Espagne assurément, qui, n'ayant pas eu cette riche proie à dévorer depuis deux cents ans, eût été moins riche et moins prospère alors. Qui sait si, dans la première hypothèse, la guerre de Cent Ans n'eût pas été évitée, et, dans la seconde, l'empire de Charles-Quint? Dans tous les cas, *le besoin d'avoir des colonies, besoin créé et satisfait en même temps* par la découverte de Christophe Colomb, et qui a joué un rôle si capital dans la vie politique de l'Europe depuis le xvᵉ siècle, eût pris naissance au xviiᵉ siècle seulement, et, à l'heure qu'il est, l'Amérique du Sud serait française, l'Amérique du Nord ne compterait pas encore politiquement. Quelle différence pour nous! Et il s'en est fallu de l'épaisseur d'un cheveu que Christophe Colomb échouât dans son entreprise! — Mais trêve à ces spéculations sur les *passés contingents*, non moins importants d'ailleurs à mes yeux et non moins fondés que les futurs contingents.

Autre exemple, et le plus éclatant de tous. L'empire romain est tombé; mais, on l'a très bien dit, la conquête romaine vit toujours et se prolonge. Par Charlemagne, elle s'est étendue aux Germains qui, en se christianisant, se sont romanisés; par Guillaume le Conquérant, aux Anglo-Saxons; par Colomb, à l'Amérique; par les Russes et les Anglais, à l'Asie, à l'Australie, bientôt à l'Océanie tout entière. Le Japon déjà veut être envahi à son tour ; seule, la Chine paraît devoir offrir une sérieuse résistance. Mais admettons qu'elle aussi s'assimile un jour. On pourra dire alors qu'Athènes et Rome, y compris Jérusalem, c'est-à-dire le type de civilisation formé par le faisceau de leurs initiatives et de leurs idées de génie, coordonnées et combinées, ont conquis tout le monde. Toutes les races, toutes les nationalités auront concouru à cette contagion imitative illimitée de la civilisation gréco-romaine. Il n'en eût pas été de même certainement, si Darius ou Xerxès eussent vaincu et réduit la Grèce en province persane, ou si l'islamisme eût triomphé de Charles Martel et envahi l'Europe, ou

si la Chine, depuis trois mille ans, eût été aussi guerrière
qu'industrieuse et tourné vers les armes aussi bien que vers
les arts de la paix son esprit d'invention, ou si, au moment
de la découverte de l'Amérique, les Européens n'eussent pas
encore inventé la poudre et l'imprimerie et se fussent trouvés
dans un état d'infériorité militaire à l'égard des Aztèques et
des Incas. Mais le hasard a voulu que de tous les types de civilisation, de toutes les gerbes liées d'inventions rayonnantes
qui avaient spontanément jailli en divers points du globe,
le type auquel nous appartenons l'ait emporté. S'il n'eût pas
prévalu, toutefois, un autre eût fini par triompher, car ce
qui était certain et inévitable, c'était qu'à la longue l'un quelconque d'entre eux devînt universel, *puisque tous préten-
daient à l'universalité*, c'est-à-dire puisque tous tendaient
à se propager imitativement suivant une progression
géométrique, comme toute onde lumineuse ou sonore, comme
toute espèce animale ou végétale.

## IV

Indiquons maintenant un nouvel ordre d'analogies. Les
imitations (mots d'une langue, mythes d'une religion,
secrets d'un art militaire, formes littéraires, etc.) se modifient en passant d'une race ou d'une nation à une autre, des
Hindous aux Germains par exemple ou des Latins aux Gaulois, commes les ondes physiques ou les types vivants en
passant d'un milieu à un autre. Dans certains cas, les modifications constatées de la sorte ont été assez nombreuses
pour permettre de remarquer le sens général et uniforme
suivant lequel elles s'opèrent. C'est le cas des langues notamment : aussi peut-on dire des lois de Grimm et mieux encore
de Raynouard en philologie que ce sont des lois de réfraction
linguistique.

Elles nous apprennent, celles-ci, qu'en passant du milieu

romain dans le milieu espagnol ou gaulois, les mots latins divers ont été transformés d'une manière identique et caractéristique, chaque lettre devenant une autre lettre déterminée; celles-là, que telle consonne de l'allemand ou de l'anglais équivaut à telle autre consonne du sanscrit ou du grec, ce qui signifie au fond qu'en passant du milieu aryen primitif dans le milieu germain, hellène ou hindou, la langue-mère a permuté ses consonnes dans le sens indiqué, ici substituant l'aspirée à la forte, ailleurs la forte à l'aspirée, etc.

Si les religions étaient aussi nombreuses que les langues (qui elles-mêmes ne le sont pas trop pour donner une base de comparaison suffisante à des remarques générales formulables en lois), et surtout si, dans chaque religion, les idées religieuses étaient aussi nombreuses que le sont les mots dans chaque langue, il pourrait y avoir en mythologie comparée des lois de réfraction mythologique, analogues aux précédentes. Or, nous pouvons bien suivre un mythe donné, celui de Cérès ou d'Apollon, à travers les modifications que lui a imprimées le génie des peuples divers qui l'ont adopté. Mais il y a si peu de mythes à comparer de la sorte qu'on ne saurait voir dans les plis qu'ils ont séparément reçus d'un même peuple des traits communs saisissables et autre chose qu'un air de famille. Malgré tout, n'y a-t-il point, dans l'étude des formes que les mêmes idées religieuses ont revêtues en passant du védisme au brahmanisme ou à Zoroastre, du mosaïsme au Christ ou à Mahomet, ou en circulant à travers les sectes chrétiennes dissidentes et les diverses Églises grecque, romaine, anglicane, gallicane, bien des observations à faire? Ou plutôt, tout ce qu'il est possible de remarquer a été dit en pareille matière, et il n'y a qu'à trier.

Les critiques d'art n'ont pas manqué non plus de pressentir confusément ce qu'on pourrait appeler les lois de la réfraction artistique propre à chaque peuple, à chacun de ses moments, à chaque région artistique déterminée, hollandaise, italienne, française, en peinture, en musique, en architecture, en poésie. Je n'insiste pas. Toutefois, est-ce une pure métaphore et une puérilité de dire que Théocrite s'est réfracté dans Virgile, Ménandre dans Térence, Platon dans Cicéron, Euripide dans Racine ?

Autre analogie. Il y a des interférences d'imitations, de choses sociales, aussi bien que des interférences d'ondes et de types vivants. Quand deux ondes, deux *choses* physiques à peu près semblables, après s'être propagées séparément à partir de deux foyers distincts, viennent à se rencontrer dans un même *être* physique, dans une même particule de matière, leurs impulsions se fortifient ou se neutralisent, suivant qu'elles ont lieu dans le même sens ou en deux sens précisément contraires sur la même ligne droite. Dans le premier cas, une onde nouvelle, complexe et plus forte surgit, qui tend elle-même à se propager. Dans le second cas, il y a lutte et destruction partielle jusqu'à ce que l'une des deux rivales l'emporte sur l'autre. De même, quand, après s'être reproduits séparément de génération en génération, deux types spécifiques assez voisins, deux choses vitales, viennent à se rencontrer, non pas simplement en un même lieu (des animaux différents qui se battent ou se mangent), ce qui serait une rencontre durement physique, mais en outre, en un même être vital, en une même cellule ovulaire fécondée par un accouplement hybride, seul genre de rencontre et d'interférence vraiment vital, on sait ce qui arrive alors. Ou bien le produit, d'une vitalité supérieure a celle de ses parents, et en même temps plus fécond et plus prolifique, transmet à une postérité toujours plus nombreuse ses caractères distinctifs, véritable découverte de la vie; ou bien, plus chétif, il donne le jour à quelques descendants abâtardis où les caractères incompatibles des progéniteurs, violemment rapprochés, ne tardent pas à opérer leur divorce par le triomphe définitif de l'un et l'expulsion de l'autre. — De même encore, quand deux croyances et deux désirs ou un désir et une croyance, quand deux choses sociales en

un mot (car il n'y a que cela en dernière analyse dans les faits
sociaux, sous les noms divers de dogmes, de sentiments, de
lois, de besoins, de coutumes, de mœurs, etc.) ont fait un
certain temps et séparément leur chemin dans le monde par
la vertu de l'éducation ou de l'exemple, c'est-à-dire de l'imitation, elles finissent souvent par se rencontrer. Il faut, pour
que leur rencontre et leur interférence vraiment psychologique et sociale ait lieu, non seulement qu'elles coexistent
dans un même cerveau et fassent à la fois partie d'un même
état d'esprit ou de cœur, mais en outre que l'une se présente,
soit comme un moyen ou comme un obstacle à l'égard de
l'autre, soit comme un principe dont l'autre est la conséquence ou une affirmation dont l'autre est la négation. Quant
à celles qui ne paraissent ni s'aider, ni se nuire, ni se confirmer, ni se contredire, elles ne sauraient interférer, pas
plus que deux ondes hétérogènes ou deux types vivants trop
éloignés pour pouvoir s'accoupler. Si elles paraissent s'aider
ou se confirmer, elles se combinent par le fait seul de cette
apparence, de cette perception, en une découverte nouvelle,
pratique ou théorique, destinée à se répandre à son tour
comme ses composantes en une contagion imitative. Il y a
eu, dans ce cas, augmentation de force de désir ou de force
de foi, comme, dans les cas correspondants d'interférences
physiques ou biologiques heureuses, il y a eu augmentation
de force motrice et de vitalité. Si, au contraire, les choses
sociales interférentes, thèses ou desseins, dogmes ou intérêts,
convictions ou passions, se nuisent ou se contredisent dans
une âme ou dans les âmes de tout un peuple, il y a stagna-
tion morale de cette âme, de ce peuple, dans l'indécision et
le doute, jusqu'à ce que, par un effort brusque ou lent, cette
âme ou ce peuple se déchire en deux et sacrifie sa croyance
ou sa passion la moins chère. Ainsi fait la vie son option
entre deux types mal accouplés. Un cas légèrement distinct
du précédent et particulièrement important est celui où les
deux croyances, les deux désirs et aussi bien la croyance et

le désir qui interfèrent d'une manière favorable ou fâcheuse
dans l'esprit d'un individu, appartiennent non à cet homme
seulement, mais en partie à lui, en partie à quelqu'un de ses
semblables. L'interférence consiste alors en ce que l'individu
dont il s'agit perçoit la confirmation ou le démenti donnés
par l'idée d'autrui, l'avantage ou le préjudice causés par la
volonté d'autrui à son idée et à sa volonté propres. De là
une sympathie et un contrat, ou bien une antipathie et une
guerre [1].

Mais tout ceci a besoin, je le sens, d'éclaircissements.
Distinguons trois hypothèses : interférence heureuse de deux
croyances, de deux désirs, d'une croyance et d'un désir ; et
subdivisons chacune de ces divisions suivant que les choses
interférentes appartiennent ou non au même individu. Puis
nous dirons un mot des interférences fâcheuses.

1° Quand une conjecture que je regardais comme *assez*

---

(1) La similitude que j'ai établie entre l'hérédité et l'imitation se vérifie
jusque dans le rapport de chacune de ces deux formes de la Répétition
universelle avec la forme de Création, d'Invention, qui lui est spéciale.
Aussi longtemps qu'une société est jeune, ascendante, débordante de vie,
nous y voyons les inventions, les projets nouveaux, les initiatives réussies, s'y succéder avec rapidité et accélérer les transformations sociales ;
puis, quand la sève inventive s'épuise, l'imitation pourtant poursuit son
cours, comme dans l'Inde, comme en Chine, comme dans les derniers
siècles de l'Empire romain. Or, dans le monde vivant, il en est de même.
Et, par exemple, dans les *Enchaînements du monde animal* (période
secondaire) M. Gaudry dit incidemment à propos des *crinoïdes* (échino-
dermes) : « Ils ont perdu cette merveilleuse diversité de formes qui a
été un des luxes des temps primaires ; *n'ayant plus la force de se
transformer beaucoup, ils ont encore gardé celle de reproduire des
individus semblables à eux.* » Mais il n'en est pas toujours ainsi. Certaines
familles, certains genres d'animaux disparaissent dans les temps géologiques après leur période de plus grand éclat. Telle a été l'ammonite,
ce merveilleux fossile qui, aux temps secondaires, s'épanouit dans l'exubérante diversité de ses mutations, puis s'anéantit à jamais. Telles sont
aussi bien ces brillantes et brèves civilisations qui se sont allumées un
jour et brusquement se sont éteintes comme des étoiles éphémères dans
le ciel de l'histoire ; la Perse de Cyrus, certaines républiques grecques, le
Midi de la France au moment de la guerre des Albigeois, les républiques
italiennes, etc. Quand ces civilisations ont été lasses de produire, il ne
leur est plus resté même la force de se reproduire. Il est vrai que, le plus
souvent, elles en ont été empêchées par leur destruction violente.

*probable* vient à coexister en moi, dans le même état d'esprit,
avec la lecture ou la réminiscence d'un fait que je tiens pour
*presque certain*, si je m'aperçois tout à coup que ce fait confirme cette conjecture, qu'il en découle (c'est-à-dire que la
proposition particulière exprimant ce fait est incluse dans
la proposition générale exprimant cette hypothèse), aussitôt
cette hypothèse devient beaucoup plus probable à mes yeux,
et en même temps ce fait me paraît tout à fait certain. En
sorte qu'il y a eu *gain de foi* sur toute la ligne. Et le résultat
est une découverte. Car c'en est une que la perception de
cette inclusion logique. Newton n'a pas découvert autre
chose quand, après avoir conjecturé la loi de l'attraction, il
l'a confrontée avec le calcul de la distance de la lune à la
terre et a perçu la confirmation de cette hypothèse par ce fait.
Supposez que tout un peuple, tout un siècle, à la suite d'un
de ses docteurs, de saint Thomas d'Aquin, par exemple, ou
d'Arnaud, ou de Bossuet, constate ou croie constater un accord
pareil entre ses dogmes et l'état momentané de ses sciences,
et vous voyez s'épancher ce fleuve débordant de foi qui féconde
le xiii° siècle raisonneur, inventif et guerrier, et aussi bien
le xvii° siècle janséniste et gallican. Cette harmonie-là, elle
aussi, n'est qu'une découverte dont la *Somme*, le catéchisme
de Port-Royal et du clergé de France, et à divers degrés tous
les systèmes philosophiques du même temps, depuis Des-
cartes lui-même jusqu'à Leibnitz, sont l'expression diverse.
Modifions un peu notre hypothèse générale maintenant. J'incline à admettre un principe qu'un de mes amis, avec qui
je cause, n'admet nullement. Mais j'apprends par lui des
faits qu'il tient pour vrais et dont la preuve, à mon sens,
n'est point faite. Puis il me paraît, ou plutôt il *m'apparaît*
que ces faits, s'ils étaient prouvés, confirmeraient pleinement
mon principe. Dès lors, j'incline aussi à les accepter; mais il
n'y a gain de foi qu'en ce qui les concerne, non relativement au
principe. Aussi cette espèce de découverte est-elle incomplète
et n'aura-t-elle point d'effet social avant que mon ami soit

parvenu à me communiquer sa croyance, supérieure à la mienne, en la réalité de ces faits, en m'en fournissant les preuves, ou que je sois parvenu moi-même à lui démontrer la vérité de mon principe. Mais c'est justement là l'avantage d'un commerce intellectuel plus libre et plus large.

2° Le premier marchand du moyen âge, à la fois cupide et vaniteux, désireux de s'enrichir par le commerce et affligé de n'être point noble, qui a entrevu la possibilité de faire servir sa cupidité aux fins de sa vanité et d'acquérir plus tard pour soi et les siens la noblesse à prix d'argent, a cru faire là une belle découverte. Et, de fait, il a .eu force imitateurs. N'est-il pas vrai que, à partir de cette perspective inespérée, il a senti redoubler à la fois ses deux passions, l'une parce que l'or prenait un prix nouveau à ses yeux, l'autre parce que l'objet de son rêve ambitieux et découragé devenait accessible? Sans remonter si haut peut-être dans le passé, ce n'a pas été non plus une bien mauvaise idée, ni une initiative peu suivie, que celle du premier avocat qui s'est avisé à l'inverse de faire de la politique pour faire sa fortune. — Autres exemples : Je suis amoureux et j'ai la fureur de versifier, et je fais servir mon amour, qui s'avive, à inspirer ma métromanie, qui devient suraiguë. Que d'œuvres poétiques sont nées d'une interférence pareille ! Je suis philanthrope et j'aime à faire parler de moi, et je cherche à m'illustrer pour faire plus de bien à mes semblables ou à leur être utile pour me faire un nom, etc., etc. Historiquement envisagé, le même fait s'exprime notamment par l'élan des croisades, dû au mutuel appui que se prêtaient la passion des expéditions guerrières et la ferveur chrétienne, après avoir longtemps été opposées, ou bien par l'invasion de l'islam, par les jacqueries de 89 et des années suivantes, et par toutes les révolutions où tant de passions viles s'attellent à des passions nobles. — Mais, par bonheur, plus contagieux encore, en remontant à l'origine des sociétés, a été l'exemple du premier homme qui s'est dit : J'ai

faim et mon voisin a froid, offrons-lui ce vêtement qui m'est
inutile, en échange de cet aliment qu'il a de trop, et qu'ainsi
*mon* besoin de manger serve à satisfaire *son* besoin d'être
vêtu, et réciproquement. Excellente idée, bien simple aujour-
d'hui, bien originale au début de l'histoire, et d'où le travail,
le commerce, la monnaie, le droit et tous les arts sont nés
(je ne dis pas d'où est née la société, car elle existait déjà
sans doute avant l'échange, depuis le jour où un homme
quelconque en a copié un autre).

Qu'on le remarque, chaque nouveau genre de travail professionnel, chaque nouveau métier a pris naissance par suite
d'une découverte analogue à la précédente, anonyme le plus
souvent, mais non moins certaine, non moins importante
pour cela.

3° Comme importance historique cependant, nulle interférence mentale n'égale celle d'un désir et d'une croyance.
Mais il ne faut pas faire rentrer dans cette catégorie les cas
nombreux où une conviction, une opinion qui vient se greffer
sur un penchant n'agit sur lui qu'en suscitant un désir autre.
Ces cas éliminés, il en reste encore un nombre considérable
où l'idée survenante agit en tant que proposition sur le
désir rencontré et redoublé par elle. Je voudrais bien être
orateur à la Chambre, et un compliment d'ami me persuade
que je viens de révéler tout à l'heure un vrai talent oratoire ;
cette persuasion accroît mon ambition, qui contribue du
reste à me laisser persuader. Par la même raison, il n'est
pas d'erreur historique, de calomnie atroce ou extravagante,
d'insanité qui ne s'accrédite aisément à la faveur d'une
d'une passion politique, qu'elle concourt précisément à
attiser. Une croyance d'ailleurs attise un désir, tantôt parce
qu'elle fait juger plus réalisable l'objet de celui-ci, tantôt
parce qu'elle en est l'approbation. Il arrive aussi, pour continuer jusqu'au bout notre parallèle, qu'un homme aper-
çoive le profit qu'il peut tirer pour ses desseins propres
d'une croyance propre à autrui, quoiqu'il ne la partage pas

et qu'autrui ne partage pas son dessein. Cette aperception-là est une *trouvaille* que force imposteurs ont exploitée ou exploitent encore.

Ce genre spécial d'interférences et les découvertes inno-mées et majeures qui en sont le fruit comptent parmi les forces capitales qui mènent le monde. Qu'est-ce que le patrio-tisme du Grec et du Romain, si ce n'est une passion ali-mentée d'une illusion et *vice versa :* une passion, l'ambition, l'avidité, l'amour de la gloire; une illusion, la foi exagérée en leur supériorité, le préjugé *anthropocentrique*, l'erreur de s'imaginer que ce petit point dans l'espace, la terre, était l'univers, et que sur ce petit point Rome ou Athènes seules étaient dignes du regard des dieux? Et qu'est-ce en grande partie que le fanatisme de l'Arabe, le prosélytisme chrétien, la propagande jacobine et révolutionnaire, si ce n'est de telles croissances prodigieuses de passions sur des illusions, d'illusions sur des passions, les unes nourrissant les autres? Et c'est toujours à partir d'un homme, d'un *foyer*, que ces forces naissent (bien avant, il est vrai, le moment où elles éclatent et prennent rang historiquement). Un homme pas-sionné, rongé d'un désir impuissant de conquête, d'immor-talité, de régénération humaine, rencontre une idée qui ouvre à ses aspirations une issue inespérée : l'idée de la résurrection, du millénium, le dogme de la souveraineté du peuple et les autres formules du *Contrat social*. Il l'étreint, elle l'exalte; et le voilà qui se fait apôtre. Ainsi se répand une contagion politique ou religieuse. Ainsi s'opère la con-version de tout un peuple au christianisme, à l'islamisme, au socialisme peut-être demain.

Mais il n'a été question dans ce qui précède que des *inter-férences-combinaisons*, d'où il résulte une découverte, une addition, un accroissement de désir et de foi, les deux quan-tités psychologiques. L'histoire pourtant, cette longue suite d'opérations d'arithmétique morale, fait éclore au moins autant d'*interférences-luttes*, d'antagonismes internes qui, lorsqu'ils se produisent entre désirs ou croyances propres à un même individu, mais non hors de ce cas, s'accompagnent d'une perte sèche, d'une soustraction de ces quantités. Quand ces interférences ont lieu çà et là, obscurément, dans des individus isolés, ce sont des phénomènes peu remarqués, si ce n'est du psychologue; nous avons alors : 1° d'une part, les déceptions et le doute graduel des théoriciens téméraires, des prophètes politiques, qui voient les faits démentir leurs théories, rire de leurs prédictions; l'affaissement intellectuel des croyants sincères et instruits, qui sentent leur science en conflit avec leur religion ou avec leurs systèmes ; d'autre part, les discussions privées, judiciaires, parlementaires, où la foi se réchauffe au contraire au lieu de s'attiédir. Nous avons encore : 2° d'une part, l'inaction forcée, poignante, le suicide lent d'un homme combattu entre deux aptitudes ou deux penchants incompatibles, entre ses appétits de science et ses aspirations littéraires, entre son amour et son ambition, entre sa paresse et son orgueil; d'autre part, les concurrences, les compétitions de tout genre, qui mettent en activité tous les ressorts, ce qu'on appelle de nos jours la lutte pour la vie. Nous avons enfin : 3° d'une part, la maladie du découragement, état d'une âme qui veut très fort et qui croit très fort ne pouvoir pas, abîme où tombent les amoureux et les partis las d'attendre ou bien l'angoisse du scrupule ou du remords, état d'une âme qui juge mauvais l'objet de ses vœux ou qui juge bon l'objet de ses répulsions; d'autre part, les résistances faites aux entreprises et aux passions des enfants, qui veulent très fort quelque chose, par leurs parents, qui croient très fort qu'elle est impossible ou dangereuse, ou bien aux entreprises et aux passions des novateurs quelconques par des gens prudents et expérimentés : résistances nullement calmantes, on le sait assez.

Accomplis sur une grande échelle, multipliés par la vertu d'un large courant social, d'un puissant entraînement imitatif, ces mêmes phénomènes, toujours les mêmes au fond, obtiennent sous d'autres noms les honneurs de l'histoire. ils deviennent : 1° d'une part, le scepticisme énervant d'un peuple pris entre entre deux religions ou deux Églises opposées, ou entre ses prêtres et ses savants qui se contredisent ; d'autre part, les guerres religieuses de peuple à peuple quand elles ont le désaccord des croyances pour seul et principal motif ; — 2° d'une part, l'inertie et l'avortement d'un peuple ou d'une classe qui s'est créé des besoins *nouveaux* opposés à ses intérêts permanents, le besoin du confort et de la paix, par exemple, quand un redoublement d'esprit militaire lui serait indispensable, ou des passions factices contraires à ses instincts naturels (c'est-à-dire au fond à des passions qui ont commencé à être factices aussi, importées et adoptées, mais qui sont beaucoup plus anciennes) ; d'autre part, la plupart des guerres politiques extérieures ; — 3° d'une part, le désespoir amer d'un peuple ou d'une classe qui rentre par degrés dans le néant historique, d'où un élan d'enthousiasme et de foi l'avait fait sortir, ou bien la gêne et l'oppression pénible d'une société dont les vieilles maximes traditionnelles, chrétiennes et chevaleresques, jurent avec ses aspirations nouvelles, laborieuses et utilitaires ; d'autre part, les oppositions proprement dites, les luttes des conservateurs et des révolutionnaires, et les guerres civiles.

Or, qu'il s'agisse des individus ou des peuples, ces états douloureux, scepticisme, inertie, désespoir, et encore mieux ces états violents, disputes, combats, oppositions, pressent vivement l'homme de les franchir. Mais, comme les derniers, quoique plus pénibles, sont, jusqu'à un certain point et momentanément, des gains de foi et de désir, ce sont précisément ceux-là qu'il ne franchit jamais ou dont il ne sort que pour y rentrer aussitôt, tandis que, bien souvent, et pour de longues périodes, il parvient à se délivrer des premiers, qui sont des affaiblissements immédiats de ses deux forces maîtresses. — De là ces interminables dissi-

dences, rivalités, contrariétés, entre hommes dont chacun
s'est mis finalement d'accord avec lui-même par l'adoption
d'un système logique d'idées et d'une conduite conséquente.
De là l'impossibilité ou la presque impossibilité, ce semble,
d'extirper la guerre et les procès dont tout le monde souffre,
quoique la bataille interne des désirs ou des opinions, dont
quelques-uns souffrent, aboutisse le plus souvent en eux à
des traités de paix définitifs. De là la renaissance infinie de
cette hydre aux cent têtes, de cette éternelle question
sociale, qui n'est pas propre à notre époque, mais à tous
les temps, car elle ne consiste pas à se demander comment
se termineront les états débilitants, mais comment se termineront les états violents. En d'autres termes, elle ne
consiste pas à se demander : De la science ou de la religion,
laquelle l'emportera et doit l'emporter dans la grande majorité des esprits? Est-ce le besoin de discipline sociale ou
les élans d'envie, d'orgueil et de haine en révolte, qui pré-
vaudront et doivent prévaloir finalement dans les cœurs?
Est-ce par une résignation courageuse, active, et une abdi-
cation de leurs prétentions passées, ou au contraire par
une nouvelle explosion d'espérance et de foi dans le succès,
que les classes anciennement dirigeantes sortiront à leur
honneur de leur torpeur actuelle? Et la nouvelle société
refondra-t-elle légitimement la morale et le point d'honneur
à son effigie, ou la vieille morale aura-t-elle la force et le
droit de refrapper la société? Problèmes qui assurément ne
tarderont pas beaucoup à être résolus et dont il est aisé dès
à présent de pressentir la solution. Mais tout autrement
ardus et malaisés à extirper sont les problèmes suivants, qui
constituent vraiment la question sociale : Est-ce un bien,
est-ce un mal que l'unanimité complète des esprits s'éta-
blisse un jour par l'expulsion ou la conversion plus ou moins
forcée d'une minorité dissidente, et la verra-t-on jamais
s'établir? Est-ce un bien, est-ce un mal que la concurrence
commerciale, professionnelle, ambitieuse, des individus, et

aussi bien la concurrence politique et militaire des peuples
viennent à être supprimées par l'organisation tant rêvée du
travail ou tout au moins par le socialisme d'État, par une
vaste confédération universelle ou tout au moins par un
nouvel équilibre européen, premier pas vers les États-Unis
d'Europe; et l'avenir nous réserve-t-il cela? Est-ce un bien,
est-ce un mal que, s'affranchissant de tout contrôle et de
toute résistance, une autorité sociale forte et libre, absolument souveraine et susceptible de très grandes choses, se
montre enfin, toute-puissance césarienne ou conventionnelle
d'un parti ou d'un peuple, le plus philanthrope d'ailleurs et
le plus intelligent qu'on pourra imaginer; et faut-il nous
attendre à cette perspective?

Voilà la question, et c'est parce qu'elle est ainsi posée
qu'elle est redoutable. Car il en est de l'humanité comme de
l'homme, qui se meut toujours dans le sens de la plus grande
vérité et de la plus grande puissance, de la plus grande
somme de conviction et de confiance, de foi, en un mot, à
obtenir; et on peut douter si c'est par le développement de
la discussion, de la concurrence et de la critique, ou à l'inverse par leur étouffement, par l'épanouissement imitatif
illimité d'une pensée unique, d'une volonté unique, consolidée en se répandant, que ce *maximum* peut être atteint.

# V

Mais la digression qui précède nous a fait anticiper sur des
questions qui seront mieux traitées ailleurs. Revenons au
sujet de ce chapitre, et, après avoir passé en revue les principales analogies des trois formes de la Répétition, disons
un mot de leurs différences, qui ne sont pas moins instructives. D'abord, la solidarité de ces trois formes est unilatérale,
non réciproque. La génération ne saurait se passer de l'ondulation, qui n'a pas besoin d'elle, et l'imitation dépend des

deux autres, qui n'en dépendent pas. Après deux mille ans, le
manuscrit de la République de Cicéron est retrouvé, on l'imprime, on s'en inspire : imitation posthume qui n'aurait
pas eu lieu si les molécules du parchemin n'avaient duré et
certainement vibré (ne serait-ce que par l'effet de la température ambiante) et si, en outre, la génération humaine n'eût
fonctionné sans interruption depuis Cicéron jusqu'à nous.
Il est remarquable, ici, comme partout, que le terme le plus
complexe, le plus libre, est servi par ceux qui le sont le
moins. L'inégalité des trois termes à cet égard est, en effet,
manifeste. Tandis que les ondes s'enchaînent, isochrones
et contiguës, les êtres vivants, d'une durée assez variable,
se détachent et se séparent, d'autant plus indépendants
qu'ils sont plus élevés. La génération est une ondulation
libre dont les ondes font monde à part. L'imitation fait
mieux encore, elle s'exerce, non seulement de très loin, mais
à de grands intervalles de temps. Elle établit un rapport
fécond entre un inventeur et un copiste séparés par des
millions d'années, entre Lycurgue et un conventionnel de
Paris, entre le peintre romain, qui a peint une fresque de
Pompéi et le dessinateur moderne qui s'en inspire. L'imitation est une génération à distance [1]. On dirait que ces
trois formes de la Répétition sont trois reprises d'un même
effort pour étendre le champ où elle s'exerce, pour fermer successivement toute issue à la rebellion des éléments toujours
prêts à briser le joug des lois, et pour contraindre leur foule
tumultueuse, par des procédés de plus en plus ingénieux et
puissants, à marcher au pas en masses de plus en plus fortes

---

(1) Si, comme le croit Ribot, la mémoire n'est que la forme cérébrale
de la nutrition, — si, d'autre part, la nutrition n'est qu'une génération
interne, — si, enfin, l'Imitation n'est qu'une mémoire sociale (V. notre
*Logique sociale* à ce sujet) — il suit de là qu'entre la Génération et l'Imitation, il y a non seulement analogie, comme je l'ai montré, mais identité
fondamentale. L'Imitation, phénomène social élémentaire et continu, serait
la suite et l'équivalent social de la Génération, entendue au sens vaste, y
compris la Nutrition.

et mieux organisées. Pour montrer le progrès accompli en ce sens, comparons un ouragan, une épidémie, une insurrection. Un ouragan se propage de proche en proche, et jamais on ne voit une onde se détacher pour aller porter au loin, *omisso medio*, le virus de la tempête. L'épidémie sévit autrement, elle frappe à droite et à gauche, épargnant telle maison, ou telle ville entre plusieurs autres, très éloignées, qu'elle atteint presque à la fois. Plus librement encore se répand l'insurrection de capitale en capitale, d'usine en usine, à partir d'une nouvelle annoncée par le télégraphe. Parfois même la contagion vient du passé, d'une époque morte.

Autre différence importante. L'œuvre imitée l'est d'ordinaire dans son état de développement complet, sans passer par les tâtonnements du premier ouvrier. Ce procédé artistique est donc supérieur en célérité au procédé vital; il supprime les phases embryonnaires, l'enfance et l'adolescence. Ce n'est pas que la vie elle-même ignore l'art des abréviations; si la série des phases embryonnaires répète, comme on le croit (non sans restriction), la série zoologique et paléontologique des espèces antérieures et parentes, il est clair que ce résumé individuel de la lente élaboration vivante est devenu prodigieusement succinct à la longue : mais, dans la suite des générations qui s'écoulent sous nos yeux, on n'observe point que la durée de la gestation et de la croissance aille s'abrégeant. Tout ce que l'on constate à ce point de vue, c'est que les maladies et les caractères individuels quelconques, transmis par un père à ses enfants, se produisent chez ceux-ci à un âge un peu plus précoce que l'âge de leur apparition chez celui-là. Que l'on compare ce faible progrès à ceux de nos fabrications : nos montres, nos tissus, nos épingles, nos articles de tous genres, se fabriquent dix fois, cent fois plus vite qu'à l'origine. Quant à l'ondulation, dans quelle mesure infinitésimale elle participe à cette faculté d'accélération! Les ondes qui se suivent seraient rigoureusement isochrones, c'est-à-dire mettraient le même temps à naître, croître et mourir, si leur température restait constante. Mais leur agitation (Laplace, du moins, corrigeant sur ce point la formule de Newton, a relevé ce fait en ce qui concerne les ondes sonores) a pour effet nécessaire d'échauffer leur milieu, et, par conséquent, d'accélérer leur succession. Toutefois, on gagne bien peu de temps de la sorte, on en gagne infiniment plus par les mécanismes répétiteurs propres à la vie, et surtout à la société, puisque les œuvres d'imitation, avons-nous dit, sont entièrement affranchies de l'obligation de traverser, même en abrégé, les étapes des progrès antérieurs. Aussi les transformations de la nature vivante sont-elles bien moins rapides que celles du monde social. Si partisan qu'on puisse être de l'évolution brusque et non lente, on admettra sans peine que l'aile des oiseaux n'a pas remplacé la première paire de pattes des reptiles aussi rapidement que nos locomotives se sont substituées aux diligences. Cette remarque, entre autres conséquences, relègue à sa vraie place le naturalisme historique, suivant lequel les institutions, les lois, les idées, la littérature, les arts d'un peuple doivent nécessairement et toujours naître de son fonds, germer avec lenteur et s'épanouir comme des bourgeons, sans qu'il soit permis de rien créer de toutes pièces sur le sol d'une nation. Cette thèse est juste, tant qu'un peuple n'a pas épuisé la phase naturelle de son existence, celle où, sous l'empire dominant de *l'imitation-coutume*, comme nous le dirons plus loin, il reste dans ses changements aussi asservi à l'hérédité qu'à l'imitation pure et simple. Mais à mesure que celle-ci s'émancipe, quand on se trouve en présence d'un radicalisme quelconque qui menace d'appliquer son programme révolutionnaire du soir au lendemain, il faudrait se garder de se rassurer outre mesure contre la possibilité de ce danger en se fondant sur de prétendues lois de la végétation historique. L'erreur, en politique, est de ne pas croire à l'invraisemblable et de ne jamais prévoir ce que l'on n'a jamais vu.

# CHAPITRE II

## LES SIMILITUDES SOCIALES ET L'IMITATION

Dans le précédent chapitre, nous avons énoncé, sans la développer, cette thèse, que toute similitude sociale a l'imitation pour cause. — Mais cette formule ne saurait être acceptée à la légère, et il importe de la bien comprendre pour reconnaître sa vérité aussi bien que celle des deux autres formules analogues relatives aux similitudes biologiques et physiques. Au premier regard jeté sur les sociétés, il semble que les exceptions et les objections abondent.

I. — En premier lieu, il y a souvent entre deux espèces vivantes appartenant à des types distincts force traits de ressemblance, soit anatomiques, soit physiologiques, qui ne peuvent s'expliquer, semble-t-il, par la répétition héréditaire, puisque, dans bien des cas, le progéniteur commun auquel il est permis de les rattacher l'une et l'autre était ou devait être dépourvu de ces caractères. La conformation extérieure, par laquelle la baleine ressemble aux poissons, ne lui vient pas assurément de l'ancêtre hypothétique commun aux poissons et aux mammifères, et à partir duquel ces deux classes se seraient formées. A plus forte raison, si l'abeille rappelle l'oiseau par la fonction du vol, ce n'est pas que l'oiseau et l'abeille aient hérité l'aile ou l'élytre de leur très antique aïeul, rampant sans doute et non volant. La même remarque s'applique aux instincts similaires que présentent beaucoup d'animaux d'espèces très distantes, comme l'ont observé Darwin et Romanes ; par exemple, à l'instinct qui fait simuler la mort pour échapper à un danger, instinct commun au renard, à des insectes, à des araignées, à des serpents, à des oiseaux. Ici, c'est seulement par l'identité du milieu physique dont ces êtres hétérogènes ont cherché à tirer parti en vue de satisfaire des besoins fondamentaux, essentiels à toute vie, et identiques en chacun d'eux, que la similitude observée s'explique. Or, l'identité du milieu physique, qu'est-ce, sinon la propagation uniforme des mêmes ondulations lumineuses, calorifiques ou sonores à travers l'air ou l'eau, composés eux-mêmes d'atomes vibrant toujours, et toujours de la même manière? Quant à l'identité des fonctions et des propriétés fondamentales de toute cellule, de tout protoplasme (la nutrition par exemple, et l'irritabilité), ne faut-il pas en demander la cause à la constitution moléculaire des éléments chimiques de la vie, toujours les mêmes, c'est-à-dire, par hypothèse, à leurs rythmes intérieurs de mouvements indéfiniment répétés plutôt qu'aux singularités propres, transmises par génération, scissipare ou autre, du premier noyau de protoplasme, en admettant qu'il ne s'en soit formé qu'un seul spontanément à l'origine? Par conséquent, les analogies dont je parle trouvent leur source dans la répétition, il est vrai, mais dans la forme physique, ondulatoire, et non dans la forme vitale, héréditaire, de la Répétition.

Il y a, de même, toujours, entre deux peuples parvenus séparément, par des voies indépendantes, à une civilisation originale, des ressemblances générales au point de vue linguistique, mythologique, politique, industriel, artistique, littéraire, où l'imitation de l'un par l'autre n'entre pour rien. « A l'époque où Cook visitait les Néo-Zélandais, dit Quatrefage (*Espèce humaine*, p. 336) ceux-ci offraient des ressemblances étranges avec les Highlanders de Bob-Roy et de Mac Yvov. » Cette ressemblance entre l'organisation sociale des Maoris et les anciens clans d'Écosse n'est certainement due à aucun fonds commun de traditions, et les linguistes ne s'amuseront pas à faire dériver leurs langues d'une même langue mère. A l'arrivée de Cortez au Mexique, les Aztecs possédaient, comme tant de peuples de l'ancien continent, un roi, une noblesse, une classe agricole, une classe industrielle ; leur agriculture, avec ses îles flottantes et son irrigation perfectionnée, rappelait la Chine ; leur architecture, leur peinture, leur écriture hiéroglyphique, rappelaient l'Égypte ; leur calendrier, malgré son étrangeté, attestait des connaissances astronomiques voisines des nôtres à la même époque ; leur religion, quoique sanguinaire, ne laissait pas de ressembler à la nôtre par quelques-uns de ses sacrements, le baptême et la confession notamment. Les coïncidences de détail sont parfois si étonnantes qu'on y a vu des raisons de croire[1] à une importation directe des institutions et des arts de l'ancien monde par quelques naufragés. Mais sous ces rapprochements et une infinité d'autres du même genre, n'est-il pas plus vraisemblable d'apercevoir, d'une part, l'unité fondamentale de la nature humaine, l'identité de ses besoins organiques dont la satisfaction est le but de toute évolution sociale, et l'identité de ses sens, de sa conformation cérébrale ; d'autre part, l'uni-

---

[1] Le fait est que les rapprochements sont multiples et frappants. La civilisation, en Amérique comme en Europe, a passé successivement « de l'âge de la pierre à l'âge de bronze par des méthodes et sous des formes identiques. Les *teocalli* du Mexique répondent aux pyramides d'Égypte, comme les *mounds* de l'Amérique du Nord répondent aux *tumuli* de Bretagne et de Scythie, comme les *pylônes* du Pérou reproduisent ceux d'Étrurie et d'Égypte. » (Clémence Royer, *Revue scientifique*, 31 juillet 1886.) Ce qui est plus surprenant encore, la langue basque ne présente d'affinités qu'avec certaines langues américaines. — Ce qui affaiblit la portée de ces similitudes, c'est que les points de comparaison en sont puisés un peu artificiellement, non pas entre deux civilisations, mais entre un grand nombre de civilisations différentes, soit de l'ancien, soit du nouveau monde.

formité de la nature extérieure qui, offrant à des besoins presque pareils à peu près les même réssources, et à des yeux presque pareils à peu près les mêmes spectacles, doit provoquer inévitablement partout des industries, des arts, des perceptions, des mythes, des théories assez semblables? Ces ressemblances, comme celles dont il a été parlé plus haut, rentreraient donc, il est vrai, dans le principe général que toute similitude est née d'une répétition ; mais, quoique sociales, elles auraient pour cause des répétitions d'ordre biologique et d'ordre physique, des transmissions héréditaires de fonctions et d'organes qui constituent les races humaines, et des transmissions vibratoires de températures, de couleurs, de sons, d'électricité, d'affinités chimiques, qui constituent les climats habités et les sols cultivés par l'homme.

Voilà l'objection ou l'exception dans toute sa force. Malgré sa gravité apparente, il en résulte simplement qu'il y a lieu d'établir en sociologie une distinction calquée sur celle des *analogies* et *des homologies*, usuelle en anatomie comparée. Or, les conformités du premier genre dont il a été question ci-dessus, par exemple, la comparaison de l'élytre de l'insecte avec l'aile de l'oiseau, paraissent superficielles et insignifiantes au naturaliste, si frappantes qu'elles puissent être, il ne daigne pas s'y arrêter, il les nie presque, tandis qu'il attache le plus haut prix aux similitudes tout autrement profondes et précises à son point de vue entre l'aile de l'oiseau, la patte du reptile et la nageoire du poisson[1]. Si cette manière de juger lui est permise, je ne vois pas pourquoi on refuserait au sociologue le droit de traiter les *analogies fonctionnelles* des diverses langues, des diverses religions,

_____

(1) Il prête plus d'attention aux cas de *mimétisme*, énigme jusqu'ici indéchiffrable, mais qui, si la sélection naturelle en donnait vraiment la clé, se trouverait expliquée par les lois ordinaires de l'hérédité, par la fixation et l'accumulation héréditaires des variations individuelles les plus favorables au salut de l'espèce, parvenue de la sorte à revêtir comme un déguisement la livrée d'un autre.

des divers gouvernements, des diverses civilisations, avec
un égal mépris, et leurs *homologies anatomiques* avec un
égal respect. Déjà les linguistes et les mythologues se pénètrent de cet esprit. Le mot *teotl*, dans la langue des Aztecs,
a beau signifier dieu aussi bien que le mot *théos* en grec,
aucun linguiste ne verra là autre chose qu'une rencontre[1] et,
*par suite*, n'avouera que *teotl* et *théos* sont le même mot,
mais il prouvera que *bischop* est le même mot qu'*episcopos*.
La raison en est qu'un élément d'une langue ne saurait être,
à un moment donné de son évolution, détaché de toutes ses
transformations antérieures, ni considéré à part des autres
éléments qu'il reflète et qui le reflètent; d'où il suit qu'une
ressemblance constatée entre une de ses phases isolées et
une des phases d'un autre vocable emprunté à une autre
famille de langues et séparé de même de tout ce qui fait sa
vie et sa réalité, est un rapport factice entre deux abstrac-
tions, non un lien véritable entre deux êtres réels. Cette considération peut être généralisée[2].

(1) La rencontre est d'autant plus singulière d'ailleurs que *tl* dans *téotl*
ne compte pas, puisque cet accouplement de consonnes est la terminaison habituelle des mots mexicains. Téo et théô (au datif) ont absolument le même sens et le même son.

(2) Si la coutume de mutilations de diverses sortes, de la circoncision
par exemple, du tatouage, des cheveux coupés, en signe de subordination
à un dieu ou à un chef, existe sur les points du globe les plus distants,
en Amérique et en Polynésie, comme dans l'ancien monde, — si les totems
des sauvages de l'Amérique du Sud rappellent quelque peu même les
blasons de nos chevaliers du moyen âge, etc., on peut voir simplement
dans ces *rencontres,* dans ces similitudes, la preuve que les actions sont
gouvernées par les croyances, et que les croyances, dans une grande
mesure, sont suggérées à l'homme par les penchants innés de sa nature
partout identique au fond, et par les phénomènes de la nature extérieure,
beaucoup plus semblables entre eux que différents, malgré la diversité
des climats. — Ces analogies, il est vrai, peuvent bien ne pas avoir l'imitation pour cause. Mais aussi ne sont-elles que grossières, vagues, sans
signification sociologique, absolument comme le fait, pour les insectes, de
posséder des membres ainsi que les vertébrés, des yeux et des ailes ainsi
que les oiseaux, est insignifiant biologiquement. L'aile de l'oiseau et celle
de la chauve-souris, quoique fort différentes d'aspect, font partie de la
même évolution, ont le même passé et la possibilité d'un même avenir, ces
organes se touchent par une infinité de points de leurs transformations
successives; aussi sont-ils *homologues;* tandis que l'aile de l'insecte et

Mais cette réponse, qui consiste, au fond, à nier les similitudes embarrassantes, ne saurait suffire. Je tiens pour vraies et sérieuses, au contraire, bien des ressemblances qui se sont produites spontanément entre des civilisations restées sans communication connue ni probable les unes avec les autres ; et j'admets, en général, qu'une fois lancé dans la voie des inventions et des découvertes, le génie humain se trouve resserré par un ensemble de conditions internes ou extérieures, comme un fleuve par des coteaux, entre des limites étroites de développement, d'où résulte, en des bassins même éloignés, une certaine similitude approximative de son cours, et même par hasard, moins souvent pourtant qu'on ne le suppose, le parallélisme d'idées géniales[1], soit très simples, soit parfois assez compliquées, apparues indépendamment, et équivalentes sinon identiques[2]. Mais d'abord, en tant que l'homme a été contraint, par l'uniformité de ses besoins organiques, de suivre ce même chemin d'idées, il s'agit là de similitudes d'ordre biologique et non social, et c'est alors ma seconde, non ma

---

celle de l'oiseau n'ont quelque chose de commun qu'à l'une des phases de leurs évolutions très dissemblables.

La circoncision chez les Aztèques s'accompagnait-elle des mêmes cérémonies, avait-elle le même sens religieux que chez les Hébreux ? Non, pas plus que leur confession ne ressemblait à la nôtre. Ce détail des cérémonies est pourtant ce qui importe socialement, car c'est la part propre du milieu social dans la direction de l'activité individuelle. Et cette part va sans cesse grandissant.

(1) A plus forte raison, d'idées très simples, et qui n'exigent qu'un faible effort d'imagination. C'est le cas de bien des particularités de mœurs, même des plus singulières. Par exemple, en lisant l'ouvrage de M. Jametel sur la Chine, j'avais été surpris d'y voir relaté l'usage de *l'éructation par politesse*, chez les convives, à la fin d'un repas. Or, d'après M. Garnier et M. Hugonnet (*La Grèce nouvelle*, 1889), les Grecs modernes pratiquent la même observance cérémonielle... Evidemment, ici et là, le besoin de fournir la preuve évidente qu'on est rassasié, a suggéré l'idée ridicule, mais naturelle, de cette bizarre coutume.

(2) Par exemple, les mêmes besoins ont donné l'idée, dans l'ancien continent, de domestiquer le bœuf, et, en Amérique, d'apprivoiser le bison et le buffle (Voir Bourdeau, *Conquête du monde animal*, p. 212), ou bien, là, d'apprivoiser le chameau, ici, d'apprivoiser le lama.

troisième formule qui est applicable. C'est ainsi que, lorsque les conditions toutes pareilles des phénomènes lumineux ou sonores à percevoir en vue de leurs fins contraignent les animaux de divers embranchements à avoir des yeux et des oreilles qui ne sont pas sans quelque rapport, leur ressemblance à cet égard est physique, non vitale, et, comme telle, relève de l'ondulation, conformément à notre première formule.

Ensuite, comment et pourquoi le génie humain a-t-il parcouru la carrière en question, si ce n'est en vertu des causes initiales qui l'ont arraché à sa torpeur première, et qui, en le réveillant, ont fait aussi sortir tour à tour de leur sommeil les besoins virtuels et profonds de l'âme humaine ? Et ces causes, quelles sont-elles, si ce n'est quelques inventions et quelques découvertes primordiales, capitales, qui, ayant commencé à se répandre par imitation, ont mis leurs imitateurs en goût de découvrir et d'inventer ? A l'origine, un anthropoïde a imaginé (je conjecturerai plus loin comment) les rudiments d'un langage informe et d'une grossière religion : ce pas difficile qui faisait franchir à l'homme jusquelà bestial le seuil du monde social, a dû être un fait unique, sans lequel ce monde, avec toutes ses richesses ultérieures, fût demeuré plongé dans les limbes des possibles irréalisés. Sans cette étincelle, l'incendie du progrès ne se fût jamais déclaré dans la forêt primitive pleine de fauves ; et c'est elle, c'est sa propagation par imitation, qui est la vraie cause, la condition *sine qua non*. Cet acte originel d'imagination a eu pour effets non seulement les actes de l'imitation directement émanés de lui, mais encore tous les actes d'imagination qu'il a suggérés et qui eux-mêmes en ont suggéré de nouveaux, et ainsi de suite indéfiniment.

Ainsi, tout se rattache à lui, toute similitude sociale provient de cette première imitation dont il a été l'objet ; et je crois pouvoir le comparer à cet événement non moins exceptionnel qui, bien des milliers de siècles auparavant, s'était

produit sur le globe quand, pour la première fois, une
petite masse de protoplasme se forma, on ne sait comment,
et se mit à se multiplier par génération scissipare. De cette
première répétition héréditaire procèdent toutes les similitudes qui s'observent à l'heure actuelle entre tous les êtres
vivants. Il ne servirait de rien, d'ailleurs, de conjecturer,
fort gratuitement, que les premiers foyers de création protoplasmique, aussi bien que de création linguistique et
mythologique, ont été non uniques, mais multiples : en effet,
dans l'hypothèse de cette multiplicité, on ne saurait nier
qu'après une concurrence et une lutte plus ou moins longues,
la meilleure, la plus féconde des ébauches différentes, écloses
ainsi spontanément, a seule dû triompher et exterminer ou
absorber ses rivales.

Il ne faut pas perdre de vue, d'une part, que le besoin
d'inventer et de découvrir se développe, comme tout autre,
en se satisfaisant ; d'autre part, que toute invention se réduit
au croisement heureux, dans un cerveau intelligent, d'un
courant d'imitation, soit avec un autre courant d'imitation
qui le renforce, soit avec une perception extérieure intense,
qui fait paraître sous un jour imprévu une idée reçue, ou
avec le sentiment vif d'un besoin de la nature qui trouve
dans un procédé usuel des ressources inespérées. Mais, si
nous décomposons les perceptions et les sentiments dont il
s'agit, nous verrons qu'eux-mêmes se résolvent presque
entièrement, et de plus en plus complètement à mesure que
la civilisation avance, en éléments psychologiques formés
sous l'influence de l'exemple. Tout phénomène naturel est
vu à travers les prismes et les lunettes colorées de la langue
maternelle, de la religion nationale, d'une préoccupation
dominante, d'une théorie scientifique régnante, dont l'observation la plus libre et la plus froide ne saurait se dépouiller
sans s'anéantir ; — et tout besoin organique est ressenti
sous une forme caractéristique, consacrée par l'exemple am-
biant, et par laquelle le milieu social, en le précisant, en

l'actualisant, à vrai dire se l'approprie. Il n'est pas jusqu'au besoin de s'alimenter, devenu le besoin de manger du pain bis ou du pain blanc et telles ou telles viandes ici, du riz et tels ou tels légumes là ; il n'est pas jusqu'au besoin même de rapports sexuels, devenu le besoin de se marier ici ou là, suivant tels ou tels rites sacramentels, qui ne se soient transformés en produits nationaux, pour ainsi parler. A plus forte raison cela est-il vrai du besoin naturel de distraction, devenu le besoin des jeux du cirque, des combats de taureaux, des tragédies classiques, des romans naturalistes, des échecs, du piquet, du whist. Par suite, lorsque l'idée vint pour la première fois, au dernier siècle, de faire servir la machine à vapeur, déjà employée dans les usines, à satisfaire le besoin de voyager au loin sur les mers, besoin né de toutes les inventions navales antérieures et de leur propagation, nous devons voir dans cette idée de génie le croisement d'une imitation avec d'autres, aussi bien que dans l'idée, venue plus tard, d'adapter l'hélice au navire à vapeur, l'un et l'autre déjà connus depuis longtemps. Et quand la constatation visuelle des valvules des vaisseaux, se rencontrant dans l'esprit d'Harvey avec le souvenir de ses anciennes connaissances anatomiques, lui fit découvrir la circulation du sang, cette découverte n'était presque, en somme, que la rencontre d'enseignements traditionnels avec d'autres (à savoir avec les méthodes et les pratiques qui, longtemps suivies docilement par Harvey, disciple, lui avaient seules permis de faire un jour sa constatation magistrale), tout comme, ou peu s'en faut, le rapprochement de deux théorèmes déjà enseignés en fait luire un troisième à un géomètre.

Toutes les inventions et toutes les découvertes, donc, étant des composés qui ont pour éléments des imitations antérieures, sauf quelques apports extérieurs inféconds par eux-mêmes, et ces composés, imités à leur tour, étant destinés à devenir les éléments de nouveaux composés plus complexes, il suit de là qu'il y a un arbre généalogique de ces initiatives réussies, un enchaînement non pas rigoureux, mais *irréversible*, de leur apparition, qui rappelle l'emboîtement des germes rêvé par d'anciens philosophes. Toute invention qui éclôt est un possible réalisé, entre mille, parmi les possibles différents, je veux dire parmi les nécessaires conditionnels, que l'invention mère d'où elle découle portait dans ses flancs ; et, en apparaissant, elle rend impossibles désormais la plupart de ces possibles, elle rend possibles une foule d'autres inventions qui ne l'étaient pas naguère. Celles-ci seront ou ne seront pas, suivant la direction et l'étendue du rayon de son imitation à travers des populations déjà éclairées de telles ou telles autres lumières. Il est vrai que, parmi celles qui seront, les plus utiles seules, si l'on veut, survivront, mais entendez par là celles qui répondront le mieux aux problèmes du temps ; car, toute invention, comme toute découverte, est une réponse à un problème. Mais, outre que ces problèmes [1], toujours indéterminés comme les besoins dont ils sont la traduction vague, comportent les solutions les plus multiples, la question est de savoir comment, pourquoi et par qui ils se sont posés, à telle date et non à telle autre, et ensuite pourquoi telle solution a été adoptée de préférence ici, telle autre ailleurs [2]. Cela dépend d'initiatives individuelles, cela dépend de la nature des inventeurs et des

---

(1) En politique, c'est ce qu'on appelle des *questions :* la question d'Orient, la question sociale, etc.

(2) Il arrive quelquefois que, presque partout, la solution acceptée soit la même quoique le problème en comportât d'autres. C'est que cette solution, dira-t-on, était la plus naturelle. Oui, mais n'est-ce pas justement pour cela, peut-être, que, éclose quelque part seulement, et non partout à la fois, elle a fini par se répandre en tous lieux ? — Par exemple, la demeure des mauvais morts a presque partout été considérée, chez les peuples primitifs, comme souterraine, et celle des bienheureux comme céleste. La similitude va souvent fort loin. Les Indiens Salisles de l'Orégon, d'après Tylor, disent que les méchants vont habiter après leur mort un lieu couvert de neiges éternelles, « où, véritable supplice de Tantale, ils voient perpétuellement du gibier qu'ils ne peuvent pas tuer et de l'eau qu'ils ne peuvent pas boire ».

savants antérieurs, en remontant jusqu'aux premiers, peut-être les plus grands, qui, du faîte de l'histoire, ont précipité sur nous l'avalanche du progrès.

Nous avons de la peine à imaginer combien les idées les plus simples ont exigé de génie et de chances singulières. On peut croire, à première vue, que, de toutes les initiatives, celle qui consiste à asservir pour les exploiter, au lieu de les chasser simplement, les animaux inoffensifs répandus dans une contrée, est la plus naturelle, non moins que la plus féconde; et l'on est porté à la juger inévitable. Cependant, nous savons que le cheval, après avoir fait partie très anciennement de la faune américaine, avait disparu de l'Amérique au moment de la découverte de ce continent, et l'on s'accorde à expliquer sa disparition en admettant, dit Bourdeau (*Conquête du monde animal*), « que les chasseurs durent l'anéantir (pour le manger) en beaucoup de lieux (car le fait s'est produit aussi dans l'ancien monde), avant que les pasteurs songassent à le priver ». L'idée de l'apprivoiser était donc loin d'être forcée. Il a fallu un accident individuel pour que le cheval soit devenu domestique quelque part, d'où, par imitation, sa domestication s'est répandue. Mais ce qui est vrai de ce quadrupède l'est sans doute de tous les animaux domestiques et de toutes les plantes cultivées. — Or, se représente-t-on ce que pouvait être l'humanité sans ces inventions-mères!

En général, si l'on veut que les similitudes sociales des peuples séparés par des obstacles plus ou moins infranchissables (mais qui ont pu ne pas l'être dans le passé) ne s'expliquent pas par un modèle primitif dont tout souvenir a été perdu, il ne reste, le plus souvent, qu'à les expliquer par l'épuisement, en chacun d'eux, de toutes les inventions possibles sur un sujet donné et l'élimination de toutes les idées inutiles ou moins utiles. Mais cette dernière hypothèse est contredite par la stérilité relative d'imagination qui caractérise les peuples naissants. Il convient donc de s'attacher de préférence à la première et de n'y jamais renoncer sans raison manifeste. Est-il certain, par exemple, que l'idée de construire des habitations lacustres, commune aux anciens habitants de la Suisse et de la Nouvelle-Guinée, leur soit venue sans suggestion imitative? Même question relativement à l'idée de tailler des silex ou de les polir, de coudre avec des arêtes de poisson et des tendons, de frotter deux morceaux de bois pour en faire jaillir du feu. Avant de nier la possibilité de la diffusion de ces idées par une lente et graduelle imitation qui aurait fini par couvrir presque tout le globe, il faut se rappeler d'abord l'immense durée des temps dont dispose la préhistoire, et songer aussi que nous avons la preuve de relations entretenues à de grandes distances non seulement par les peuples de l'âge de bronze, qui devaient parfois faire venir l'étain de très loin, mais encore par les peuples de la pierre polie et peut-être de la pierre éclatée. Les grandes invasions conquérantes qui ont sévi de tout temps ont dû faciliter et universaliser fréquemment, dans la préhistoire même, ou plutôt dans la préhistoire surtout, car les grandes conquêtes sont d'autant plus aisées que les peuples à conquérir sont plus morcelés et plus primitifs, la diffusion des idées civilisatrices. L'irruption des Mongols au xiiie siècle est un bon échantillon de ces déluges périodiques; et nous savons qu'elle a eu pour effet de rompre, en plein moyen âge, les barrières des peuples les mieux clos, de mettre la Chine et l'Hindoustan en communication entre eux et avec l'Europe[1].

(1) Dans un article très intéressant, publié par la *Revue des Deux Mondes* du 1er mai 1890, M. Goblet d'Alviella fait de justes réflexions sur la rapidité et la facilité avec lesquelles les symboles religieux se répandent grâce aux voyages, à l'esclavage et aux *monnaies*, qui sont de véritables bas-reliefs mobiles. Il en est de même des symboles politiques. Par exemple, l'*aigle à deux têtes* des armes de l'empereur d'Autriche et du tzar de Russie leur vient de l'ancien empire germanique. Or, celui-ci n'a employé ce signe qu'à partir de l'expédition de Frédéric II, au xiiie siècle, en Orient, et il l'a emprunté aux Turcs. D'autre part, il y a des raisons de penser, d'après l'auteur cité, que la similitude si étonnante entre cet

Mais, à défaut même de ces événements violents; l'échange universel des exemples n'eût pas manqué de s'opérer à la longue. A ce sujet, faisons une remarque générale. La plupart des historiens sont portés à n'admettre l'influence d'une civilisation sur une autre que s'ils parviennent à constater entre elles l'existence de rapports commerciaux ou de luttes militaires. Il leur semble, implicitement, que toute action d'une nation sur une autre nation éloignée, par exemple, de l'Égypte sur la Mésopotamie ou de la Chine sur l'Empire romain suppose un transport de troupes, un envoi de vaisseaux ou un voyage de caravanes, de l'une à l'autre. Ils n'admettent pas, par exemple, que le courant de la civilisation babylonienne et le courant de la civilisation égyptienne aient communiqué ensemble antérieurement à la conquête de la Mésopotamie par l'Égypte, vers le XVIᵉ siècle avant notre ère. Ou bien, à l'inverse, mais toujours en vertu du même point de vue, dès que, par la similitude constatée des œuvres d'art, des monuments, des tombes, des débris funéraires, l'action d'une civilisation sur une autre leur paraît démontrée, ils en concluent aussitôt qu'il a dû y avoir entre l'une et l'autre des guerres ou des transactions régulières.

Cette opinion préconçue, si l'on a égard aux rapports que j'établis entre les trois formes de la Répétition universelle, n'est pas sans rappeler le préjugé des anciens physiciens, qui, partout où ils constataient une action physique, telle que l'éclairement ou l'échauffement, exercée par un corps sur un autre corps éloigné, y voyaient la preuve d'un transport de matière. Newton lui-même ne croyait-il pas que la

aigle à deux têtes et l'aigle pareillement bicéphale qui figure sur les bas-reliefs les plus antiques de la Mésopotamie, est due à une suite d'imitations. Voir encore, dans le même article, ce qui a trait à la diffusion imitative, si étendue, de la *croix gammée* comme porte-bonheur. — D'autre part, au contraire, il est probable que l'idée de symboliser par la croix le dieu des vents ou la rose des vents, est venue spontanément, sans nulle imitation, à la Mésopotamie et à l'empire aztèque.

propagation de la lumière solaire était produite par une
émission de particules projetées du soleil dans l'espace
immense? Mon point de vue en cela est aussi éloigné du
point de vue ordinaire que la théorie de l'ondulation, en
optique, l'est de celle de l'émission. Je ne nie pas, certes,
l'action sociale exercée ou plutôt provoquée par les mouvements d'armées ou de vaisseaux marchands, mais je conteste
qu'elle soit le mode unique ou même principal par lequel
s'opère la contagion rayonnante des civilisations. A partir
de leurs frontières, où elles se rencontrent indépendamment
de tout choc belliqueux et de tout troc commercial, les
hommes qui les représentent ont un penchant naturel à se
copier; et, sans avoir besoin de se déplacer dans le sens de
la propagation de leurs exemples, ils agissent continuellement
les uns sur les autres, à des distances indéfinies, comme des
molécules d'eau de la mer qui, sans se déplacer dans le sens
de leurs vagues, les envoient fort loin devant elles. Bien
avant, donc, qu'une armée pharaonique vînt à Babylone,
nombre de rites ou de-secrets industriels avaient passé de
la main à la main, en quelque sorte, d'Égypte en Babylonie.

Voilà ce qu'il faut admettre en tête de l'histoire. Et remarquons combien cette action-là est continue, puissante,
irrésistible. Jusqu'aux limites de la terre, pourvu qu'on lui
donne le temps voulu, elle ira infailliblement. Or, c'est par
centaines de milliers d'années qu'il faut chiffrer le passé
humain. Donc, il y a tout lieu de croire que, dès les époques
si rapprochées auxquelles nous prêtons le nom d'antiquité,
elle a dû s'étendre à l'univers entier.

Et, pour cela, il n'est pas nécessaire que la chose propagée soit utile, raisonnable ou belle. En voici un exemple.
Comment, si ce n'est pas imitation, ce grotesque usage qui
consiste à faire promener sur un âne, assis au rebours, les
maris battus par leurs femmes, a-t-il pu s'établir au moyen
âge, où on le rencontre en tant de lieux différents? Il est
manifeste qu'une idée si saugrenue n'a pu spontanément jaillir

à la fois en des cervelles distinctes. Cela n'empêche pas
M. Baudrillart, entraîné par le préjugé courant, de se persuader que les fêtes populaires se sont faites toutes seules, sans
nulle initiative individuelle, consciente et délibérée. « Ce qui
a établi, dit-il, les fêtes de la *Tarasque* à Tarascon, de la
*Graouilli* à Metz, du *Loup vert* à Jumièges, de la *Gargouille*
à Rouen, et tant d'autres, ce n'est, selon toute vraisemblance, aucun décret délibéré en conseil (je l'accorde), aucune
volonté préméditée (ici est l'erreur); ce qui les a rendues
périodiques, c'est un assentiment unanime *et spontané*... »
Se représente-t-on bien des milliers de gens à la fois concevant
et réalisant *spontanément* des singularités pareilles!

En résumé, tout ce qui est social et non vital ou physique,
dans les phénomènes des sociétés, aussi bien dans leurs
similitudes que dans leurs différences, à l'imitation pour
cause. Aussi n'est-ce pas sans raison qu'on donne généralement l'épithète de *naturel*, en tout ordre de faits sociaux,
aux ressemblances spontanées, non suggérées, qui s'y produisent entre sociétés différentes. On a le droit, quand on
aime à envisager les sociétés par ce côté spontanément simi-
laire, d'appeler cet aspect de leurs lois, de leurs cultes, de
leurs gouvernements, de leurs usages, de leurs délits, le droit
naturel, la religion naturelle, la politique naturelle, l'industrie naturelle, l'art naturel (je ne dis pas naturaliste), le
délit naturel... Or, ces similitudes importent certainement.
Mais le malheur est qu'à vouloir les préciser on perd son
temps, et, par ce caractère de vague et d'arbitraire incurables,
elles doivent finir par rebuter un esprit positif, habitué aux
précisions scientifiques.

On peut me faire observer que, si l'imitation est chose
sociale, ce qui n'est pas social, ce qui est naturel au suprême
degré, c'est la paresse instinctive d'où naît le penchant à
imiter pour s'éviter la peine d'inventer. Mais ce penchant lui-
même, s'il précède nécessairement le premier fait social,
l'acte par lequel il se satisfait, est très variable en intensité

et en direction, suivant la nature des habitudes d'imitation déjà formées. — On peut me dire encore : cette tendance n'est qu'une des formes d'un besoin jugé par vous inné et profond, et d'où vous faites découler (on le verra plus loin) toutes les lois de la logique sociale, c'est-à-dire le besoin d'un maximum de foi forte et solide. Si ces lois existent, comme leur origine ne peut avoir rien de social, les similitudes qu'elles produisent dans les institutions et les idées des peuples ont une cause non sociale, mais naturelle. Par exemple, l'explication des maladies par une possession diabolique, par une entrée d'esprits mauvais dans le corps du malade, s'est présentée aux sauvages américains de même qu'aux sauvages africains ou asiatiques, coïncidence déjà assez singulière; puis, cette explication une fois adoptée, on en a fait découler logiquement, dans l'ancien comme dans le nouveau monde, l'idée de guérir par voie d'exorcisme. — Mais je réponds que si une certaine orientation logique de l'homme présocial n'est pas niable, le besoin de coordination logique, accru et précisé par les influences du milieu social, y est sujet aux variations les plus étendues, les plus étranges, et s'y fortifie, s'y dirige comme tout autre, dans la mesure et au gré des satisfactions qu'il y reçoit. Nous en verrons ailleurs la preuve.

II. — Ceci m'amène à examiner une autre objection capitale qui peut m'être faite. Je n'aurai pas gagné grand'chose, en effet, à prouver que toutes les civilisations, même les plus divergentes, sont des rayons d'un même foyer primitif, s'il y a des raisons de penser que, passé un certain point, leur divergence va diminuant au lieu de s'accroître, et que, quel qu'eût été le point de départ, l'évolution des langues, des mythes, des métiers, des lois, des sciences et des arts, eût été se rapprochant de plus en plus de la voie suivie, en sorte que, inévitablement, le terme devait toujours être le même, prédéterminé, fatal.

Reste à savoir si cette hypothèse est vraie. Elle ne l'est pas. Montrons d'abord la conséquence extrême qu'elle implique. Il s'ensuit que, n'importe par quelle route spéculative, moyennant un temps suffisant, l'esprit scientifique devait aboutir en mathématiques au calcul infinitésimal, en astronomie à la loi de Newton, en physique à l'unité des forces, en chimie à l'atomisme, en biologie à la sélection naturelle ou à toute autre forme ultérieure du transformisme, etc. Et comme c'est sur cette science soi-disant une et inévitable que devrait s'appuyer l'imagination industrielle, militaire ou artistique, en quête de réponses à des besoins virtuellement innés, l'invention, par exemple, de la locomotive et du télégraphe électrique, des torpilles et des canons Krupp, de l'opéra wagnérien et du roman naturaliste, était chose nécessaire, plus nécessaire peut-être que l'art du potier réduit à sa plus simple expression. Or, ou je m'abuse fort, ou autant vaudrait-il dire que, dès ses premiers débuts, à travers toutes ses métamorphoses, la vie tendait à faire éclore certaines formes vivantes déterminées, et que, par exemple, l'ornithorynque ou le cactus, le lézard ou l'ophrys, ou même l'homme, ne pouvaient pas ne pas apparaître. Ne semble-t-il pas plus plausible d'admettre que le problème posé à chaque instant par la vie était indéterminé en soi, susceptible de multiples solutions?

L'illusion que je combats doit sa vraisemblance à une sorte de quiproquo. Il est certain que le progrès de la civilisation se reconnaît au nivellement graduel qu'elle établit sur un territoire toujours plus vaste, si bien qu'un jour, peut-être, un même type social, stable et définitif, couvrira l'entière surface du globe[1], jadis morcelée en mille types

(1) On verra cependant plus loin que, finalement, la *coutume*, c'est-à-dire l'imitation exclusive, doit l'emporter sur la *mode*, sur l'imitation prosélytique, et que, par suite de cette loi, le fractionnement de l'humanité en états distincts, en civilisations différentes, seulement moins nombreuses et plus vastes qu'à présent, peut fort bien être l'état final, aussi bien qu'actuel et passé, des sociétés.

sociaux différents, étrangers ou rivaux. Mais cette œuvre
d'uniformisation universelle, à laquelle nous assistons, révèle-
t-elle le moins du monde une orientation commune des
sociétés diverses vers un même pôle ? — Nullement, puisqu'elle a pour cause manifeste la submersion de la plupart
des civilisations originales sous le déluge de l'une d'elles,
dont le flux avance en nappes d'imitation sans cesse élargies.
Pour voir à quel point les civilisations indépendantes sont
loin de tendre à converger spontanément, comparons deux
civilisations parvenues à leur terme et s'y reposant, l'Empire
byzantin du moyen âge, par exemple, à l'Empire chinois de
la même époque. L'une et l'autre civilisation alors avaient
depuis longtemps porté tout leur fruit et atteint leur limite
extrême de croissance. La question est de savoir si, en cet
état de consommation finale, elles se ressemblaient plus
entre elles qu'elles ne s'étaient ressemblé dans le passé.
Il n'en est rien, et le contraire me semble bien plus vrai.
Comparez Sainte-Sophie avec ses mosaïques à une pagode
avec ses porcelaines, les mystiques miniatures des manuscrits aux plates peintures des potiches, la vie d'un mandarin
occupé de pointilleries littéraires, et entre temps donnant
l'exemple de labourer, à la vie d'un évêque de Byzance pas-
sionné pour des subtilités de théologie entremêlées de ruses
diplomatiques ; et ainsi de suite. Tout est contraste entre
l'idéal de jardinage raffiné, de famille pullulante, de moralité rabaissée, cher à l'un de ces peuples, et l'idéal de salut
chrétien, de célibat monastique, de perfection ascétique,
dont l'autre est halluciné. On a peine à ranger sous le même
vocable de religion le culte des ancêtres sur lequel l'un d'eux
est fondé, et le culte des personnes divines ou des saints
qui est l'âme de l'autre. Mais si je remonte aux plus anciens
âges de ces Grecs et de ces Romains dont la double culture
s'est amalgamée et complétée dans le Bas-Empire, j'y trouve
une organisation familiale qu'on dirait calquée sur celle de
la Chine. Dans l'antique famille aryenne, en effet, et j'ajoute

sémitique, comme dans la famille chinoise, nous trouvons non seulement le culte du feu de l'âtre et de l'âme des aïeux, mais encore les mêmes procédés imaginés pour honorer les morts, c'est-à-dire les offrandes d'aliments et le chant des hymnes accompagné de génuflexions, et aussi les mêmes fictions, à savoir l'adoption notamment, pour atteindre, en dépit de la stérilité accidentelle des femmes, le but capital, qui est de perpétuer avec la famille la petite religion du foyer.

On aura la contre-épreuve de cette vérité si, au lieu de comparer deux peuples originaux à deux phases successives de leur histoire, on met en parallèle deux classes ou deux couches sociales de chacune d'elles. Le voyageur, il est vrai, qui traverse plusieurs pays d'Europe, même les plus arriérés, observe plus de dissemblance entre les gens du peuple restés fidèles à leurs vieilles coutumes, qu'entre les personnes des classes supérieures. Mais c'est que celles-ci ont été touchées les premières du rayon de la mode envahissante : ici la similitude est visiblement fille de l'imitation. Au contraire, quand deux nations sont demeurées hermétiquement fermées l'une à l'autre, les membres de leurs noblesses ou de leurs clergés diffèrent certainement plus entre eux par leurs idées, leurs goûts et leurs habitudes, que leurs cultivateurs ou leurs manœuvres.

La raison en est que plus une nation ou une classe se civilise, plus elle échappe aux bords étroits où la servitude des besoins corporels, partout les mêmes, enserrait son développement, et débouche dans le libre espace de la vie esthétique, où la nef de l'art vogue au gré des vents que son propre passé lui souffle. Si la civilisation n'était que le plein épanouissement de la vie organique par le milieu social, il n'en serait pas ainsi ; mais on dirait que la vie, en s'épanouissant de la sorte, cherche, avant tout, à s'émanciper hors d'elle-même, à rompre son propre cercle, et ne tend à fleurir que pour s'essorer ; comme si rien ne lui était plus essentiel, comme à toute réalité peut-être, que de s'affranchir de son essence même. Le superflu donc, le luxe, le beau, j'entends le beau spécial que chaque époque et chaque nation se crée, est, en toute société, ce qu'il y a de plus éminemment social, et c'est la raison d'être de tout le reste, de tout le nécessaire et de tout l'utile. Or, nous allons voir que l'origine exclusivement imitative des similitudes devient de plus en plus incontestable à mesure qu'on s'élève du second au premier de ces deux ordres de faits. Les habitudes artistiques de l'œil, nées des anciens caprices individuels de l'art, deviennent des besoins hyper-organiques auxquels l'artiste est obligé de donner satisfaction, et qui limitent singulièrement le champ de sa fantaisie ; mais cette limitation, qui n'a rien de vital, est on ne peut plus variable d'après les temps et les lieux. C'est ainsi que l'œil du Grec, à partir d'une certaine époque, avait besoin de voir, en fait de colonnes, une forme ionique et corinthienne, tandis que l'œil égyptien, sous l'ancien Empire, exigeait un pilier carré, et, sous le moyen Empire, une colonne terminée en bouton de lotus. Ici, dans cette sphère de l'art pur ou plutôt presque pur, car l'architecture reste toujours un art industriel, ma formule relative à l'imitation, considérée comme la cause unique des similitudes sociales vraies, s'applique déjà à la lettre.

Elle s'appliquerait plus exactement encore en sculpture, en peinture, en musique, en poésie. Les idées du goût, en effet, et les jugements du goût, auxquels l'art répond, ne lui préexistent pas ; ils n'ont rien de fixe ni d'uniforme comme les besoins corporels et les perceptions des sens qui prédéterminent dans une certaine mesure les œuvres de l'industrie et les forcent à se répéter vaguement chez des peuples divers. Quand un ouvrage relève à la fois de l'industrie et de l'art, il faut donc s'attendre à ce que, semblable par ses caractères industriels à d'autres produits de provenance étrangère et indépendante, il en diffère par son côté esthétique. En général, cet élément différentiel paraît de mince importance à l'homme positif; n'est-ce pas seulement par le détail que se différencient les monuments, les vases, les meubles quelconques, les hymnes, les épopées des diverses civilisations ? Mais ce détail, cette nuance caractéristique, ce tour de phrase, ce coloris propre, c'est le style et la manière, qui importe à l'artiste par-dessus tout. C'est le signalement à la fois le plus visible et le plus profond d'une société, ici l'ogive, là le fronton, ailleurs le plein cintre, la forme maîtresse qui s'impose aux utilités au lieu de les subir, et, en cela, est parfaitement comparable à ces caractères morphologiques, dominateurs des fonctions, par lesquelles les types vivants se reconnaissent. Voilà pourquoi il est permis de nier, esthétiquement, c'est-à-dire au point de vue social le plus pur, la similitude vraie d'œuvres qui se distinguent par le détail seulement. Il est permis de dire, par exemple, que le gracieux petit temple égyptien d'Éléphantine ne ressemble pas à un temple grec périptère, malgré l'apparence, et d'écarter, par conséquent, la question de savoir si cette ressemblance ne serait pas une preuve que la Grèce a copié l'Égypte, comme le pensait Champollion. — En définitive, cela revient à dire que la formule s'applique d'autant plus exactement qu'il s'agit d'œuvres semblables répondant à des besoins plus factices, moins naturels, c'est-à-dire d'un ordre moins vital, plus social. D'où l'on peut induire que, si des œuvres se rencontraient jamais, inspirées par des mobiles exclusivement sociaux, absolument étrangers aux fonctions vitales, ce principe se vérifierait dans toute sa rigueur.

On a beaucoup parlé, entre esthéticiens, d'une prétendue loi du développement des beaux-arts qui les assujettirait à tourner dans le même cercle et à se rééditer indéfiniment. Le malheur est que nul n'ait jamais pu la formuler avec quelque précision sans se heurter au démenti des faits; et cette observation n'est pas sans s'appliquer aussi, mais moins bien, comme on doit s'y attendre d'après ce qui précède, aux soi-disant lois du développement des religions, des langues, des gouvernements, des législations, des morales, des sciences. Tout en partageant ce préjugé de notre époque, M. Perrot, dans son *Histoire de l'Art*, est forcé de convenir que l'évolution des ordres d'architecture n'a pas traversé en Égypte et en Grèce des phases analogues. Sans doute, là comme ici, la colonne de pierre des plus vieux âges, en succédant au poteau de bois, a commencé par l'imiter plus ou moins fidèlement et a longtemps retenu la marque de cette contrefaçon; et dans l'un et l'autre pays, ce sont des plantes locales, l'acanthe dans l'un, le lotus ou le palmier dans l'autre, qui ont été reproduites sur les chapiteaux pour les embellir. Sans doute, encore, grec ou égyptien, le pilier, massif et indivis au début, a été se subdivisant en trois parties, le chapiteau, le fût et sa base. Sans doute, enfin, la décoration du chapiteau en Grèce, et de la colonne tout entière en Égypte, a été se compliquant, se surchargeant d'ornements nouveaux.

Mais, de ces trois analogies, la première ne fait qu'attester une fois de plus notre principe premier, l'imitativité instinctive de l'homme social, et la troisième nous déduit une conséquence forcée de ce principe, l'accumulation graduelle des inventions qui ne se contredisent pas, grâce à la conservation et à la diffusion de chacune d'elles par l'imitation rayonnante dont elle est le foyer. Quant à la seconde, elle est une de ces analogies fonctionnelles dont j'ai parlé plus haut : Cette division tripartite de la colonne, en effet, était à peu près commandée par la nature des matériaux employés et la loi de la pesanteur, dès que le besoin d'abri en arrivait à exiger des demeures d'une certaine élévation. — Si l'on veut faire aux pseudo-lois du développement religieux, politique ou autre, que je viens de critiquer en passant, leur part de vérité, on verra qu'elle se résout en similitudes qui rentrent dans les trois catégories précédentes. S'il en est qu'on ne puisse y faire rentrer, c'est que l'imitation est intervenue.

Par exemple, les points de similitude entre le christianisme
et le bouddhisme, mais surtout entre le christianisme et le
culte de Krishna, sont si multipliés qu'ils ont paru suffisants
à divers savants des plus autorisés, notamment Weber, pour
affirmer une filiation historique de ces religions similaires.
La conjecture a d'autant moins lieu d'étonner qu'il s'agit de
religions prosélytiques.

D'ailleurs, — et ici les divergences significatives vont
éclater, — chez les Grecs « les proportions des supports se
sont modifiées toujours dans le même sens; c'est par un
chiffre de plus en plus élevé que s'est exprimé le rapport qui
représente la hauteur du fût comparé à son diamètre. Le
dorique du Parthénon est plus élancé que celui du vieux
temple de Corinthe; il l'est moins que le dorique romain...
Il n'en fut pas de même en Égypte; les formes ne tendirent
point à s'y effiler à mesure que les siècles s'écoulaient. La
colonne à seize pans et la colonne fasciculée de Béni-Hassen
n'ont pas de proportions plus ramassées que les colonnes des
monuments très postérieurs ». Le contraire même se rencontre, précisément l'inverse de l'évolution hellénique. « Il
y a donc, conclut l'auteur cité, dans la marche de l'art égyptien, des oscillations capricieuses. Cette marche est moins
régulière que celle de l'art classique, elle ne semble pas gouvernée par une logique interne aussi sévère.

Je dirai plutôt : Il suit de là que l'art ne veut pas se laisser
enfermer dans une formule, puisque cette formule, si formule il y a, tantôt paraît s'appliquer, tantôt, manifestement, ne s'applique en aucune manière, et précisément en ce
qui concerne les caractères les plus importants aux yeux du
connaisseur, les plus expressifs, les plus profonds. Quand
il s'agit de la colonne envisagée du point de vue utilitaire,
les conditions extérieures circonscrivent étroitement le champ
de l'invention architecturale et lui imposent certaines idées
fondamentales, comme des thèmes à varier. Mais, une fois
ce détroit franchi, le long duquel toutes les écoles devaient

suivre un cours presque parallèle, elles ont vogué chacune à part, diversement orientées, non pas plus libres du reste, mais chacune d'elles n'obéissant qu'aux inspirations de son propre génie. Dès lors, les coïncidences ne se produisent plus, et les dissemblances se creusent[1]. Alors devient prépondérante, souveraine, l'influence individuelle des Maîtres, soit passés, soit actuels, sur les transformations de leur art. Ainsi peuvent s'expliquer les « capricieuses oscillations » de l'architecture égyptienne ; et, si le développement de l'architecture grecque paraît plus rectiligne, n'est-ce pas une illusion? Si l'on ne se borne pas à considérer deux ou trois siècles remarquables de ce développement, si l'on embrasse l'entier déroulement de l'art grec depuis ses débuts mal connus jusqu'à ses dernières transformations byzantines, ne verra-t-on pas le besoin d'élancement croissant signalé par M. Perrot diminuer à partir d'une certaine époque? C'est une suite d'élégants et gracieux artistes qui ont fait croître et naître ce besoin visuel, comme ce sont des générations de solides constructeurs qui ont rendu général et permanent sur les bords du Nil le besoin de solidité massive, non pourtant sans des accès de goût différent, quand se faisait jour un architecte d'un tempérament original, moins porté à se conformer au génie national qu'à le réformer. — Mais combien ces considérations gagneraient à être illustrées par des exemples empruntés aux arts supérieurs, à la peinture, à la poésie, à la musique?

(1) Trouve-t-on rien d'analogue à l'obélisque ailleurs qu'en Égypte ? C'est que l'obélisque répondait non à un besoin principalement naturel, comme les portes, les fenêtres, les colonnes en tant que supports, mais à un besoin presque entièrement social.

# CHAPITRE III

## QU'EST-CE QU'UNE SOCIÉTÉ?

————

Ce que j'entends par *société* résulte assez clairement de ce qui précède, mais il importe de préciser davantage encore cette notion fondamentale.

## I

Qu'est-ce qu'une société? On a répondu en général : un groupe d'individus distincts qui se rendent de mutuels services. De cette définition aussi fausse que claire, sont nées toutes les confusions si souvent établies entre les soi-disant sociétés animales ou la plupart d'entre elles et les seules véritables sociétés, parmi lesquelles il en est, sous un certain rapport, un petit nombre d'animales[1].

A cette conception toute économique, qui fonde le groupe social sur la mutuelle assistance, on pourrait avec avantage substituer une conception toute juridique qui donnerait à un individu quelconque pour associés non tous ceux aux-

————

(1) Je serais fâché qu'on vît, dans ces lignes, une critique implicite de l'ouvrage de M. Espinas sur les *Sociétés animales*. La confusion signalée y est rachetée par trop d'aperçus justes et profonds pour mériter d'être relevée.

quels il est utile ou qui lui sont utiles, mais tous ceux, et
ceux-là seulement, qui ont sur lui des droits établis par la
loi, la coutume et les convenances admises, ou sur lesquels
il a des droits analogues, avec ou sans réciprocité. — Mais
nous verrons que ce point de vue, quoique préférable, res-
serre trop le groupe social, de même que le précédent l'élargit outre mesure. — Enfin, une notion du lien social, toute
politique ou toute religieuse, serait aussi possible. Partager
une même foi ou bien collaborer à un même dessein patriotique, commun à tous les associés et profondément distinct
de leurs besoins particuliers et divers pour la satisfaction
desquels ils s'entr'aident ou non, peu importe : ce serait là
le vrai rapport de société. Or, il est certain que cette unanimité de cœur et d'esprit est bien le caractère des sociétés
achevées; mais il est certain aussi qu'un commencement de
lien social existe sans elle, par exemple entre Européens de
diverses nationalités. Par suite, cette définition est trop
exclusive. D'ailleurs, la conformité de desseins et de
croyances dont il s'agit, cette similitude mentale que se
trouvent revêtir à la fois des dizaines et des centaines de
millions d'hommes n'est pas née *ex abrupto*; comment s'est-
elle produite? Peu à peu, de proche en proche, par voie
d'imitation. C'est donc là toujours qu'il faut en venir.

Si le rapport de sociétaire à sociétaire était essentiellement un échange de services, non seulement il faudrait
reconnaître que les sociétés animales méritent ce nom, mais
encore qu'elles sont les sociétés par excellence. Le pâtre et
le laboureur, le chasseur et le pêcheur, le boulanger et le
boucher, se rendent des services sans doute, mais bien moins
que les divers sexes des termites ne s'en rendent entre eux.
Dans les sociétés animales elles-mêmes, les plus vraies ne
seraient pas les plus hautes, celles des abeilles et des fourmis, des chevaux ou des castors, mais les plus basses, celles
des siphonophores, par exemple, où la division du travail
est poussée au point que les uns mangent pour les autres

qui digèrent pour eux. On ne saurait concevoir de plus
signalé service. Sans nulle ironie et sans sortir de l'humanité, il s'ensuivrait que le degré du lien social entre les
hommes se proportionnerait à leur degré d'utilité réciproque.
Le maître abrite et nourrit l'esclave, le seigneur défend et
protège le serf, en retour des fonctions subalternes que remplissent l'esclave et le serf au profit du maître ou du seigneur : il y a là mutualité de services, mutualité imposée
de force, il est vrai, mais n'importe si le point de vue économique doit primer et si on le considère comme destiné à
l'emporter de plus en plus sur le point de vue juridique.
Donc le Spartiate et l'ilote, le seigneur et le serf, et aussi
bien le guerrier et le commerçant hindous, seraient bien
plus socialement liés que ne le sont entre eux les divers
citoyens libres de Sparte, ou les seigneurs féodaux d'une
même contrée, ou les ilotes, ou les serfs d'un même village,
de mêmes mœurs, de même langue et de même religion !

On a pensé à tort qu'en se civilisant, les sociétés donnaient
la préférence aux relations économiques sur les relations
juridiques. C'est oublier que tout travail, tout service, tout
échange repose sur un véritable contrat garanti par une
législation de plus en plus réglementaire et compliquée, et
qu'aux prescriptions légales accumulées s'ajoutent les usages
commerciaux ou autres, ayant force de lois, les *procédures*
multipliées de tous genres, depuis les formalités simplifiées,
mais généralisées de la politesse, jusqu'aux us électoraux et
parlementaires [1]. La société est bien plutôt une mutuelle
détermination d'engagements ou de consentements, de droits
et de devoirs, qu'une mutuelle assistance. Voilà pourquoi
elle s'établit entre des êtres ou semblables ou peu différents
les uns des autres. La production économique exige la spé-

_____

(1) C'est une erreur de penser que le règne de la *cérémonie*, du *gouvernement cérémoniel*, comme dit Spencer, va déclinant. A côté des procédures vieillies, appelées cérémonies qui tombent, il y a les cérémonies
en vigueur, sous le nom de procédures, qui s'élèvent et se multiplient.

cialisation des aptitudes, laquelle, poussée à bout, conformément au vœu inexprimé, mais logiquement inévitable, des
économistes, ferait du mineur, du laboureur, de l'ouvrier
tisseur, de l'avocat, du médecin, etc., autant d'espèces
humaines distinctes. Mais, par bonheur, la prépondérance
certaine, et vainement niée, des rapports juridiques, interdit
à cette différenciation des travailleurs de s'accentuer trop,
et la force même à ̄s'affaiblir chaque jour davantage. Le
droit, il est vrai, n'est ici qu'une suite et une forme du penchant de l'homme à l'imitation. Est-ce au point de vue utilitaire qu'on se place quand on apprend au paysan ses droits,
quand on l'instruit, au risque de voir les populations rurales
quitter la charrue et la bêche, et la double mamelle du labou-
rage et du pâturage tarir? Non, mais le culte de l'égalité a
prévalu sur cette considération. On a voulu introduire plus
avant dans la société supérieure des classes qui, malgré un
échange incessant de services, n'en faisaient point partie à
tant d'égards; et, pour cela, on a compris qu'il fallait les
*assimiler par contagion imitative* aux membres de la société
d'en haut, ou, pour mieux dire, qu'il fallait composer leur
être mental et *social* d'idées, de désirs, de besoins, d'éléments en un mot isolément semblables à ceux qui constituent
l'esprit et le caractère des membres de cette société.

Si les êtres les plus différents, le requin et le petit poisson
qui lui sert de cure-dents, l'homme et ses animaux domestiques, peuvent fort bien s'entre-servir, si même parfois les
êtres les plus différents peuvent collaborer à une œuvre
commune, le chasseur et le chien de chasse, les deux sexes
souvent si dissemblables, il est au contraire une condition
sans laquelle deux êtres ne sauraient s'obliger l'un envers
l'autre et se reconnaître l'un sur l'autre des droits, c'est
qu'ils aient un fonds d'idées et de traditions commun, une
langue ou un traducteur commun, toutes similitudes étroites
formées par l'éducation, l'une des formes de la transmission
imitative. Voilà pourquoi les conquérants de l'Amérique,

Espagnols ou Anglais, n'ont jamais reconnu de droits aux indigènes, ni ceux-ci à ceux-là. La différence des races a joué ici un bien moindre rôle que la différence des langues, des mœurs, des religions, ou n'a agi que comme auxiliaire de cette dernière cause d'incompatibilité [1]. Voilà pourquoi, au contraire, une chaîne étroite de droits et d'obligations réciproques unissait, de la plus haute branche à la plus basse racine, tous les membres de l'arbre féodal, d'une constitution si éminemment juridique. Ici, en effet, de l'Empereur au serf, la propagande chrétienne avait produit, au XIIe siècle, la plus profonde assimilation mentale qui se soit vue. Et c'est essentiellement à cause de ce réseau de droits que l'Europe féodale formait d'un bout à l'autre une société véritable, la *chrétienté*, non moins étroite qu'aux plus beaux jours de l'empire romain l'avait été *la romanité* (*romanitas*). Veut-on la contre-épreuve de ceci? La voici : Les émigrants chinois et hindous, dans les Antilles, ont beau être liés à leurs maîtres blancs par des services réciproques, et même par des contrats synallagmatiques, jamais un lien véritablement social ne s'établit entre eux, car ils ne parviennent jamais à s'assimiler. Il y a là contact et utilisation mutuelle de deux ou trois civilisations distinctes, de deux ou trois faisceaux distincts d'inventions imitativement rayonnantes dans leur sphère propre, mais il n'y a pas de société dans le vrai sens du mot.

C'est en vertu d'une notion principalement économique de la société que la division hindoue des castes avait été établie. Les castes étaient des races distinctes qui s'entr'aidaient puissamment. Loin donc de dénoter un état avancé de civilisation, la tendance à subordonner la considération

---

(1) Aux XVIe et XVIIe siècles, où la population armée et la population civile étaient profondément dissemblables, les militaires en campagne se croyaient tout permis sur les civils, amis ou ennemis, en fait de viols, de pillages, de massacres, etc., conformément au droit des gens d'alors ; mais *entre eux*, ils s'épargnaient davantage.

morale des droits à la considération utilitaire des services et des œuvres, perd de sa force à mesure que l'humanité s'améliore et que la grande industrie même y fait des progrès [1]. A vrai dire, l'homme civilisé de noś jours tend à se passer de l'assistance de l'homme. C'est de moins en moins à un autre homme profondément différent de lui, professionnellement spécialisé, qu'il a recours, c'est de plus en plus aux forces de la nature asservie. L'idéal social de l'avenir n'est-ce pas la reproduction en grand de la cité antique, où les esclaves, comme on l'a dit et répété à satiété, seraient remplacés par des machines, et où le petit groupe des citoyens égaux, semblables, ne cessant de s'imiter et de s'assimiler, indépendants d'ailleurs et inutiles aux autres, du moins en temps de paix, serait devenu la totalité des hommes civilisés? La solidarité économique établit entre les travailleurs un lien plutôt vital que social; nulle organisation du travail ne sera jamais comparable sous ce rapport à l'organisme le plus imparfait. La solidarité juridique a un caractère exclusivement social, mais pourquoi? Parce qu'elle suppose la similitude par imitation. Et quand cette similitude existe sans qu'il y ait de droits reconnus, il y a déjà pourtant un commencement de société. Louis XIV ne reconnaissait à ses sujets aucun droit sur lui; ses sujets parta-

---

(1) Dans son remarquable ouvrage de *Cinématique*, l'Allemand Reuleaux, directeur de l'Académie industrielle de Berlin, observe que les progrès industriels rendent chaque jour plus manifeste ce qu'il y a de superficiel et d'erroné dans l'importance attribuée par les économistes à la division du travail, tandis que c'est la coordination du travail, obtenue par elle, qu'il faudrait louer avant tout. Il en est de même de la «division du travail organique » qui, sans l'admirable harmonie organique, ne serait nullement un progrès vital. « Le principe de la *machino-facture*, dit-il notamment, se trouve, au moins partiellement, en contradiction avec le principe de la division du travail... Dans les usines modernes les plus perfectionnées, on a généralement l'habitude de faire permuter les ouvriers qui desservent les différents appareils, de manière à rompre la monotonie du travail. » C'est le travail de la machine qui se spécialise de plus en plus, mais l'inverse se produit pour le travail de l'ouvrier, qui sans cela devient, dit Reuleaux, plus machinal à mesure que la machine devient meilleure travailleuse.

geaient son illusion ; cependant il était avec eux en rapport social, parce qu'ils étaient, eux et lui, les produits d'une même éducation classique et chrétienne, parce qu'on avait l'œil sur lui pour le copier depuis la cour et Paris jusqu'au fond de la Provence et de la Bretagne, et parce que lui-même à son insu subissait l'influence de ses courtisans, sorte d'imitation *diffuse* reçue en retour de son imitation *rayonnante*.

On est, je le répète, en rapport de société bien plus étroit avec les personnes auxquelles on ressemble le plus par identité de métier et d'éducation, fussent-ils nos rivaux, qu'avec ceux dont on a le plus grand besoin. C'est manifeste entre avocats, entre journalistes, entre magistrats, dans toutes les professions. Aussi a-t-on bien raison d'appeler société, dans le langage ordinaire, un groupe de gens semblablement élevés, en désaccord d'idées et de sentiments peut-être, mais ayant un même fonds commun, qui se voient et s'entre-influencent par plaisir. Quant aux employés d'une même fabrique, d'un même magasin, qui se rassemblent pour s'assister ou collaborer, ils forment une société commerciale, industrielle, non une société sans épithète, une société pure et simple[1].

Autre chose est la *nation*, sorte d'organisme hyper-organique, formé de castes, de classes ou de professions collaboratrices, autre chose est la *société*. On le voit bien de nos jours, quand des centaines de millions d'hommes sont en train à la fois de se *dénationaliser* et de se *socialiser* de

---

[1] Dans une ville quelconque, les avocats, comme les médecins, se disputent la clientèle ; mais, comme la profession des premiers les oblige à travailler habituellement ensemble, à se voir tous les jours au Palais de Justice, l'ardeur de la lutte, l'aigreur des ressentiments intéressés, est tempérée en eux par les rapports de confraternité que développe inévitablement cette communauté de travaux. Entre médecins, au contraire, rien n'amortit la rivalité, l'âpreté de la concurrence ; car, d'habitude, ils travaillent isolément. Aussi a-t-on fréquemment observé que le paroxysme de la haine professionnelle, de l'animosité confraternelle, est le privilège du corps médical, et j'ajoute de toutes les corporations, telles que celles des pharmaciens, des notaires et de la plupart des commerçants, où le travail isole les rivaux.

plus en plus. Il ne me paraît pas démontré que ces uniformités multiples vers lesquelles nous courons (de langage,
d'instruction, d'éducation, etc.) soient ce qu'il y a de plus
propre à assurer l'accomplissement des besognes innombrables que les individus associés se sont divisées entre eux,
que les nations se sont divisées entre elles. Pour être devenu
lettré, un paysan pourra bien n'être pas un plus fin laboureur, un soldat pourra bien n'être pas plus discipliné ni
même, qui sait? plus brave. Mais, quand on objecte ces
éventualités menaçantes aux partisans du progrès quand
même, c'est qu'on ne se place pas à leur point de vue, dont
eux-mêmes n'ont peut-être point conscience. Ce qu'ils veulent,
c'est la socialisation la plus intense possible, et non, ce qui
est bien différent, l'organisation sociale la plus forte et la
plus haute possible. Une vie sociale débordante dans un
organisme social amoindri leur suffirait à la rigueur. —
Reste à savoir dans quelle mesure ce but est désirable. Réser-
vons cette question.

L'instabilité et le malaise de nos sociétés modernes doivent
sembler inexplicables aux yeux des économistes, et en général des sociologues quelconques qui fondent la société sur
l'utilité réciproque. En effet, la réciprocité des services que
se rendent les diverses classes de nos nations, et les diverses
nations entre elles, est manifeste et croît chaque jour, grâce
au concours des mœurs et des lois, avec toute la rapidité
humainement possible. Mais on oublie que les individus de
ces classes et de ces nations tendent à une assimilation imitative beaucoup plus grande, beaucoup plus rapide, qui rencontre encore dans les mœurs et même dans les lois d'irritantes entraves, d'autant plus irritantes peut-être qu'elles
se montrent moins décourageantes.

Après avoir si longtemps creusé, élargi, agrandi l'intervalle qui sépare l'homme de la femme, la civilisation tend
de nos jours, en France, en Amérique, en Angleterre, dans
tous les pays modernisés, à diminuer la différence intellec-

tuelle des deux sexes en ouvrant au plus faible la plupart
des carrières de l'autre et le faisant participer aux avantages
d'une éducation ou d'une instruction presque commune. La
civilisation en cela traite la femme comme elle a traité le
paysan, le travailleur agricole libre dont elle avait fait par
degrés une caste à part, et qu'elle réincorpore maintenant
dans le grand groupe social. Or, ici, comme là, je dirai :
est-ce dans un but d'utilité sociale, est-ce pour permettre
au paysan et à la femme de mieux remplir leurs fonctions
propres, la culture des champs, l'allaitement et le soin des
enfants, que ces transformations s'opèrent? Non; et même
force esprits chagrins, dont je suis, voient venir le moment
où, par suite de ces changements, on ne trouvera plus d'ouvriers agricoles, ni de nourrices, ni même de mères qui
puissent ou veuillent nourrir des enfants de plus en plus
rares. — *Mais on a voulu élargir le cercle social, et c'est
parce que l'assimilation des femmes aux hommes, des
paysans aux citadins, était une condition indispensable de
cette socialisation*, qu'on a dû les assimiler de la sorte.

Déjà, au xviiie siècle, dans un cercle social plus restreint,
celui de la société brillante d'alors, la vie de salon, commune
aux deux sexes, les avait rendus plus semblables l'un à
l'autre par les idées et les goûts qu'ils ne l'étaient au moyen
âge; et l'on sait que cet avantage social avait été acheté au
prix de la fécondité et de l'honnêteté même des familles. Pourtant, on était heureux ainsi; car une nécessité supérieure
pousse le cercle social, quel qu'il soit, à s'accroître sans cesse.

Suis-je en rapport social avec les autres hommes, en tant
qu'ils ont le même type physique, les mêmes organes et les
mêmes sens que moi? Suis-je en rapport social avec un
sourd-muet non instruit qui me ressemble beaucoup de
corps et de visage? Non. A l'inverse, les animaux de La Fontaine, le renard, la cigogne, le chat, le chien[1], malgré la dis-

(1) Dans l'*Évolution mentale chez les animaux*, par Romanes, il y a un
chapitre très intéressant consacré à l'influence de l'imitation sur la for-

tance spécifique qui les sépare, vivent en société, car ils parlent une même langue. On mange, on boit, on digère, on marche, on crie, sans l'avoir appris. Aussi cela est-il purement vital. Mais pour parler il faut avoir entendu parler ; l'exemple des sourds-muets le prouve, car ils sont muets parce qu'ils sont sourds. Donc, je commence à me sentir en rapport social, bien faible, il est vrai, et insuffisant, avec tout homme qui parle, même en langue étrangère ; mais à la condition que nos deux langues me paraissent avoir une source commune. Le lien social va se resserrant à mesure que d'autres traits communs se joignent à celui-là, tous d'origine imitative.

De là cette définition du groupe social : une collection d'êtres en tant qu'ils sont en train de s'imiter entre eux ou en tant que, sans s'imiter actuellement, ils se ressemblent et que leurs traits communs sont des copies anciennes d'un même modèle.

mation et le développement des instincts. Cette influence est bien plus grande et plus répandue qu'on ne le suppose. Non seulement les individus de la même espèce, parents ou même non parents, s'imitent, — beaucoup d'oiseaux chanteurs ont besoin que leurs mères ou leurs camarades leur apprennent à chanter, — mais encore des individus d'espèce différente s'empruntent des particularités utiles ou insignifiantes. Ici se révèle le besoin profond d'imiter pour imiter, source première de nos arts. On a vu un merle reproduire à tel point le chant d'un coq que les poules mêmes s'y trompaient. Darwin a cru observer que des abeilles avaient emprunté à un frelon l'idée ingénieuse de sucer certaines fleurs en les perforant par côté. Il y a des oiseaux, des insectes, des bêtes quelconques de génie, et le génie, même dans le monde animal, peut compter sur quelque succès. — Seulement, faute de langage, ces ébauches sociales avortent. — Ce n'est pas l'homme uniquement, c'est tout animal qui, en tant qu'être spirituel à divers degrés, aspire à la vie sociale comme à la condition *sine qua non* du développement de son être mental. Pourquoi ? Parce que la fonction cérébrale, l'esprit, se distingue des autres fonctions en ce qu'elle n'est pas une simple adaption à une fin précise par un moyen précis, mais une adaption à des fins multiples et indéterminées qui doivent être précisées plus ou moins fortuitement par le moyen même qui sert à les poursuivre et qui est immense, à savoir par l'imitation du dehors. Ce dehors infini, ce dehors peint, représenté, *imité* par la sensation et l'intelligence, c'est d'abord la nature universelle qui exerce sur le cerveau, puis sur le système musculaire de l'animal, une suggestion continuelle et irrésistible ; mais ensuite et surtout, c'est le milieu social.

## II

Distinguons bien du groupe social le type social tel que, à une date et en un pays donnés, il se reproduit plus ou moins incomplètement dans chacun des membres du groupe. De quoi se compose ce type ? D'un certain nombre de besoins et d'idées créés par des milliers d'inventions et de découvertes accumulées dans la suite des âges ; de besoins plus ou moins d'accord entre eux, c'est-à-dire concourant plus ou moins au triomphe d'un désir dominant qui est l'âme d'une époque et d'une nation ; et d'idées, de croyances plus ou moins d'accord entre elles, c'est-à-dire se rattachant logiquement les unes aux autres ou du moins ne se contredisant pas en général. Ce double accord, toujours incomplet et non sans notes discordantes, établi à la longue entre choses fortuitement produites et rassemblées, est parfaitement comparable à ce qu'on appelle l'*adaptation* des organes d'un corps vivant. Mais il a l'avantage de ne pas être affecté du mystère inhérent à ce dernier genre d'harmonie, et de signifier en termes fort clairs, rapports de moyens à une fin ou de conséquences à un principe, deux rapports qui, en définitive, n'en font qu'un, le dernier. Que signifie l'incompatibilité, le désaccord de deux organes, de deux conformations, de deux caractères empruntés à deux espèces différentes ? Nous n'en savons rien. Mais quand deux idées sont incompatibles, c'est que l'une, nous le savons, implique la négation de ce que l'autre affirme. De même, quand elles sont compatibles, c'est qu'elles n'impliquent ou ne paraissent impliquer cette négation à aucun degré. Enfin, quand elles sont plus ou moins d'accord, c'est que, par un plus ou moins grand nombre de ses faces, l'une implique l'affirmation d'un nombre plus ou moins grand des choses que l'autre affirme. Affirmer et nier :

rien de moins obscur, rien de plus lumineux que ces actes
spirituels auxquels toute vie de l'esprit se ramène; rien de
plus intelligible que leur opposition. En elle se résout celle
du désir et de la répulsion, du *velle* et du *nolle*. Un type
social donc, ce qu'on appelle une civilisation particulière, est
un véritable système, une théorie plus ou moins cohérente,
dont les contradictions intérieures se fortifient ou éclatent à
la longue et la forcent à se déchirer en deux. S'il en est ainsi,
nous comprenons clairement pourquoi il est des types purs
et forts de civilisation, et d'autres mélangés et faibles; pourquoi, à force de s'enrichir de nouvelles inventions qui suscitent des désirs nouveaux ou des croyances nouvelles et
dérangent la proportion des anciens désirs ou des anciennes
fois, les types les plus purs s'altèrent et finissent par se
disloquer; pourquoi, autrement dit, toutes les inventions ne
sont pas *accumulables* et beaucoup ne sont que *substituables*, à savoir celles qui suscitent des désirs et des croyances
implicitement ou explicitement contradictoires dans toute la
précision logique du mot. Il n'y a donc dans les fluctuations
ondoyantes de l'histoire que des additions ou des soustractions perpétuelles de quantités de foi ou de quantités de
désir qui, soulevées par des découvertes, s'ajoutent ou se
neutralisent, comme des ondes qui interfèrent.

Tel est le type national qui se répète, disons-nous, dans
tous les membres d'une nation. Il peut se comparer à un
sceau très grand dont l'empreinte est toujours partielle sur
les diverses cires plus ou moins étroites auxquelles on l'applique, et qui même ne saurait être reconstitué en entier sans
la confrontation de toutes ces empreintes.


### III


A vrai dire, ce que j'ai défini plus haut, c'est moins la
*société* telle qu'on l'entend communément, que la *socialité*.

Une société est toujours, à des degrés divers, une association, et une association est à la socialité, à l'*imitativité*, pour
ainsi dire, ce que l'organisation est à la vitalité ou même ce
que la constitution moléculaire est à l'élasticité de l'éther.
Ce sont là de nouvelles analogies à joindre à celles que m'ont
déjà paru présenter en si grand nombre les trois grandes
formes de la Répétition Universelle. Mais peut-être convien-
drait-il, pour bien entendre la socialité relative, la seule qui
nous soit présentée à des degrés divers par les faits sociaux,
d'imaginer par hypothèse la socialité absolue et parfaite.
Elle consisterait en une vie urbaine si intense, que la transmission à tous les cerveaux de la cité d'une bonne idée
apparue quelque part au sein de l'un d'eux y serait instantanée. Cette hypothèse est analogue à celle des physiciens,
d'après lesquels, si l'élasticité de l'éther était parfaite, les
excitations lumineuses ou autres s'y transmettraient sans
intervalle de temps. De leur côté, les biologistes ne pour-
raient-ils pas utilement concevoir une irritabilité absolue,
incarnée dans une sorte de protoplasme idéal qui leur servirait à apprécier la vitalité plus ou moins grande des proto-
plasmes réels ?

Partant de là, si nous voulons que l'analogie se maintienne
dans les trois mondes, il faut que la vie soit simplement
l'organisation de l'irritabilité du protoplasme, et que la
matière soit simplement l'organisation de l'élasticité de
l'éther, de même que la société n'est que l'organisation de
l'imitativité. Or, il est à peine utile de faire remarquer que
la conception de Thompson, adoptée par Wurtz, sur l'origine
des atomes et des molécules, à savoir l'hypothèse tout au
moins si spécieuse et si vraisemblable des atomes-tourbillons,
répond parfaitement à l'une des exigences de notre manière
de voir, aussi bien que la théorie protoplasmique de la vie
aujourd'hui acceptée par tous. Une masse d'enfants élevés
en commun, ayant reçu la même éducation dans le même
milieu, et non encore différenciés en classes et en professions :

telle est la matière première de la société. Elle pétrit cela, et en forme, par voie de différenciation fonctionnelle, inévitable et forcée, une nation. Une certaine masse de protoplasme, c'est-à-dire de molécules organisables mais non organisées, toutes pareilles, toutes assimilées les unes aux autres par la vertu de ce mode obscur de reproduction d'où elles sont sorties; voilà la matière première de la vie. Elle fait de cela des cellules, des tissus, des individus, des espèces. Enfin, une masse d'éther homogène, composée d'éléments agités de vibrations toutes semblables, rapidement échangées : voilà, si j'en crois nos chimistes spéculatifs, la matière première de la matière. Avec cela se sont faits tous les corpuscules de tous les corps, si hétérogènes qu'ils puissent être. Car un corps n'est qu'un accord de vibrations différenciées et hiérarchisées, séparément reproduites en séries distinctes et entrelacées, comme un organisme n'est qu'un accord d'*intra-générations* élémentaires, différentes et harmonieuses, de lignées distinctes et entrelacées d'éléments histologiques, comme une nation n'est qu'un accord de traditions, de mœurs, d'éducations, de tendances, d'idées qui se propagent imitativement par des voies différentes, mais se subordonnent hiérarchiquement, et fraternellement s'entr'aident.

La loi de différenciation intervient donc ici. Mais il n'est pas inutile de faire remarquer que l'homogène sur lequel elle s'exerce, sous trois formes superposées, est un homogène superficiel, quoique réel, et que notre point de vue sociologique nous conduirait, par le prolongement de l'analogie, à admettre dans le protoplasme des éléments aux physionomies très individuelles sous leur masque uniforme, et dans l'éther lui-même, des atomes aussi caractérisés individuellement que peuvent l'être les enfants de l'école la mieux disciplinée. L'hétérogène et non l'homogène est au cœur des choses. Quoi de plus invraisemblable, ou de plus absurde, que la coexistence d'éléments innombrables nés co-éternelle-

ment similaires? On ne nait pas, on devient semblables. Et
d'ailleurs la diversité innée des éléments, n'est-ce pas la
seule justification possible de leur *altérité* ?

Nous irions volontiers plus loin : sans cet hétérogène initial et fondamental, l'homogène qui le recouvre et le dissimule n'aurait jamais été ni n'aurait pu être. Toute homogénéité,
en effet, est une similitude de parties, et toute similitude est
le résultat d'une assimilation produite par répétition volontaire ou forcée de ce qui a été au début une innovation
individuelle. Mais cela ne suffit pas. Quand l'homogène dont
je parle, éther, protoplasme, masse populaire égalisée et
nivelée, se différencie pour s'organiser, la force qui le contraint à sortir de lui-même, n'est-ce pas encore la même
cause, du moins si nous en jugeons par ce qui se passe dans
nos sociétés? Après le prosélytisme qui assimile un peuple,
vient le despotisme qui l'emploie et lui impose une hiérarchie ; mais le despote et l'apôtre sont également des réfractaires, à qui pesait le joug niveleur ou aristocratique d'autrui.
Pour une dissidence, pour une rébellion individuelle qui
triomphe ainsi, il en est, il est vrai, des millions et des
milliards qui sont étouffées sous leur ombre ; mais celles-ci
n'en sont pas moins la pépinière des grandes rénovations de
l'avenir. Ce luxe de variations, cette exubérance de fantaisies
pittoresques et de capricieuses broderies, que la nature
déploie magnifiquement sous son austère appareil de lois,
de répétitions, de rythmes séculaires, ne peut avoir qu'une
source : l'originalité tumultueuse des éléments mal domptés
par ces jougs, la diversité profonde et innée qui, à travers
toutes ces uniformités législatives, réapparaît jaillissante et
transfigurée à la belle surface des choses.

Nous ne poursuivrons pas ces dernières considérations qui
nous écarteraient de notre sujet. J'ai seulement voulu montrer que la recherche des lois, c'est-à-dire des faits similaires,
soit dans la nature, soit dans l'histoire, ne doit point nous
faire oublier leurs agents cachés, individuels et originaux.

Laissant donc de côté ceux-ci, nous pouvons déduire de ce qui précède un enseignement utile : l'assimilation jointe à l'égalisation des membres d'une société n'est point, comme on est porté à le penser, le terme final d'un progrès social antérieur, mais au contraire le point de départ d'un progrès social nouveau. Toute nouvelle forme de la civilisation commence par là : communautés égalitaires et uniformes des premiers chrétiens où l'évêque était un fidèle comme un autre, et où le pape ne se distinguait pas de l'évêque ; armées franques où la distribution du butin se faisait par égales portions entre le roi et ses compagnons d'armes, société musulmane à ses débuts, etc. Les premiers califes qui ont succédé à Mahomet plaidaient devant les tribunaux comme de simples mahométans ; l'égalité de tous les fils du prophète devant le Coran n'était pas encore devenue une simple fiction comme est destinée à le devenir un jour, inévitablement, l'égalité des Français ou des Européens devant la loi. Puis, par degrés, une inégalité profonde, condition d'une organisation solide, s'est creusée dans le monde arabe, à peu près comme s'est formée la hiérarchie cléricale du catholicisme ou la pyramide féodale du moyen âge. Le passé répond de l'avenir. L'égalité n'est qu'une transition entre deux hiérarchies, comme la liberté n'est qu'un passage entre deux disciplines. Ce qui ne veut pas dire que la confiance et la puissance, le savoir et la sécurité de chaque citoyen, n'aillent grandissant au cours des âges.

Reprenons maintenant sous un autre aspect l'idée de tout à l'heure. Les communautés homogènes et égalitaires, disons-nous, précèdent les Églises et les États par la même raison pour laquelle les tissus précèdent les organes ; et, en outre, la raison pour laquelle les tissus et les communautés une fois formés s'organisent, s'hiérarchisent, n'est pas autre que la cause même de leur formation. La croissance du tissu non encore différencié ni utilisé atteste l'ambition, l'avidité spéciale du germe qui s'est ainsi propagé, comme la création d'un club, d'un cercle, d'une confrérie d'égaux, atteste l'ambition de l'esprit entreprenant qui lui a donné naissance, en propageant de la sorte son idée personnelle, son plan personnel. Or, c'est pour se répandre encore davantage et se défendre contre les ennemis apparus ou prévus, que la communauté se consolide en corporation hiérarchisée, que le tissu se fait organe. Agir et fonctionner, pour l'être vivant ou social, c'est une condition *sine qua non* de conservation et d'extension de l'idée-maîtresse qu'il porte en lui-même et à laquelle il a d'abord suffi de se multiplier en exemplaires uniformes pour se développer quelque temps. Mais ce que veut la *chose sociale* avant tout, comme la *chose vitale*, c'est se propager et non s'organiser. L'organisation n'est qu'un moyen dont la propagation, dont la répétition *générative* ou *imitative*, est le but.

En résumé, à la question que nous avons posée en commençant : Qu'est-ce que la société? nous avons répondu : c'est l'imitation. Il nous reste à nous demander : Qu'est-ce que l'imitation? Ici le sociologue doit céder la parole au psychologue.

## IV

I. — Le cerveau, dit très bien Taine résumant sur ce point les physiologistes les plus éminents, est un organe *répétiteur* des centres sensitifs, et lui-même composé d'éléments qui se répètent les uns les autres. Le fait est qu'à voir tant de cellules et de fibres similaires pelotonnées, on ne saurait s'en faire une autre idée. La preuve directe est d'ailleurs fournie par les expériences et les observations nombreuses qui montrent que l'ablation d'un hémisphère du cerveau et même le retranchement d'une portion considérable de substance dans l'autre atteignent seulement l'intensité, mais n'altèrent point l'intégrité des fonctions intellectuelles. La partie retranchée ne collaborait donc pas avec la partie restante ; les deux ne pouvaient que se copier et se renforcer mutuellement. Leur rapport n'était point économique, utilitaire, mais imitatif et social, dans le sens où j'entends ce dernier mot. Quelle que soit la fonction cellulaire qui provoque la pensée (une vibration très complexe peut-être?) on ne peut douter qu'elle se reproduit, qu'elle se multiplie dans l'intérieur du cerveau à chaque instant de notre vie mentale, et que, à chaque perception distincte, correspond une fonction cellulaire distincte. C'est la continuation indéfinie, intarissable de ces rayonnements enchevêtrés, riches en interférences, qui constitue tantôt la mémoire seulement, tantôt l'habitude, suivant que la répétition multipliante dont il s'agit est restée renfermée dans le système nerveux ou que, débordante, elle a gagné le système musculaire. La mémoire est, si l'on veut, une habitude purement nerveuse; l'habitude, une mémoire à la fois nerveuse et musculaire.

Ainsi, tout acte de perception, en tant qu'il implique un acte de mémoire, c'est-à-dire toujours, suppose une sorte d'habitude, une imitation inconsciente de soi-même par soi-même. Celle-ci, évidemment, n'a rien de social. Quand le système nerveux est assez fortement excité pour mettre en branle un groupe de muscles, l'habitude proprement dite apparaît, autre imitation de soi-même par soi-même, nullement sociale non plus. Je dirais plutôt *présociale* ou *subsociale*. Ce n'est pas à dire que l'idée soit une action avortée, comme on l'a prétendu : l'action n'est que la poursuite d'une idée, une acquisition de foi stable. Le muscle ne travaille qu'à enrichir le nerf et le cerveau.

Mais si l'idée ou l'image remémorée a été déposée originairement dans l'esprit par une conversation ou une lecture, si l'acte habituel 'a eu pour origine la vue ou la connaissance d'une action analogue d'autrui, cette mémoire et cette habitude sont des faits sociaux en même temps que psycho-

logiques; et voilà l'espèce d'imitation dont j'ai tant parlé
plus haut[1]. Celle-ci est une mémoire et une habitude, non
individuelles, mais collectives. De même qu'un homme ne
regarde, n'écoute, ne marche, ne se tient debout, n'écrit, ne
joue de la flûte, et qui plus est n'invente et n'imagine, qu'en
vertu de souvenirs musculaires multiples et coordonnés, de
même la société ne saurait vivre, faire un pas en avant, se
modifier, sans un trésor de routine, de singerie et de moutonnerie insondable, incessamment accru par les générations
successives.

II. — Quelle est la nature intime de cette suggestion de
cellule à cellule cérébrale, qui constitue la vie mentale?
Nous n'en savons rien[2]. Connaissons-nous mieux l'essence
de cette suggestion de personne à personne, qui constitue la
vie sociale? Non. Car, si nous prenons ce dernier fait en
lui-même, dans son état de pureté et d'intensité supérieures,
il se trouve ramené à un phénomène des plus mystérieux
que nos aliénistes philosophes étudient de nos jours avec
une curiosité passionnée, sans parvenir à le bien comprendre : le somnambulisme[3]. Qu'on relise les travaux con-

(1) En corrigeant les épreuves de la deuxième édition, je lis, dans la
*Revue de métaphysique*, un compte rendu succinct d'un article de
M. Baldwin, paru dans le *Mind* (1894-95) sous ce titre : *Imitation : a
chapter in the natural history of consciousness.* « M. Baldwin, dit l'auteur du compte rendu, veut généraliser et préciser les théories de Tarde.
L'imitation biologique, ou subcorticale du premier degré, est une réaction
nerveuse circulaire, c'est-à-dire qui reproduit son stimulant. L'imitation
psychologique, ou corticale, est *habitude* (elle trouve, comme telle, son
expression dans le principe d'identité) et *accommodation* (elle s'exprime
par le principe de la raison suffisante). Elle est enfin sociologique, plastique, subcorticale du second degré. »

(2) A la date où les considérations qui précèdent et qui suivent ont été
imprimées pour la première fois (en nov. 1884), dans la *Revue philosophique*, on commençait à peine à parler de suggestion hypnotique, et
l'on m'a reproché comme un paradoxe insoutenable l'idée de suggestion
sociale universelle, qui, depuis, a été si fortement appuyée par Bernheim
et autres. Actuellement, rien de plus vulgarisé que cette vue.

(3) Cette expression démodée montre qu'au moment où j'ai pour la
première fois publié ce passage, le mot *hypnotisme* ne s'était pas encore
tout à fait substitué à celui de somnambulisme.

temporains à ce sujet, notamment ceux de MM. Richet,
Binet et Féré, Beaunis, Bernheim, Delbœuf, et on se con-
vaincra que je ne me livre à aucun écart de fantaisie, en regardant l'homme social comme un véritable somnambule. Je
crois me conformer au contraire à la méthode scientifique la
plus rigoureuse en cherchant à éclairer le complexe par le
simple, la combinaison par l'élément, et à expliquer le lien
social mélangé et compliqué, tel que nous le connaissons,
par le lien social à la fois très pur et réduit à sa plus simple
expression, lequel, pour l'instruction du sociologiste, est
réalisé si heureusement dans l'état somnambulique. Supposez un homme qui, soustrait par hypothèse à toute
influence extra-sociale, à la vue directe des objets naturels,
aux obsessions spontanées de ses divers sens, n'ait de communication qu'avec ses semblables, et, d'abord, qu'avec
l'un de ses semblables, pour simplifier la question : n'est-ce
pas sur ce sujet de choix qu'il conviendra d'étudier, par
l'expérience et l'observation, les caractères vraiment essentiels du rapport social, dégagé ainsi de toute influence
d'ordre naturel et physique propre à la compliquer ? Mais
l'hypnotisme et le somnambulisme ne sont-ils pas précisément la réalisation de cette hypothèse ? On ne s'étonnera
donc pas de me voir passer en revue les principaux phénomènes de ces états singuliers, et les retrouver à la fois
agrandis et atténués, dissimulés et transparents dans les
phénomènes sociaux. Peut-être, à l'aide de ce rapprochement, comprendrons-nous mieux le fait réputé anormal, en
constatant à quel point il est général, et le fait général en
apercevant en haut-relief dans l'anomalie apparente ses
traits distinctifs.

L'état social, comme l'état hypnotique, n'est qu'une forme
du rêve, un rêve de commande et un rêve en action. N'avoir
que des idées suggérées et les croire spontanées : telle est
l'illusion propre au somnambule, et aussi bien à l'homme
social. Pour reconnaître l'exactitude de ce point de vue

sociologique, il ne faut pas nous considérer nous-mêmes;
car admettre cette vérité en ce qui nous concerne, ce serait
échapper à l'aveuglement qu'elle affirme, et par suite
fournir un argument contre elle. Mais il faut songer à
quelque peuple ancien d'une civilisation bien étrangère à la
nôtre, Égyptiens, Spartiates, Hébreux... Est-ce que ces
gens-là ne se croyaient pas autonomes comme nous, tout en
étant sans le savoir des automates dont leurs ancêtres, leurs
chefs politiques, leurs prophètes, pressaient le ressort,
quand ils ne se le pressaient pas les uns aux autres? Ce
qui distingue notre société contemporaine et européenne de
ces sociétés étrangères et primitives, c'est que la magnétisation y est devenue mutuelle pour ainsi dire, dans une
certaine mesure au moins; et, comme nous nous exagérons
un peu cette mutualité dans notre orgueil égalitaire, comme
en outre nous oublions qu'en se mutualisant cette magnétisation, source de toute foi et de toute obéissance, s'est généralisée, nous nous flattons à tort d'être moins crédules et
moins dociles, moins imitatifs en un mot, que nos ancêtres.
C'est une erreur, et nous aurons à la relever. Mais, cela fût-il
vrai, il n'en serait pas moins clair que le rapport de modèle
à copie, de maître à sujet, d'apôtre à néophyte, avant de
devenir réciproque ou alternatif, comme nous le voyons
d'ordinaire dans notre monde égalisé, a dû nécessairement
commencer par être unilatéral et irréversible à l'origine. De
là les castes. Même dans les sociétés les plus égalitaires,
l'unilatéralité et l'irréversibilité dont il s'agit subsistent toujours à la base de l'initiation sociale, dans la famille. Car le
père est et sera toujours le premier maître, le premier
prêtre, le premier modèle du fils. Toute société, même
aujourd'hui, commence par là.

Il a donc fallu *a fortiori* au début de toute société ancienne
un grand déploiement d'autorité exercée par quelques
hommes souverainement impérieux et affirmatifs. Est-ce par
la terreur et l'imposture, comme on l'affirme, qu'ils ont sur-

tout régné ? Non, cette explication est manifestement insuffisante. Ils ont régné par leur *prestige*. L'exemple du magnétiseur nous fait seul entendre le sens profond de ce mot. Le
magnétiseur n'a pas besoin de mentir pour être cru aveuglément par le magnétisé ; il n'a pas besoin de terroriser
pour être passivement obéi. Il est prestigieux, cela dit_tout.
Cela signifie, à mon avis, qu'il y a dans le magnétisé une
certaine force potentielle de croyance et de désir immobi-
lisée en souvenirs de tout genre, endormis mais non morts,
que cette force aspire à s'actualiser comme l'eau de l'étang
à s'écouler, et que seul, par suite de circonstances singulières, le magnétiseur est en mesure de lui ouvrir ce débouché
nécessaire. Au degré près, tout prestige est pareil. On a du
prestige sur quelqu'un dans la mesure où l'on répond à son
besoin d'affirmer ou de vouloir quelque chose d'actuel. Le
magnétiseur n'a pas non plus besoin de parler pour être
cru et pour être obéi ; il lui suffit d'agir, de faire un geste si
imperceptible qu'il soit. Ce mouvement avec la pensée et le
sentiment dont il est le signe, est aussitôt reproduit. « Je ne
suis pas sûr, dit Maudsley (*Pathologie de l'esprit*, p. 73),
que le somnambule ne puisse arriver à lire inconsciemment
dans l'esprit par une *imitation inconsciente* de l'attitude et
de l'expression de la personne dont *il copie instinctivement
et avec exactitude* les contractions musculaires. » Remarquons que le magnétisé imite le magnétiseur, mais non
celui-ci celui-là. C'est seulement dans la vie dite éveillée, et
entre gens qui paraissent n'exercer aucune action magné-
tique l'un sur l'autre, que se produit cette *mutuelle imitation*, ce mutuel prestige, appelé *sympathie*, au sens d'Adam
Smith. Si donc j'ai placé le prestige, non la sympathie, à la
base et à l'origine de la société, c'est parce que, ai-je dit
plus haut, l'unilatéral a dû précéder le réciproque[1]. Quoique

(1) Ici j'aurais à me rectifier. C'est bien la sympathie qui est la source
première de la sociabilité et l'âme apparente ou cachée de toutes les
espèces d'imitation, même de l'imitation envieuse et calculée, même de

cela puisse surprendre, sans un âge d'autorité, il n'y aurait jamais eu un âge de fraternité relative. Mais revenons. Pourquoi nous étonner, au fond, de l'imitation à la fois unilatérale et passive du somnambule? Une action quelconque de l'un quelconque d'entre nous donne à ceux de ses semblables qui en sont témoins l'idée plus ou moins irréfléchie de l'imiter; et, si ceux-ci résistent parfois à cette tendance, c'est qu'elle est alors neutralisée en eux par des suggestions antagonistes, nées de souvenirs présents ou de perceptions extérieures. Momentanément privé, par le somnambulisme, de cette force de résistance, le somnambule peut servir à nous révéler la passivité imitative de l'être social, en tant que social, c'est-à-dire en tant que mis en relations exclusivement avec ses semblables, et d'abord avec l'un de ses semblables.

Si l'être social n'était pas en même temps un être naturel, sensible et ouvert aux impressions de la nature extérieure et aussi des sociétés étrangères à la sienne, il ne serait point susceptible de changement. Des associés pareils resteraient toujours incapables de varier spontanément le type d'idées et de besoins traditionnels que leur imprimerait l'éducation des parents, des chefs et des prêtres, copiés eux-mêmes du passé. Certains peuples connus se sont singulièrement rapprochés des conditions de mon hypothèse. En général, les peuples naissants, de même que les enfants en bas âge, sont indifférents, insensibles à tout ce qui ne touche pas l'homme et l'espèce d'homme qui leur ressemble, l'homme de leur race et de leur tribu [1]. « Le somnambule ne voit et n'entend, dit A. Maury, que ce qui rentre dans les

---

l'imitation d'un ennemi. Seulement il est certain que la sympathie elle-même commence par être unilatérale avant d'être mutuelle.

(1) La source première de toutes les révolutions sociales, c'est donc la science, la recherche extra-sociale, qui nous ouvre les fenêtres du phalanstère social où nous vivons, et l'illumine des clartés de l'univers. A cette lumière, que de fantômes se dissipent! Mais aussi que de cadavres parfaitement conservés jusque là tombent en poussière!

préoccupations de son rêve. » Autrement dit, toute sa force
de croyance et de désir se concentre sur son pôle unique.
N'est-ce pas là justement l'effet de l'obéissance et de l'imitation *par fascination*, véritable névrose, sorte de *polarisation* inconsciente de l'amour et de la foi.

Mais combien de grands hommes, de Ramsès à Alexandre,
d'Alexandre à Mahomet, de Mahomet à Napoléon, ont ainsi
polarisé l'âme de leur peuple! Combien de fois la fixation
prolongée de ce point brillant, la gloire ou le génie d'un
homme, a-t-elle fait tomber tout un peuple en catalepsie !
La torpeur, on le sait, n'est qu'apparente dans l'état somnambulique; elle masque une surexcitation extrême. De là les
tours de force ou d'adresse que le somnambule accomplit
sans s'en douter. Quelque chose de pareil s'est vu au début
de notre siècle quand, très engourdie à la fois et très surexcitée, aussi passive que fiévreuse, la France militaire obéis-
sait au geste de son fascinateur impérial et accomplissait
des prodiges. Rien de plus propre que ce phénomène atavique
à nous faire plonger dans le haut passé, à nous faire comprendre l'action exercée sur leurs contemporains par ces
grands personnages demi-fabuleux que toutes les civilisations différentes placent à leur tête, et à qui leurs légendes
attribuent la révélation de leurs métiers, de leurs connaissances, de leurs lois : Oannès en Babylonie, Quetz-alcoatl au
Mexique, les *dynasties divines* antérieures à Ménès, en
Égypte, etc. [1]. Regardons de près, tous ces *rois-dieux*, prin-

---

(1) Dans ses profondes *Études sur les mœurs religieuses et sociales de
l'Extrême-Orient*, sir Alfred Lyall (qui semble avoir pris sur le fait, dans
certaines parties de l'Inde, le phénomène de la formation des tribus et
des clans) attribue une influence prépondérante à l'action individuelle des
hommes marquants dans les sociétés primitives : « Pour nous servir, dit-il,
des termes de Carlyle, la jongle enchevêtrée de la société primitive a de
nombreuses racines, mais le héros est la racine pivotante qui alimente en
grande partie tout le reste. En Europe, où les bornes-frontières des
nationalités sont fixes et les édifices de la civilisation fortement retran-
chés, on incline souvent à traiter de légendaire l'énorme part que les
races primitives attribuent à leur ancêtre héroïque dans la fondation de
leur race et de leurs institutions. Et cependant il serait peut-être difficile

cipe commun de toutes les dynasties humaines et de toutes
les mythologies, ont été des inventeurs ou des importateurs
d'inventions étrangères, des initiateurs en un mot. Grâce à
la stupeur profonde et ardente causée par leurs premiers
miracles, chacune de leurs affirmations, chacun de leurs
ordres, a été un débouché immense ouvert à l'immensité
des aspirations impuissantes et indéterminées qu'ils avaient
fait naître, besoins de foi sans idée, besoins d'activité sans
moyen d'action.

Quand nous parlons d'obéissance à présent, nous entendons
par là un acte conscient et voulu. Mais l'obéissance primitive est tout autre. L'opérateur ordonne au somnambule
de pleurer, et celui-ci pleure : ici ce n'est pas la personne seulement, c'est l'organisme tout entier qui obéit.
L'obéissance des foules à certains tribuns, des armées à
certains capitaines, est parfois presque aussi étrange. Et
leur crédulité ne l'est pas moins. « C'est un curieux spectacle
dit M. Ch. Richet, que de voir un somnambule faire des gestes
de dégoût, de nausée, éprouver une véritable suffocation,
quand on lui met sous le nez un flacon vide, en annonçant
que c'est de l'ammoniaque, et, d'autre part, quand on lui
annonce que c'est de l'eau claire, respirer de l'ammoniaque
sans paraître en être gêné le moins du monde. » Une étrangeté analogue nous est présentée par les besoins aussi factices

---

d'exagérer l'impression qu'ont dû produire, sur le monde primitif, des
exploits audacieux et récompensés par le succès, alors que l'impulsion
communiquée par le libre jeu des forces d'un grand homme ne subissait
guère l'entrave de barrières artificielles... En ces temps-là, savoir si un
groupe formé à la surface de la société se développerait en un clan ou
une tribu, ou s'il se briserait prématurément, semblait dépendre beaucoup
de la force et de l'énergie de son fondateur. » Je n'ai rien à ajouter à
ces lignes, si ce n'est que, dans les temps modernes, la diminution du
prestige des grands hommes est plus que compensée par l'accroissement
de leurs moyens d'action, et que, si prépondérante au début, elle n'a
cessé de l'être encore... Mais, encore une fois, tous les grands hommes
n'ont dû leur force qu'aux grandes idées dont ils ont été les exécuteurs
encore plus que les inventeurs, et qui ont été le plus souvent inventées
par une suite de petits hommes inconnus.

qu'énergiques, par les croyances aussi absurdes que profondes, aussi extravagantes qu'opiniâtres, des peuples anciens, même du plus libre et du plus délicat de tous, et longtemps après qu'il a eu terminé sa première phase de théocratie autocratique. N'y voyons-nous pas les monstruosités les plus abominables, par exemple l'amour grec, jugées dignes d'être chantées par Anacréon et Théocrite, ou dogmatisées par Platon, ou bien des serpents, des chats, des bœufs ou des vaches adorés par des populations agenouillées, ou bien les dogmes les plus contraires au témoignage direct des sens, mystères, métempsycoses, sans parler d'absurdités telles que l'art des augures, l'astrologie, la sorcellerie, unanimement crus? N'y voyons-nous pas, d'autre part, les sentiments les plus naturels (l'amour paternel chez les peuples où l'oncle passait avant le père, la jalousie en amour dans les tribus où régnait la communauté des femmes, etc.) repoussés avec horreur, ou les beautés naturelles et artistiques les plus frappantes méprisées et niées, parce qu'elles sont contraires au goût de l'époque, même en nos temps modernes (le pittoresque des Alpes et des Pyrénées chez les Romains, les chefs-d'œuvre de Skakespeare, de la peinture hollandaise, dans notre xviiᵉ et notre xviiiᵉ siècle)? N'est-il pas certain, en un mot, que les expériences et les observations les plus claires sont contestées, les vérités les plus palpables combattues, toutes les fois qu'elles sont en opposition avec les idées traditionnelles, filles antiques du prestige et de la foi?

Les peuples civilisés se flattent d'avoir échappé à ce *sommeil dogmatique*. Leur erreur s'explique. La magnétisation d'une personne est d'autant plus prompte et facile qu'elle a été plus souvent magnétisée. Cette remarque nous dit pourquoi les peuples s'imitent de plus en plus aisément et rapidement, c'est-à-dire en s'en doutant de moins en moins, à mesure qu'ils se civilisent, et, par suite, qu'ils se sont imités davantage. L'humanité en cela ressemble à l'individu. L'enfant, on ne le niera pas, est un vrai somnambule dont le rêve se complique avec l'âge jusqu'à ce qu'il croie se réveiller à force de complications. Mais c'est une erreur. Quand un écolier de dix à douze ans passe de la famille au collège, il lui semble d'abord qu'il s'est démagnétisé, réveillé du songe respectueux où il avait vécu jusque-là dans l'admiration de ses parents. Nullement, il devient plus admiratif, plus imitatif que jamais, soumis à l'ascendant ou de l'un de ses maîtres ou plutôt de quelque camarade prestigieux, et ce réveil prétendu n'est qu'un changement ou une superposition de sommeils. Quand la *magnétisation-mode* se substitue à la *magnétisation-coutume*, symptôme ordinaire d'une révolution sociale qui commence, un phénomène analogue se produit, seulement sur une plus grande échelle.

Ajoutons, cependant, que plus les suggestions de l'exemple se multiplient et se diversifient autour de l'individu, plus l'intensité de chacune d'elles est faible, et plus il se détermine dans le choix à faire entre elles, par des préférences tirées de son propre caractère, d'une part, et, d'autre part, en vertu des lois logiques que nous exposerons ailleurs. Ainsi, il est bien certain que le progrès de la civilisation a pour effet de rendre l'asservissement à l'imitation de plus en plus *personnel* et *rationnel* en même temps. Nous sommes aussi asservis que nos ancêtres aux exemples ambiants, mais nous nous les approprions mieux par le choix plus logique et plus individuel, plus adapté à nos fins et à notre nature particulière, que nous en faisons. Cela n'empêche pas d'ailleurs la part des influences extra-logiques et prestigieuses d'être toujours très considérable, comme nous le verrons.

Elle est remarquablement puissante et curieuse à étudier chez l'individu qui passe brusquement d'un milieu pauvre en exemples à un milieu relativement riche en suggestions de tout genre. Il n'est pas besoin alors d'un objet aussi brillant, aussi éclatant que la gloire ou le génie d'un homme pour nous fasciner et nous endormir. Non seulement un *nouveau* qui arrive dans une cour de collège, mais un Japonais voyageant en Europe, mais un rural débarqué à Paris, sont frappés de stupeur comparable à l'état cataleptique. Leur attention, à force de s'attacher à tout ce qu'ils voient et entendent, surtout aux actions des êtres humains qui les entourent, se détache absolument de tout ce qu'ils ont vu et entendu jusqu'alors, même des actes et des pensées de leur vie passée. Ce n'est pas que leur mémoire soit abolie, *elle n'a jamais été si vive*, si prompte à entrer en scène et en mouvement au moindre mot qui évoque en eux la patrie lointaine, l'existence antérieure, le foyer, avec une richesse de détails hallucinatoire. Mais elle est devenue toute paralysée, dépourvue de toute spontanéité propre. Dans cet état singulier d'attention exclusive et forte, d'imagination forte et passive, ces êtres stupéfiés et enfiévrés subissent invinciblement le *charme* magique de leur nouveau milieu ; ils croient tout ce qu'ils voient faire. Ils resteront ainsi longtemps. Penser spontanément est toujours plus fatigant que penser par autrui. Aussi, toutes les fois qu'un homme vit dans un milieu animé, dans une société intense et variée, qui lui fournit des spectacles et des concerts, des conversations et des lectures toujours renouvelés, il se dispense par degrés de tout effort intellectuel ; et, s'engourdissant à la fois et se surexcitant de plus en plus, son esprit, je le répète, se fait somnambule. C'est là l'état mental propre à beaucoup de citadins. Le mouvement et le bruit des rues, les étalages des magasins, l'agitation effrénée et impulsive de leur existence, leur font l'effet de passes magnétiques. Or, la vie urbaine, n'est-ce pas la vie sociale concentrée et poussée à bout ?

S'ils finissent pourtant, quelquefois, par devenir *exemplaires* à leur tour, n'est-ce pas aussi par imitation ? Supposez un somnambule qui pousse l'imitation de son médium jusqu'à devenir médium lui-même et magnétiser un tiers, lequel à son tour l'imitera, et ainsi de suite. N'est-ce pas là la vie

sociale ? Cette cascade de magnétisations successives et en-
chaînées est la règle ; la magnétisation mutuelle dont je
parlais tout à l'heure n'est que l'exception. D'ordinaire, un
homme naturellement prestigieux donne une impulsion,
bientôt suivie par des milliers de gens qui le copient en tout
et pour tout, et lui empruntent même son prestige, en vertu
duquel ils agissent sur des millions d'hommes inférieurs. Et
c'est seulement quand cette action de haut en bas se sera
épuisée qu'on verra, en temps démocratique, l'action inverse
se produire, les millions d'hommes à certains moments,
assez rares d'ailleurs, fasciner collectivement leurs anciens
médiums et les mener à la baguette. Si toute société présente une hiérarchie, c'est parce que toute société présente
la *cascade* dont je viens de parler, et à laquelle, *pour être
stable*, sa hiérarchie doit correspondre.

Ce n'est point la crainte, d'ailleurs, je le répète, c'est l'admiration ; ce n'est point la force de la victoire, c'est l'éclat de
la supériorité sentie et gênante,.qui donne lieu au somnambulisme social. Aussi arrive-t-il parfois que le vainqueur est
magnétisé par le vaincu. De même qu'un chef sauvage dans
une grande ville, un parvenu dans un salon aristocratique du
dernier siècle, est tout yeux et tout oreilles, et *charmé* ou
*intimidé* malgré son orgueil. Mais il n'a d'yeux et d'oreilles
que pour tout ce qui l'étonne et déjà le captive. Car un mélange singulier d'anesthésie et d'hyperesthésie des sens est le
caractère dominant des somnambules. Il copie donc tous les
usages de ce monde nouveau, son langage, son accent. Tels
les Germains dans le monde romain ; ils oublient l'allemand
et parlent latin, ils font des hexamètres, ils se baignent dans
des baignoires de marbre, ils se font appeler patrices. Tels
les Romains eux-mêmes importés dans Athènes vaincue par
leurs armes. Tels les Hycsos conquérants de l'Égypte et sub-
jugués par sa civilisation.

Mais qu'est-il besoin de fouiller l'histoire? Regardons
autour de nous. Cette espèce de paralysie momentanée de

l'esprit, de la langue et des bras, cette perturbation profonde
de tout l'être et cette dépossession de soi qu'on appelle *l'intimidation*, mériteraient une étude à part. L'intimidé, sous le
regard de quelqu'un, s'échappe à lui-même, et tend à devenir maniable et malléable par autrui ; il le sent et veut
résister, mais il ne parvient qu'à s'immobiliser gauchement,
assez fort encore pour neutraliser l'impulsion externe, mais
non pour reconquérir son impulsion propre. On m'accordera
peut-être que cet état singulier, par lequel nous avons tous
plus ou moins passé à un certain âge, présente avec l'état
somnambulique les plus grands rapports. Mais, quand la
timidité a pris fin, et qu'on s'est, comme on dit, mis à l'aise,
est-ce à dire qu'on s'est démagnétisé ? Loin de là. Se mettre
à l'aise, dans une société, c'est se mettre au ton et à la
mode de ce milieu, parler son jargon, copier ses gestes, c'est
enfin s'abandonner sans résistance à ces multiples et subtils
courants d'influences ambiantes contre lesquels naguère on
nageait en vain, et s'y abandonner si bien qu'on a perdu
toute conscience de cet abandon. La timidité est une magnétisation consciente, et par suite incomplète, comparable à
cette demi-somnolence qui précède le sommeil profond où
le somnambule parle et se meut. C'est un *état* social *naissant*, qui se produit toutes les fois qu'on passe d'une société
à une autre, ou qu'on entre dans la vie sociale extérieure
au sortir de la famille.

Voilà peut-être pourquoi les gens dits sauvages, c'est-
à-dire particulièrement rebelles à toute assimilation et à vrai
dire insociables, restent timides toute leur vie, sujets à
demi réfractaires au somnambulisme ; à l'inverse, ceux qui
n'ont jamais été gauches ni embarrassés en rien, ceux qui
n'ont jamais éprouvé ni timidité proprement dite à leur
apparition dans un salon ou une cour de collège, ni une
stupeur analogue lors de leur première entrée dans une
science ou un art quelconque (car le trouble produit par
l'initiation à un nouveau métier dont les difficultés effrayent,

dont les procédés à copier font violence à d'anciennes habitudes, est parfaitement comparable à l'intimidation), ne sont-ils pas ceux qui, sociables au plus haut degré, excellents copistes, c'est-à-dire dépourvus de vocation propre et d'idée-maîtresse, possèdent éminemment la faculté chinoise ou japonaise de se modeler très vite sur leur entourage, somnambules de premier ordre, extrêmement prompts à s'endormir? — Sous le nom de Respect, l'Intimidation joue socialement, de l'aveu de tous, un rôle immense, mal compris parfois, mais nullement exagéré. Le Respect, ce n'est ni la crainte, ni l'amour seulement, ni seulement leur combinaison, quoiqu'il soit une *crainte aimée* de celui qui l'éprouve. Le respect, avant tout, c'est une *impression exemplaire* d'une personne sur une autre, psychologiquement *polarisée*. Il y a sans doute à distinguer le respect dont on a conscience, et celui qu'on se dissimule à soi-même sous des mépris affectés. Mais, en tenant compte de cette distinction, on verra que tous ceux qu'on imite on les respecte, et que tous ceux qu'on respecte on les imite ou on tend à les imiter. Il n'y a pas de signe plus certain du déplacement de l'autorité sociale que les déviations du courant des exemples. L'homme du monde qui reflète l'argot et le débraillé de l'ouvrier, la femme du monde qui reproduit en chantant les intonations de l'actrice, ont pour l'actrice et pour l'ouvrier plus de respect et de déférence qu'ils ne croient. — Or, sans une circulation générale et continuelle de respect sous les deux formes indiquées, quelle société vivrait un seul jour?

Mais je ne veux pas insister davantage sur le rapprochement qui précède. Quoi qu'il en soit, j'espère au moins avoir fait sentir que le fait social essentiel, tel que je l'aperçois, exige, pour être bien compris, la connaissance de faits cérébraux infiniment délicats, et que la sociologie la plus claire en apparence, la plus superficielle même d'aspect, plonge par ses racines au sein de la psychologie, de la physiologie, la plus intime et la plus obscure. *La société, c'est l'imitation, et l'imitation c'est une espèce de somnambulisme ;* ainsi peut se résumer ce chapitre. En ce qui concerne la seconde partie de la thèse, je prie le lecteur de faire la part de l'exagération. Je dois écarter aussi une objection possible. On me dira peut-être que subir un ascendant, ce n'est pas toujours suivre l'exemple de celui auquel on obéit ou en qui l'on a foi. Mais croire en quelqu'un n'est-ce pas toujours croire ce qu'il croit ou paraît croire ? Obéir à quelqu'un, n'est-ce pas toujours vouloir ce qu'il veut ou paraît vouloir ? *On ne commande pas une invention*, on ne suggère pas par persuasion une découverte à faire. Être crédule et docile, et l'être au plus haut degré comme le somnambule ou l'homme en tant qu'être social, c'est donc avant tout être imitatif. Pour innover, pour découvrir, pour s'éveiller un instant de son rêve familial ou national, l'individu doit échapper momentanément à sa société. Il est supra-social, plutôt que social, en ayant cette audace si rare.

Encore un mot seulement. Nous venons de voir que chez les somnambules ou quasi-somnambules, la mémoire est très vive, et aussi bien l'habitude (mémoire musculaire, avons-nous dit plus haut), pendant que la crédulité et la docilité sont poussées à outrance. En d'autres termes, *l'imitation d'eux-mêmes par eux-mêmes* (la mémoire et l'habitude, en effet, ne sont pas autre chose) est chez eux aussi remarquable que l'imitation d'autrui. N'y aurait-il pas un lien entre ces deux faits ? « On ne peut trop clairement comprendre, dit Maudsley avec insistance, qu'il y a dans le système nerveux une tendance innée à l'imitation. » Si cette tendance est inhérente aux derniers éléments nerveux, il est permis de conjecturer que les relations de cellule à cellule dans l'intérieur d'un même cerveau pourraient bien n'être pas sans analogie avec la relation singulière de deux cerveaux dont l'un fascine l'autre, et consister, à l'instar de celle-ci, en une polarisation particulière de la croyance et du désir emmagasinés dans chacun de ses éléments. Ainsi peut-être s'expliqueraient certains faits étranges, par exemple, dans le rêve, l'arrangement spontané des images qui se combinent suivant une certaine logique à elles, évidemment sous l'empire de l'une d'entre elles qui s'impose et donne le ton, c'est-à-dire sans doute par la vertu prédominante de l'élément nerveux où elle résidait et d'où elle est sortie [1].

(1) Cette vue s'accorde avec l'idée-maîtresse développée par M. Paulhan dans son livre, si profondément pensé, sur l'*activité mentale* (Alcan, 1889).

# CHAPITRE IV

## L'ARCHÉOLOGIE ET LA STATISTIQUE

---

Qu'est-ce que l'histoire? Telle est la première question qui se présente à nous? Nous serons amenés par le chemin le plus naturel à y répondre et à formuler les lois de l'imitation, en nous occupant de deux sortes de recherches bien distinctes que notre temps a mises en grand honneur, les études archéologiques et les études statistiques. Nous allons montrer qu'elles sont conduites inconsciemment, au fur et à mesure qu'elles se frayent mieux leur voie utile et féconde, à envisager les phénomènes sociaux sous un aspect semblable au nôtre, et qu'à cet égard les résultats généraux, les traits saillants de ces deux sciences, ou plutôt de ces deux méthodes si différentes, présentent une remarquable concordance. Considérons d'abord l'archéologie.

## I

Si des crânes humains sont trouvés dans un tombeau gallo-romain ou dans une caverne de l'âge de la pierre, à côté d'ustensiles divers, l'archéologue retiendra les ustensiles et enverra les crânes à l'anthropologiste. Pendant que

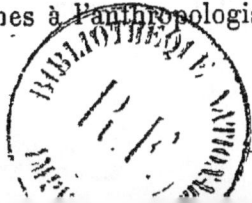

celui-ci s'occupe des races, celui-là s'occupe des civilisations. Ils ont beau se côtoyer ou s'entre-pénétrer, ils n'en sont pas moins radicalement différents, autant qu'une ligne horizontale peut l'être de sa perpendiculaire, même à leur point d'intersection. Or, de même que l'un, ignorant totalement la biographie de l'homme de Cro-Magnon ou de Néanderthal qu'il étudie, et ne s'en souciant guère, s'attache exclusivement à démêler de crâne en crâne, de squelette en squelette, un même caractère de race, reproduit et multiplié par l'hérédité à partir d'une singularité individuelle jusqu'à laquelle il s'efforcerait d'ailleurs en vain de remonter, l'autre, pareillement, sans savoir les trois quarts du temps le nom des morts pulvérisés qui lui ont laissé leur dépouille à déchiffrer comme une énigme, ne voit et ne cherche en eux que les procédés artistiques ou industriels, les dogmes, les rites, les besoins et les croyances caractéristiques, les mots et les formes grammaticales, attestés par le contenu de leur tombe, toutes choses transmises et propagées par imitation à partir d'un inventeur presque toujours ignoré, multiples rayonnements dont chacun de ces exhumés anonymes a été le véhicule éphémère et le simple lieu de croisement.

A mesure qu'il s'enfonce dans un passé plus profond, l'archéologue perd davantage de vue les individualités ; au delà du xii<sup>e</sup> siècle, les manuscrits déjà commencent à lui faire défaut, et eux-mêmes d'ailleurs, actes officiels le plus souvent, l'intéressent surtout par leur caractère impersonnel. Puis les édifices ou leurs ruines, enfin quelques débris de poterie ou de bronze, quelques armes ou instruments de silex, s'offrent seuls à ses conjectures. Et quelle merveille de voir le trésor d'inductions, de faits, de renseignements inappréciables, que les fouilleurs de notre âge ont extrait, sous cette humble forme, des entrailles de la terre, partout où leur pioche a heurté, en Italie, en Grèce, en Égypte, en Asie Mineure, en Mésopotamie, en Amérique !

Il fut un temps où l'archéologie, comme la numismatique, n'était que la servante de l'histoire pragmatique, où l'on n'aurait vu dans le labeur actuel des égyptologues que le mérite de confirmer le fragment de Manéthon. Mais, à présent, les rôles sont intervertis ; les historiens ne sont plus que les guides secondaires et les auxiliaires des piocheurs, qui, nous révélant ce que ceux-là nous taisent, nous détaillent pour ainsi dire la faune et la flore des pays dessinés par ces paysagistes, les richesses de vies et de régularités harmonieuses dissimulées sous ce pittoresque. Par eux, nous savons de quel faisceau d'idées particulières, de secrets professionnels ou hiératiques, de besoins propres, se composait ce que les annalistes appellent un Romain, un Égyptien, un Persan ; et, au pied en quelque sorte de ces faits violents, réputés culminants, qu'on nomme conquêtes, invasions, révolutions, ils nous font entrevoir l'expansion journalière et indéfinie et la superposition des sédiments de l'histoire vraie, la stratification des découvertes successives propagées contagieusement.

Ils nous placent donc au meilleur point de vue pour juger que les faits violents, dissemblables entre eux et alignés en séries irrégulières, telles que des crêtes de monts, ont simplement servi à favoriser ou à entraver, à resserrer ou à étendre dans des cantonnements plus ou moins mal délimités, la propagation régulière et tranquille de telles ou telles idées de génie. Et, comme Thucydide, Hérodote, Tite-Live deviennent de simples cicerones, quelquefois utiles, quelquefois trompeurs, à l'usage des antiquaires, ainsi les héros des premiers capitaines, hommes d'État, législateurs, peuvent passer pour les serviteurs inconscients et parfois contrariants de ces innombrables et obscurs inventeurs, dont les seconds découvrent ou circonscrivent avec tant d'efforts la date et le berceau encore plus que le nom, l'inventeur du bronze, l'inventeur de la rame et de la voile, de la charrue, de l'art de tisser, l'inventeur de l'écriture ! Ce n'est pas que les grands politiques et les grands guerriers n'aient eu, certes, des idées neuves et brillantes, véritables inventions dans le sens large du mot, mais *inventions destinées à ne pas être imitées*[1]. Qu'on les nomme plans de campagne ou expédients parlementaires quelconques, lois, décrets, coups d'État, elles ne prennent rang dans l'histoire que si elles contribuent à importer ou à refouler d'autres catégories d'inventions déjà connues, destinées, elles, à être imitées pacifiquement. L'histoire ne s'occuperait pas plus des manœuvres de Marathon, d'Arbelles ou d'Austerlitz que des belles parties d'échecs, si ces victoires n'avaient eu sur le déploiement asiatique ou européen des arts grecs ou des institutions françaises l'influence que l'on sait.

L'histoire, telle qu'on l'entend, n'est en somme que le secours prêté ou l'obstacle opposé, par des inventions *non imitables* et d'une utilité momentanée, à un ensemble d'inventions indéfiniment imitables et utiles. Quant à susciter *directement* celles-ci, celles-là n'y réussissent pas plus que le soulèvement des Pyrénées n'a suffi à faire naître l'izard ou le soulèvement des Andes à faire pousser l'aile du condor. Il est vrai que leur action indirecte est considérable : une invention n'étant, après tout, que l'effet d'une rencontre singulière d'imitations hétérogènes dans un cerveau, — dans un cerveau exceptionnel, il est vrai, — tout ce qui ouvre aux rayonnements imitatifs différents de nouveaux débouchés tend à multiplier les chances de singularités pareilles[2].

Mais j'ouvre une parenthèse pour prévenir une objection. Vous exagérez, me dira-t-on, la moutonnerie humaine et son

---

(1) Si elles le sont, c'est contre la volonté de leurs auteurs, par exemple le mouvement tournant d'Ulm que les Allemands ont su copier si habilement contre le neveu de Napoléon.

(2) Exemple de l'influence indirecte de l'imitation sur l'invention : par suite de la mode croissante d'aller aux eaux, l'utilité (?) de découvrir de nouvelles sources minérales s'étant fait sentir, on en a découvert ou capté *en France*, de 1838 à 1863, 234 nouvelles.

importance sociale ainsi que celle de l'imagination inventive. L'homme n'invente pas pour le plaisir d'inventer, mais
pour répondre à une nécessité sentie. Le génie éclôt à son
heure. C'est donc la série des besoins, non celle des inventions, qu'il importe surtout de noter, et la civilisation est la
multiplication ou le remplacement graduels des besoins autant que l'accumulation et la substitution graduelles des
industries et des arts. — D'autre part, l'homme n'imite pas
toujours pour le plaisir d'imiter soit ses ancêtres, soit les
étrangers ses contemporains. Parmi les inventions qui s'offrent à son imitation, parmi les découvertes ou idées théoriques qui s'offrent à son adhésion (à son imitation intellectuelle), il imite, il adopte seulement, le plus souvent, ou de
plus en plus, celles qui lui paraissent utiles ou vraies. C'est
donc la recherche de l'utilité et de la vérité, non le penchant
à l'imitation, qui caractérise l'homme social, et la civilisation
pourrait être définie l'utilisation croissante des travaux, la
vérification croissante des pensées, bien plutôt que l'assimilation croissante des activités musculaires et cérébrales.

Je réponds en rappelant d'abord que, le besoin d'un objet
ne pouvant précéder sa notion, aucun besoin social n'a pu
être antérieur à l'invention qui a permis de concevoir la
denrée, l'article, le service propre à le satisfaire. Il est vrai
que cette invention a été la réponse à un désir vague, que,
par exemple, l'idée du télégraphe électrique a répondu au
problème, depuis longtemps posé, d'une communication
épistolaire plus rapide ; mais c'est en se spécifiant de la
la sorte que ce désir s'est répandu et fortifié, qu'il est né au
monde social ; et lui-même d'ailleurs n'a-t-il pas toujours
été développé par une invention ou une suite d'inventions
plus anciennes, soit, dans l'exemple choisi, par l'établissement
des postes, puis du télégraphe aérien ? Je n'excepte pas même
les besoins physiques, lesquels ne deviennent forces sociales,
eux aussi, que par une spécification analogue, comme j'ai

déjà eu occasion de le faire remarquer. Il est trop clair que
le besoin de fumer, de prendre du café, du thé, etc., n'a
apparu qu'après la découverte du café, du thé, du tabac.
Autre exemple entre mille : « Le vêtement ne suit pas la
pudeur, dit très bien M. Wiener (*Le Pérou*) ; mais, au
contraire, la pudeur se manifeste à la suite du vêtement,
c'est-à-dire que le vêtement qui cache telle ou telle partie
du corps humain fait paraître inconvenante la nudité de
cette partie qu'on a l'habitude de voir couverte. » En d'autres
termes, le besoin d'être vêtu, en tant que besoin social, a
pour cause la découverte du vêtement et de tel vêtement.
Loin d'être le simple effet des nécessités sociales, donc, les
inventions en sont la cause, et je ne crois pas les avoir sur-
faites. Si les inventeurs à un moment donné tournent en
général leur imagination du côté que leur indiquent les
besoins vagues du public, il ne faut pas oublier, je le répète,
que le public a été poussé dans le sens de ces besoins par
des inventeurs antérieurs, qui eux-mêmes ont cédé à l'influence indirecte d'inventeurs plus antiques ; et ainsi de
suite, jusqu'à ce qu'en définitive, à l'origine de toute société
et de toute civilisation, on trouve, comme données primordiales et nécessaires, d'une part, sans doute, des inspirations
très simples quoique très difficiles, dues à des besoins innés
et purement vitaux en très petit nombre ; d'autre part, et
plus essentiellement encore, des découvertes accidentelles
faites pour le plaisir de découvrir, de simples jeux d'imagination naturellement créatrice. Que de langues, que de
religions et de poésies, que d'industries mêmes ont ce point
de départ !

Voilà pour l'invention. Même réponse pour l'imitation.
On ne fait pas tout ce qu'on fait par routine ou par mode ;
on ne croit pas tout ce qu'on croit par préjugé ou sur parole ;
c'est vrai, quoique la crédulité, la docilité, la passivité populaires dépassent immensément les bornes admises. Mais,
alors même que l'imitation est élective et réfléchie, qu'on

fait ce qui paraît le plus utile, qu'on croit ce qui paraît le plus vrai, les actions et les pensées qu'on a choisies l'ont été, les actions parce qu'elles étaient les plus propres à satisfaire et développer des besoins dont l'imitation antérieure d'autres inventions avait déposé le premier germe en nous[1], les pensées parce qu'elles s'accordaient le mieux avec la connaissance déjà acquise par nous d'autres pensées accueillies elles-mêmes à raison de leur confirmation par d'autres idées venues jusqu'à nous préalablement, ou par des impressions tactiles, visuelles et autres que nous nous sommes procurées en renouvelant pour notre compte des expériences ou des observations scientifiques, à l'exemple de leurs premiers auteurs. On voit ainsi les imitations, comme les inventions, s'enchaîner successivement, s'appuyer les unes sur les autres, sinon chacune sur soi-même, et, si l'on remonte cette seconde chaîne comme la première, on arrive enfin logiquement à l'imitation *née de soi* pour ainsi dire, à l'état mental des sauvages primitifs, parmi lesquels, comme chez les enfants, le plaisir d'imiter pour imiter est le mobile déterminant de la plupart des actes, de tous ceux de leurs actes qui appartiennent à la vie sociale. — Ainsi, je n'ai donc pas surfait non plus l'importance de l'imitation.

(1) Ce n'est pas seulement par la nature des besoins ou des desseins antérieurs, c'est encore par celle des lois du pays relatives, par exemple, à la prohibition de telle industrie, ou au libre échange, ou à l'instruction obligatoire de telle ou telle branche du savoir, que l'on est influencé ou déterminé dans le choix de sa carrière et de sa doctrine, de ses actions et de ses idées, toujours copiées sur autrui. Mais les lois agissent sur l'imitation de la même manière, au fond, que les besoins ou les desseins. Ceux-ci nous commandent comme elles, et entre ce genre de commandement et l'autre il y a cette seule différence que l'un est un maître externe et l'autre un tyran intérieur. Au surplus, les lois ne sont que l'expression des besoins ou des desseins dominants de la classe gouvernante à un moment donné, besoins et desseins toujours explicables de la manière déjà indiquée.

## II

En somme, une faible imagination folle clairsemée çà et
là au milieu d'une vaste *imitativité* passive qui accueille et
perpétue tous ses caprices, comme les ondulations d'un lac
prolongent le coup d'aile d'un oiseau : voilà le tableau de la
société des premiers temps tel qu'il se présente à notre esprit.
Il est pleinement confirmé, ce nous semble, par les recherches
des archéologues. « M. Tylor fait observer avec raison, dit
Sumner Maine dans ses *Institutions primitives*, que le
véritable résultat de la science nouvelle de la Mythologie
comparée, c'est de mettre en relief la *stérilité* dans les temps
primitifs de cette faculté de l'esprit dont nous faisons la
meilleure condition de la fécondité intellectuelle, l'imagination. Le droit comparé conduit plus infailliblement encore à
la même conclusion, comme on pouvait s'y attendre en
raison de la stabilité de la loi et de la coutume. » Cette
observation ne demande qu'à être généralisée. Par exemple,
quoi de plus simple que de représenter la Fortune avec une
corne d'abondance ou Vénus avec une pomme à la main?
Cependant Pausanias prend la peine de nous apprendre que
le premier de ces attributs a été imaginé originairement
par Bupalus, un des plus anciens statuaires de la Grèce, et
le second par Canachus, sculpteur d'Égine. D'une idée
insignifiante qui a traversé l'esprit de ces deux hommes
dérivent donc les innombrables statues de la Fortune et de
Vénus, qui présentent les attributs indiqués.

Un autre résultat aussi important et moins remarqué des
études archéologiques est de montrer l'homme aux époques
anciennes comme beaucoup moins hermétiquement can-
tonné dans ses traditions et ses coutumes locales, beaucoup
plus *imitatif du dehors* et ouvert aux modes étrangères, en

fait de bijoux, d'armes, d'institutions même et d'industries, qu'on était porté à le penser. On est vraiment surpris de voir, à un certain âge antique, une substance aussi inutile que l'ambre, importée depuis la Baltique, son pays d'origine, jusqu'aux extrémités de l'Europe méridionale, et de constater la similitude des décorations de tombeaux contemporains sur des points très éloignés occupés par des races différentes. « A une même époque très reculée, dit M. Maury (*Journal des savants*, 1882, à propos des *antiquités euganéennes*), un même art, dont nous commençons à distinguer les produits, était répandu dans les provinces littorales de l'Asie Mineure, dans l'Archipel et dans la Grèce. C'est à cette école que paraissaient s'être mis les Étrusques. Chaque nation en modifia les principes suivant son génie. » Enfin, aux âges préhistoriques même les plus primitifs, on s'émerveille de ces types de silex, de dessins, d'outils en os, partout les mêmes sur presque toute l'étendue du globe[1]. Il semble que toute période archéologique tranchée se signale par le prestige prépondérant d'une civilisation particulière qui a couvert de son rayonnement et empreint de sa coloration toutes les civilisations concurrentes ou vassales ; à peu près comme chaque période paléontologique est le règne de quelque grande espèce animale, d'un mollusque, d'un reptile, d'un pachyderme.

L'archéologie peut nous apprendre encore que les hommes ont toujours été beaucoup moins originaux qu'ils ne se

(1) On pourrait voir à première vue, dans la similitude si frappante des haches, des pointes de flèches et des autres armes ou instruments en silex découverts en Amérique et dans l'ancien continent, l'effet d'une simple coïncidence que l'identité des besoins humains de guerre, de chasse, de vêtement, etc., suffirait à expliquer. Mais nous savons déjà les objections qu'on peut faire à cette explication. Ajoutons le fait que des haches polies, des pointes de flèches, des idoles mêmes en néphrite ou en jadéite, roches *absolument inconnues sur tout le continent américain*, ont été trouvées au Mexique. N'est-ce pas une preuve que, *dès l'âge de pierre*, les germes de la civilisation avaient été importés de l'ancien dans le nouveau continent ? Pour les âges postérieurs, le fait de cette importation est douteux. (V. M. de Nadaillac, l'*Amérique préhistorique*, p. 542.)

flattent de l'être. — On finit par ne plus apercevoir ce qu'on ne regarde plus et par ne plus regarder ce qu'on voit toujours. Voilà pourquoi les visages de nos compatriotes, au milieu desquels nous vivons, nous frappent tous par leur dissemblance et leurs caractères distinctifs, quoiqu'ils appartiennent à la même race, dont les traits communs s'effacent à nos yeux, et pourquoi au contraire, en voyageant à travers le monde, on trouve que tous les Arabes, tous les Chinois, tous les nègres se ressemblent. On dira peut-être que la vérité est comprise entre ces deux impressions opposées. Mais ici, comme presque partout, cette méthode du juste milieu se montre erronée. Car la cause de l'illusion qui aveugle en partie l'homme sédentaire parmi ses concitoyens, la taie de l'habitude, n'obscurcit point l'œil du voyageur à travers des étrangers. L'impression de celui-ci a donc lieu de paraître bien plus exacte que celle de celui-là, et elle nous révèle clairement que, chez des individus de la même race, les traits de similitude, dus à l'hérédité, l'emportent toujours sur les traits de dissemblance.

Eh bien, pour une raison analogue, si maintenant nous passons du monde vital au monde social, nous sommes toujours frappés, en parcourant les tableaux ou les statues de nos peintres et de nos sculpteurs contemporains dans nos expositions, en lisant nos écrivains du jour dans nos bibliothèques, en observant les manières, les gestes, les tours d'esprit de nos amis et connaissances dans nos salons, nous sommes toujours et exclusivement frappés en général de leurs différences apparentes, nullement de leurs analogies. Mais quand, au musée Campana, nous jetons un coup d'œil sur les produits de l'art étrusque, quand, dans une galerie hollandaise, vénitienne, florentine, espagnole, nous voyageons pour la première fois à travers des peintures de la même école et de la même époque, quand, dans nos archives, nous parcourons des manuscrits du moyen âge, ou que, dans un musée d'art rétrospectif, les exhumations des

cryptes égyptiennes s'étalent à nos yeux, il nous semble que
ce sont là autant de copies à peine discernables d'un même
modèle, et qu'autrefois toutes les écritures, toutes les façons
de peindre, de sculpter, de bâtir, toutes les manières de vivre
socialement, à vrai dire, se ressemblaient à s'y méprendre
dans un même temps et un même pays. — Encore une fois,
ce ne peut être là une apparence mensongère, et nous
devrions, par analogie, reconnaître que, même de nos jours,
nous nous imitons infiniment plus que nous n'innovons. Ce
n'est pas une médiocre leçon à retirer des études archéologiques. Dans un siècle, à coup sûr, presque tous ces roman-
ciers, ces artistes, ces poètes surtout, la plupart singes ou
plutôt *lémuriens* de Victor Hugo, dont nous vantons naïve-
ment l'originalité, passeront, et à bon droit, pour de serviles
copistes les uns des autres.

Nous avons essayé d'établir dans un précédent chapitre
que toute ou presque toute similitude sociale dérive de l'imitation, comme toute ou presque toute similitude vitale a
pour cause l'hérédité. Ce principe si simple a été implicitement accepté, à l'unanimité, par les archéologues de notre
siècle, comme fil conducteur dans le très obscur labyrinthe
de leurs immenses fouilles souterraines; et l'on peut pressentir par les services qu'il leur a rendus, ceux qu'il est
appelé à leur rendre encore. Un vieux tombeau étrusque
décoré de fresques est découvert. Comment apprécier son
âge? Quel est le sujet de ses peintures? On résout ces problèmes en signalant les similitudes, légères et insaisissables
parfois, de ces peintures avec d'autres d'origine grecque,
d'où l'on conclut immédiatement que la Grèce était déjà
imitée par l'Étrurie à l'époque où ce caveau fut creusé. Il ne
vient pas à l'esprit d'expliquer ces ressemblances par une
coïncidence fortuite. Tel est le postulat qui sert de guide en
ces questions et qui, employé par des esprits sagaces, ne
trompe jamais. Trop souvent, il est vrai, entraînés par des
préjugés naturalistes de leur âge, les savants ne se bornent

pas à déduire des similitudes l'imitation, et ils en induisent la parenté. Par exemple, des fouilles faites à Este, en Vénétie, ayant donné des vases, des *situles* et autres objets qui présentent des ressemblances étranges avec le produit des fouilles faites à Vérone, à Bellune et ailleurs, M. Maury incline à penser que les auteurs de ces tombeaux divers appartenaient à un même peuple, conjecture que rien ne paraît justifier, mais il a soin d'ajouter : « *ou du moins* à des populations observant les mêmes rites funéraires et ayant une industrie commune», ce qui n'est pas tout à fait la même chose. En tout cas, il semble bien certain que les soi-disant *Étrusques du Nord,* de la Vénétie, si tant est qu'ils eussent du sang étrusque dans les veines, le mélangeaient fortement de sang celtique. D'ailleurs, M. Maury remarque à ce propos l'influence qu'une nation civilisée a toujours exercée sur les barbares ses voisins, même sans conquête. « Les Gaulois de la Gaule cisalpine, dit-il, imitèrent visiblement le travail étrusque. » Ainsi la similitude des produits artistiques ne prouve rien en faveur de la consanguinité et révèle seulement une contagion imitative.

Obligés, pour rattacher l'inconnu au connu, de chercher dans les analogies les plus lointaines, les plus inappréciables à l'œil profane, en fait de formes, de styles, de scènes, de légendes figurées, de langues, de costumes, etc., le secret des générations disparues, les archéologues se sont exercés à en découvrir partout d'inattendues, les unes certaines, les autres vraisemblables à divers degrés suivant une échelle fort étendue de probabilité. Par là, ils ont merveilleusement contribué à étendre et approfondir le domaine de l'*imitativité* humaine, et à résoudre presque entièrement en un faisceau d'imitations combinées des autres peuples la civilisation de chaque peuple, même la plus originale au premier aspect. Ils savent que l'art arabe, de physionomie si nette, est pourtant une simple fusion de l'art persan avec l'art grec, que l'art grec a emprunté à l'art égyptien, et peut-être à d'autres

sources, tels et tels procédés, et que l'art égyptien s'est
formé - ou grossi successivement d'apports multiples, asiatiques ou mêmes africains. Il n'est point de terme assi-
gnable à cette décomposition archéologique des civilisations,
il n'est point de molécule sociale que leur chimie n'espère
à bon droit dissoudre en atomes plus simples. En attendant,
c'est à trois ou quatre dans l'ancien monde, à un ou deux
dans le nouveau, que leurs labeurs ont réduit le nombre des
foyers encore indécomposables de civilisation, tous situés,
chose étrange, ici sur des plateaux (Mexique et Pérou), là
à l'embouchure ou au bord de grands fleuves (Nil, Euphrate,
Gange, fleuves chinois), quoique les grands cours d'eau,
remarque avec raison M. de Candolle, ne soient nullement
plus rares ni plus malsains en Amérique qu'en Europe et en
Asie, et que les plateaux habitables ne manquent pas non
plus à ces dernières parties du monde. L'arbitraire qui a présidé au choix des premiers civilisateurs ou importateurs de
civilisation pour la fixation de leurs tentes se manifeste ici.
Et jusqu'à la fin des temps, peut-être, nos civilisations dérivées' d'eux porteront l'empreinte ineffaçable de ce caprice
primordial!

Grâce aux archéologues, nous apprenons où et quand,
pour la première fois, est apparue une découverte nouvelle,
jusqu'où et jusqu'à quelle époque elle a rayonné, et par
quels chemins elle est parvenue de son lieu d'origine à sa
patrie d'adoption. Ils nous font remonter, sinon au premier
fourneau d'où sortit le bronze ou le fer, du moins à la première contrée et au premier siècle où l'ogive, où la peinture
à l'huile, où l'imprimerie, et même, bien plus anciennement, où les ordres d'architecture grecs, où l'alphabet phénicien, etc., se sont révélés au monde justement ébloui. Toute
leur curiosité[1], toute leur activité s'emploient à suivre dans ses

(1) Je sais que la curiosité des antiquaires est souvent puérile et vaniteuse. Les plus grands mêmes, tels que Schliemann, semblent plus préoc-
cupés de découvrir ce qui a trait à quelque individu célèbre, Hector,

modifications et ses travestissements multiples une invention donnée, à reconnaître sous le cloître l'atrium, sous l'église romane le prétoire du magistrat romain, sous la chaise curule le siège étrusque, ou bien à tracer les limites du domaine où une invention, en se propageant par degrés, s'est répandue et que, pour des raisons à rechercher (toujours, à notre avis, par suite de la concurrence d'inventions rivales), elle n'a pu franchir; ou bien à étudier les effets du croisement des diverses inventions qui, à force de se propager, se sont rencontrées enfin dans un cerveau imaginatif.

Ces érudits, en un mot, envisagent par force et peut-être à leur insu le monde social du passé à un point de vue de plus en plus rapproché de celui auquel je prétends que le sociologiste, j'entends le sociologiste pur, distinct du naturaliste par une abstraction nécessaire quoique artificielle, devrait se placer sciemment et volontairement. A la différence des historiens qui ne considèrent dans l'histoire que des individus en concours ou en conflit, c'est-à-dire des bras et des jambes aussi bien que des cerveaux, et, dans ces cerveaux des idées et des désirs de provenances les plus diverses, parmi lesquels il s'en glisse çà et là de nouveaux, de personnels, présentés pêle-mêle dans le tas des simples copies; à la différence de ces mauvais écuyers tranchants de la réalité, qui n'ont pas su saisir la véritable jointure des faits vitaux et des faits sociaux, le point où ils se séparent sans déchirement, les archéologues, eux, font de la sociologie pure, parce que, les individus exhumés par eux leur étant impénétrables, et les œuvres de ces morts, vestiges d'idées et de besoins archaïques, se prêtant seules à leur examen, ils entendent en quelque sorte, suivant l'idéal de Wagner, la musique du passé sans voir l'orchestre. C'est une cruelle privation à leurs yeux, je le sais, d'en être réduits là; mais

Priam, Agamemnon, que de suivre les destinées des inventions capitales du passé. Mais autre est le mobile ou le but personnel des travailleurs, autre le produit net et le bénéfice définitif du travail.

le temps, qui a détruit les cadavres et les mémoires des
peintres, des fabricants, des écrivains, dont ils déchiffrent
les inscriptions ou interprètent péniblement les fresques,
les torses, les tessons de vases, les palimpsestes, ne leur en
a pas moins rendu le service de dégager ce qu'il y a eu de
proprement social dans les faits humains, en éliminant tout
ce qu'il y a eu de vital et rejetant comme une impureté le
contenu charnel et fragile de cette forme glorieuse vraiment
digne de résurrection.

Pour eux donc, l'histoire, simplifiée et transfigurée, consiste simplement en apparitions et en déploiements, en concours et en conflits d'idées originales, de besoins originaux,
d'inventions, en un seul mot, qui deviennent de la sorte les
grands personnages historiques et les vrais agents du progrès humain. La preuve que ce point de vue tout idéaliste
est juste, c'est qu'il est fécond. N'est-ce pas en s'y plaçant,
par force, je le répète, mais aussi par bonheur, que le philologue, le mythologue, l'archéologue contemporain sous
ses noms divers, dénoue tous les nœuds gordiens, élucide
toutes les obscurités de l'histoire, et, sans lui rien ôter de
son pittoresque et de sa grâce, lui prête l'attrait d'une théorie? Si l'histoire est en voie de se faire science, n'est-ce pas
à lui qu'on le doit?

## III

A lui, et au statisticien aussi. Celui-ci, comme celui-là,
jette sur les faits humains un regard tout abstrait et impersonnel; il ne s'occupe pas des individus, de Pierre ou de
Paul, mais de leurs œuvres, ou mieux de leurs actes, révélation de leurs besoins et de leurs idées; acte de fabriquer,
de vendre ou d'acheter tel produit, acte de commettre ou de
réprimer tel délit, acte de plaider en séparation de corps,

acte de voter en tel ou tel sens ; et même actes de naître,
de se marier, de devenir père, de mourir, tous actes de la
vie individuelle qui, par certains côtés, se rattachent aussi
à la vie sociale, en tant que la propagation de certains
exemples, de certains préjugés, paraît influer sur l'accroissement plus ou moins accéléré ou ralenti du nombre des
naissances ou des mariages, sur le degré de fécondité des
mariages, sur la mortalité des nouveau-nés.

Si l'archéologie est une collection et un classement d'œuvres similaires, dont la similitude la plus exacte possible est
ce qui importe le plus, la statistique est un dénombrement
d'actions similaires le plus similaires qu'il se peut. L'art ici
est dans le choix des unités, d'autant meilleures qu'elles sont
plus semblables et plus égales entre elles. — De quoi s'occupe la statistique, comme l'archéologie, sinon des inventions et des *éditions imitatives* qu'on en fait ? Seulement l'une
traite d'inventions pour la plupart mortes, épuisées par leur
propre débordement, l'autre d'inventions vivantes, souvent
modernes ou contemporaines, en train de déborder encore
et de monter toujours, ou de s'arrêter, ou de décroître. L'une
est la paléontologie, l'autre la physiologie sociale. Pendant
que l'une nous dit jusqu'où et avec quelle rapidité les vaisseaux phéniciens ont porté les poteries grecques sur les rives
de la Méditerranée et bien au delà, l'autre nous apprend jusqu'à quelles îles de l'Océanie, jusqu'à quelle proximité du
pôle Nord ou du pôle Austral les vaisseaux anglais apportent
aujourd'hui les cotonnades anglaises, et, en outre, quel
nombre de mètres ils en exportent et en débitent ainsi par
année. — Il faut reconnaître pourtant que le champ de l'invention paraît plus spécialement propre à l'archéologie, et
celui de l'imitation à la statistique. Autant la première s'attache à démêler la filiation des découvertes successives,
autant la seconde excelle à mesurer l'expansion de chacune
d'elles. Le domaine de l'archéologie est plus philosophique,
celui de la statistique plus scientifique.

La méthode de ces deux sciences est précisément inverse, il est vrai ; mais cela tient à leurs conditions extérieures de travail. L'une étudie longtemps les exemplaires disséminés d'un même art, avant de pouvoir se hasarder à conjecturer l'origine et la date du procédé magistral d'où il est éclos ; elle doit connaître toutes les langues indo-européennes avant de les rattacher à leur mère commune, imaginaire peut-être, l'aryaque, ou à leur sœur aînée, le sanscrit ; elle remonte péniblement des imitations à leur source. L'autre, qui presque toujours connaît les sources dont elle mesure les épanchements, va des causes aux effets, des découvertes à leurs succès plus ou moins grands suivant les années et les pays. Elle vous dira, par des enregistrements successifs, que, depuis le moment où l'invention des machines à vapeur a commencé à répandre et fortifier par degrés en France le besoin de la houille, la production de cette substance dans ce pays a suivi une progression parfaitement régulière et, de 1759 à 1869, est devenue de la sorte 62 fois et demie plus forte. Elle vous dira encore qu'à partir de la découverte du sucre de betterave, ou plutôt à partir du moment où l'utilité de cette découverte a cessé d'être contestée, la fabrication de cette denrée s'est élevée, non moins régulièrement, de 7 millions de kilogrammes en 1828 (jusque-là, elle était presque stationnaire par le motif indiqué) à 150 millions de kilogrammes trente ans après (Maurice Block).

Je choisis là les exemples les moins intéressants, et cependant n'assiste-t-on pas, par la vertu de ces chiffres arides, à la naissance, au progrès, à l'affermissement graduels, d'un besoin nouveau, d'une mode nouvelle du public ? Rien de plus instructif en général que les tableaux chronologiques des statisticiens, où, année par année, ils nous révèlent la hausse ou la baisse croissante d'une consommation ou d'une production spéciale, d'une opinion politique particulière traduite en bulletins de vote, d'un besoin de sécurité déterminée exprimé en primes d'assurances contre l'incendie, ou en livrets de caisse d'épargne, etc., c'est-à-dire au fond, toujours, les destinées d'une croyance ou d'un désir importés et copiés. Chacun de ces tableaux, ou mieux chacune des courbes graphiques qui les représente, est une monographie historique en quelque sorte. Et leur ensemble est la meilleure histoire qu'on puisse narrer. Les tableaux synchroniques présentant des comparaisons de pays à pays, de province à province, offrent d'ordinaire beaucoup moins d'intérêt. Mettez en regard, comme matière à réflexion philosophique, la carte française de la criminalité département par département, et la courbe graphique de la progression des récidives depuis cinquante ans. Ou bien, confrontez la proportion de la population urbaine par rapport à la population rurale, département par département, avec la proportion de cette population urbaine année par année : en voyant, par exemple, que, de 1851 à 1882, la proportion dont il s'agit s'est élevée de 25 p. 100 à 33 p. 100, c'est-à-dire du quart au tiers, suivant une progression régulière et ininterrompue, vous prendrez sur le fait l'action d'une cause sociale déterminée, tandis que le contraste de la proportion 26 p. 100, par exemple, et de la proportion 28 p. 100, entre deux départements voisins, ne vous apprendra pas grand'chose. Autant un tableau, présentant la progression des enterrements civils depuis dix ans à Paris ou en province, serait significatif, autant la comparaison du nombre des enterrements civils en France, en Angleterre et en Allemagne, à un moment donné, serait relativement dénuée de valeur. Je ne prétends pas qu'il soit inutile de mentionner qu'en 1870 il y a eu 14 millions de dépêches télégraphiques privées en France, 11 millions en Allemagne et 24 millions en Angleterre. Mais il est tout autrement instructif d'apprendre qu'en France, notamment, les 9,000 dépêches de 1851 se sont élevées à 4 millions en 1859, à 10 millions en 1869, puis à 14 millions en 1879 ; et on ne peut suivre cette progression accélérée d'abord, puis ralentie, sans se rappeler la crois-

sance de tout être vivant. Pourquoi cette différence ? Parce
que les courbes seules, en général, et non les cartes, quoiqu'il
y ait force exceptions, ont trait à une progression imitative.

La statistique, on le voit, suit une marche bien plus naturelle que l'archéologie, et elle est tout autrement précise
dans les renseignements, de même nature du reste, qu'elle
nous fournit. Aussi est-elle la méthode sociologique par
excellence, et c'est faute de pouvoir l'appliquer aux sociétés
mortes, que nous leur appliquons, comme pis-aller, la méthode archéologique. Combien ne donnerions-nous pas de
médailles et de mosaïques banales, d'inscriptions funéraires,
d'urnes, pour une statistique industrielle et commerciale, ou
même criminelle, de l'empire romain! Mais pour rendre tous
les services qu'on attend d'elle, pour répondre victorieuse-
ment aux critiques ironiques dont elle est l'objet, il faut
que la statistique, comme l'archéologie, ait conscience à la
fois de sa vraie utilité et de son insuffisance réelle, qu'elle
sache où elle va, où elle doit aller, et ne s'abuse pas sur le
danger des chemins qui la mènent à son but. Elle-même
n'est qu'un pis-aller. Une statistique psychologique, notant
les accroissements et les décroissements individuels des
croyances spéciales, des besoins spéciaux, créés originairement par un novateur, donnerait seule, si elle était pratiquement possible, la raison profonde des chiffres fournis par la
statistique ordinaire [1]. Celle-ci ne pèse point, elle compte
seulement, et ne compte que des actes, achats, ventes, fabrications, consommations, crimes, procès, etc. Mais ce n'est
qu'à partir d'un certain degré d'intensité qu'un désir grandissant devient un acte, ou qu'un désir déclinant démasque

---

(1) D'après la statistique des chemins de fer, des omnibus, des bateaux
à vapeur de plaisance, etc., les recettes baissent régulièrement le *ven-
dredi* de chaque semaine ; ce qui tient évidemment au préjugé si répandu
et pourtant si affaibli, relatif au danger d'entreprendre n'importe quoi
ce jour-là. En suivant d'année en année les variations de cette baisse
périodique, on mesurerait facilement le déclin graduel de l'absurde
croyance en question.

tout à coup et laisse agir un désir contraire tenu en échec
jusque-là. J'en dirai autant d'une croyance. Il importe beaucoup, en parcourant les ouvrages des statisticiens, de ne pas
oublier qu'au fond les choses à mesurer statistiquement sont
des qualités internes, des croyances et des désirs, et que
bien souvent, à nombre égal, les actes chiffrés par eux expriment des *poids* très différents de ces choses. A certaines
époques de notre siècle, le nombre des entrées dans les
églises est resté le même pendant que la foi religieuse allait
s'affaiblissant ; et il peut arriver que, lorsqu'un gouvernement est frappé dans son prestige, l'affection de ses adhérents soit à moitié détruite, quoique leur chiffre ait à peine
décru, comme on le voit par les scrutins à la veille même
d'un effondrement subit : d'où une cause d'illusion pour
ceux que les statistiques électorales rassureraient ou décou-
rageraient plus que de raison.

Les imitations réalisées sont nombreuses, mais qu'est-ce
auprès des imitations désirées ! Ce qu'on appelle les vœux
d'une population, d'une petite ville par exemple ou d'une
classe à un moment donné, se compose exclusivement de
tendances, par malheur irréalisables encore, à singer de tous
points telle autre ville plus riche ou telle classe supérieure.
Cet ensemble de convoitises simiennes constitue l'énergie
potentielle d'une société. Il suffira, pour la convertir en
énergie actuelle, d'un traité de commerce, d'une découverte
nouvelle et aussi bien d'une révolution politique, qui rende
accessibles à des bourses moindres ou à des capacités
moindres tel luxe ou tel pouvoir réservé naguère à d'heureux
privilégiés de la fortune ou de l'intelligence. Elle a donc une
grande importance, et il serait bon de se tenir au courant
de ses variations en plus ou en moins ; cependant la statistique habituelle ne paraît pas s'en inquiéter et jugerait ce
tourment ridicule, bien que, par maints procédés indirects,
l'évaluation approximative de cette force puisse parfois être
à sa portée. — A cet égard, l'archéologie se montre supérieure

dans les informations que nous lui devons sur les sociétés
ensevelies; car, si elle nous renseigne avec moins de détail
et de précision sur leur activité, elle nous peint plus fidèlement leurs aspirations. Une fresque de Pompéi nous révèle
beaucoup mieux l'état psychologique d'une ville de province,
sous l'empire romain, que tous les volumes de statistique ne
nous font connaître les vœux actuels d'un chef-lieu de département français.

Ajoutons que, née d'hier, la statistique n'a pu encore
émettre toutes ses branches, tandis que sa collaboratrice, plus
ancienne, s'est déjà ramifiée dans tous les sens. Il y a une
archéologie linguistique, la philologie comparée, qui nous
*monographie* à part chaque racine et sa destinée, caprice
verbal d'une bouche antique indéfiniment reproduit et multiplié par le conformisme frappant d'innombrables générations;
une archéologie religieuse, la mythologie comparée, qui traite
à part de chaque mythe et de ses éditions imitatives sans fin,
comme la philologie de chaque mot; une archéologie juridique, politique, ethnologique, artistique enfin et industrielle, qui consacre pareillement à chaque idée ou fiction de
droit, à chaque institution, à chaque trait de mœurs, à
chaque type ou création de l'art, à chaque procédé de l'industrie, et à sa puissance propre de reproduction exemplaire,
un article séparé; autant de sciences distinctes et floris-
santes. Mais il faut nous contenter jusqu'ici, en fait de statistiques vraiment et exclusivement sociologiques, de la
statistique industrielle et commerciale, et de la statistique
judiciaire, sans parler de certaines statistiques hybrides, qui
chevauchent à la fois sur le monde physiologique et le
monde social, statistique de la population, de la *natalité*, de
la *matrimonialité*, de la *mortalité*, statistique médicale, etc.
De la statistique politique nous n'avons qu'un germe, sous
forme de cartes électorales [1]. Quant à la statistique reli-

(1) Le suffrage universel n'a peut-être de valeur, mais une valeur
sérieuse, que par un côté non remarqué; à savoir comme un *travail inter-*

gieuse, qui aurait à nous figurer graphiquement le mouvement annuel de la propagation relative des diverses sectes,
et les variations en quelque sorte thermométriques de la foi
de leurs adhérents; quant à la statistique linguistique, qui
devrait nous chiffrer non seulement l'expansion comparée
des divers idiomes, mais dans chacun d'eux, la vogue ou le
déclin de chaque vocable, de chaque forme du discours; nous
craindrions, en parlant plus longtemps de ces sciences hypothétiques, de faire sourire le lecteur.

Mais nous en avons assez dit pour justifier cette assertion,
que le statisticien envisage les faits humains du même point
de vue que l'archéologue, et que ce point de vue est conforme
au nôtre. — Résumons-le en deux mots, au risque de le
mutiler en le simplifiant, avant d'aller plus loin. Au milieu
de ce pêle-mêle incohérent des faits historiques, songe ou
cauchemar énigmatique, la raison cherche en vain un ordre
et ne le trouve pas, parce qu'elle refuse de le voir où il est.
Parfois elle l'imagine, et, concevant l'histoire comme un
poème dont un fragment ne saurait être intelligible sans le
tout, elle nous renvoie pour l'intelligence de cette énigme
au moment où les destinées finales de l'humanité seront
accomplies et ses origines les plus reculées parfaitement
connues. Autant vaut répéter le fameux mot : *Ignorabimus*.
Mais regardons par-dessous les noms et les dates, par-dessous
les batailles et les révolutions, que voyons-nous? Des désirs
spéciaux, provoqués ou surexcités par des inventions ou des
initiatives pratiques dont chacune apparaît en un point et
rayonne de là incessamment comme une sphère lumineuse,
s'entre-croisant harmonieusement avec des milliers d'ondu-

---

mittent *de statistique politique* par lequel une nation est appelée à prendre
conscience des changements qui s'opèrent dans ses vœux et ses opinions
sûr des questions vitales. Pour s'exercer dans les conditions que con-
seille le calcul des probabilités ; ce travail doit s'appuyer sur de très grands
nombres. De là la nécessité d'étendre le suffrage le plus possible, et,
notamment, d'*universaliser* tout à fait le suffrage soi-disant universel.
(Voir à ce sujet une étude publiée dans nos *Études pénales et sociales*.)

lations analogues dont la multiplicité n'est jamais de la confusion ; et aussi des croyances spéciales, apportées par des découvertes ou des conjectures théoriques, qui rayonnent semblablement avec une rapidité et dans des limites variables. L'ordre dans lequel éclosent et se succèdent ces inventions et ces découvertes n'a rien que de capricieux et d'accidentel dans une large mesure ; mais, à la longue, par l'élimination inévitable de celles qui se contrarient (c'est-à-dire au fond qui se *contredisent* plus ou moins par quelques-unes de leurs propositions implicites), le groupe simultané qu'elles forment devient concert et cohésion. Considérée ainsi, comme une expansion d'ondes émanées de foyers distincts, et comme un arrangement logique de ces foyers et de leurs cortèges ondulatoires, une nation, une cité, le plus modeste épisode du soi-disant poème de l'histoire, devient un tout vivant et individuel, et un spectacle beau à contempler pour une rétine de philosophe.

IV

Si ce point de vue est vrai, si vraiment il est le plus propre à éclairer les faits sociaux par leur côté régulier, mesurable et nombrable, il s'ensuit que la statistique sociologique devrait s'y placer, non pas à peu près et à son insu, mais sciemment et tout à fait, ce qui lui épargnerait, comme à l'archéologie, bien des tâtonnements et des enregistrements stériles. Et nous allons énumérer les principales conséquences qui en résulteraient. — D'abord, en possession d'une pierre de touche pour reconnaître ce qui lui appartient et ce qui ne lui appartient pas, convaincue que l'immense champ de l'imitation humaine est à elle tout entier, mais rien que ce champ, elle laisserait, par exemple, aux naturalistes, le soin de dresser la statistique, purement anthropologique par ses résultats, des exemptions pour le service militaire dans les divers départements français, ou d'établir les tables de mortalité (je ne dis pas de natalité, car ici l'exemple d'autrui intervient puissamment pour restreindre ou stimuler la fécondité de la race). Cela est de la biologie pure, aussi bien que l'emploi de la méthode graphique de M. Marey ou l'observation des maladies par le myographe, le sphygmographe, le pneumographe, sortes de statisticiens mécaniques des contractions, des pulsations, des mouvements respiratoires.

En second lieu, le statisticien sociologiste ne perdrait jamais de vue que sa tâche propre est de mesurer des croyances spéciales, des désirs spéciaux, et d'employer les procédés les plus directs pour serrer le plus près possible ces quantités si difficiles à atteindre; que les dénombrements d'actions, le plus possible *similaires entre elles* (condition mal remplie par la statistique criminelle entre autres), et, à leur défaut, les dénombrements d'œuvres, par exemple d'articles de commerce, similaires aussi, doivent toujours tendre et se rapporter à ce but final, ou plutôt à ces deux buts : 1° par des enregistrements d'actions ou d'œuvres, tracer la courbe des accroissements, des stationnements ou des décroissements successifs de chaque idée nouvelle ou ancienne, de chaque besoin ancien ou nouveau, à mesure qu'ils se répandent et se consolident, ou qu'ils sont refoulés et déracinés; 2° par des rapprochements habiles entre les séries ainsi obtenues, par la mise en relief de leurs variations concomitantes, marquer l'entrave ou le secours plus ou moins grand ou nul que se prêtent ou s'opposent ces diverses propagations ou consolidations imitatives de besoins et d'idées (suivant qu'ils consistent, comme ils consistent toujours, en propositions implicites qui s'entre-affirment ou s'entre-nient plus ou moins et en plus ou moins grand nombre); sans négliger toutefois l'influence que peuvent avoir sur elles le sexe, l'âge, le tempérament, le climat, la saison, causes naturelles dont la force est d'ailleurs mesu-

rée, s'il y a lieu, par la statistique physique ou biologique.

En d'autres termes, il s'agit, pour la statistique sociologique : 1º de déterminer la puissance imitative propre à
chaque invention, dans un temps et un pays donnés; 2º de
montrer les effets favorables ou nuisibles produits par l'imitation de chacune d'elles, et, par suite, d'influer chez ceux
qui auront connaissance de ces résultats numériques, sur le
penchant qu'ils auraient à suivre ou à ne pas suivre tels ou
tels exemples. En définitive, constater ou influencer des
imitations, voilà tout l'objet des recherches de ce genre.
Comme exemple de la manière dont la seconde de ces deux
fins a été atteinte, on peut citer la statistique médicale,
laquelle se rattache en effet à la science sociale en tant qu'elle
compare, pour chaque maladie, la proportion des malades
guéris par l'application des divers procédés, des divers
spécifiques anciennement ou nouvellement découverts. Elle
a contribué de la sorte à généraliser la vaccination, le traitement de la gale par les insecticides, etc. La statistique des
crimes, des suicides et des aliénations mentales, en montrant
que le séjour des villes les multiplie dans de larges proportions, serait de nature aussi à modérer, bien faiblement il est
vrai, le grand courant imitatif qui porte les habitants des
campagnes vers la vie urbaine. M. Bertillon nous assure même
que la statistique du mariage nous serait un encouragement
à faire un plus grand usage encore de cette très antique
invention de nos aïeux — plus originale qu'il ne semble,
entre parenthèses — en nous révélant la moindre mortalité des hommes mariés comparés aux célibataires du
même âge. Mais ne nous attardons pas sur ce délicat sujet.

Des deux problèmes que je viens de distinguer et qui me
paraissent s'imposer au statisticien, le second ne saurait
être résolu qu'après le premier ; il est peut-être bon de le
noter. Chercher par exemple, comme on le fait souvent, à
mesurer l'action de telle pénalité, de telles croyances reli-

gieuses, de telle éducation, sur les penchants criminels, avant
d'avoir mesuré la force de ces penchants livrés à eux-mêmes,
tels que, aux jours de jacqueries, chez des populations libres
de tout gendarme, de tout prêtre et de tout précepteur, ils
se déploient en incendies, en égorgements, en pillages tout
pareils, instantanément imités d'un bout d'un pays à l'autre :
procéder de la sorte, n'est-ce pas faire passer la charrue
avant les bœufs ?

La première opération préliminaire doit donc être de
dresser une table des principaux besoins innés ou graduellement acquis, à commencer par le besoin social de se
marier ou de devenir père, des principales croyances,
anciennes ou nouvelles ; ou, ce qui est *unum et idem*, des
*familles d'actes*, exemplaires d'un même type, qui expriment ses forces internes avec plus ou moins d'exactitude.
— A cela peut servir surtout la statistique commerciale et
industrielle, qui devient si intéressante quand on la regarde
sous cet angle. Chaque article fabriqué ou vendu ne répond-
il pas, en effet, à un besoin spécial, à une idée particulière ?
Les progrès de sa vente et de sa fabrication, dans un temps
et un lieu donnés, ne traduisent-ils pas sa force motrice,
c'est-à-dire sa vitesse de propagation, ainsi que sa *masse*
en quelque sorte, c'est-à-dire son importance ? La statistique
de l'industrie et du commerce est donc le fondement principal de toutes les autres. Ce qui vaudrait mieux encore, si
la chose était praticable, ce serait l'application, sur une
plus large échelle, aux vivants, de la méthode d'investi-
gation que l'archéologie se permet à l'égard des morts : je
veux dire l'inventaire précis et complet, maison par maison,
de tout le mobilier d'un pays et des variations numériques
de chaque espèce de meuble année par année. Excellente
photographie de notre état social, à peu près comme, en
inventoriant avec le soin que l'on sait, le contenu des tombeaux, de la demeure des morts, en Égypte, en Italie, en
Asie Mineure, en Amérique, partout, les fouilleurs du passé

se sont trouvés nous avoir fourni la meilleure image des civilisations éteintes.

Mais à défaut du recensement inquisitorial que j'imagine et des maisons de verre qu'il suppose, la statistique du commerce et de l'industrie, complétée et systématisée, la statistique de la librairie, notamment, qui nous révèle les changements survenus dans la proportion relative des catégories de livres publiés chaque année, suffit déjà à nous procurer les données dont nous avons besoin. La statistique judiciaire ne vient théoriquement qu'après, et il faut convenir que, malgré son intérêt plus profond, d'un genre différent, elle lui est inférieure encore sous un autre rapport. Les unités qu'elle additionne manquent de similitude. On me dit que cette forge a fabriqué cette année 1 million de rails d'acier, que cette manufacture a reçu 10,000 balles de coton ; voilà des unités semblables, se référant à des besoins semblables. Mais on a beau détailler les vols, par exemple, ou les procès de servitude, en classes et sous-classes, on ne parvient jamais à ne pas grouper ensemble des actes assez dissemblables, inspirés par des besoins et des idées différents, d'origine distincte, et se rattachant de la sorte à de multiples familles d'actions. Tout au plus pourrait-on faire une colonne séparée pour les assassinats de femmes coupées en morceaux, ou pour les empoisonnements par la strychnine, et autres forfaits, de récente invention, qui font réellement groupe et constituent des *modes* criminelles caractérisées. C'est surtout d'après leurs procédés d'exécution qu'il faudrait classer les crimes et les délits, pour les cataloguer convenablement. On verrait alors quel est l'empire de l'imitation en pareille matière. Il faudrait descendre au détail. Si l'on pouvait classer les méfaits d'après la nature de la proie recherchée ou de la peine évitée par leur moyen, on aurait un classement différent, mais naturel encore, qui reproduirait, sous une forme nouvelle, celui des articles ou services industriels dont l'achat procure aux honnêtes gens des satisfactions pareilles.

## V

Le champ de la statistique sociologique étant nettement circonscrit, les courbes graphiques relatives à la propagation, c'est-à-dire aussi bien à la consolidation de chaque besoin spécial, de chaque opinion spéciale, pendant un certain nombre d'années et dans une certaine étendue de pays, étant clairement tracées, il reste à interpréter ces courbes hiéroglyphiques, parfois pittoresques et bizarres comme le profil des monts, plus souvent sinueuses et gracieuses comme les formes de la vie. Ou je m'abuse fort, ou notre point de vue ici nous est d'un très grand secours. — Les lignes dont il s'agit sont toujours ou montantes, ou horizontales, ou descendantes, ou bien, si elles sont irrégulières, on peut toujours les décomposer de la même manière en trois sortes d'éléments linéaires, escarpements, plateaux, déclivités. D'après Quételet et son école, les plateaux seraient le séjour éminent du statisticien, leur découverte serait son triomphe le plus beau ou devrait être son aspiration constante. Rien de plus propre, suivant lui, à fonder la *physique sociale*, que la reproduction uniforme des mêmes nombres, non seulement de naissances et de mariages, mais même de crimes et de procès, pendant une période de temps considérable. De là l'illusion (dissipée, il est vrai, depuis, notamment par la dernière statistique officielle sur la criminalité progressive du dernier demi-siècle) de penser que ces derniers nombres se reproduisaient effectivement avec uniformité. — Mais, si le lecteur a pris la peine de nous suivre, il reconnaîtra que, sans diminuer en rien l'importance des lignes horizontales, on doit attribuer aux lignes montantes, signes de la propagation régulière d'un genre d'imitation, une valeur théorique bien supérieure. Voici pourquoi :

Par le fait même qu'une idée nouvelle, qu'un goût nouveau, a pris racine quelque part dans un cerveau fait d'une certaine façon, il n'y a pas de raison pour que cette innovation ne se propage pas plus ou moins rapidement dans un nombre indéfini de cerveaux supposés pareils et mis en communication. Elle se propagerait *instantanément* dans *tous* ces cerveaux si leur similitude était parfaite et s'ils communiquaient entre eux avec une entière et absolue liberté. C'est vers cet idéal, par bonheur inaccessible, que nous marchons à grands pas, comme on peut s'en convaincre par la diffusion si rapide des téléphones en Amérique dès le lendemain de leur apparition. Il est déjà à peu près atteint en ce qui concerne les innovations législatives, lois ou décrets, qui, à d'autres époques, ne s'appliquaient que péniblement, successivement et avec lenteur aux diverses provinces de chaque État, et maintenant s'exécutent d'un bout à l'autre du territoire le jour même de leur promulgation. C'est qu'ici il n'y a nulle entrave. — Le défaut de communication joue, en *physique sociale*, le même rôle que le défaut d'élasticité en physique. L'un nuit à l'imitation autant que l'autre à l'ondulation. Mais la propagation imitative de certaines inventions que l'on sait (chemins de fer, télégraphes, etc.), tend sans cesse à diminuer, au profit de toutes les autres, cette insuffisance des contacts d'esprits. Et, quant à la dissemblance des esprits, elle tend à s'effacer pareillement par la propagation même des besoins et des idées nés d'inventions passées, laquelle travaille ainsi en ce sens à faciliter la propagation des inventions futures, j'entends de celles qui ne la contrediront pas.

D'eux-mêmes donc, une idée ou un besoin, une fois lancés, tendent toujours à se répandre davantage, suivant une vraie progression géométrique[1]. C'est là le schème idéal auquel

---

(1) En même temps, ils tendent à s'enraciner, et leur progrès en étendue hâte leur progrès en profondeur. Et, par la mutuelle action de ces deux imitations de soi et d'autrui, il n'est pas, remarquons-le incidem-

se conformerait leur courbe graphique s'ils pouvaient se propager sans se heurter entre eux. Mais, comme ces chocs sont inévitables un jour ou l'autre, et vont se multipliant, il ne se peut qu'à la longue chacune de ces forces sociales ne rencontre sa limite momentanément infranchissable et n'aboutisse, par accident, nullement par nécessité de nature, à cet état stationnaire pour un temps, dont les statisticiens en général paraissent avoir si peu compris la signification. Stationnement ici, comme partout d'ailleurs, signifie équilibre, mutuel arrêt de forces concurrentes. Je suis loin de nier l'intérêt théorique de cet état, puisque ces équilibres sont autant d'équations. En voyant, par exemple, la consommation de telle substance, café ou chocolat, cesser de croître dans une nation à partir de telle date, je sais que la force du besoin correspondant est précisément égale à celle des besoins rivaux dont une satisfaction plus ample du premier exigerait le sacrifice, vu le niveau des fortunes. Làdessus se règle le prix de chaque objet. Mais est-ce que chacun des chiffres annuels des séries progressives, des *côtes*, n'exprimait pas, lui aussi, une équation entre la force du besoin dont il s'agit à la date indiquée et la force des besoins concurrents qui, à la même date, l'ont empêché de se développer davantage? Si d'ailleurs la progression s'est arrêtée à tel point plutôt qu'à tel autre, si le plateau n'est pas plus élevé ou plus bas dans chaque cas, n'est-ce pas un pur hasard historique qui en est cause, c'est-à-dire le fait que les inventions contradictoires d'où sont nés les besoins hostiles par lesquels la progression est endiguée, ont apparu ici plutôt que là, à telle époque plutôt qu'à telle autre, et enfin ont apparu au lieu de ne pas apparaître?

Ajoutons que les *plateaux* sont toujours des équilibres instables. Après une horizontalité plus ou moins approximative, plus ou moins prolongée, la courbe va se remettre

ment, d'enthousiasme ou de fanatisme du présent ou du passé, de force historique, qui ne s'explique.

à monter ou à descendre, la série à croître ou à décroître, suivant qu'il surviendra une nouvelle invention auxiliaire ou hostile, confirmative ou contradictoire. Quant aux séries décroissantes, on le voit, elles sont un simple effet des *croissances* victorieuses qui refoulent l'opinion ou le goût public en voie de déclin, naguère ou jadis en voie de progrès, et elles ne méritent d'être considérées par le théoricien que comme l'*image renversée* des séries croissantes qu'elles supposent.

Aussi constatons-nous que, toutes les fois qu'il est donné au statisticien de prendre une invention à sa naissance et de tracer annuellemement le cours numérique de ses destinées, il met sous nos yeux des lignes constamment ascendantes. du moins jusqu'à une certaine époque, et même *très régulièrement* ascendantes pendant un certain temps beaucoup plus court. Si cette régularité parfaite ne persiste pas, cela tient à des causes que nous allons indiquer bientôt. Mais quand il s'agit d'inventions très anciennes, telles que le mariage monogamique et chrétien, qui ont eu le temps de traverser leur période progressive et de remplir jusqu'aux bords pour ainsi dire tout leur bassin propre d'imitation. il ne faut pas s'étonner si la statistique, qui n'a pas assisté à leurs débuts, déroule à leur égard des horizontales à peine flexueuses. Que le nombre annuel de mariages reste en proportion à peu près constante avec le chiffre de la population (sauf en France par exemple, où il y a une lente diminution proportionnelle), et même que l'influence du mariage sur la criminalité ou sur le suicide se traduise annuellement par des chiffres à peu près égaux, rien de moins merveilleux, d'après ce qui vient d'être dit. Il en est des vieilles institutions *passées dans le sang* d'un peuple, comme des causes naturelles, le climat, le tempérament, le sexe, l'âge, la saison, qui influent sur les actes humains pris en masse avec une si frappante uniformité (bien exagérée pourtant et bien plus circonscrite qu'on ne le croit généralement) et avec

une régularité tout autrement remarquable encore sur les
faits vitaux, tels que la maladie ou la mort.

Et cependant, même ici, que trouvons-nous au fond de
ces séries uniformes ? Voyons ; ce sera une courte digression.
La statistique, par exemple, a relevé que, de un à cinq ans,
la mortalité est toujours *trois fois* plus grande dans nos
départements riverains de la Méditerranée que dans le reste
de la France, ou du moins que dans les départements les
plus favorisés, L'explication du fait se trouve, paraît-il, dans
l'extrême ardeur du climat provençal pendant l'été, saison
aussi nuisible à la première enfance (encore une révélation
de la statistique contraire au préjugé) que l'hiver l'est à la
vieillesse. Quoi qu'il en soit, le climat intervient ici comme
une cause fixe, toujours égale à elle-même. Mais le climat,
qu'est-ce, sinon une entité nominale, où s'exprime un certain
groupement des réalités suivantes : le soleil, radiation lumineuse qui tend à s'épanouir indéfiniment dans l'illimité des
espaces et que l'obstacle de la terre contrarie en l'arrêtant ;
les vents, c'est-à-dire des fragments de cyclones, plus ou
moins définis, qui tendent sans cesse à s'élargir, à s'espacer
sur tout le globe, et ne sont arrêtés que par des chaînes de
montagnes ou d'autres cyclones heurtés ; l'altitude, c'est-
à-dire l'effet de forces souterraines de soulèvement qui aspi-
raient à une expansion sans fin de la croûte terrestre, heureusement résistante ; la latitude, c'est-à-dire l'effet de la
rotation du globe terrestre, encore fluide, dans ses efforts
impuissants pour se contracter de plus en plus ; la nature
du sol, c'est-à-dire des molécules dont les affinités, toujours
incomplètement satisfaites, s'exercent autour d'elles vainc-
ment, et dont l'attraction, s'exerçant à toute distance, tend
à d'impossibles contacts ; la flore enfin, dans une certaine
mesure, c'est-à-dire diverses espèces ou variétés végétales
dont chacune, mécontente de son cantonnement, envahirait
de ses exemplaires innombrables le globe tout entier, si la
concurrence de toutes les autres ne refrénait son avidité.

Ce que nous disons du climat, nous pourrions le dire aussi bien de l'âge, du sexe, et des autres influences d'ordre naturel. — En somme, physiques ou vivantes, toutes les réalités extérieures nous donnent le même spectacle d'ambitions infinies, irréalisées et irréalisables, qui s'aiguillonnent et se paralysent réciproquement. Ce qu'on nomme en elles fixité, immutabilité des lois de la nature, réalité par excellence, n'est au fond que leur impuissance d'aller plus loin dans leur voie vraiment naturelle et de se réaliser plus pleinement. Eh bien, il en est de même de ces influences fixes (momentanément fixes), d'ordre social, que la statistique découvre ou prétend découvrir ; car les réalités sociales, idées et besoins, ne sont pas moins ambitieuses que les autres, et c'est en elles que se résolvent à l'analyse ces entités sociales qu'on nomme les mœurs, les institutions, la langue, la législation, la religion, les sciences, l'industrie et l'art. Les plus vieilles de ces choses, celles qui ont passé l'âge adulte, ont cessé de croître, mais les jeunes se déploient, comme on en a la preuve, entre autres, par le grossissement incessant de nos budgets, qui ont enflé, enflent et enfleront toujours jusqu'à la catastrophe finale, point de départ d'une nouvelle progression destinée à un dénouement analogue, et ainsi de suite infiniment. Sans remonter plus haut que 1819, depuis cette date jusqu'en 1869, le montant des perceptions indirectes s'est très régulièrement élevé de 544 à 1,323 millions de francs. Quand 33 ou 37 millions d'hommes — 33 en 1819, 37 en 1869, — ont des besoins croissants, parce qu'ils se copient de plus en plus les uns les autres, ils doivent produire et consommer de plus en plus pour les satisfaire, et il est inévitable que leurs dépenses communes s'élèvent en proportion de leurs dépenses privées [1].

(1) Cette progression n'est pas le privilège de notre siècle. Sous l'ancien régime, dit M. Delahante (*Une famille de finances au* xviiie *siècle*), « la ferme générale a représenté pour le gouvernement *un produit toujours croissant* de cent à cent soixante millions ».

Si notre civilisation européenne avait depuis longtemps donné, comme la civilisation chinoise, tout ce qu'elle était susceptible de donner en fait d'inventions et de découvertes ; si, vivant sur un capital antique, elle se composait exclusivement de vieux besoins et de vieilles idées, sans nulle addition récente tant soit peu notable, il est probable, d'après ce qui précède, que le vœu de Quételet serait accompli.

La statistique appliquée à tous les aspects de notre vie sociale aboutirait partout à des séries uniformes, horizontalement déroulées et parfaitement comparables aux fameuses « lois de la nature ». C'est peut-être parce que la nature est beaucoup plus vieille que nous et a eu tout le temps voulu pour amener à cet état d'épuisement inventif toutes ses civilisations à elle, je veux dire ses types vivants (véritables sociétés cellulaires, comme on sait), qu'on remarque en elle cette fixité ou cette rotation sur place dont on la loue si fort. De là la belle périodicité régulière, tant admirée, des chiffres fournis par la statistique sociologico-physiologique pour ainsi dire, qui s'attache opiniâtrement à mettre en relief les influences constamment égales de l'âge, du sexe, sur la criminalité, sur la *nuptialité*. On pouvait, certes, être certain d'avance de cette régularité-là, comme on peut être sûr que, si l'on divisait les accusés en nerveux, bilieux, lymphatiques, sanguins, qui sait même, en blonds et en bruns, la participation annuelle de chacune de ces catégories aux délits annuellement commis se montrerait toujours la même.

Ce qu'on ferait peut-être mieux de signaler, c'est que certaines régularités statistiques, en apparence d'un autre genre, se ramènent au fond à celles-là. Par exemple, pourquoi, depuis cinquante ans au moins, les prévenus condamnés en police correctionnelle, font-ils appel à très peu près 45 fois sur 1,000, tandis que le ministère public, pendant la même période, a fait appel suivant une proportion sans cesse décroissante, du double au simple ? La décroissance, en ce qui concerne l'appel des parquets, est un effet direct de l'imitation professionnelle sans cesse croissante. Mais le stationnement numérique, en ce qui concerne l'appel des prévenus, comment l'expliquer ? Observons que le condamné, quand il se demande s'il doit faire appel, ne se règle pas en général sur ce que font ou feraient ses pareils en cas semblable, exemple qu'il ignore le plus souvent. Il consulte encore moins la statistique, où il pourrait lire la preuve que les cours d'appel sont de plus en plus portées à confirmer les décisions des premiers juges. Mais, entre l'espérance du succès et la crainte de l'échec, toutes choses égales d'ailleurs (c'est-à-dire les motifs d'espérer ou de craindre tirés des circonstances de la cause ayant en moyenne le même poids *annuel*), c'est sa nature plus ou moins hardie qui le fait pencher d'un côté plutôt que de l'autre. Ici intervient donc, comme poids supplémentaire qui l'emporte dans la balance, une dose déterminée de hardiesse et de confiance qui fait partie du tempérament moyen des délinquants et qui, comme telle, se traduit nécessairement par la proportion uniforme de leurs appels.

L'erreur de Quételet s'explique historiquement. Les premiers essais de statistique ont en effet porté sur la population, c'est-à-dire sur la natalité ou la mortalité aux divers âges de la vie en divers lieux, dans les deux sexes, aussi bien que sur le mariage ; et, comme ces effets de causes climatériques et physiologiques ou de causes sociales très antiques ont naturellement donné lieu à des répétitions régulières de chiffres presque égaux, on a eu le tort de généraliser cette observation, démentie par la suite. Et c'est ainsi que la statistique, dont la régularité n'exprime, au fond, que l'asservissement imitatif des masses à des fantaisies ou à des conceptions individuelles d'hommes supérieurs, a pu être invoquée comme confirmation du préjugé à la mode, suivant lequel les faits généraux de la vie sociale seraient régis, non par des volontés ou des intelligences humaines, mais par des mythes appelés lois naturelles !

Déjà, cependant, la statistique de la population aurait dû faire ouvrir les yeux. Le chiffre de la population ne reste stationnaire en aucun pays ; il croît ou décroît avec une lenteur ou une rapidité singulièrement variable de peuple à peuple, de siècle à siècle. Comment expliquer cela dans l'hypothèse de la physique sociale ; et nous-mêmes, comment expliquerons-nous cela ? Voilà un besoin assurément très antique, le besoin de paternité, dont le chiffre annuel des naissances exprime éloquemment le degré de hausse ou de baisse dans le public. Or, tout antique qu'il est, la statistique nous le montre soumis à d'énormes oscillations, et l'histoire consultée nous laisse apercevoir dans le passé, dans celui de notre France par exemple, une succession de dépeuplements et de repeuplements graduels, alternatifs, du territoire. — C'est que ce caractère d'antiquité est purement apparent. Autre est le désir instinctif et naturel, autre est le désir social, imitatif et raisonné de devenir père. Le premier peut être constant ; mais le second, qui se greffe sur le premier à chaque grand changement de mœurs, de lois ou de religion, est sujet à des fluctuations et à des renouvellements séculaires. L'erreur des économistes est de confondre celui-ci avec celui-là, ou plutôt de ne considérer que celui-là, tandis que celui-ci importe seul au sociologue.

Or, il y a autant de besoins distincts et nouveaux de paternité, dans le second sens, qu'il y a de motifs distincts et successifs pour lesquels l'homme en société veut avoir des enfants. Et toujours, à l'origine de chacun de ces motifs, comme explication de leur naissance, nous trouvons des découvertes pratiques ou des conceptions théoriques. L'Espagnol ou l'Anglo-Saxon de l'Amérique est fécond, parce qu'il a l'Amérique à peupler ; sans la découverte de Christophe Colomb, combien de millions d'hommes ne seraient pas ! L'Anglais insulaire est fécond, parce qu'il a le tiers du globe à coloniser : conséquence directe, entre autres causes, de cette suite d'heureuses explorations et de traits de génie maritime ou guerrier, ou d'initiatives privées, surtout, qui lui ont valu ses colonies. En Irlande, l'introduction de la pomme de terre a élevé la population de 3 millions en 1766, à 8,300,000 en 1845. L'Aryen antique veut une postérité pour que la flamme de son foyer ne s'éteigne pas et soit arrosée tous les jours de sa liqueur sacrée, car sa religion lui persuade que cette extinction serait un malheur pour son ombre. Le chrétien zélé rêve d'être chef d'une famille nombreuse, pour obéir docilement au *multiplicamini* biblique. Avoir des enfants, pour le Romain des premiers temps, c'est donner des guerriers à la république, laquelle ne serait pas sans ce faisceau d'inventions, d'institutions militaires ou politiques, d'origine étrusque, sabine, latine ou autre, dont Rome fut l'exploitation. Pour l'ouvrier des mines, des chemins de fer, des manufactures de coton, c'est donner de nouveaux bras à ces industries nées d'inventions modernes. Christophe Colomb, Watt, Fulton, Stephenson, Ampère, Parmentier peuvent passer, célibataires ou non, pour les plus grands multiplicateurs de l'espèce humaine qu'il y ait jamais eus.

Arrêtons-nous, en voilà assez pour me faire comprendre Il est possible qu'on regarde ses enfants présents toujours du même œil, depuis qu'il y a des pères; mais à coup sûr on envisage tout autrement ses enfants futurs, suivant qu'on voit en eux, comme le *pater familias* ancien, des esclaves domestiques sans droits éventuels contre soi, ou, comme l'Européen actuel, des maîtres ou des créanciers peut-être exigeants dont on pourra être l'esclave un jour. Effet de la différence des mœurs et des lois, que les idées et les besoins ont faites. On le voit, ici comme partout, ce sont des initiatives individuelles, contagieusement imitées, qui ont tout fait, j'entends socialement. Depuis des milliers de siècles sans doute, l'espèce humaine, réduite à un nombre d'individus dérisoire, aurait cessé de progresser, à l'instar des bisons et des ours, si de temps à autre, au cours de l'histoire, quelque homme de génie n'était venu donner un fort coup de fouet à sa force de reproduction, tantôt en ouvrant de nouveaux débouchés, coloniaux ou industriels, à l'activité de l'homme ; tantôt, novateur religieux, tel que Luther, en ranimant ou plutôt en rajeunissant sous une forme toute nouvelle la ferveur populaire et la foi générale dans la Providence, nourrice des oiseaux des champs. A chaque coup de fouet de ce genre, on peut dire qu'un nouveau besoin de paternité, dans le sens social, prenait naissance, et, ajouté ou substitué aux précédents, plus souvent ajouté que substitué, allait entrer à son tour dans sa voie propre de développement.

Maintenant, prenons à ses débuts l'un quelconque de ces besoins purement sociaux de reproduction, et suivons-le dans sa carrière. Autant vaut nous attacher à cet exemple qu'à tout autre pour dégager une loi générale que nous allons bientôt formuler. Au milieu d'une population devenue depuis longtemps stationnaire, parce que le désir d'y avoir des enfants s'y trouvait balancé exactement par la peur de la misère plus forte qu'ils entraîneraient en se multipliant davantage, la nouvelle se répand tout à coup qu'une grande île, découverte et conquise par un compatriote, procure un moyen nouveau de grossir sa famille sans s'appauvrir, en s'enrichissant même. A cette nouvelle, et à mesure qu'elle se propage et se confirme, le désir de paternité redouble, c'est-à-dire que le précédent désir est doublé d'un nouveau. Mais celui-ci ne se réalise pas immédiatement. Il entre en lutte avec tout un peuple d'habitudes enracinées, de routines antiques, d'où naît la persuasion générale qu'on ne peut s'acclimater sur cette terre lointaine, qu'on doit y mourir de faim, de fièvre et de nostalgie. De longues années s'écoulent avant que cette résistance ambiante soit généralement vaincue. Alors un courant d'émigration s'établit, et les colons, affranchis de tout préjugé, se mettent à déployer leur fécondité exubérante. C'est le moment où la tendance à une progression géométrique, loi de tout besoin et non

pas seulement du besoin de reproduction, passe à l'acte et
se satisfait dans une certaine mesure. Mais ce moment ne
dure pas. Bientôt, par l'effet même de la prospérité ascendante qui accompagne les progrès de cette fécondité, celle-ci
se ralentit, entravée chaque jour davantage par les besoins
de luxe, de loisir, d'indépendance fantaisiste qu'elle a fait
naître elle-même et qui, parvenus à un certain degré, posent
à l'homme ultra-civilisé ce dilemme : « Entre les joies que
nous t'offrons et les joies d'une famille nombreuse, choisis ;
qui veut celles-ci renonce à celles-là. » De là un arrêt inévitable de la progression signalée ; puis, si la civilisation à
outrance se prolonge, une dépopulation commençante, que
l'Empire romain a connue, que l'Europe moderne et même
l'Amérique connaîtront certainement un jour, mais qui n'a
jamais été ni jamais n'ira très loin, puisque, poussée au delà
d'une certaine limite, elle produirait un recul de la civilisation, une diminution des besoins de luxe, qui relèverait le
niveau de la population. Donc, si rien de nouveau ne surgit,
après quelques oscillations, l'établissemnnt d'un état stationnaire, définitif jusqu'à nouvel ordre du hasard ou du
génie, s'impose nécessairement.

Nous pouvons sans crainte généraliser cette observation.
Puisqu'elle s'est trouvée applicable à un besoin aussi primitif en apparence que celui de paternité, avec quelle facilité
plus grande s'appliquerait-elle encore aux besoins dits de
luxe (tous consécutifs à une découverte, c'est clair), par
exemple au besoin de locomotion à vapeur. Celui-ci, com-
primé au début par la crainte des accidents et l'habitude de
la vie sédentaire, n'a pas tardé à se déployer triomphale-
ment jusqu'à nos jours où il se trouve en face d'autres adversaires plus redoutables, en partie formés ou alimentés par
lui, je veux dire le besoin de ces mille satisfactions variées
de la vie civilisée aux dépens desquelles le plaisir de voyager
ne saurait croître indéfiniment. Avec moins de clarté, mais
non moins de certitude, la même remarque s'applique aussi

aux besoins d'ordre supérieur, tels que ceux d'égalité, de
liberté politique, ajoutons de vérité. Ces trois derniers, y
compris le troisième, sont assez récents. Le premier est né
de la philosophie humanitaire et rationaliste de notre
XVIIIᵉ siècle, dont les chefs et les sources sont connus ; le
second, du parlementarisme anglais, dont il ne serait pas
bien malaisé, sans remonter très haut, de nommer les inventeurs et les propagateurs successifs. Quant au besoin de
vérité, si l'on en croit M. Dubois-Reymond, ce tourment
aurait été inconnu à l'antiquité classique, dont cette lacune
explique l'infériorité scientifique et industrielle si étrange à
côté de ses dons éminents, et il serait le fruit propre du
christianisme, de cette religion de l'esprit qui, exigeant la
foi encore plus que les œuvres, et la foi en des faits jugés
historiques, enseigne aux hommes le haut prix du vrai. La
foi chrétienne aurait de la sorte enfanté sa grande rivale,
l'entrave moderne à sa propagation jusque-là triomphante,
la science, qui date à peine du XVIᵉ siècle, immense alors,
mais localisé dans un petit nombre de fidèles fut l'amour du
vrai, qui depuis a débordé et déborde toujours. Mais déjà
à certains signes, il est facile d'apercevoir qu'il ne faudrait
pas trop compter sur un vingtième siècle aussi altéré de
curiosité désintéressée que les trois siècles antérieurs. Et
l'on peut prédire, à coup sûr, que le jour n'est pas loin où
le besoin de bien-être que l'industrie, fille de la science, aura
déployé outre mesure, étouffera l'ardeur scientifique et pré-
parera les générations nouvelles à sacrifier utilitairement au
besoin social de quelque illusion consolante, commode et
commune, peut-être imposée par l'État, le culte libre et
individuel de la vérité désespérante. Et ni la soif déjà bien
diminuée de liberté politique, ni notre passion actuelle
d'égalité n'échapperont certainement à un destin pareil.

Peut-être faut-il en dire autant du besoin de propriété
individuelle. Sans adopter à ce sujet toutes les idées de
M. de Laveleye, on doit reconnaître que ce besoin, civilisa-

teur au premier chef et né d'un faisceau d'inventions agricoles, a été précédé par le besoin de propriété commune
(*pueblos* de l'Amérique du Nord, communisme hindou, *mir*
russe, etc.) ; qu'à la vérité il n'a cessé de croître jusqu'à nos
jours aux dépens de ce dernier, comme le prouve la division
graduelle de ce qui restait encore d'indivis, par exemple des
communaux de nos campagnes ; mais qu'il ne croît plus et
que le jour où il entrera en lutte avec le besoin d'alimentation meilleure et de bien-être en général, on pourra le voir
reculer devant ce rival qu'il aura lui-même enfanté.

Non seulement tout besoin social, mais toute croyance nouvelle traverse, en se propageant, les trois phases ci-dessus
décrites, avant d'atteindre le repos final. En résumé donc,
croyance ou besoin, toujours il lui faut d'abord, à ce germe
social, se faire jour péniblement à travers un réseau d'habitudes et de croyances contraires, puis, cet obstacle écarté, se
répandre après sa victoire, jusqu'à ce que de nouveaux ennemis, suscités par son triomphe, viennent obstruer sa marche
et opposer enfin une frontière infranchissable à son débordement. Ces nouveaux ennemis, s'il s'agit d'un besoin, ce seront
en grande partie les habitudes qu'il aura provoquées directement ou indirectement ; s'il s'agit d'une croyance, toujours en
partie erronée, on le sait, ce seront les idées partiellement
opposées qu'on en aura déduites ou qu'elle aura fait découvrir ailleurs, les hérésies ou les sciences nées du dogme et
contraires au dogme dont elles arrêtent l'élan victorieux à
travers le monde, les théories scientifiques ou les inventions industrielles, suggérées par des théories antérieures
dont elles limitent les applications et circonscrivent le succès ou la vérité [1].

_____

(1) Quand une croyance ou un désir ont cessé de se propager, ils
peuvent pourtant continuer à s'enraciner dans leur champ devenu inextensible, par exemple une religion ou une idée révolutionnaire après
leur période conquérante. — D'ailleurs, et à cela près, l'enracinement
graduel dont il s'agit présente, comme la diffusion graduelle qu'il accompagne ou suit, des phases bien marquées et analogues. La croyance à son

Lent progrès au début, progrès rapide et uniformément accéléré au milieu, enfin ralentissement croissant de ce progrès jusqu'à ce qu'il s'arrête : tels sont donc les trois âges de tous ces véritables êtres sociaux que j'appelle inventions ou découvertes. Aucun ne s'y soustrait, pas plus qu'aucun être vivant à une nécessité analogue, ou plutôt identique. Faible montée, ascension relativement brusque, puis nouvel adoucissement de la pente jusqu'au plateau : tel est aussi, en abrégé, le profil de toute colline, sa courbe graphique à elle. Telle est la loi qui, prise pour guide par le statisticien et en général par le sociologiste, lui éviterait bien des illusions, celle de croire, par exemple, qu'en Russie, en Allemagne, aux États-Unis, au Brésil, la population continuera à progresser du même pas qu'aujourd'hui et de supputer avec effroi des centaines de millions de Russes ou d'Allemands que, dans cent ans, les Français auront à combattre ; ou bien celle de penser que le besoin de voyager en chemin de fer, d'écrire des lettres, d'envoyer des télégrammes, de lire des journaux et de s'occuper de politique ira se développant en France dans l'avenir aussi vite que par le passé, erreur qui peut coûter cher.

Tous ces besoins-là s'arrêteront, comme se sont arrêtés jadis, sans comparaison, les besoins de tatouage, d'anthropophagie, de vie sous la tente, qui paraissent avoir été, en des temps reculés, des modes si rapidement envahissantes, ou, à des époques plus rapprochées, la passion de l'ascétisme et de la vie monastique. — Il vient un moment, en effet, où

début, combattue encore, est jugement conscient, et le besoin naissant, pour la même cause, est volition, dessein. Puis, grâce à l'unanimité qui croît et qui accroît en chacun la conviction et le vouloir, le jugement passe à l'état de principe, de dogme, de quasi-perception presque inconsciente ; le dessein, à l'état de passion et de besoin proprement dit ; jusqu'à ce que, la quasi-perception dogmatique se trouvant heurtée de plus en plus fréquemment par des perceptions directes des sens plus fortes encore et contraires, cesse de se fortifier, et que le besoin acquis, contrariant de plus en plus certains besoins innés et plus énergiques, s'arrête à son tour dans son mouvement de descente au fond du cœur.

un besoin acquis, à force de croître, en vient à braver même
des besoins innés parmi lesquels il eu est toujours de plus
forts que lui. — C'est la raison pour laquelle les civilisations
les plus originales, en se développant librement, cessent
pourtant, à partir d'un certain point, comme nous le disions
ci-dessus, d'accentuer davantage leurs divergences. On pourrait même croire qu'elles ont ensuite un penchant à les atténuer; mais ce serait une illusion facilement explicable par
les contacts fréquents qu'elles ont entre elles et l'influence
prépondérante de l'une d'entre elles sur les autres. D'où
une lente assimilation inévitable par voie d'imitation, et un
apparent retour à la nature, parce que le choc de deux civilisations qui s'abordent ébranle en chacune d'elles les besoins
factices par lesquels elles diffèrent et se heurtent, et fortifie
les besoins primordiaux par lesquels elles se ressemblent.
S'ensuit-il qu'en définitive les besoins organiques gouvernent
supérieurement le cours du progrès industriel et artistique,
comme la réalité extérieure finit par régir le cours de la pensée? Non; observons que nulle nation n'a pu pousser loin
sa civilisation et atteindre à sa limite de divergence qu'à la
condition d'être éminemment conservatrice, attachée comme
l'Égyptien, le Chinois, le Grec, à ses traditions particulières
où la divergence s'exprime le mieux. Mais fermons cette
parenthèse.

Si maintenant on demande laquelle des trois phases indiquées est la plus importante à considérer théoriquement, il
est facile de répondre que c'est la seconde, et nullement ce
stationnement final, simple limite de la troisième, auquel
les statisticiens semblent attacher tant de prix. Entre le
sommet arrondi d'une montagne et le talus adouci de ses
pieds, il est une direction qui, mieux que nulle autre,
marque l'énergie exacte des forces qui l'ont soulevée, avant
la dénudation du faite et les amoncellements de la base.
Ainsi, la phase intermédiaire dont il s'agit est la plus propre
à révéler l'énergie de soulèvement que l'innovation corres-

pondante a imprimée au cœur humain. Cette phase serait la
seule, elle absorberait les deux autres, si l'imitation élective
et raisonnée se substituait complètement, en tout et partout,
à l'imitation irréfléchie et routinière. Aussi, à mesure que
cette substitution s'opère, est-il visible qu'il faut moins de
temps à un nouvel article fabriqué pour se faire accepter et
moins de temps pareillement pour être arrêté net dans sa
progression.

Il reste à montrer à présent comment, par l'application de
la loi précédente, on peut déchiffrer, interpréter couramment
les courbes graphiques les plus compliquées, les plus rébar-
batives au premier coup d'œil. Il en est peu, en effet, qui se
montrent clairement conformes au type idéal que j'ai tracé,
car il est peu d'inventions qui, pendant leur propagation,
en interférant avec d'autres, ne reçoivent de quelqu'une
d'entre elles ou ne lui apportent un perfectionnement, cause
d'accélération de leur succès, ou bien qui ne soient entravées
par d'autres, et qui, en outre, ne subissent le contre-coup
d'accidents physiques ou physiologiques, tels qu'une disette
ou une épidémie, sans parler des accidents politiques. Mais
alors, si ce n'est dans l'ensemble, c'est au moins dans le
détail que notre forme exemplaire se retrouve. Laissons de
côté l'influence perturbatrice des accidents naturels, révolutionnaires ou guerriers. Ne nous occupons ni du redresse-
ment de la courbe des vols par la cherté du blé, ni du flé-
chissement de la courbe de l'ivrognerie par le phylloxéra. La
part de ces actions extérieures aisément faite, on peut être
sûr, à l'inspection d'une courbe quelconque, surtout si elle
a été dressée suivant les règles posées quelques pages plus
haut, que, à partir du moment où, les premiers obstacles
franchis, elle a pris un mouvement ascensionnel bien marqué suivant un angle déterminé, toute déviation ascendante
vers la verticale révélera l'insertion d'une découverte auxiliaire, d'un perfectionnement, à la date correspondante, et
tout abaissement vers l'horizontale, au contraire, comme il

résulte de notre loi ci-dessus, le choc d'une invention hostile [1].

Et, si nous étudions à part l'effet produit par chacun des perfectionnements successifs, nous reconnaîtrons que lui-même, conformément à la loi dont il s'agit, a mis un certain temps à se faire accepter, puis s'est répandu très vite, puis moins vite, et enfin a cessé de se répandre davantage. — Est-il nécessaire de rappeler l'extension, non pas subite, mais prodigieuse après un temps d'essai, que chaque amélioration de la machine à tisser, du télégraphe électrique, de l'acération, etc., a donné au commerce des tissus, à l'activité télégraphique, à la production de l'acier? Et chacune n'est-elle pas due à un nouvel inventeur qui s'est inséré sur les premiers? Mais, quand un débouché inattendu a été ouvert à une industrie locale, par exemple, à celle du fer, grâce à une suppression de douanes intérieures ou à un traité international qui a doublé ou triplé la vente de ses produits, ne verrons-nous pas encore là un simple confluent heureux de deux grands courants imitatifs dont l'un a eu pour source Adam Smith, et l'autre, s'il faut en croire la mythologie, Tubalcaïn, ou n'importe quel autre premier aïeul de nos métallurgistes? Voyez, à telle date, se soulever subitement la courbe des incendies ou celle des séparations de corps, cherchez et vous trouverez pour explication du pre-

_____

(1) Ou bien l'abaissement, par exemple, n'est qu'apparent. Sous l'ancien régime, comme de nos jours, la consommation du tabac allait progressant toujours, ce dont on avait la preuve par l'accroissement incessant des droits perçus par les fermes générales. De 13 millions en 1730, on était arrivé en 1758, quand une baisse des recettes survint tout à coup, jusqu'à 26 millions. On crut d'abord à un resserrement de la consommation, mais il fut constaté bientôt que la ferme avait été simplement victime d'une fraude organisée sur une immense échelle. Voir à ce sujet le livre de M. Delahante, *Une famille de finance au* XVIIIe *siècle*, t. II, p. 312 et suiv. — Notons la progression de la consommation du tabac. Les 13 millions de 1730 sont devenus, en 1835, 74 millions, puis 153 en 1855, et 290 en 1875. Cette marche toutefois tend à se ralentir. Il est à remarquer que les Indiens d'Amérique, après nous avoir initiés aux usages du tabac, ont tout à fait perdu de nos jours l'habitude de fumer et de priser.

mier fait l'invention des compagnies d'assurances importée
dans le pays, à la date correspondante; pour explication du
second, l'invention législative, immédiatement antérieure,
.de l'assistance judiciaire, qui permet aux pauvres gens de
plaider pour rien.

Quand, par exception, une courbe irrégulière de statistique est réfractaire à l'analyse précédente et refuse de se
résoudre en courbes ou en fragments de courbes normales,
c'est qu'elle est insignifiante en soi, fondée sur des dénombrements peut-être curieux, mais nullement instructifs,
d'unités dissemblables, d'actes ou d'objets arbitrairement
groupés, à travers lesquels cependant un ordre soudain appa-
rait si la présence d'un désir ou d'une croyance déterminés
vient à s'y révéler au fond. — Regardons le tableau des
dépenses faites annuellement pour les travaux publics de
l'État français depuis 1833 jusqu'à nos jours. Rien de plus
tortueux que la série de ces chiffres annuels, quoique, dans
l'ensemble, elle accuse une progression remarquable, mais
point continue. J'observerai seulement que, de 1843 à 1849,
ces chiffres, grossis brusquement, se maintiennent à un
niveau très élevé de 120 millions environ d'où ils redescendent
très vite ensuite. Cette élévation brusque, on le sait, est due
à la construction des chemins de fer entreprise à cette
époque. Ce qui revient à dire que, à cette époque, le rayonnement imitatif de cette invention est venu interférer en
France avec les autres rayonnements imitatifs de découvertes
bien plus anciennes, qui constituent l'ensemble des autres
travaux publics (routes, ponts, canaux, etc.) — Le malheur
est, sans doute, pour la régularité de la série, que l'État
s'est mêlé de la chose, qu'il a monopolisé ce nouveau genre
de travail, et substitué de la sorte à la continuité de progression que l'initiative privée, laissée à elle-même, n'eût point
manqué de produire, la discontinuité propre aux explosions
intermittentes de la volonté collective appelées lois. Mais,
malgré tout, sous ces soubresauts de chiffres que l'interven-

tion de l'État offre au statisticien interprétateur, il y a une régularité très réelle et incontestable qu'ils nous dissimulent. Pourquoi, en effet, a-t-on voté la loi du 11 juin 1842, qui prescrit l'établissement de notre premier grand réseau de chemin de fer, si ce n'est parce que, avant cette date, l'idée des chemins de fer avait circulé dans le public, et que la confiance, d'abord si faible et si combattue, dans l'utilité de cette nouvelle découverte, ainsi que le désir, d'abord de curiosité seulement, de la voir réalisée, avaient grandi silencieusement?

 Voilà la progression constante et régulière que le tableau ci-dessus nous masque et qui seule pourtant l'explique. Car, n'est-ce pas à cause du cours ininterrompu de cette double progression de confiance et désir suivant sa courbe normale, que nous avons vu dans ces dernières années la Chambre adopter le plan Freycinet et les dépenses pour travaux publics s'élever de nouveau d'une façon effrayante? — Maintenant, n'est-il pas clair que, si l'on s'était proposé par hasard de mesurer approximativement en chiffres cette progression de l'opinion publique, l'idée de dresser le tableau ci-dessus était certainement la moins appropriée au but? Il aurait certes mieux valu figurer l'accroissement annuel du nombre des voyages, des voyageurs et des transports de marchandises par voies ferrées.


## VI


Après avoir dit ainsi l'objet, le but, les ressources de la statistique sociologique considérée comme l'étude appliquée de l'imitation et de ses lois, j'aurais à parler de ses destinées probables. L'avidité spéciale qu'elle a développée encore plus qu'assouvie, cette soif de renseignements sociaux d'une précision mathématique et d'une impartialité impersonnelle,

ne vient que de naître et a l'avenir devant soi. Elle n'en est
encore qu'à sa *première phase*. Et avant d'aboutir, comme
tout autre besoin, à son terme fatal, elle peut rêver à bon
droit d'immenses conquêtes.

Regardons une courbe graphique quelconque, celle des
récidives criminelles ou correctionnelles depuis cinquante
ans par exemple. Ces traits-là n'ont-ils pas de la physionomie, sinon comme ceux du visage humain, du moins comme
la silhouette des monts et des vallées, ou plutôt, puisqu'il
s'agit ici de mouvement, — car on dit fort bien en statistique le *mouvement* de la criminalité, ou des naissances, ou
des mariages, — comme les sinuosités, les chutes subies,
les brusques relèvements du vol d'une hirondelle? Je m'arrête à cette comparaison, et je me demande si elle n'est pas
spécieuse. Pourquoi, dirais-je, les dessins statistiques tracés
à la longue sur ce papier par des accumulations de crimes
et de délits successifs transmis en procès-verbaux aux parquets, des parquets, en états annuels, au bureau de statistique à Paris, et de ce bureau, en volumes brochés, aux
magistrats des divers tribunaux, pourquoi ces silhouettes,
qui expriment, elles aussi, et traduisent aux yeux des amas
et des séries de faits coexistants ou successifs, sont-elles
réputées seules symboliques, tandis que la ligne tracée dans
ma rétine par le vol d'une hirondelle est jugée une réalité
inhérente à l'être même qu'elle exprime et qui consisterait
essentiellement, ce nous semble, en figures mobiles, en
mouvements dans l'espace figuré? Est-ce que, au fond, il y
a moins de symbolisme ici que là? Est-ce que mon image
rétinienne, ma *courbe graphique* rétinienne du vol de cette
hirondelle n'est pas seulement l'expression d'un amas de
faits (les divers états de cet oiseau) que nous n'avons aucune
raison de regarder comme analogues le moins du monde à
notre impression visuelle?

S'il en est ainsi, et les philosophes me l'accorderont sans
trop de peine, poursuivons.

La différence la plus saisissable qui subsiste dès lors entre les courbes graphiques des statisticiens et les images visuelles, c'est que les premiers coûtent de la peine à l'homme qui les trace et même à celui qui les interprète, tandis que les secondes se font en nous et sans nul effort de notre part, et se laissent interpréter le plus facilement du monde; c'est encore que les premières sont [tracées long-temps après l'apparition des faits et la production des chan-gements qu'elles traduisent de la manière la plus intermît-tente, la plus irrégulière aussi bien que la plus tardive, tandis que les secondes nous révèlent ce qui vient de se faire ou ce qui est même en train de se faire, et nous le révèlent toujours régulièrement, sans interruption. Mais si l'on prend à part chacune de ces différences, on verra qu'elles sont toutes plus apparentes que réelles, et qu'elles se rédui-sent à des différences de degrés. Si la statistique continue à faire les progrès qu'elle a faits depuis plusieurs années, si les informations qu'elle nous fournit vont se perfectionnant, s'accélérant, se régularisant, se multipliant toujours, il pourra venir un moment où, de chaque fait social en train de s'accomplir, il s'échappera pour ainsi dire automatique-ment un chiffre, lequel ira immédiatement prendre son rang sur les registres de la statistique continuellement commu-niquée au public et répandue en dessins par la presse quo-tidienne. Alors, on sera en quelque sorte assailli à chaque pas, à chaque coup d'œil jeté sur une affiche ou un journal, d'informations statistiques, de renseignements précis et synthétisés sur toutes les particularités de l'état social actuel, sur les hausses ou les baisses commerciales, sur les exaltations ou les attiédissements politiques de tel ou de tel parti, sur le progrès ou le déclin de telle ou telle doctrine. etc., etc., exactement de même que, en ouvrant les yeux, on est assailli de vibrations éthérées qui vous renseignent sur le rapprochement ou l'éloignement de ce qu'on appelle un corps ou tel corps, et sur toutes autres choses du même genre, intéressantes au point de vue de la conservation et du développement de nos organes, comme les *nouvelles* précédentes au point de vue de la conservation et du développement de notre être social, de notre réputation et de notre fortune, de notre pouvoir et de notre honneur.

Par suite, en admettant un perfectionnement et une extension de la statistique poussés à ce point, ses bureaux seraient tout à fait comparables à l'œil ou à l'oreille. Comme l'œil ou l'oreille, ils synthétiseraient, pour nous éviter cette peine, des collections d'unités similaires dispersées, et nous présenteraient le résultat clair, net, liquide de cette élaboration. Et certainement, dans ce cas, il n'en coûterait pas plus à un homme instruit de se tenir constamment au courant des moindres changements de l'opinion religieuse et politique du moment, qu'à une vue affaiblie par l'âge de reconnaître un ami à distance ou de voir venir un obstacle assez à temps pour ne pas le heurter. Un jour viendra, espérons-le, où un député, un législateur, appelé à réformer la magistrature ou le code pénal, et ignorant (par hypothèse) la statistique criminelle, sera chose aussi introuvable, aussi inconcevable que pourrait l'être de nos jours un cocher d'omnibus aveugle ou un chef d'orchestre sourd [1].

Je dirais donc volontiers que nos sens font pour nous, chacun à part et à leur point de vue spécial, la statistique de l'univers extérieur. Leurs sensations propres sont en quelque sorte leurs tableaux graphiques spéciaux. Chaque sensation, couleur, son, saveur, etc., n'est qu'un *nombre*, une collection d'innombrables unités similaires de vibrations représentées en bloc par ce chiffre singulier. Le caractère

---

(1) Suivant Burckhardt, Venise et Florence auraient été le berceau de la statistique. « Flottes, armées, tyrannie et influence politique, tout cela était inscrit par Doit et Avoir comme dans un grand-livre. » Dès 1288, nous trouvons une statistique minutieuse à Milan. A vrai dire, de tout temps, il a dû y avoir dans les États les plus insouciants et les plus ignorants quelques embryons de statistique, de même que les animaux les plus inférieurs ont des sens rudimentaires.

*affectif* des diverses sensations est tout simplement leur
marque distinctive, analogue à la différence qui caractérise
les chiffres de notre numération. Que nous apprend le son
de ce *do*, de ce *ré*, de ce *mi*, sinon qu'il y a dans l'air am-
biant, pendant telle unité de temps, tel nombre proportionnel par seconde de vibrations dites sonores? Que signifie
la couleur rouge, bleue, jaune, verte, etc., si ce n'est que
l'éther est agité de tel nombre proportionnel de vibrations
dites lumineuses, pendant telle unité de temps?

Le tact, comme sens de la température, n'est aussi qu'une
statistique des vibrations caloriques de l'éther, et, comme
sens de la résistance et du poids, qu'une statistique de nos
contractions musculaires. Seulement, à la différence des
impressions de la vue et de l'ouïe, celles du toucher se
suivent sans proportions définies; il n'y a pas de gamme
tactile. De là l'infériorité relative de ce dernier sens. Ainsi
font les statisticiens quand ils négligent de joindre aux
chiffres bruts qu'ils nous fournissent leur rapport proportionnel. Quant à l'odorat et au goût, s'ils sont jugés, et à
bon droit, tout à fait inférieurs, n'est-ce pas parce que, en
mauvais statisticiens qu'ils sont, ne se conformant pas à
nos règles élémentaires, ils se contentent de chiffres mal
faits, expression d'additions mal faites où les unités les plus
dissemblables, vibrations nerveuses de toutes sortes et actions chimiques, ont été groupées pêle-mêle, comparables
au désordre d'un mauvais budget?

On a pu observer que certains journaux donnent quoti-
diennement des courbes graphiques qui expriment les variations des diverses valeurs de la Bourse et autres changements utiles à connaître. Reléguées à la quatrième page,
ces courbes tendent à envahir les autres, et bientôt peut-
être, dans l'avenir à coup sûr, elles prendront les places
d'honneur, quand, saturées de déclamations et de polémiques comme les esprits très lettrés commencent à l'être
de littérature, les populations ne rechercheront plus dans

les journaux que des avertissements précis, froids et multipliés. Les feuilles publiques alors deviendront socialement
ce que sont vitalement les organes des sens. Chaque bureau
de rédaction ne sera plus qu'un confluent de divers bureaux
de statistique, à peu près comme la rétine est un faisceau de
nerfs spéciaux apportant chacun son impression caractéristique, ou comme le tympan est un faisceau de nerfs acous-
tiques. Pour le moment, la statistique est une sorte d'œil
embryonnaire, pareil à celui de ces animaux inférieurs qui
y voient juste assez pour reconnaître l'approche d'un ennemi
ou d'une proie; mais c'est déjà un grand service qu'elle nous
rend, et elle peut nous empêcher ainsi de courir des dan-
gers sérieux.

L'analogie est manifeste; elle se fortifie si l'on compare
le rôle des sens dans toute l'animalité, depuis le plus bas
jusqu'au plus haut degré de l'échelle intellectuelle, au rôle
des journaux pendant le cours de la civilisation. Pour le
mollusque, pour l'insecte, pour le quadrupède même, les
sens ne se bornent pas à être des *moniteurs* de l'intelligence presque tout entière, d'autant plus importants qu'ils
sont plus imparfaits. Mais leur mission s'amoindrit en se
précisant, et ils se subordonnent en se perfectionnant, à
mesure qu'on s'élève vers l'homme. Pareillement, dans les
civilisations naissantes et inférieures, telles que la nôtre
(car nos neveux nous jugeront de haut, comme nous jugeons
nos frères inférieurs), les journaux ne fournissent pas seulement à leur lecteur des informations propres à exciter la
pensée; ils pensent pour lui, ils décident pour lui, il est
formé et conduit par eux mécaniquement. Le signe certain
du progrès de la civilisation chez une classe de lecteurs,
c'est la part moindre faite aux phrases et la plus grande
part réservée aux faits, aux chiffres, aux renseignements brefs
et sûrs, dans le journal qui s'adresse à cette classe. L'idéal
du genre, ce serait un journal sans article politique et tout
plein de courbes graphiques, d'entrefilets secs ou d'adresses.

On voit que nous ne sommes pas porté à amoindrir le
rôle et la mission de la statistique. Toutefois, si importante
qu'elle doive devenir, est-ce qu'on ne la surfait pas quand
on émet, à propos d'elle, certaine espérance qu'il me faut
indiquer en finissant? Comme on voit ses résultats numériques se régulariser, affecter plus de constance, à mesure
qu'elle porte sur de plus grands nombres, on est quelquefois
enclin à penser que, bien plus tard, si la marée montante
de la population continue à accroître et les grands États à
grandir, un moment viendra où tout, dans les phénomènes
sociaux, sera réductible en formules mathématiques. D'où
l'on induit abusivement que le statisticien pourra un jour
prédire l'état social futur aussi sûrement que l'astronome la
prochaine éclipse de Vénus. En sorte que la statistique
serait destinée à plonger toujours plus avant dans l'avenir
comme l'archéologie dans le passé.

Mais nous savons par tout ce qui précède que la statistique est circonscrite dans le champ de l'imitation et que
celui de l'invention lui est interdit. L'avenir sera ce que
seront les inventeurs, qu'elle ignore, et dont les apparitions
successives n'ont rien de formulable en loi véritable. L'avenir en cela sera semblable au passé; il n'appartient pas non
plus à l'archéologue, qui constate les procédés d'art ou de
métier dont un ancien peuple a fait usage à une époque de
son histoire, de dire précisément quels ont été à une époque
antérieure les procédés que ceux-ci ont remplacés. Comment le statisticien en sens inverse sera-t-il plus heureux?
Loin de diminuer, l'empire des grands hommes, perturba-
teurs éventuels des courbes prévues, ne peut que s'accroître;
le progrès de la population ne fera qu'étendre leur clientèle
imitatrice; le progrès de la civilisation ne fera que faciliter, qu'accélérer l'imitation de leurs exemples, en même
temps que multiplier un certain temps les génies inventifs.
Plus nous allons, plus, semble-t-il, l'imprévu déborde en nouveautés de tout genre dans la classe gouvernante des décou-

vreurs, pendant que, dans la classe gouvernée des copistes, le prévu s'étale plus uniforme et plus monotone que jamais, mais le prévu à partir de l'imprévu seulement.

Cependant, à y regarder de plus près, le progrès a plutôt stimulé l'ingéniosité de l'imitation, simulant l'invention, qu'elle n'a fécondé le génie inventif. L'invention vraie, celle qui mérite ce nom, devient chaque jour plus difficile, et il ne se peut dès lors qu'elle ne devienne pas, demain ou après-demain, chaque jour plus rare. Il faudra donc qu'elle s'épuise enfin, car le cerveau d'une race donnée n'est pas susceptible d'une extension indéfinie. Par suite, plus tôt ou plus tard, toute civilisation, asiatique ou européenne, n'importe, est appelée à heurter sa propre limite et à tourner dans son cercle sans fin. — Alors, sans doute, la statistique aurait le don de prophétie qu'on lui promet. Mais nous sommes loin de ce rivage. Tout ce qu'on peut dire en attendant, c'est que, le sens des inventions futures étant déterminé en grande partie par la direction des inventions antérieures, et la part de celles-ci devenant, par leur accumulation, de plus en plus prépondérante, les prédictions déduites de la statistique pourront être hasardées un jour avec quelque probabilité; de même que, avec assez de vraisemblance aussi, l'archéologie pourra jeter des lueurs sur les origines de l'histoire.

## VII

Il n'est pas inutile de faire remarquer que, au résumé, ce chapitre est une réponse à cette difficile question : qu'est-ce que l'histoire? comme le chapitre précédent a répondu à cette autre : qu'est-ce que la société? On s'est beaucoup demandé, inutilement, quel est le signe distinctif des faits historiques, à quel caractère on reconnaît les événements humains ou naturels qui méritent d'être signalés par l'historien. L'histoire, d'après les érudits, serait la collection des choses les plus célèbres. Nous dirons plutôt : des choses les plus réussies, c'est-à-dire des initiatives les plus imitées. Telle chose qui a eu un immense succès peut n'avoir eu aucune célébrité ; par exemple, un nouveau mot qui se glisse, un jour, dans une langue et l'envahit peu à peu sans attirer l'attention ; un rite religieux, une idée nouvelle, qui fait insensiblement et obcurément son chemin dans le peuple ; un procédé industriel, sans nom d'auteur, qui se répand à travers le monde. Il n'est pas de fait vraiment historique en dehors de ceux qui peuvent être rangés dans l'une des trois catégories suivantes : 1º le progrès ou le déclin d'un genre d'imitation ; 2º l'apparition d'une de ces combinaisons d'imitations différentes que je nomme des inventions, imitées à leur tour ; 3º les actions, soit des personnes humaines, soit même des forces animales, végétales, physiques, qui ont pour effet d'imposer des conditions nouvelles à la propagation des imitations quelconques dont elles modifient le cours et les rapports. — A ce dernier point de vue donc, une éruption volcanique, l'affaissement d'une île ou d'un continent, une éclipse même, quand elle a occasionné la défaite d'une armée superstitieuse, et, à plus forte raison, une maladie accidentelle ou la mort d'un grand personnage, peuvent avoir une importance historique égale et semblable à celle d'une bataille, d'un traité de paix, d'une alliance entre États. Souvent l'issue d'une guerre, où s'est joué le sort d'une civilisation, a dépendu d'une intempérie ; la rigueur de l'hiver de 1811 a influé sur les destinées de la France et de la Russie au même titre que le plan de campagne adopté par Napoléon. Considérée de la sorte, l'histoire pragmatique, et même anecdotique, reprend son rang, que les philosophes lui ont souvent contesté. Il n'en est pas moins vrai que, en somme, le *destin des imitations* est la seule chose qui intéresse l'histoire, et que c'est là sa véritable définition.

# CHAPITRE V

## LES LOIS LOGIQUES DE L'IMITATION

La statistique nous fournit, pour chaque espèce de propagation imitative isolément considérée, une sorte de loi empirique, formule graphique de causes très complexes. Il s'agit, maintenant, de dégager les lois générales, vraiment dignes du nom de science, qui régissent toutes les imitations, et, dans ce but, il faut étudier séparément les diverses catégories de causes, précédemment confondues.

Pourquoi, parmi cent innovations diverses simultanément imaginées, — qu'il s'agisse de formes verbales, d'idées mythologiques, ou de procédés industriels et autres, — y en a-t-il dix qui se répandent dans le public à l'exemple de leurs auteurs, et quatre-vingt-dix qui restent dans l'oubli ? Voilà le problème. Pour y répondre avec ordre et méthode, divisons d'abord en causes physiques et causes sociales, les influences qui ont favorisé la diffusion des innovations réussies, et contrarié le succès des autres. Mais écartons dans cet ouvrage les causes du premier genre, celles par exemple, qui, dans un climat méridional, feront préférer les mots nouveaux composés de voyelles sonores aux mots nouveaux formés de voyelles sourdes, et l'inverse dans le nord. Il y a ainsi, en mythologie, en technique industrielle ou artistique, en politique, beaucoup de particularités qui

tiennent à la conformation du larynx ou de l'oreille chez
chaque race, à ses prédispositions cérébrales, à la nature de
sa faune, de sa flore, de ses météores habituels. Laissons
tout cela de côté. — Ce n'est pas, d'ailleurs, que tout cela
n'ait son importance réelle en sociologie ; et, par exemple, il
est intéressant d'étudier l'influence exercée sur le cours
entier d'une civilisation par la nature d'une production spontanée du sol où, pour la première fois, elle a pris naissance.
Suivant qu'elle est née dans une vallée fertile ou dans une
steppe plus ou moins abondantes en pâturages, les conditions
du travail sont différentes, et, par suite, celles du groupement domestique, puis des institutions politiques. Il faut
savoir gré aux savants qui se livrent aux recherches de cet
ordre, aussi utiles en sociologie que le sont en biologie les
études relatives aux modifications d'une espèce vivante par
l'action du climat ou, en général, du milieu. Mais l'erreur
serait de croire que, parce qu'on a constaté ces adaptations
d'un type vivant donné ou d'un type social donné — car il faut
d'abord que ce type existe — à des phénomènes extérieurs,
on les a expliqués. Cette explication, il faut la demander aux
lois qui régissent les rapports intérieurs des cellules vivantes
et des cerveaux associés. Voilà pourquoi, m'occupant ici de
sociologie pure et abstraite, non concrète et appliquée, je
dois écarter les considérations de l'ordre indiqué ci-dessus.

Maintenant, les causes sociales sont de deux sortes :
logiques ou non logiques. Cette distinction a la plus grande
importance. Les causes logiques agissent quand l'innovation
choisie par un homme l'est parce qu'elle est jugée par lui
plus utile ou plus vraie que les autres, c'est-à-dire plus d'accord que celles-ci avec les buts ou les principes déjà établis
en lui (par imitation toujours). Ici, il n'y a en présence que
des inventions ou des découvertes anciennes ou récentes,
abstraction faite de tout prestige ou de tout discrédit attaché
à la personne de leurs colporteurs, ou au temps et au lieu
d'où elles proviennent. Mais il est très rare que l'action

logique s'exerce de la sorte dans toute sa pureté. En général,
les influences extra-logiques, auxquelles je viens de faire
allusion, interviennent dans le choix des exemples à suivre,
et souvent les plus mauvais logiquement sont préférés à
raison de leur origine ou même de leur date, comme nous
le verrons plus loin. ) )

Si l'on n'a égard constamment à ces distinctions nécessaires, il est impossible de rien comprendre aux phénomènes
sociaux les plus simples. La linguistique, notamment, qui
me paraît pouvoir se débrouiller sans peine, par l'application de ces idées (si un linguiste de profession nous faisait
l'honneur de les adopter), n'est qu'un écheveau inextricable
sans cela. Les linguistes cherchent les lois qui leur paraissent
devoir régler la formation et la transformation des langues.
Mais, jusqu'ici, ils n'ont pu formuler que des règles sujettes
à de très nombreuses exceptions, en ce qui concerne le
changement des sons (lois phonétiques), ou le changement
des sens, l'acquisition de nouveaux mots par la combinaison
d'anciens radicaux, ou celle de nouvelles formes grammaticales par modification des formes anciennes, etc. Pourquoi?
Parce que, a vrai dire, l'imitation seule, et nullement l'invention, est soumise à des lois proprement dites. Or, ce sont
toujours de petites inventions successives qui ont dû s'accumuler pour former ou transformer un idiome. Aussi faut-il
commencer par faire une large part, en linguistique, à
l'accident et à l'arbitraire, d'origine individuelle, par suite
duquel, entre autres particularités, les racines d'une langue
s'élèvent à tel chiffre, sont faites de trois consonnes ici et
d'une seule syllabe ailleurs, pourquoi telle désinence et non
telle autre a été affectée à la désignation d'une nuance de
la pensée. Cette part faite à la fois à l'invention et aux
influences d'ordre physiologique ou climatérique, il reste un
grand domaine ouvert aux lois linguistiques.

En effet, dans une large mesure, et à partir des données,
je ne dirai pas géniales, mais irrationnelles et capitales à

la fois, dont je viens de parler, il est une foule de petites inventions linguistiques dont l'idée a été suggérée à leurs premiers auteurs inconnus par voie *d'analogie*, c'est-à-dire par imitation de soi ou d'autrui[1] ; et c'est par là qu'elles sont susceptibles d'être légiférées. Le premier qui a eu l'idée, pour exprimer l'aptitude au respect, d'ajouter au radical de *veneratio* la désinence *bilis*, déjà employée, par hypothèse, dans la combinaison *amābilis*, ou qui a créé *germanicus* sur le modèle *d'italicus*, a été un inventeur sans le savoir, mais, en somme, *il a été imitatif en inventant.* Toutes les fois qu'une désinence quelconque s'est ainsi étendue et généralisée de proche en proche, et, pareillement, une déclinaison ou une conjugaison, il y a eu imitation de soi et d'autrui ; et, dans cette mesure précisément, la formation et la transformation des langues sont soumises à des règles formulables. Mais ces règles, qui doivent nous expliquer pourquoi, parmi plusieurs manières de parler à peu près synonymes et offertes concurremment à l'esprit de la peuplade, de la cité ou de la nation, une seule a prévalu dans l'usage général, sont de deux catégories bien tranchées. Nous voyons, d'une part, ce concours incessant de petites inventions linguistiques, qui se termine toujours par l'imitation de l'une d'elles et l'avortement des autres, aboutir à transformer la langue dans le sens d'une adaptation, plus ou moins rapide et complète, suivant le génie des peuples, à la réalité extérieure et aux fins sociales du langage. Le dictionnaire, en s'enrichissant, correspond à un plus grand nombre d'êtres et de modalités de ces êtres ; la grammaire, par une conjugaison plus flexible des verbes ou un arrangement plus clair et plus logique des phrases, se plie à l'expression de relations plus délicates dans l'espace ou le temps. Une langue devient de plus en plus commode et maniable, quand

---

(1) Tous les philologues reconnaissent le rôle immense de l'analogie dans l'objet de leur science. V. surtout Sayce à ce sujet.

les voyelles vont s'y adoucissant et s'y différenciant (en sanscrit, tout n'est que sonorités éclatantes, en *a* ou en *o;* en grec, en latin, l'*e*, l'*u*, l'*ou*, l'*i*, se sont ajoutés au clavier vocal), ou bien quand les mots s'y abrègent, s'y contractent. Aussi des linguistes distingués, tels que M. Régnaud[1], ont-ils élevé à la hauteur d'une loi, dans la famille indo-euro-péenne, l'adoucissement vocalique et la contraction des mots. Le fait est que, en zend, en grec, en latin, en français, en anglais, en allemand, etc., l'*e* se montre, « dans une infinité de cas, comme le substitut affaibli de *a*, » tandis que « jamais ou presque jamais l'inverse n'a lieu ». Joli exemple, entre parenthèses, d'irréversibilité linguistique, si la règle énoncée, pouvait être admise sans réserve.

Mais, d'autre part, nous voyons que, même dans les idiomes les plus parfaits, même dans la langue grecque, dont on a pu dire « que sa conjugaison est un modèle définitif de logique appliquée[2] », beaucoup de modifications opérées au cours des âges sont loin d'être des progrès en utilité et en vérité. Est-il utile en rien à la langue grecque d'avoir perdu le *j* et le *v* (le digamma), ainsi que la sifflante initiale dans bien des cas, et n'est-ce point là plutôt une cause d'infério-rité ? Est-ce que, contrairement à la loi de contraction des mots, nous n'avons pas vu, en France, succéder à des formes contractées des formes développées, *portique* à *porche*. *capital* à *cheptel*, etc.? C'est qu'ici des influences, où le besoin de logique et de finalité n'entraît pour rien, ont été prépon-dérantes; dans le dernier exemple choisi, nous savons que des littérateurs en renom ont créé de toutes pièces, par imi-tation servile du latin, des mots tels que *portique* et *capital*, et, par le prestige inhérent à leur personne, sont parvenus à les mettre en circulation[3].

(1) V. ses *Essais de linguistique évolutionniste* déjà cités.

(2) Ainsi s'exprime Curtius l'historien, d'après son frère le philologue, dans son *Histoire grecque*, t. I.

(3) Nous savons aussi que lorsqu'un dialecte, primitivement en lutte

Mais je ne veux pas m'étendre davantage sur la linguistique. Il me suffit d'avoir indiqué, par ces quelques remarques, la portée des lois que nous avons à formuler. Dans ce chapitre, les lois logiques nous occuperont exclusivement.

## I

L'invention et l'imitation sont l'acte social élémentaire, nous le savons. Mais quelle est la substance ou la force sociale dont cet acte est fait : dont il n'est que la forme? En d'autres termes, qu'est-ce qui est inventé ou imité? *Ce* qui est inventé ou imité, *ce* qui est imité, c'est toujours une idée ou un vouloir, un jugement ou un dessein, où s'exprime une certaine dose de *croyance* et de *désir*, qui est en effet toute l'âme des mots d'une langue, des prières d'une religion, des administrations d'un État, des articles d'un code, des devoirs d'une morale, des travaux d'une industrie, des procédés d'un art. La croyance et le désir : voilà donc la substance et la force, voilà aussi les deux quantités psychologiques[1] que

avec un grand nombre d'autres sur un territoire tel que la Grèce ou la France du moyen âge, finit par supplanter tous ses rivaux et les refouler au rang de patois, il ne doit pas toujours, et ne doit jamais uniquement ce privilège, à ses mérites intrinsèques ; il le doit surtout aux triomphes politiques et à la supériorité réelle ou présumée de la province qui le parlait seule d'abord. C'est grâce au prestige de Paris que le parler de l'Isle-de-France est devenu le français. — On voit, en passant, que les mêmes lois de l'imitation nous servent à expliquer les transformations internes d'une langue et sa diffusion au dehors.

(1) Je me permets de renvoyer le lecteur psychologue à deux articles que j'ai publiés, en août et septembre 1880, dans la *Revue philosophique*, sur *la croyance et le désir et la possibilité de leur mesure* et qui ont été réédités sans changement dans mes *Essais et mélanges sociologiques*. Depuis lors, mes idées à ce sujet se sont un peu modifiées, mais voici dans quel sens. A présent, je reconnais que j'ai peut-être un peu exagéré le rôle du *croire* et du *désirer* en psychologie individuelle, et je n'oserais plus affirmer, avec tant d'assurance, que ces deux aspects du moi sont les seules choses en nous susceptibles de plus et de moins. Mais, en revanche, je leur attribue une importance toujours plus grande en psy-

l'analyse retrouve au fond de toutes les qualités *sensation-
nelles* avec lesquelles elles se combinent; et lorsque l'invention, puis l'imitation, s'en emparent pour les organiser et
les employer, ce sont là, pareillement, les vraies quantités
sociales. C'est par des accords ou des oppositions de croyances
s'entre-fortifiant ou s'entre-limitant, que les sociétés s'organisent; leurs institutions sont surtout cela. C'est par des
concours ou des concurrences de désirs, de besoins, que les
sociétés fonctionnent. Les croyances, religieuses et morales
principalement, mais aussi juridiques, politiques, linguistiques même (car, que d'actes de foi impliqués dans le

chologie sociale. Admettons qu'il y ait dans l'âme d'autres quantités,
concédons, par exemple, aux psycho-physiciens, en dépit de la remarquable étude de M. Bergson sur les *Données immédiates de la conscience*,
si conforme d'ailleurs sur ce point à notre manière de voir, que l'intensité
des sensations, considérée à part de l'adhésion judiciaire et de la force d'attention dont elles sont l'objet, change de degré sans changer de nature
et se prête, par suite, aux mesures des expérimentateurs; il n'en est pas
moins vrai que, au point de vue social, la croyance et le désir se signalent
par un caractère unique, très propre à les distinguer de la simple sensation. Ce caractère consiste en ce que la contagion de l'exemple mutuel
s'exerce socialement sur les croyances et les désirs similaires pour les
renforcer, et sur les croyances et les désirs contraires pour les affaiblir
ou les renforcer, suivant les cas, chez tous ceux qui les ressentent en
même temps et ont conscience de les ressentir ensemble; tandis que la
sensation visuelle ou auditive qu'on éprouve, au théâtre par exemple, au
milieu d'une foule attentive au même spectacle ou au même concert,
n'est nullement modifiée en soi par la simultanéité des impressions analogues ressenties par le public environnant. — A quel point d'intensité
une croyance ou un désir peut atteindre chez l'individu quand il est ressenti par tout le monde autour de lui, on peut le deviner par certaines
étrangetés dont l'histoire s'étonne. Par exemple, même dans l'Italie
dépravée, mais croyante encore, de la Renaissance, éclataient de temps
en temps des *épidémies de pénitence*, qui, dit Burckhardt, « avaient raison
des cœurs les plus endurcis ». Ces épidémies, dont celle de Florence,
de 1494 à 1498, sous Savonarole, n'est qu'un cas entre mille, — car après
chaque désastre, ou chaque fléau, il en survenait quelqu'une — révélaient
l'action profonde et constante de la foi chrétienne. Partout où une même
foi, où un même idéal, possède ainsi les âmes, il se produit des poussées
intermittentes de pareilles contagions. Nous avons, nous, non plus des
épidémies de pénitence — sinon sous forme de pèlerinages contagieux,
déploiement d'une force de suggestion incomparable — mais des épidémies de luxe, de jeu, de loterie, de spéculations à la Bourse, de gigan-
tesques travaux de chemins de fer, etc. et aussi bien des épidémies de
hégélianisme, de darwinisme, etc.

moindre discours, et quelle puissance de persuasion, aussi
irrésistible qu'inconsciente, possède sur nous notre langue
maternelle, vraiment maternelle en cela!), sont les forces
plastiques des sociétés. Les besoins, économiques ou esthétiques, sont leurs forces fonctionnelles.

Ces croyances et ces besoins, que l'invention et l'imitation
spécifient et qu'en ce sens elles créent, mais qui virtuellement
préexistent à leur action, ont leur source profonde au-dessous
du monde social, dans le monde vivant. C'est ainsi que les
forces plastiques et les forces fonctionnelles de la vie, spéci-
fiées, employées par la génération, ont leur source au-dessous
du monde vivant, dans le monde physique, et que les forces
moléculaires et les forces motrices de celui-ci, régies par
l'ondulation, ont aussi leur source, insondable à nos physiciens, dans un monde hypophysique que les uns nomment
Noumènes, les autres Énergie, les autres Inconnaissable.
Énergie est le nom le plus répandu de ce mystère. Par ce
terme unique on désigne une réalité qui, comme on le võit,
est toujours double en ses manifestations; et cette bifurca-
tion éternelle, qui se reproduit sous des métamorphoses sur-
prenantes à chacun des étages superposés de la vie universelle, n'est pas le moindre des traits communs à signaler
entre-eux. Sous les appellations diverses de matière et de
mouvement, d'organes et de fonctions, d'institutions et de
progrès, cette grande distinction du statique et du dyna-
mique, où rentre aussi celle de l'Espace et du Temps, partage en deux l'univers entier.

Il importe de la poser tout d'abord et de bien établir la
relation de ses deux termes. Il y a une intuition profonde
au fond de la formule spencérienne de l'Évolution, suivant
laquelle toute évolution serait un gain de matière accompagné d'une perte relative de mouvement, et toute dissolution
l'inverse. Cela peut signifier, si l'on modifie un peu cette
pensée et si on la traduit dans une langue moins matérialiste, que tout développement vivant ou social est un accrois-

sement d'organisation compensé *ou plutôt obtenu* par une
diminution relative de fonctionnement. A mesure qu'il
grandit en poids et en dimension, qu'il précise et déploie
ses formes caractéristiques, un organisme perd de sa vitalité[1],
précisément parce qu'il l'a employée ainsi, ce que M. Spencer
néglige de dire. A mesure qu'elle s'étend, s'accroît, perfectionne et complique ses institutions, langue, religion, droit,
gouvernement, métiers, art, une société perd de sa fougue
civilisatrice et progressiste, car elle en a fait cet usage.
Autrement dit, elle s'enrichit de croyances plus que de
désirs, s'il est vrai que la substance des institutions sociales
consiste dans la somme de foi et d'assurance, de vérité et
de sécurité, de croyances unanimes en un mot qu'elles incar-
nent, et que la force motrice du progrès social consiste dans
la somme de curiosités et d'ambitions, de désirs solidaires,
dont il est l'expression. Le véritable et final objet du désir,
donc, c'est la croyance; la seule raison d'être des mouvements du cœur, c'est la formation des hautes certitudes ou
des pleines assurances de l'esprit, et plus une société a progressé, plus on trouve en elle, comme chez un esprit mûr,
de solidité et de tranquillité, de convictions fortes et de passions mortes, celles-là lentement formées et cristallisées par
celles-ci[2]. La paix sociale, la foi unanime en un même idéal
ou une même illusion, unanimité qui suppose une assimilation chaque jour plus étendue et plus profonde de l'humanité : voilà le terme où courent, qu'on le veuille ou non,
toutes les révolutions sociales. — Tel est le progrès, c'est-
à-dire l'avancement du monde social dans les voies logiques.

(1) A *masse égale*, le corps de l'enfant contient plus d'activité vitale
que le corps de l'homme mûr. La vitalité *relative* de celui-ci a diminué.

(2) Entendons-nous bien encore une fois : au cours de la civilisation,
les besoins se multiplient, mais en s'affaiblissant, et les vérités, les sécu-
rités vont se multipliant plus vite encore et se fortifiant. Le contraste est
frappant si l'on prend pour point de départ de l'évolution civilisatrice, la
barbarie, et non la sauvagerie, laquelle, telle qu'on peut l'observer de nos
jours, est le dernier terme d'une évolution sociale complète en soi, non
le premier terme d'une évolution supérieure.

Or, comment le progrès s'opère-t il? — Quand un homme médite sur un sujet donné, une idée lui vient, puis une autre idée, jusqu'à ce que, d'idée en idée, de rature en rature, il saisisse enfin par le bon bout la solution du problème et, à partir de ce moment, coure de lueur en lumière. N'en est-il pas de même en histoire? Quand une société élabore quelque grande conception que sa curiosité séculaire pressent avant que sa science, en la développant, la précise, par exemple l'explication mécanique du monde, — ou quelque grande conquête que son ambition rêve avant que son activité la déploie, par exemple la fabrication ou la locomotion ou la navigation à vapeur, que voit-on? D'abord le problème ainsi posé suscite toutes sortes d'inventions, d'imaginations contradictoires, apparues ici ou là, disparues bientôt, jusqu'à la venue de quelque formule claire, de quelque machine commode, qui fait oublier tout le reste et sert désormais de base fixe à la superposition des perfectionnements, des développements ultérieurs. Le *progrès* est donc une espèce de méditation collective et sans cerveau propre, mais rendue possible par la solidarité (grâce à l'imitation) des cerveaux multiples d'inventeurs, de savants qui échangent leurs découvertes successives. (Ici la fixation des découvertes par l'écriture, qui permet leur transmission à distance et à de longs intervalles de temps, est l'équivalent de cette fixation des images qui s'accomplit dans le cerveau de l'individu et constitue le cliché cellulaire du souvenir.)

Il en résulte que le progrès social comme le progrès individuel s'opère par deux procédés, la substitution et l'accumulation. Il y a des découvertes ou des inventions qui ne sont que substituables, d'autres qui sont accumulables. De là des *combats* logiques et des *unions* logiques. C'est la grande division que nous allons adopter et où nous n'aurons nulle peine à répartir tous les événements de l'histoire.

Du reste, le désaccord entre un nouveau besoin qui surgit et les besoins anciens, entre une idée scientifique nouvelle

et certains dogmes religieux, n'est pas toujours senti immédiatement, ou ne met pas toujours le même temps à se faire
sentir, dans les diverses sociétés. Et quand il est senti, le
désir d'y mettre fin n'est pas toujours d'égale force. Son
intensité, sa nature varient, d'après les temps et les lieux. Il
existe, en effet, une *Raison* pour les sociétés, comme pour
les individus; et cette Raison, pour celles-là, comme pour
ceux-ci, n'est qu'un besoin comme un autre, un besoin spécial, plus ou moins développé par ses satisfactions mêmes,
à la manière des autres besoins, et né aussi des inventions
ou des découvertes qui l'ont satisfait, c'est-à-dire des systèmes ou des programmes, des catéchismes ou des constitutions qui, en commençant à rendre les idées et les volontés
plus cohérentes, ont créé et activé le désir de leur cohésion.
Il s'agit bien ici d'une force vraie, qui réside dans le cerveau
des individus, qui s'élève ou s'abaisse, dévie à droite ou à
gauche, se tourne vers tel ou tel objet, suivant les époques
ou les pays; tantôt se réduit à une brise insignifiante, tantôt
devient un ouragan, aujourd'hui s'attaque aux gouvernements politiques, hier aux religions ou avant-hier aux langues, demain à l'organisation industrielle, un autre jour aux
sciences, mais ne s'arrête point dans son labeur incessant,
régénérateur ou révolutionnaire.

Ce besoin, ai-je dit, a été suscité et accru par une suite
d'initiatives et d'initiations; mais autant vaut dire par une
suite d'imitations, puisqu'une innovation non imitée est
comme n'existant pas socialement. Par conséquent, tous les
ruisseaux ou les rivières de foi et de désir, qui se heurtent
ou s'abouchent dans la vie sociale, quantités dont la logique
sociale, sorte d'algèbre, règle les soustractions et les additions, — tous, y compris même le désir de cette sommation
totale et la foi dans sa possibilité, — sont dérivés de l'imitation. Car, rien ne se fait tout seul en histoire, pas même son
unité toujours incomplète; fruit séculaire d'efforts constants
plus ou moins réussis. Un drame, il est vrai, une pièce de

théâtre, fragment d'histoire où se mire le tout, est un accord
logique, difficile et graduel, qui a l'air de se faire tout seul
sans avoir été voulu par personne; mais on sait que cette
apparence est trompeuse, et cet accord ne s'opère si rapidement, si infailliblement, que parce qu'il répond à un besoin
impérieux d'unité éprouvé par le dramaturge, et aussi par
son public, auquel il l'a suggéré.

Il n'est pas jusqu'au *besoin d'invention* qui n'ait la même
origine. A vrai dire, il complète le besoin d'unification logique et en fait partie, s'il est vrai que la logique, comme je
pourrais le montrer, soit à la fois un problème de maximum
et un problème d'équilibre. Un peuple devient d'autant plus
inventif et avide de nouvelles découvertes, à une époque
donnée, qu'il a plus inventé et découvert à cette époque ; et
c'est par imitation aussi que cette haute avidité gagne les
intelligences dignes d'elle. Or, les découvertes sont un gain
de certitude, les inventions un gain de confiance et de sécurité. Le besoin de découvrir et d'inventer est donc la double
forme que revêt la tendance au maximum de foi publique.
Cette tendance créatrice, propre aux esprits synthétiques et
assimilateurs, alterne souvent, parfois marche de front, mais
en tous cas s'accorde toujours avec la tendance critique à
l'équilibre des croyances par l'élimination des inventions
ou des découvertes en contradiction avec la majorité des
autres. Tour à tour le vœu de majoration ou le vœu d'é-
puration de foi est plus pleinement satisfait; mais, en général, leurs accès coïncident ou se suivent de près. Car, précisément parce que l'imitation est leur source commune, l'un
et l'autre, aussi bien le besoin d'une foi pleine que celui
d'une foi stable, ont un dégré d'intensité proportionné, *cœ-
teris paribus*, au degré d'animation de la vie sociale, c'est-
à-dire à la multiplicité des rapports de personne à personne.
Pour qu'une bonne combinaison d'idées éclaire les esprits
d'une nation, il faut qu'elle luise d'abord dans un cerveau
isolé ; et elle aura d'autant plus de chance de se produire

ainsi, que les échanges intellectuels d'esprit à esprit seront plus fréquents. Pour qu'une contradiction entre deux institutions, entre deux principes, soit gênante dans une société, il faut qu'elle y ait été d'abord remarquée par un esprit plus sagace que les autres, par un penseur systématique qui, dans ses efforts conscients pour unifier son faisceau d'idées, a été arrêté par cette difficulté et l'a signalée; d'où l'importance sociale des philosophes; et plus il y aura de stimulations mutuelles des esprits, et, par suite, de mouvements d'idées dans une nation, plus cette difficulté y sera aisée à apercevoir.

Par exemple, les rapports, les contacts d'homme à homme s'étant multipliés au delà de toute espérance dans le courant de notre siècle, par suite des inventions locomotrices, et l'action de l'imitation y étant devenue très forte, très large et très prompte, on ne doit pas s'étonner d'y voir la passion des réformes sociales, des réorganisations sociales rationnelles et systématiques, prendre les proportions que l'on sait, de même que la passion des conquêtes sociales, surtout industrielles, sur la nature, n'a plus connu de frein, à force d'avoir déjà conquis. Après le siècle des découvertes, donc (n'est-ce pas le nom que mérite le nôtre?), on peut prédire, à coup sûr, un siècle d'harmonisation des découvertes; la civilisation exige à la fois ou successivement cet afflux et cet effort.

Dans leurs phases peu inventives, à l'inverse, les sociétés sont aussi peu critiques, et réciproquement. Elles acceptent de divers côtés, par mode, ou reçoivent de divers passés, dont elles héritent par tradition, les croyances les plus contradictoires [1], sans que personne s'avise de remarquer ces

(1) Par exemple, « le bouddhisme, dit M. Barth, portait en lui la négation, non du régime des castes en général, mais de la caste des brahmanes et cela indépendamment de toute doctrine égalitaire, et sans qu'il y eût de sa part aucune velléité de révolte. Aussi est-il fort possible que cette opposition soit restée assez longtemps inconsciente de part et d'autre. » Mais, à la longue, elle est devenue flagrante. Ce qui n'empêche pas, autre contradiction inconsciente aussi, que le « nom de brahmane resta un titre

contradictions ; mais, en même temps, elles portent en elles, par suite de ces apports multiples, bien des idées et des connaissances éparses, qui, vues sous un certain angle, révéleraient leur mutuelle et féconde confirmation, dont nul esprit ne s'aperçoit. De même, elles empruntent curieusement aux nations voisines différentes ou gardent pieusement en héritage de leurs différentes parentés, les arts, les industries les plus dissemblables, qui développent en elles des besoins mal conciliables, des courants d'activité en oppotion lès uns avec les autres ; et ces *antinomies pratiques*, aussi bien que les contradictions théoriques qui précèdent, ne sont senties et formulées par personne, quoique tout le monde souffre du malaise entretenu par elles. Mais, en même temps, ces peuples primitifs ne voient point que, parmi leurs procédés artistiques, leurs outils mécaniques, il en est de propres à se prêter le plus grand secours, à concourir puissamment au même but, l'un servant à l'autre de moyen efficace, comme certaines perceptions servent d'intermédiaire explicatif à certaines hypothèses qu'elles confirment.

On a connu longtemps séparément la pierre à broyer le blé et la roue à aubes sans se douter que, moyennant un certain artifice (c'est-à-dire par une troisième invention, l'idée du moulin ajoutée à ces deux), la seconde pouvait aider extraordinairement la première à remplir son office, et la première offrir à la seconde un emploi inespéré. A Babylone déjà, on gravait sur les briques, par impression de caractères mobiles ou de cachets, le nom du fabricant, et on composait des livres ; mais on n'avait pas l'idée de joindre ces deux idées, et de composer des livres au moyen de cachets mobiles, ce qui eût été si simple et eût avancé de quelques milliers d'années l'apparition de l'imprimerie.

honorifique du bouddhisme, et qu'à Ceylan il fut donné aux rois, » à peu près comme les noms de comte et de marquis sont des titres recherchés dans notre société démocratique elle-même, bien qu'elle soit la négation des principes féodaux.

Longtemps aussi, la voiture et le piston à vapeur ont coexisté sans qu'on ait songé (toujours moyennant d'autres inventions) à voir dans le piston à vapeur le moyen de faire marcher la voiture. A l'opposé, vers la fin du moyen âge en dissolution, par exemple, combien de goûts de luxe licencieux et païen, importés du monde arabe ou exhumés de l'antiquité, se glissaient, se faufilaient à travers les meurtrières des châteaux et les vitraux des monastères, et y formaient des mélanges hardis, nullement choquants pour les hommes d'alors, avec les pratiques de piété chrétienne et les mœurs de rudesse féodale subsistantes ! De nos jours encore, combien de buts opposés, contradictoires, ne se propose pas journellement notre activité industrielle ou nationale ! Cependant, à mesure que l'échange et le frottement des idées, que la communication et la transfusion des besoins sont plus rapides, l'élimination des idées et des besoins les plus faibles par les idées et les besoins les plus forts qu'ils contredisent, s'accomplit plus vite, et, simultanément, en vertu des mêmes causes, les idées et buts qui s'entre-confirment ou s'entr'aident arrivent plutôt à se rencontrer dans un ingénieux esprit. Par ces deux voies, la vie sociale doit atteindre nécessairement un degré d'unité et de force logique inconnu auparavant [1].

Nous avons montré, dans ce qui précède, comment naît et se développe le besoin de la logique sociale, par lequel seul la logique sociale se fait. Il s'agit de faire voir à présent

---

(1) On voit maintenant pourquoi le procédé de majoration de foi nationale, qui consiste à expulser du sein d'un peuple ses contradicteurs religieux ou politiques (révocation de l'édit de Nantes, persécutions religieuses de tout genre), est toujours loin d'atteindre son but. On maintient de la sorte, il est vrai, les populations dans l'ignorance des contradictions qui peuvent atteindre leurs croyances ; mais, si le faisceau de celles-ci est maintenu par là, on empêche aussi qu'il en reçoive des accroissements. Car l'ignorance des contradictions, qui émousse le sens critique, stérilise aussi l'imagination et obscurcit la conscience des mutuelles confirmations. D'ailleurs, il vient un moment où, comme dit Colins, l'examen est incompressible.

comment il procède pour se satisfaire. Nous savons déjà
qu'il se divise en deux tendances, l'une créatrice, l'autre critique, l'une fertile en combinaisons d'inventions ou de
découvertes anciennes *accumulables*, l'autre en luttes d'inventions ou de découvertes *substituables*. Nous allons étudier
à part chacune d'elles, et la seconde avant la première.

## II

### LE DUEL LOGIQUE[1]

Une découverte, une invention apparaît. Il y a deux faits
à noter : ses augmentations de foi, par propagation de proche
en proche; et les diminutions de foi qu'elle fait subir à une
découverte ou une invention ayant le même objet ou répondant au même besoin, quand elle vient à la rencontrer.
Cette rencontre donne lieu au duel logique. Par exemple dans
toute l'Asie antérieure, l'écriture cunéiforme s'est propagée
longtemps seule, de même que l'écriture-phénicienne dans
tout le bassin de la Méditerranée. Mais, un jour, ces deux
alphabets se sont disputé le terrain de la première, qui, lentement a reculé et a disparu seulement vers le premier
siècle de notre ère.

L'histoire des sociétés comme l'évolution psychologique,
*étudiée par le menu*, est donc une suite ou une simultanéité
de duels logiques (quand ce n'est pas d'unions logiques).
Ce qui s'est passé pour l'écriture avait déjà eu lieu pour le
langage. Le progrès linguistique s'opère toujours, par imita-

<hr>

(1) Nous disons duel *logique*, mais nous aurions aussi bien pu dire
*téléologique*, de même que plus loin union logique signifiera aussi bien
union téléologique. Nous avons cru devoir mêler les deux points de vue,
du moins dans ce chapitre.

tion d'abord, puis par lutte entre deux langues ou deux dialectes qui se disputent un même pays, et dont l'un refoule l'autre, ou entre deux locutions et deux tournures de phrases qui répondent à la même idée. Cette lutte est un conflit de thèses opposées, impliquées dans chaque mot ou dans chaque tournure qui tend à se substituer à un autre mot ou à une autre forme grammaticale. Si, au moment où je pense au cheval, deux termes, *equus* et *caballus*, empruntés à deux dialectes différents du latin, se présentent ensemble à mon esprit, c'est comme si ce jugement : « il vaut mieux dire *equus* que *caballus* pour désigner cet animal » était contredit en moi par cet autre jugement : « il vaut mieux dire *caballus* que *equus* ». Si pour exprimer le pluriel, j'ai à choisir entre deux terminaisons, *i* et *s*, par exemple, cette option s'accompagne également de jugements au fond contradictoires. Quand les langues romanes se sont formées, des contradictions de ce genre existaient par milliers dans les cerveaux gallo-romains, espagnols, italiens ; et le besoin de les résoudre a donné naissance aux idiomes modernes. Ce que les philologues appellent la simplification graduelle des grammaires n'est que le résultat d'un travail d'élimination provoqué par le sentiment vague de ces contradictions implicites. Voilà pourquoi l'italien dit toujours *i* et l'espagnol toujours *s*, par exemple, alors que le latin disait tantôt *i* et tantôt *s*.

J'ai comparé la lutte logique à un duel. C'est qu'en effet, dans chacun de ces combats pris à part, dans chacun de ces faits élémentaires de la vie sociale édités à innombrables exemplaires, les jugements ou les desseins en présence sont toujours au nombre de deux. Avez-vous jamais vu, dans l'antiquité, le moyen âge ou les temps modernes, une bataille à trois ou quatre ? Jamais. Il peut y avoir sept ou huit, dix ou douze armées de nationalités différentes, mais il n'y a que deux camps en présence, de même que, dans le conseil de guerre qui a précédé la bataille, il n'y a eu que deux opinions à la fois, en face et en lutte, à propos de chaque plan, à savoir celle qui le préconisait et l'ensemble de celles qui s'accordaient à le blâmer. Il est visible que le différend, la querelle à vider, sur un champ de bataille, se résume toujours en un *oui* opposé à un *non*. Tel est, au fond, tout *casus belli*. Sans doute, celui des deux adversaires qui nie l'autre (guerres religieuses principalement) ou qui contrecarre son dessein (guerres politiques), a bien sa thèse ou son dessein aussi; mais c'est seulement en tant que négation ou obstacle, plus ou moins implicite ou explicite, direct ou indirect, que sa pensée ou sa volonté rend le conflit inévitable. Voilà pourquoi, par exemple, quel que soit dans un pays le nombre des partis politiques et des fractions de partis, il n'y a jamais, à propos de chaque question, qu'une dualité, celle du gouvernement et de ce qu'on appelle l'opposition, fusion de partis hétérogènes réunis par leur côté négatif.

Eh bien, cette remarque doit s'étendre à tout. Partout et toujours la continuité apparente de l'histoire se décompose en petits ou grands événements, distincts et séparables, qui sont des *questions suivies de solutions*. Or, une question est, pour les sociétés comme pour les individus, une indécision entre une affirmation et une négation, ou entre un but et un obstacle; et une solution, comme nous le verrons plus loin, n'est que la suppression de l'un des deux adversaires ou de leur contrariété. Nous ne parlons, pour le moment, que des questions. Ce sont vraiment des discussions logiques. L'un dit oui et l'autre dit non. L'un veut oui et l'autre veut non. Dans la catégorie du langage ou de la religion, du droit ou du gouvernement, n'importe, la distinction du côté oui et du côté non est aisée à trouver.

Dans le duel linguistique élémentaire dont nous avons parlé plus haut, le terme ou la locution reçus *affirment*, et le terme ou la locution nouveaux *nient*. Dans le duel religieux, le dogme officiel affirme, le dogme hérétique nie, comme plus tard, quand la science tend à remplacer la religion, la théorie admise est l'affirmation niée par la théorie

nouvelle. Les luttes juridiques sont de deux sortes : l'une au
sein de chaque parlement ou de chaque cabinet qui délibère
sur une loi ou un décret, l'autre au sein de chaque tribunal
où l'on plaide une cause : or, pour le législateur, il y a toujours à choisir entre l'adoption d'un projet de loi, c'est-à-dire
son affirmation, et son rejet, c'est-à-dire sa négation. Quant
au juge, on sait bien que tout procès quelconque qui lui est
soumis, singularité non remarquée et pourtant significative,
a lieu entre un *demandeur* qui affirme et un *défendeur* qui
nie. Si le défendeur fait à son tour une demande dite recon-
ventionnelle, c'est un procès accessoire greffé sur le principal. S'il y a des tiers intervenants, chacun d'eux revêt, à
tour de rôle, la qualité de demandeur ou de défendeur, et
multiplie, par sa présence, le nombre des petits procès distincts renfermés dans le grand procès complexe. Dans les luttes
gouvernementales il faut distinguer si les guerres sont extérieures ou internes. Ces dernières, appelées guerres civiles
quand elles ont lieu à main armée, au plus haut point de leur
intensité, constituent, en temps ordinaire, le conflit parlementaire ou électoral des partis. Dans une guerre extérieure, n'y
a-t-il pas toujours une armée qui attaque et une autre qui se
défend? l'une qui veut faire une opération, et l'autre qui ne
le veut pas? et, avant tout, la cause de la guerre, n'est-ce
pas une prétention émise, ou, s'il s'agit de combats pour
des doctrines, un dogme affiché et imposé par l'un des belligérants, prétention ou dogme repoussés par l'autre? Dans
les guerres électorales ou parlementaires, il y a autant de
combats distincts qu'il y a de mesures proposées ou de principes proclamés par les uns et blâmés ou contredits par
d'autres. Ce procès entre un demandeur officiel et un ou
plusieurs défendeurs opposants, se renouvelle sous mille
prétextes depuis la formation d'un gouvernement ou d'un
ministère, et se termine soit par l'anéantissement de l'opposition, — par exemple, en 1594, par la défaite de la Ligue,
— soit par la chute du gouvernement ou du ministère.

Quant aux concurrences industrielles, enfin, elles consistent, à y regarder de près, en duels multiples, successifs ou simultanés, entre une invention déjà répandue, installée depuis plus ou moins longtemps, et une ou plusieurs inventions nouvelles qui cherchent à se répandre en satisfaisant mieux le même besoin. Il y a toujours ainsi, dans une société en progrès industriel, un certain nombre de produits anciens qui se défendent avec un bonheur inégal contre des produits nouveaux. La production et la consommation des premiers, par exemple, des chandelles de suif, impliquent cette affirmation, cette conviction intime, contredite par les producteurs ou les consommateurs des seconds, à savoir : ce procédé d'éclairage est le meilleur ou le plus économique. Sous cette dispute de boutiques, on découvre avec surprise un conflit de propositions. La querelle, aujourd'hui terminée, entre le sucre de canne et le sucre de betteraves, entre la diligence et la locomotive, entre la navigation à voile et la navigation à vapeur, etc., était une véritable discussion sociale, voire même une argumentation. Car ce n'étaient pas seulement deux propositions, mais deux syllogismes qui s'affrontaient, conformément à un fait général méconnu par les logiciens ; l'un disant, par exemple : « Le cheval est l'animal domestique le plus rapide ; or, la locomotion n'est possible qu'au moyen d'animaux ; donc la diligence est le meilleur mode de locomotion ; » l'autre répondant : « Le cheval est bien l'animal le plus rapide, mais il n'est pas vrai que les forces animales soient seules utilisables pour le transport des voyageurs et des marchandises ; donc, la précédente conclusion est fausse. » Cette remarque doit être généralisée, et de pareils chocs syllogistiques se montreraient facilement à nous, sous les duels logiques ci-dessus énumérés.

J'ajoute, en ce qui concerne l'industrie, que la lutte ne s'y engage point seulement entre deux inventions répondant à un même besoin et entre les fabriques ou les corporations ou les classes qui les ont monopolisées séparément, mais

encore entre deux besoins différents, dont l'un, désir général
et dominant, développé par un ensemble d'inventions antérieures, par exemple, l'amour de la patrie chez les anciens
Romains, est jugé d'une importance supérieure, et dont
l'autre, suscité par quelques inventions récentes ou récemment importées, par exemple, le goût des objets d'art ou de
la mollesse asiatique, contredit implicitement la supériorité
du premier qu'il combat. Ce genre de lutte semble, il est
vrai, se rattacher à la morale plutôt qu'à l'industrie, mais la
morale, en un sens, n'est que l'industrie considérée sous son
aspect élevé et vraiment gouvernemental. Un gouvernement
n'est qu'une industrie spéciale, propre ou jugée propre à
satisfaire le besoin, le dessein majeur, que la nature des
productions et des consommations longtemps prépondérantes ou des convictions longtemps régnantes a mis hors
de pair dans le cœur d'un peuple, et auquel la morale veut
qu'on subordonne tous les autres. Tel pays réclame de la
gloire avant tout, tel autre des terres, un troisième de l'argent, suivant qu'il a plus travaillé sous les armes, à la charrue ou à la fabrique. A chaque instant, peuples ou individus, nous sommes, sans nous en douter, sous l'empire
d'un désir dirigeant, ou plutôt d'une résolution antérieure
qui persiste en nous, et qui, née d'une victoire antérieure,
a toujours de nouveaux combats à soutenir; et sous l'empire d'une idée fixe, d'une opinion qui, acceptée après hésitation, ne cesse d'être attaquée dans sa citadelle. Voilà ce
qu'on nomme un état mental chez les individus, un état
social chez les nations. Tout état social ou mental suppose
donc, aussi longtemps qu'il dure, un idéal. A la formation
de cet idéal, que la morale défend et préserve, a concouru
tout le passé militaire et industriel d'une société, et aussi
tout son passé artistique. Or, l'art lui-même enfin a ses
combats singuliers de thèses et d'antithèses. Dans chacun
de ses domaines, à chaque instant, une école règne, qui
affirme un genre de beau nié par quelque autre école.

Mais nous devons nous arrêter un instant pour insister sur ce qui précède. Nous considérons les faits sociaux principalement au point de vue logique, c'est-à-dire au point de vue des croyances se confirmant ou se niant qu'ils impliquent, plutôt que des désirs auxiliaires ou contraires, qu'ils impliquent aussi. La difficulté est de comprendre comment des inventions, et aussi bien leurs agrégats, des institutions, peuvent s'affirmer ou se nier. Éclaircissons ce point une fois pour toutes. Une invention ne fait que satisfaire ou provoquer un désir ; un désir s'exprime par un dessein ; et un dessein, en même temps qu'il est un pseudo-jugement par sa forme affirmative ou négative (je veux, je ne veux pas), renferme une espérance ou une crainte, le plus souvent une espérance, c'est-à-dire toujours un jugement véritable. Espérer ou craindre, c'est affirmer ou nier, avec un degré de croyance plus ou moins élevé, que la chose désirée sera. Si, par hypothèse, je désire être député, — désir développé en moi par l'invention du système parlementaire et du suffrage universel, — c'est que j'espère le devenir en prenant les moyens connus. Et si mes adversaires me barrent le chemin (parce qu'ils *croient* qu'un autre les aidera mieux à obtenir des places désirées par eux, désir suscité en eux par l'invention ancienne ou récente de ces fonctions), c'est qu'ils ont une espérance nettement contradictoire. J'affirme que je serai probablement élu, grâce à mes manœuvres ; ils le nient. S'ils cessaient absolument de le nier, s'ils perdaient tout espoir, ils ne me combattraient plus, et le duel téléologique prendrait fin, ici comme partout, avec le duel logique, ce qui montre l'importance capitale de celui-ci.

Des vagues d'espérances ou de craintes qui s'entrechoquent perpétuellement sous la surexitation intermittente d'idées nouvelles suscitant des besoins nouveaux : qu'est-ce autre chose que la vie sociale ? Suivant qu'on prête attention au conflit, au concours des besoins, ou au conflit, au concours des espérances, on fait de la téléologie ou de la logique

sociale. — Quand deux inventions répondent au même désir,
elles se heurtent comme je l'ai expliqué plus haut, parce que
chacune d'elles implique de la part du producteur et du
consommateur qui l'emploie, l'espérance ou la persuasion
qu'elle est la mieux adaptée à son but, et que, par conséquent,
l'autre n'est pas la meilleure. — Mais, même quand deux
inventions répondent à deux besoins différents, elle peuvent
se contredire, soit parce que ces deux besoins sont deux
expressions dissemblables d'un même besoin supérieur, que
chacun d'eux croit mieux exprimer que l'autre ; soit parce que
chacun d'eux exige, pour être satisfait, que l'autre ne le soit
pas, et porte avec soi l'espérance qu'il ne le sera pas.

Exemple du premier cas : l'invention de la peinture à
l'huile, au xv^e siècle, niait l'invention ancienne de la peinture
à la cire, en ce sens que la passion croissante pour celle-là
contestait au goût subsistant pour celle-ci le droit de se dire
la meilleure forme de l'amour des tableaux. Exemple du
second : l'invention de la poudre au xiv^e siècle, en développant, chez les monarques, une soif toujours grandissante de
conquête et de centralisation, qui ne pouvait s'assouvir sans
l'asservissement des seigneurs féodaux, se trouvait en contradiction avec l'invention des châteaux forts et des armures
compliquées qui avaient développé chez les seigneurs le
besoin d'indépendance féodale ; et si ces derniers résistaient
au roi, c'est qu'ils continuaient à avoir confiance dans
leurs créneaux et leurs cuirasses, comme le roi dans ses
canons.

Mais c'est surtout comme répondant à un même besoin
que deux inventions se contredisent en histoire. Certainement
l'invention chrétienne du diaconat et de l'épiscopat contredisait l'invention païenne de la préture, du consulat, de la
dignité de patrice, car, en obtenant ces derniers honneurs,
le païen croyait satisfaire son désir de grandeur vraie et niait
que ce désir eût pu l'être par les premiers, tandis que la
conviction du chrétien était diamétralement contraire. Un

état social qui admettait à la fois ces institutions contradictoires contenait donc un vice caché ; et, de fait, des contradictions multiples de cette nature ont contribué, après l'avènement du christianisme, à la dissolution de l'Empire romain
et à la résorption de la civilisation romaine qui, à la Renaissance, a forcé la civilisation chrétienne à reculer à son tour.
En un sens aussi, l'invention de la règle monastique des premiers ordres religieux, niait l'invention antique de la pha-
lange romaine, puisque chacune d'elles, aux yeux de ceux
qui l'utilisaient, répondait seule, et nullement l'autre, au
besoin de sécurité vraie.

Le style ogival, de même, niait l'ordre corinthien ou
dorique : le vers rimé de dix syllabes niait l'hexamètre ou le
pentamètre : pour un Romain, en effet, l'hexamètre et
l'ordre corinthien répondaient au désir de beauté littéraire
et architecturale ; pour un Français du XII$^e$ siècle ils n'y
répondaient pas, et le vers de dix syllabes, cher aux trou-
vères, le style de Notre-Dame de Paris, y répondaient exclusivement. Ce que de telles conceptions avaient d'inconciliable,
c'était donc les jugements qui les accompagnaient. Cela est
si vrai que lorsqu'un goût plus large a permis d'attribuer à
la fois de la grandeur au patriciat et à l'épiscopat, de la
beauté à l'hexamètre et au vers héroïque, ces éléments
auparavant antagonistes ont pu vivre ensemble dans les
temps modernes ; de même que, bien plus tôt, les règles
monastiques et les règles de la tactique militaire des anciens
ont vécu en parfaite harmonie quand on a vu dans celles-ci
la sécurité de la vie présente, dans celles-là la sécurité de la
vie future.

Il est donc bien certain que tous les progrès sociaux par élimination consistent d'abord en duels d'une affirmation et
d'une négation qui s'affrontent. Mais il est bon d'ajouter que
la négation ici ne se soutient pas toute seule et doit s'appuyer
sur une thèse nouvelle, elle-même niée à son tour par la
thèse combattue. L'élimination doit donc être toujours, en

temps de progrès, une substitution ; aussi avons-nous con-
fondu ces deux idées dans la seconde. Cette nécessité nous
explique la faiblesse de certaines oppositions politiques sans
programme propre, dont l'impuissante critique nie tout sans
rien affirmer. Par la même raison, aucun grand hérésiarque
ou réformateur religieux ne s'est borné au rôle négatif pour
combattre efficacement un dogme ; et la dialectique perçante
d'un Lucien a moins ébranlé la statue de Jupiter que le
moindre dogme chrétien balbutié par des esclaves. On a
remarqué aussi justement qu'une grande philosophie établie
résiste aux coups de ses adversaires, jusqu'au jour où l'ennemi est un rival, un autre grand système original qui
surgit.

Si ridicule que soit une école d'art, elle reste en vigueur
tant qu'elle n'est pas remplacée. Le style ogival seul a tué le
román ; il a fallu l'art de la Renaissance pour tuer le style
gothique ; et, malgré les critiques, la tragédie classique
vivrait encore si le drame romantique, forme bien hybride
pourtant, n'avait apparu. Un article industriel ne disparaît
de la consommation que parce qu'un autre article industriel,
répondant au même besoin, a pris sa place, ou parce que ce
besoin a été supprimé par un changement de mode ou de
coutume, dont la propagation du goût nouveau, et non pas
seulement d'un nouveau dégoût, — de nouveaux principes,
et non pas seulement de nouvelles objections, — fournit
seule l'explication[1]. De même, un principe ou une procédure juridique ont beau être incommodes ou surannés ; ils
attendent pour disparaître qu'un principe nouveau ait trouvé
sa formule, qu'une procédure nouvelle ait pris forme. Les
vieilles actions de la loi auraient duré indéfiniment à Rome

---

(1) Il peut se faire pourtant que, par suite de l'envahissement de la
misère, des maladies, des fléaux de tous genres, un besoin disparaisse
sans être remplacé ou ne le soit que par l'intensité croissante des besoins
inférieurs, devenus excessifs et exclusifs de tous autres. Il y a alors
déclin, recul de la civilisation, et non progrès.

sans l'ingénieuse invention du système formulaire. Le droit
quiritaire n'a reculé que devant les heureuses fictions et les
inspirations libérales du droit prétorien. De nos jours, le
code pénal français, ainsi que bien d'autres codes criminels
étrangers, est manifestement démodé et contredit par l'opinion publique, mais il se maintient et se maintiendra tant
que les criminalistes ne se seront point accordés sur une
nouvelle théorie de la responsabilité pénale, qui parviendra
à se propager.

Enfin, chez un peuple qui garde le même nombre d'idées
à exprimer verbalement (car, s'il en perd sans en acquérir
au moins autant, sa civilisation décline au lieu de progresser),
les mots ou les formes grammaticales de la langue ne sauraient être éliminés que par la propagation de termes ou de
tournures équivalents; quand un mot meurt, c'est qu'un
autre mot est né; et, par suite, ou pareillement, quand une
langue meurt, c'est qu'une autre langue a pris naissance en
elle ou hors d'elle. Le latin, malgré les invasions barbares,
serait encore parlé si quelques inventions linguistiques capitales, par exemple l'idée de faire des articles avec des pro-
noms ou de marquer le temps futur des verbes par l'infinitif
suivi du verbe avoir (aimer-ai), n'étaient venues se grouper
ensemble quelque part et constituer le *punctum saliens* des
langues romanes. C'étaient là des *thèses* nouvelles, sans
lesquelles n'eût jamais triomphé l'*antithèse* qui consistait
à ne pas vouloir des cas de la déclinaison et des flexions de
la conjugaison latine.

Ainsi, chaque duel logique en réalité est double, et
consiste en deux couples d'affirmations et de négations
symétriquement opposées. Seulement, à chaque instant de
la vie sociale, l'une des deux thèses en présence, quoiqu'elle
nie l'autre, se présente surtout comme une affirmation
d'elle-même, et la seconde, quoiqu'elle s'affirme aussi, n'est
en relief que parce qu'elle nie la première. Il est bien essentiel, pour le politique et l'historien, de distinguer si c'est

par son côté négatif ou par son côté affirmatif que chacune
d'elles est en relief, *et de marquer le moment où les rôles
se renversent.* Car ce moment arrive presque toujours. Il est
telle époque où une philosophie, une secte naissante, religieuse ou politique, doivent toute leur vogue à l'appui que
trouvent en elles les contradicteurs de la théorie admise,
du dogme, ou les dénigreurs du gouvernement; et plus tard,
quand cette philosophie ou cette secte ont grandi, on s'aperçoit un jour que toute la force de l'Église nationale, de la
philosophie officielle ou du gouvernement traditionnel, qui
résistent encore, est de servir de refuge aux objections, aux
doutes, aux alarmes soulevées par les idées ou les prétentions des novateurs, devenues séduisantes par elles-mêmes.
Dans l'industrie et les beaux-arts, c'est d'abord pour le
plaisir de changer, de *ne pas faire* comme on a toujours
fait, qu'une partie du public, favorable aux modes, adopte
un produit nouveau au préjudice d'un produit ancien ; puis,
quand cette nouveauté s'est acclimatée et a été appréciée
pour elle-même, le produit ancien se réfugie dans les habitudes voulues d'une autre partie du public, favorable aux
coutumes, qui entend montrer par là qu'elle *ne fait pas*
comme tout le monde. Dans sa lutte avec un vieux vocable,
une expression nouvelle agit au début par son attrait principalement négatif sur les néologistes, qui veulent ne pas
parler comme on a parlé toujours ; et, quand elle est usitée
à son tour, le vocable antique n'est fort, à son tour, que par
son côté négatif, dans le groupe des archaïstes qui ne veulent
pas parler comme tout le monde. Mêmes péripéties dans
le duel d'un nouveau principe de droit contre un principe
traditionnel.

Il est essentiel de distinguer maintenant les cas où le duel
logique des thèses et des antithèses n'est qu'individuel, et
ceux où il devient social. La distinction est on ne peut plus
nette. C'est seulement quand le duel individuel a cessé que
le duel social commence. Tout acte d'imitation est précédé

d'une hésitation de l'individu ; car, une découverte ou une invention qui cherche à se répandre, trouve toujours quelque obstacle à vaincre dans une idée ou une pratique déjà établie chez chaque personne du public ; et dans le cœur ou l'esprit de cette personne, s'engage de la sorte un conflit, soit entre deux candidats, c'est-à-dire deux politiques, qui sollicitent son suffrage électoral, ou entre deux mesures à prendre, d'où naît sa perplexité, s'il s'agit d'un homme d'État; soit entre deux théories qui font osciller sa foi scientifique ; soit entre deux cultes, ou un culte et l'irréligion, qui se disputent sa foi religieuse ; soit entre deux marchandises, deux objets d'art, qui tiennent son goût et son prix d'achat en suspens ; soit entre deux projets de loi[1], entre deux principes juridiques contraires qui se balancent dans son esprit, s'il s'agit d'un législateur qui délibère, ou entre deux solutions d'une question de droit qui miroitent devant sa pensée, s'il s'agit d'un plaideur qui hésite à plaider; soit entre deux expressions qui s'offrent concurremment à sa langue indécise. Or, tant que persiste cette hésitation de l'individu, il n'imite pas encore, et c'est seulement en tant qu'il imite qu'il fait partie de la société. Quand il imite, c'est qu'il s'est décidé.

Supposez, par une hypothèse irréalisable, que tous les membres d'une nation restent à la fois et indéfiniment indécis comme il vient d'être dit. Il n'y aura plus de guerre, puisqu'un ultimatum ou une déclaration de guerre suppose une décision prise individuellement par les membres d'un cabinet. Pour qu'il y ait guerre, type le plus net du duel logique social, il faut d'abord que la paix se soit faite dans l'esprit des ministres ou des chefs d'État jusque-là hésitants à formuler la thèse et l'antithèse incarnées dans les deux armées en présence. Il n'y aura plus de bataille à coups de

_____

(1) Il peut y en avoir un plus grand nombre, mais il n'y en a jamais que deux en lutte à la fois dans la pensée hésitante du législateur.

vote, pour la même raison. Il n'y aura plus de querelles religieuses, ni de schismes, ni de disputes scientifiques, puisque cette division de la société en Églises ou en théories distinctes suppose qu'une seule doctrine a prévalu enfin dans la conscience ou la pensée, auparavant divisée, de chacun de leurs adeptes. Il n'y aura plus de discussions parlementaires, il n'y aura plus de procès. Un procès, difficulté sociale à résoudre, montre que chacun des plaideurs a résolu la difficulté mentale qui s'était posée à lui. Il n'y aura plus de concurrence industrielle entre ateliers rivaux ; leur rivalité vient de ce que chacun d'eux a sa clientèle à soi, c'est-à-dire que leurs produits ne rivalisent plus dans le cœur de leurs clients. Il n'y aura plus de droits distincts, tels que le droit coutumier et le droit romain dans la France du moyen âge, se heurtant sur le même territoire et cherchant à empiéter l'un sur l'autre ; cette perplexité nationale signifie que, de part et d'autre, les individus ont fait leur choix entre les deux législations. Il n'y aura plus de dialectes distincts luttant pour la prééminence, la langue d'oc et la langue d'oïl, par exemple ; cette hésitation linguistique de la nation a pour cause la fixation linguistique des individus qui la composent.

En somme, je le répète, c'est quand l'irrésolution individuelle a pris fin que l'irrésolution sociale prend naissance et prend forme. Il n'est rien où se révèlent mieux, à la fois, l'analogie frappante et la différence évidente des deux logiques, des deux psychologies propres à l'individu et à la société. — Je me hâte d'ajouter que, si l'hésitation qui précède un acte d'imitation est un fait simplement individuel, elle a pour cause des faits sociaux, c'est-à-dire d'autres actes d'imitation déjà effectués. La résistance qu'un homme oppose toujours à l'influence prestigieuse ou raisonnée d'un autre homme qu'il va bientôt copier, provient toujours d'une influence ancienne que le premier a déjà subie. Un courant d'imitation se croise en lui avec un penchant à une

imitation différente : voilà pourquoi il n'imite pas encore.
— Il est bon de noter, ici, que la propagation même d'une
imitation implique sa rencontre et sa lutte avec une autre.

En même temps l'on voit que la nécessité de deux adversaires seulement en présence dans les luttes sociales s'explique par l'universalité de l'imitation, fait essentiel de la
vie sociale. En effet, il ne peut jamais y avoir que deux
thèses ou deux jugements opposés chaque fois que ce fait
élémentaire a lieu : la thèse ou le dessein propre à l'individu-
modèle et la thèse ou le dessein propre à l'individu-copie.
— Si l'on veut élever son regard plus haut, et embrasser des
masses humaines, on verra ce duel agrandi, devenu social,
se produire sous mille formes, mais se refléter d'autant plus
nettement dans les faits d'ensemble que l'association humaine est plus étroite et plus parfaite dans l'ordre des
phénomènes dont il s'agit. Très nettement, en matière militaire, à mesure que les armées se centralisent et se disci-
plinent, et qu'au lieu des multiples combats singuliers de
l'époque homérique il n'y a sur un champ de bataille qu'un
grand combat à la fois. Très nettement aussi, en matière
religieuse, à mesure que les religions s'unifient et se hiérarchisent : le duel du catholicisme et du protestantisme, du
catholicisme encore et de la libre-pensée, suppose l'organisation avancée de ces cultes et de l'église même des libres-
penseurs. Moins nettement en matière politique, mais avec
une netteté croissante quand les partis s'organisent mieux.
Moins nettement encore en matière industrielle ; mais, si
l'industrie parvenait à s'organiser suivant le vœu socialiste,
il n'en serait pas de même. En matière linguistique, très
vaguement, car la langue est *devenue* la moins nationalement consciente des œuvres humaines. Pourtant, j'ai cité
plus haut la lutte de la langue d'oc et de la langue d'oïl, et
il y a bien d'autres exemples analogues. En matière juridique, vaguement aussi, depuis que l'étude du droit a cessé
d'être une passion, que les écoles de droit ne sont plus des

clientèles enthousiastes et disciplinées de professeurs glorieux, et qu'on ne voit plus rien de comparable aux grandes
luttes des Sabéiens et des Proculéiens à Rome, des roma-
nistes et des feudistes à la fin du moyen âge, etc.

Quand l'irrésolution sociale s'est produite et accentuée,
il faut qu'elle se résolve à son tour en une résolution.
Comment cela ? par une nouvelle série d'irrésolutions individuelles suivies d'actes d'imitation. L'un des programmes
politiques qui se partagent une nation, se répand par voie de
propagande ou de terreur jusqu'à ce qu'il ait gagné un à un
presque tous les esprits. De même, l'une des Églises ou des
philosophies en lutte. Inutile de multiplier les exemples.
Finalement, si l'unanimité, jamais parfaite, parvient à se
réaliser dans une certaine mesure, toute irrésolution, soit
individuelle, soit sociale, se trouve à peu près terminée.
C'est le terme inévitable. Tout ce que nous voyons aujour-
d'hui accepté, installé, ancré dans les mœurs ou les croyances,
a commencé par être l'objet d'ardentes discussions. Il n'est
pas d'institution pacifique qui n'ait la discorde pour mère.
— Une grammaire, un code, une constitution implicite ou
écrite, une industrie régnante, une poétique souveraine,
un catéchisme : tout cela, qui est le fond *catégorique* des
sociétés, est l'œuvre lente et graduelle de la *dialectique*
sociale. Chaque règle de grammaire est l'expression du
triomphe d'une habitude verbale qui s'est propagée aux dépens d'autres habitudes partiellement contradictoires. Chaque
article du Code est une transaction ou un traité de paix
après de sanglants combats dans la rue, après de vives
polémiques dans la presse, après des tempêtes oratoires
dans le parlement. Chaque principe constitutionnel n'a prévalu qu'à la suite de révolutions, etc. [1]

_____

(1) On a distingué les constitutions *impératives*, ou si l'on veut impro-
visées, et les constitutions *contractuelles*, formées peu à peu. Distinction
qui a d'ailleurs de l'importance. (V. M. Boutmy.) Mais, au fond, les
constitutions impératives elles-mêmes résultent d'une transaction entre

Il en est de même pour l'origine des catégories individuelles [1]. La notion un peu développée de l'espace, du temps,
de la matière, de la force, est, si l'on adopte les conclusions
fortement motivées des nouveaux psychologues, le résultat
d'hésitations, d'inductions, d'acquisitions individuelles pendant les premiers temps de la vie. Mais, de même que, chez
le petit enfant, il existe déjà un noyau de vagues idées sur
l'espace et le temps, sinon sur la matière et la force, formées
au berceau, à un âge où ne peuvent remonter nos moyens
d'analyse, de même, toute société primitive nous présente
un corps confus de règles grammaticales, de coutumes,
d'idées religieuses, de forces politiques, dont la formation
nous échappe absolument.

Le dénouement du duel logique social a lieu de trois manières différentes. Il arrive assez souvent : 1° que la suppression de l'un des deux adversaires ait lieu par le simple
prolongement naturel des progrès de l'autre, sans secours
extérieur ni interne. Par exemple, l'écriture phénicienne n'a
eu besoin que de continuer son mouvement de propagation
pour anéantir l'écriture cunéiforme ; il a suffi à la lampe de
pétrole de se faire connaître pour faire disparaître, dans les
chaumières du Midi, le *calel* à huile de noix, légère transformation de la lampe romaine. Mais, parfois, il vient un
moment où les progrès du plus favorisé même des deux
concurrents s'arrêtent devant une difficulté croissante
d'aller plus loin déloger l'ennemi. Alors : 2° si le besoin de
lever cette contradiction est senti avec une énergie suffisante, on prend les armes, et la victoire a pour effet de sup-

les partis opposés dans le sein du parlement d'où elles émanent. Seulement
il n'y a ici *qu'un contrat*, à la suite d'une lutte, tandis que la Constitution anglaise, par exemple, est née d'un grand nombre de luttes et de
contrats entre des pouvoirs préexistants.

(1) Dans un travail publié en août et septembre 1889 (*Revue philosophique*),
sous ce titre : *Catégories logiques et institutions sociales*, et reproduit
dans ma *Logique sociale* (1894), j'ai longuement développé le rapprochement que je me borne à indiquer ici.

primer violemment l'un des deux duellistes. A ce cas se
ramène facilement celui où une force autoritaire, quoique
non militaire, s'impose : tel a été le vote du concile de
Nicée en faveur du symbole d'Athanase, telle a été la conversion de Constantin au christianisme ; telle est toute
décision importante d'une assemblée ou d'un dictateur après
délibération. Ici le vote ou le décret, comme la victoire là,
est une condition extérieure nouvelle qui favorise l'une des
thèses ou des volontés rivales, aux dépens de l'autre, et fausse
le jeu naturel des propagations imitatives en concurrence, à
peu près comme un changement soudain de climat dans
une région, à la suite de quelque accident géologique, a
pour effet d'y bouleverser le jeu des propagations vivantes,
en y mettant obstacle à la multiplication d'une espèce végétale ou animale d'ailleurs féconde, et y prêtant secours à la
la multiplication de telles autres, moins prolifiques pourtant.
— Enfin : 3° on voit très souvent les antagonistes récon-
ciliés, ou l'un d'eux politiquement et volontairement expulsé
par l'intervention d'une découverte ou d'une invention nouvelle.

Arrêtons-nous à ce dernier cas, qui me paraît le plus
important, car la condition qui intervient ici n'est pas
extérieure, mais interne ; d'ailleurs, la découverte ou l'invention triomphante qui intervient ici joue le rôle de l'éclair
de génie militaire, de l'heureuse inspiration du général sur
le champ de bataille, qui, dans le cas précédent, avait déterminé la victoire de son parti. Par exemple, la découverte de
la circulation du sang a seule pu mettre fin aux discussions
interminables des anatomistes du xviᵉ siècle; les découvertes
astronomiques dues à l'invention du télescope, au commencement du xviiᵉ siècle, ont seules résolu, en faveur de l'hypothèse pythagoricienne, et contrairement à celles des aris-
totéliciens, la question de savoir si le soleil tournait autour
de la terre ou la terre autour du soleil, et tant d'autres problèmes qui divisaient en deux camps les astronomes  Ouvrez

une bibliothèque quelconque ; combien de questions jadis
brûlantes, aujourd'hui refroidies, combien de volcans maintenant éteints, y verrez-vous en éruptions d'arguments et
d'injures ! Et, presque toujours, le refroidissement s'est
opéré, comme par miracle, à partir d'une découverte savante,
voire même érudite ou imaginaire. Il n'est pas une page de
catéchisme, à présent récitée sans contestation par les fidèles,
dont chaque ligne n'exprime le résultat de polémiques vio-
lentes entre les fondateurs du dogme, Pères ou conciles.

Qu'a-t-il fallu pour terminer ces combats parfois sanglants? La découverte d'un texte sacré plus ou moins authen-
tique, ou une nouvelle conception théologique, à moins
qu'une autorité réputée infaillible n'ait tranché de force le
différend. De même, que de conflits entre les volontés et les
désirs des hommes ont été apaisés ou singulièrement
amortis par une invention industrielle ou même politique !
Avant celle des moulins à eau ou à vent, le désir d'avoir du
pain et la répulsion pour le travail énervant de la mouture
à bras, se trouvaient en lutte ouverte dans le cœur des
maîtres et des esclaves. Vouloir manger du pain, c'était
vouloir cette fatigue atroce, pour soi ou pour autrui, et ne
pas vouloir cette fatigue pour soi, quand on était esclave,
ç'eût été vouloir que personne ne mangeât du pain. Mais,
quand le moulin à eau fut inventé, immense soulagement
pour les bras serviles, ces deux désirs cessèrent d'être un
obstacle l'un à l'autre. Pareillement, jusqu'à l'invention du
chariot, l'une des plus merveilleuses de l'homme antique, le
besoin de transporter de lourds fardeaux et le désir de ne
pas s'épuiser à les porter sur ses épaules ou de n'en pas
accabler ses bêtes de somme, se sont combattus dans le
cœur des gens et mutuellement entravés. L'esclavage, en
somme, était une plaie nécessaire, pour l'accomplissement
de travaux obligatoires et pénibles dont l'esclave, comme le
maître, sentait la nécessité, et dont le maître rejetait le
fardeau sur l'esclave, afin que, en ce qui concernait le maître

du moins, le conflit des désirs contradictoires fût résolu,
puisque sans cela il ne l'eût été pour personne. Cet antagonisme chronique de volontés et d'intérêts n'a fait place, par
degrés, à un certain accord relatif que par suite d'inventions
capitales qui ont permis d'utiliser les forces inanimées,
vents, cours d'eau, vapeur, au grand profit de l'ancien maître
et de l'ancien esclave également.

Ici, chaque invention intervenante a mieux fait que supprimer l'un des termes d'une difficulté; elle a supprimé la
contrariété des deux. C'est ainsi (car une invention est un
dénouement, et réciproquement) que se dénoue le nœud
d'une comédie où, quand la contradiction des volontés d'un
père et de son fils, par exemple, est montée au point de
paraître invincible, une révélation inattendue vient montrer qu'elle est purement apparente et sans la moindre
réalité[1]. Les inventions industrielles sont donc comparables
à des dénouements comiques, autrement dit heureux et satis-
faisants pour tout le monde, tandis que les inventions mi-

---

(1) Ce n'est pas seulement dans l'industrie, c'est quelquefois en politique et en religion qu'on a, ou plutôt qu'on croit avoir, de ces heureuses
surprises. M. Renan remarque quelque chose de pareil : « Dans les
grands mouvements historiques, dit-il (primitive Église, Réforme, Révolution Française), il y a le moment d'exaltation, où des hommes associés en vue d'une œuvre commune (Pierre et Paul, Luthériens et Calvi-
nistes, Montagnards et Girondins, etc.) se *séparent ou se tuent pour une
nuance*, puis le moment de réconciliation, *où l'on cherche à prouver* que
ces ennemis apparents s'entendaient et qu'ils ont travaillé pour une même
fin. Au bout de quelque temps, de toutes ces discordances sort une doctrine unique et un accord parfait règne (ou paraît régner) entre les dis-
ciples de gens qui se sont anathématisés. » (*Les Évangiles.*) On se tue
*nécessairement* pour une nuance, dans les moments d'exaltation, parce
que, à la lumière extraordinaire d'une conscience exaltée, cette nuance,
*cette mutuelle contradiction partielle,* est aperçue, et que chaque homme,
à ces époques-là, s'incarnant tout à fait dans la thèse qu'il adopte et se
vouant absolument à sa propagation sans limites, la suppression de la
thèse contradictoire implique le meurtre de celui ou de ceux en qui elle
est incarnée. Plus tard, quand les premiers acteurs ont disparu et ont
été remplacés par des successeurs moins enthousiastes, l'attiédissement
des convictions opposées permet de jeter un voile complaisant sur leurs
contradictions. Un simple abaissement du niveau des croyances a fait ce
changement.

litaires, armements perfectionnés, stratégie savante, coup
d'œil d'aigle à l'instant décisif, rappellent tout à fait les
dénouements des tragédies, où le triomphe de l'un des
rivaux est la mort de l'autre, où tant de passion et de foi
s'incarne dans les personnages, où la contradiction de leurs
désirs et de leurs convictions est si sérieuse, que l'accord
est impossible et le sacrifice final inévitable. Toute victoire
est de la sorte l'écrasement, sinon du vaincu, du moins de
sa volonté nationale résistante, par la volonté nationale du
vainqueur, plutôt que l'accord des deux, malgré le traité
qui suit et qui est un contrat forcé. L'histoire, en somme,
est un tissu, un entrelacement de tragédies et de comédies,
de tragédies horribles et de comédies peu gaies, qu'il est
aisé, en y regardant de près, d'en détacher. Voilà peut-être
pourquoi, soit dit en passant, dans notre âge beaucoup plus
industriel encore que militaire, il ne faut pas s'étonner de
voir au théâtre, image de la vie réelle, la tragédie, chaque
jour plus négligée, reculer devant la comédie, qui grandit et
progresse, mais s'attriste ou s'assombrit en grandissant.


## III


### L'ACCOUPLEMENT LOGIQUE


Après avoir parlé des inventions ou des découvertes qui
se combattent et se substituent, j'ai à traiter de celles qui
s'entr'aident et s'accumulent. L'ordre que nous avons suivi
ne doit pas laisser croire que le progrès par substitution
est, si l'on remonte aux origines, le prédécesseur du progrès
par accumulation. En réalité, celui-ci a dû précéder nécessairement celui-là, de même que, visiblement, il le suit ; il
est l'alpha et l'oméga ; et l'autre n'est qu'un moyen terme.

— Les langues, par exemple, ont certainement commencé à
se former par une acquisition successive de mots, de formes
verbales, qui, exprimant des idées inexprimées encore, n'ont
trouvé aucune rivalité à vaincre pour s'établir ; et cette circonstance a facilité sans doute leurs premiers pas. Au premier début de la plus ancienne religion, les légendes et les
mythes dont elle s'est enrichie, réponses à des questions
toutes neuves encore, n'ont trouvé pour les contredire
aucunes solutions antérieures, et il leur était facile de ne
pas se contredire entre eux, puisqu'ils répondaient séparément à des questions différentes. Les coutumes les plus
primitives ont eu sans doute de la peine à s'implanter sur
l'indiscipline propre à l'état de nature ; mais, répondant à
des problèmes juridiques non encore posés, réglant des rapports individuels sans règles encore, elles ont eu la chance
de n'avoir aucunes coutumes préexistantes à combattre, et
il leur était aisé de ne pas se combattre entre elles.

Enfin, les plus anciennes organisations politiques ont dû
croître jusqu'à un certain point sans lutte interne, par voie
de développement non contrarié, soit militairement, soit
industriellement. La première forme quelconque de gouvernement a été une réponse au besoin de sécurité qui n'avait
jusque-là reçu aucune satisfaction, et cette circonstance a
été favorable à son établissement. Quand l'art de la guerre
venait de prendre naissance, toute arme nouvelle, tout
exercice nouveau, toute nouvelle tactique pouvait s'ajouter
aux précédents ; de nos jours, il est bien rare qu'un nouvel
engin meurtrier ou un nouveau règlement militaire n'en
rende pas quelque autre inutile, et ne se heurte quelque temps
à cet obstacle. Quand l'industrie naissait, sous sa forme
pastorale et agricole, chaque nouvelle plante cultivée, chaque
nouvel animal apprivoisé s'ajoutait aux faibles ressources
déjà acquises du potager et de l'étable, du champ et de la
grange, au lieu de se substituer, comme de nos jours, à
d'autres plantes, à d'autres animaux domestiques à peu près

équivalents. Et pareillement alors chaque observation nouvelle, astronomique ou physique, éclairant un point jusque-là obscur de l'esprit humain, prenait place sans entraves
à côté des observations antérieures qu'elle ne contredisait
guère. Il s'agissait de ténèbres à dissiper, non d'erreurs à
combattre. Il s'agissait de défricher des terres vagues et
incultes, non de mieux cultiver des terres déjà travaillées
et possédées par d'autres.

Mais remarquons-le, l'accumulation qui précède la substitution par duels logiques, ne doit pas être confondue avec
l'accumulation qui la suit. La première consiste en une
agrégation lâche d'éléments dont le lien principal consiste
*à ne pas se contredire;* la seconde en un faiseau vigoureux
d'éléments qui, non seulement ne se contredisent pas, mais
le plus souvent *se confirment.* Et cela devrait être, en vertu
du besoin toujours croissant de foi massive et forte. — Nous
avons déjà pu voir ci-dessus la vérité de cette remarque; elle
nous apparaîtra bien mieux tout à l'heure. En toute matière,
nous allons le montrer, il y a à distinguer les inventions ou
les découvertes susceptibles de s'accumuler indéfiniment
(quoiqu'elles puissent aussi être substituées), et celles qui,
passé une certaine limite d'accumulation, ne peuvent qu'être
remplacées si le progrès continue. Or, le triage des unes et
des autres s'opère assez naturellement au cours du progrès;
les premières viennent avant les secondes, et se poursuivent
encore après l'épuisement de celles-ci; mais, après, elles se
présentent avec un caractère systématique qui, avant, leur
faisait défaut.

Une langue peut s'accroître d'une manière illimitée par
l'addition de nouveaux mots, répondant à des idées nouvellement apparues; mais, si rien n'empêche le grossissement
de son dictionnaire, les accroissements de sa grammaire ne
sauraient aller bien loin; et, au delà-d'un petit nombre de
règles et de formes grammaticales pénétrées d'un même
esprit, répondant plus ou moins bien à *tous* les besoins du

langage, aucune règle, aucune forme nouvelle ne peut surgir
qui n'entre en lutte avec d'autres et ne tende à refondre
l'idiome sur un plan différent. Si, dans une langue qui possède la déclinaison, l'idée vient d'exprimer la différence des
cas par une préposition suivie de l'article, il faudra que
l'article et la préposition éliminent à la longue la déclinaison
ou que la déclinaison les repousse. — Or, remarquons-le,
après que la grammaire d'une langue est fixée, son voca-
bulaire ne cesse pas de s'enrichir; au contraire, il s'augmente plus vite encore; et, en outre, à partir de cette
fixation, chaque terme importé, non seulement ne contredit
pas les autres, mais encore confirme indirectement, en
revêtant à son tour la même livrée grammaticale, les propositions implicites contenues en eux. Par exemple, chaque
mot nouveau qui entrait en latin avec la terminaison *us* ou
*a*, en se déclinant semblait répéter et confirmer ce que
disaient tous les autres mots terminés et déclinés de même,
à savoir ces propositions générales : *us* et *a* sont des signes
de latinité; *i, o, um, æ, am*, sont les signes du génitif, du
datif, de l'accusatif, etc. »

Les religions, comme les langues, peuvent être envisagées
sous deux aspects. Elles ont une partie narrative et légendaire, leur dictionnaire à elles, par laquelle elles débutent;
et elles ont aussi leur partie dogmatique et rituelle, sorte de
grammaire religieuse. La première, composée de récits
bibliques ou mythologiques, d'histoires de dieux, de demi-
dieux, de héros et de saints, peut se développer sans fin;
mais la seconde ne comporte pas une extension pareille.
Un moment vient où tous les problèmes capitaux qui tour-
mentent la conscience, ayant reçu leur solution telle quelle
dans une religion, au point de vue de son principe propre,
aucun dogme nouveau ne peut s'y introduire sans contredire
en partie les précédents; et où, pareillement, un rite nouveau
en tant qu'expressif de dogmes, ne peut y être importé
sans entrave quand tous les dogmes ont déjà leur expression

rituelle. — Or, après que le credo et le rituel d'une religion
sont arrêtés, son martyrologe, son hagiographie, son histoire
ecclésiastique, ne laissent pas d'aller s'enrichissant, et
même plus rapidement que jamais. De plus, par le caractère conformiste, orthodoxe, de tous leurs actes, de toutes
leurs pensées, de leurs miracles même, les saints, les mar-
tyrs, les fidèles de cette religion adulte, non seulement ne se
contredisent pas entre eux, mais se répètent et se confirment
mutuellement; en quoi ils diffèrent des personnages divins
ou héroïques, des dieux et des demi-dieux, des patriarches
et des apôtres, et aussi bien des légendes et des prodiges,
qui s'y sont succédé, avant la constitution du dogme et du
culte.

Nous devons ouvrir ici une parenthèse pour faire une
observation assez importante. Suivant que la partie narrative d'une religion l'emportera en elle sur sa partie dogmatique, ou *vice versa*, cette religion se présentera comme
indéfiniment modifiable et plastique, ou comme essentiellement immuable. Dans le paganisme gréco-latin, le dogme
n'est presque rien, et, dès lors, le culte n'ayant presque pas
de signification dogmatique, son symbolisme est du genre
plutôt narratif. C'est, par exemple, un épisode de la vie de
Cérès ou de Bacchus qu'on cherche à représenter. Compris
de la sorte, les rites deviennent accumulables à l'infini. Si le
dogme est peu de chose la narration est presque tout dans
le polythéisme antique. D'où une incroyable facilité d'enri-
chissement, analogue au gonflement d'un idiome moderne,
tel que l'anglais, qui, grammaticalement très pauvre, s'incor-
pore toute espèce de vocables venus de l'étranger, moyennant un léger changement de leur terminaison, sorte de
baptême linguistique. Pourtant, si cette aptitude à grossir
sans mesure est une cause de viabilité pour une religion
narrative, cela ne veut pas dire qu'elle soit particulièrement
résistante aux attaques de la critique. Toute autre est la
solidité d'un système théologique, d'un corps de dogmes et de

rites dogmatiques, qui s'appuient ou paraissent s'appuyer l'un l'autre et qui, combattus un jour par un contradicteur du dehors, se redressent tous pour protester en bloc.

Mais revenons. Il en est de la science comme de la religion qu'elle aspire à remplacer. La science, en tant qu'elle énumère et raconte simplement des faits, des données de nos cinq sens, est, il est vrai, susceptible d'une extension indéfinie, et elle débute par n'être de la sorte qu'une simple collection de phénomènes non rattachés les uns aux autres, non contradictoires non plus. Mais en tant qu'elle dogmatise à son tour et légifère, qu'elle conçoit des théories propres à donner aux faits l'air de se confirmer mutuellement au lieu de se borner à ne pas se contredire; ou même en tant qu'elle synthétise à son insu les apports de la sensation sous des formes mentales innées, qui sont des propositions générales implicites, et qu'on appelle le temps, l'espace, la matière, la force; à ce point de vue, la science est peut-être la plus inextensible des œuvres humaines. Sans doute les théories scientifiques se perfectionnent, mais c'est en se substituant, non sans des retours périodiques, pendant que les observations et les expériences s'accumulent; et l'on voit reparaître d'âge en âge certains chefs généraux d'explication, l'atomisme, le dynamisme (appelé évolutionisme de nos jours), la monadologie, l'idéalisme (de Platon ou d'Hégel), cadres inflexibles du régiment grossissant et débordant des faits. Seulement, parmi ces idées maîtresses, parmi ces hypothèses ou *inventions* scientifiques, il en est quelques-unes qui se confirment de mieux en mieux entre elles et qui sont de plus en plus confirmées par l'accumulation continuelle des phénomènes découverts, lesquels, par suite, ne se bornent plus à ne pas se contredire, mais se répètent et se confirment les uns les autres comme rendant témoignage ensemble à une même loi, à une même proposition collective. Avant Newton les découvertes qui se succédaient en astronomie ne se contredisaient point; depuis

Newton elles se-confirment. L'idéal serait que chaque science distincte fût réductible, comme l'astronomie moderne, à une formule unique, et que ces formules différentes eussent pour lien une formule supérieure; qu'en un mot il n'y eût plus les sciences, mais la science; comme dans une religion polythéiste qui est devenue monothéiste par voie de sélection, il n'y a plus les dieux, mais Dieu.

Semblablement, dans une tribu, naguère pastorale, qui devient une nation agricole, puis manufacturière, et qui ajoute de la sorte à ses pâturages des terres à blé, des rizières, des vergers, des jardins de plus en plus riches, des fabriques de plus en plus compliquées, les intérêts ne cessent de se multiplier, et les actes législatifs ou les règles coutumières qui s'y appliquent vont s'accumulant aussi, beaucoup plus que s'abrogeant. Mais les principes généraux du droit, qui finissent par se faire jour au milieu de ce pêle-mêle, sont en nombre toujours limité et pour eux progrès c'est remplacement. Or, après la formation de cette grammaire juridique, le dictionnaire juridique appelé en France *Bulletin des Lois* peut bien encore grossir à vue d'œil et même avec une activité redoublée, mais les lois qui se succèdent, dès lors, se présentent revêtues d'un même uniforme théorique qui les rend aptes à former un code, code rural, code de commerce, code maritime, etc... Systématisation impossible auparavant.

Enfin, au point de vue gouvernemental (dans le sens large où j'entends le mot gouvernement, c'est-à-dire comme l'*activité dirigée* d'une nation sous toutes ses formes), des distinctions analogues se produisent. Nous dirons que l'activité nationale dirigée est soit belliqueuse, soit laborieuse, et que la première se subdivise en forces militaires et en forces politiques, suivant qu'elle consiste en guerre courte et sanglante d'armées ou en guerre longue et orageuse de partis, en une oppression de l'étranger vaincu et tributaire ou en une oppression de l'adversaire intérieur battu et accâ-

blé d'impôts. Eh bien, il est remarquable que, dans ces
deux subdivisions à la fois, le côté administratif se déploie
et se perfectionne incessamment, au fur et à mesure que les
fonctions se multiplient, tandis que l'art de la guerre et
l'art de la politique se meuvent toujours dans un cercle
étroit de stratégies ou de constitutions qui se ramènent à un
petit nombre de types différents entre lesquels il faut
opter et dont l'un exclut l'autre. Mais c'est seulement après
avoir été saisies et mises en œuvre par ce plan stratégique
ou ce dessein constitutionnel que les fonctions soit civiles,
soit militaires, deviennent convergentes au lieu de se borner
à n'être pas trop divergentes, et forment un véritable État
ou une véritable armée au lieu de former une fédération barbare ou une horde.

Quant à la partie laborieuse, industrielle, de l'activité
nationale dirigée, elle comporte les mêmes remarques, mais
sous le bénéfice de certaines observations. L'industrie ne
saurait être que par abstraction, avons-nous dit, isolée de
la morale et de l'esthétique dominante à chaque époque. Si
on l'y rattache, comme il convient, on s'aperçoit que, parmi
les inventions ou les idées nouvelles relatives au travail, les
unes, mais non les autres, sont susceptibles, ainsi qu'on l'a
tant répété, de progrès indéfinis, c'est-à-dire d'une accumulation presque sans fin. *L'outillage industriel*, en effet, ne
cesse de s'accroître; mais les *fins* au service desquelles se
met, au bout d'un temps, cet ensemble de moyens, ne se
suivent qu'en s'éliminant l'une l'autre. A première vue, et à
prendre en bloc les moyens et les fins sans les distinguer,
il semble que les industries des diverses époques se soient
remplacées entièrement. Rien ne ressemble moins à l'industrie grecque ou romaine que l'industrie assyrienne, à l'industrie de notre xviie siècle que celle du moyen âge, et à notre
grande industrie contemporaine que la petite industrie de
nos aïeux. Effectivement, chacun de ces grands faisceaux
d'actions humaines a pour lien et pour âme quelque grand

besoin dominant qui change en entier d'un âge à l'autre : besoin de préparer sa vie posthume, besoin de flatter ses dieux, d'embellir et d'honorer sa cité, besoin d'exprimer sa ·foi religieuse ou son orgueil monarchique, besoin de nivellement social. Et le changement de ce but supérieur nous explique la succession de ces œuvres saillantes où toute une époque se résume, le tombeau en Égypte, le temple en Grèce, le cirque ou l'arc de triomphe à Rome, la cathédrale au moyen âge, le palais au XVIIe siècle, les gares ou plutôt les constructions urbaines aujourd'hui.

Mais, à vrai dire, ce qui a disparu de la sorte sans retour, ce sont les civilisations plutôt que les industries passées, si l'on doit entendre par civilisation l'ensemble des buts moraux ou esthétiques d'une époque et de ses *moyens* industriels, la rencontre toujours accidentelle, en partie, des premiers avec les seconds. Car ces buts ont employé ces moyens parce qu'ils les ont rencontrés, mais ils auraient pu en utiliser d'autres, et ces moyens ont servi ces buts, mais ils étaient prêts à servir des fins différentes. Or, ces fins passent, mais ces moyens restent, en ce qu'ils ont d'essentiel. Une machine moins parfaite se survit, au fond, par une sorte de métempsycose, dans la machine plus parfaite et plus complexe qui en apparence ou à certains égards l'a tuée ; et toutes les machines simples, le bâton, le levier, la roue, se retrouvent dans nos outils plus modernes. L'arc subsiste dans l'arbalète, l'arbalète dans l'arquebuse et le fusil. Le char primitif subsiste dans la voiture suspendue, celle-ci dans la locomotive qui a non pas chassé, mais absorbé la diligence en lui ajoutant quelque chose, à savoir, la vapeur et une vélocité supérieure, tandis que le besoin chrétien du salut mystique a réellement chassé et non absorbé le besoin romain de la gloire patriotique, comme la théorie de Copernic le système de Ptolémée.

En somme, les inventions industrielles qui se poursuivent depuis des millions d'années sont comparables au diction-

naire d'une langue ou aux faits de la science. Beaucoup
d'outils et de produits, à la vérité, comme je l'ai dit plus
haut, ont été détrônés par d'autres, de même que beaucoup
d'informations moins exactes ont été expulsées par des connaissances plus vraies ; mais, en somme, le nombre des
outils et des produits, comme celui des connaissances, s'est
toujours grossi. La science proprement dite, recueil des
faits qui peuvent servir à prouver une théorie quelconque,
est comparable à l'industrie proprement dite, trésor d'engins
et de procédés qui peuvent servir à réaliser une esthétique
ou une morale quelconque. L'industrie en ce sens est la
*matière* dont la *forme* est fournie par les idées régnantes
sur la justice et la beauté, sur le *quid deceat quid non*
pour la direction jugée la meilleure de la conduite. Et, par
l'industrie, j'entends l'art aussi, en tant que distinct de
l'idéal changeant qui l'inspire, et qui prête à ses secrets, à
ses habiletés multiples, leur âme profonde. — Or, soit
avant, soit après la formation d'une morale et d'une esthétique arrêtées, c'est-à-dire d'une hiérarchie de besoins consacrée par un jugement unanime, les ressources de l'industrie, y compris les ingéniosités des artistes et même des
poètes, vont se multipliant ; mais, avant, elles s'éparpillent,
après, elles se concentrent, et c'est alors seulement qu'une
même pensée implicite s'affirmant dans toutes les branches
du travail national, elles donnent le spectacle de cette
mutuelle confirmation, de cette orientation unique, de cette
admirable harmonie interne que la Grèce et notre XIIe siècle
ont connues, que nos petits-neveux reverront peut-être.

Pour le moment, il faut l'avouer, et cette remarque nous
conduit à de nouvelles considérations, notre époque moderne
et contemporaine cherche son pôle. Ce n'est pas à tort qu'on
a signalé son caractère principalement scientifique et industriel. Par là, il faut entendre que, théoriquement, la recherche
heureuse des faits l'a emporté sur la préoccupation des idées
philosophiques, et que, pratiquement, la recherche heu-

reuse des moyens l'a emporté sur le souci des buts de
l'activité. Cela veut dire que, partout et toujours, notre
monde moderne s'est précipité d'instinct dans la voie des
découvertes ou des inventions accumulables, sans se demander si les découvertes et les inventions substituables qu'il
négligeait, ne donnaient pas seules aux premières leur raison
d'être et leur valeur. Mais nous, posons-nous maintenant
cette question : est-il vrai que les côtés non extensibles indéfiniment de la pensée et de la conduite sociales (grammaires, dogmes et théories, principes de droit, stratégie et
programme politique, esthétique et morale) méritent moins
d'être cultivés que les côtés extensibles indéfiniment (vocabu-
laires, mythologies et science de faits; — coutumes et bulletins des lois, administrations militaires et civiles, industries)?

Nullement. Le côté substituable, inextensible au delà d'un
certain degré, est toujours au contraire le côté essentiel.
La grammaire, c'est toute la langue. La théorie, c'est toute
la science, et le dogme, toute la religion. Les principes,
c'est tout le droit. La stratégie, c'est toute la guerre. L'idée
politique, c'est tout le gouvernement. La morale, c'est tout
le travail, car l'industrie vaut ce que vaut son but. Et
l'idéal, on me l'accordera bien, c'est tout l'art. — A quoi
bon les mots, sinon à faire des phrases ? A quoi bon les faits,
sinon à faire des théories ? A quoi bon les lois, sinon à faire
éclore ou à consacrer des principes supérieurs du droit ? A
quoi bon les *armes*, les manœuvres, les administrations
diverses d'une armée, sinon à entrer dans le plan stratégique
du général en chef? A quoi bon les services, les fonctionne-
ments, les administrations multiples d'un État, sinon à servir les desseins constitutionnels de l'homme d'État dans
lequel s'incarne le parti vainqueur? A quoi bon les métiers
et les produits divers d'un pays, sinon à concourir aux fins
de la morale régnante? et à quoi bon les écoles artistiques
et littéraires et les œuvres d'art d'une société, sinon à formuler ou à fortifier son idéal propre?

Seulement, il est bien plus facile de progresser dans la voie des acquisitions et des enrichissements. toujours possibles, que dans la voie des remplacements et des sacrifices toujours nécessaires. Il est bien plus aisé d'entasser néologismes sur néologismes que de mieux parler sa langue, et d'y introduire ainsi par degrés des améliorations grammaticales ; de collectionner des observations et des expériences dans les sciences, que d'y apporter des théories plus générales et plus démontrées ; de multiplier les miracles et les pratiques de piété dans sa religion que d'y substituer à des dogmes usés des dogmes plus rationnels ; de fabriquer les lois à la douzaine que de concevoir le principe d'un Droit nouveau, plus propre à concilier tous les intérêts ; de compliquer les armements et les manœuvres, les bureaux et les fonctions, et d'avoir d'excellents administrateurs militaires ou civils, que d'avoir des généraux ou des hommes d'État éminents qui conçoivent à l'instant voulu le plan qu'il faut et contribuent par leur exemple à renouveler, à perfectionner l'art de la guerre et de la politique ; de multiplier ses besoins, grâce à la variété toujours plus riche de ses consommations entretenues par les industries les plus diversifiées, que de substituer à son besoin dominant un besoin supérieur et préférable, plus propre à faire régner l'ordre et la paix ; enfin, de dérouler artistiquement l'inépuisable série des habiletés et des tours de force, que d'entrevoir la moindre lueur d'un beau nouveau, jugé plus digne de susciter l'enthousiasme et l'amour.

Mais notre Europe moderne s'est un peu laissé entraîner par l'attrait d'une facilité décevante. De là le contraste qui frappe, notamment entre son abondance législative et sa faiblesse juridique (qu'on la compare, sous ce rapport, à Rome sous Trajan, à Constantinople même sous Justinien), ou entre son exubérance industrielle et sa pauvreté esthétique (qu'on la compare à cet égard aux beaux jours du Moyen âge français ou de la Renaissance italienne !) — Je

pourrais, dans une certaine mesure, ajouter entre ses
sciences et la philosophie de ses sciences. Mais je me hâte
de reconnaître que le côté philosophique de son savoir,
quoique cultivé avec une négligence relative, a été l'objet
d'une culture bien autrement étendue et profonde que le
côté moral de son activité. L'industrie, à ce point de vue,
est notablement en retard sur la science. Elle a suscité de
tous côtés des besoins factices qu'elle satisfait pêle-mêle sans
s'inquiéter du triage à faire entre eux et de leur meilleur
accord. En cela elle est semblable à la science mal digérée
du xvi° siècle, qui provoquait dans tous les cerveaux une
floraison d'hypothèses, de bizarreries pédantesques, incohé-
rentes, toutes séparément nourries d'une certaine quantité
de faits. Il s'agit, pour l'activité, pour la civilisation contemporaine, de liquider ce chaos de besoins hétérogènes,
comme il s'agissait pour la science du xvi° siècle de régler
l'imagination des savants et de retrancher la plupart de
leurs conceptions, au profit de quelques autres, transfor-
mées en théories. Quels sont les besoins simples et féconds
que développera l'avenir, et quels sont les besoins touffus
et stériles qu'il élaguera? Là est le secret. Il est difficile à
trouver, mais il doit être cherché. Tous ces besoins discor-
dants ou mal accordés qui fleurissent sur tous les points du
sol industriel, et ont leurs adorateurs passionnés, constituent une sorte de fétichisme on de polythéisme moral qui
aspire à se répandre en un monothéisme moral compréhensif et autoritaire, en une esthétique neuve, grande et
forte.

Aussi est-ce bien plutôt l'industrie que la civilisation qui
a progressé dans notre siècle. Et j'en trouverais la preuve
dans l'embarras où j'ai été tout à l'heure pour spécifier un
genre de monument où l'industrie propre à notre temps se
résumât. Chose étrange et qui ne s'est plus vue, ce que l'industrie construit de plus grandiose à présent, ce sont, non
des produits, mais des outils industriels, à savoir de grandes

fabriques, des gares immenses, des machines prodigieuses.
Comparez à ces laboratoires de géants, qu'on appelle des
forges ou des ateliers de construction, ce qui sort de là,
même de plus important : une belle maison, un beau
théâtre, un hôtel de ville ; combien ces œuvres de notre
industrie sont mesquines auprès de ses demeures ! Combien
surtout les petites magnificences de notre luxe privé ou
public pâlissent auprès de nos Expositions industrielles, où
la seule utilité des produits est de se montrer ? C'était l'inverse jadis, quand de misérables huttes de fellahs des Pha-
raons, quand d'obscures échoppes d'artisans du moyen âge
entouraient la pyramide ou la cathédrale gigantesque, dressée en l'air par le faisceau de leurs efforts combinés. On
dirait que l'industrie maintenant est pour l'industrie comme
la science pour la science.


### AUTRES CONSIDÉRATIONS


Nous venons de voir que le progrès social s'accomplit par
une suite de substitutions et d'accumulations. Il importe
assurément de distinguer ces deux procédés, et l'erreur des
évolutionnistes est de les confondre ici comme partout.
Le mot évolution peut-être est mal choisi. On peut dire
pourtant qu'il y a évolution sociale quand une invention
se répand tranquillement par imitation, ce qui est le fait
élémentaire des sociétés ; et même quand une invention
nouvelle, imitée à son tour, se greffe sur une précédente
qu'elle perfectionne et favorise. Mais, dans ce dernier cas,
pourquoi ne pas dire plutôt qu'il y a *insertion*, ce qui serait
plus précis ? Une philosophie de l'Insertion universelle serait
une heureuse rectification apportée à la théorie de l'universelle Évolution. — Enfin, quand une invention nouvelle.

microbe invisible au début, plus tard maladie mortelle, apporte à une invention ancienne, à laquelle elle s'attache, un germe de destruction, comment peut-on dire que l'ancienne a évolué ? Est-ce que l'Empire romain a évolué le jour où la doctrine du Christ lui a inoculé le virus de négations radicales opposées à ses principes fondamentaux ? Non, il y a dans ce cas contre-évolution, révolution si l'on veut, nullement évolution. — Au fond, sans nul doute, il n'y a, ici comme précédemment, que *des* évolutions, élémentairement, puisqu'il n'y a que des imitations ; mais, puisque ces évolutions, ces imitations, se combattent, c'est une grande erreur de considérer le tout, formé de ces éléments en conflit, comme *une seule* évolution. Je tenais à faire cette remarque en passant.

Autre remarque plus importante. Quel que soit le procédé employé pour supprimer le conflit des croyances ou des intérêts et pour établir leur accord, il arrive presque toujours (n'arrive-t-il pas toujours ?) que l'harmonie ainsi produite a créé un antagonisme d'un genre nouveau. Aux contradictions, aux contrariétés de détail, on a substitué une contradiction, une contrariété de masse qui va chercher, elle aussi, à se résoudre, sauf à engendrer des oppositions plus hautes, et ainsi de suite jusqu'à la solution finale. Au lieu de se disputer les uns aux autres le gibier, les têtes de bétail, les objets utiles, un million d'hommes s'organisent militairement et collaborent pour l'asservissement du peuple voisin. En cela leurs activités, leurs désirs de gain, trouvent leur point de ralliement. Et, de fait, avant le commerce et l'échange, le militarisme a dû être longtemps le seul dénouement logique du problème posé par la concurrence des intérêts. Mais le militarisme engendre la guerre, la guerre de deux peuples substituée à des milliers de luttes privées.

De même, au lieu d'agir chacun de leur côté, de s'entraver ou de se combattre, une centaine d'hommes se mettent à travailler en commun dans une usine : leurs actions cessent d'être contraires, mais une contrariété inattendue naît de là, à savoir la rivalité de cette usine avec telle ou telle autre qui fabrique les mêmes produits. Ce n'est pas tout. Les ouvriers de chaque fabrique sont intéressés ensemble à sa prospérité, et, en tout cas, leurs désirs de production, grâce à la division du travail organisé, convergent vers le même but; les soldats de chaque armée ont un intérêt commun, la victoire. Mais en même temps la lutte entre ce qu'on appelle le Capital et ce qu'on appelle le Travail, c'est-à-dire entre l'ensemble des patrons et l'ensemble des ouvriers[1], et aussi bien la rivalité entre les divers grades de l'armée, entre les diverses classes de la nation, sont provoquées par cet accord imparfait. Ce sont là des problèmes téléologiques soulevés par les progrès mêmes de l'organisation industrielle ou militaire, de même que le progrès des sciences pose des problèmes logiques, révèle des antinomies rationnelles, solubles ou insolubles, que l'ignorance antérieure dissimulait.

Le système féodal d'une part, d'autre part la hiérarchie ecclésiastique, avaient puissamment pacifié les passions et solidarisé les intérêts au moyen âge. Mais le grand et sanglant conflit entre le sacerdoce et l'Empire, entre les Guelfes, partisans du pape, et les Gibelins, partisans de l'Empereur (duel logique au début, devenu plus tard duel téléologique, c'est-à-dire politique), est né du choc de ces deux harmonies non harmonisables entre elles sans la mise hors combat de l'un des deux adversaires. La question est de savoir si ces déplacements de contradictions et de contrariétés ont été avantageux, et si l'on peut espérer que l'harmonie des intérêts ou des esprits soit jamais complète, sans compensation

---

(1) Cela est tellement vrai que, dès le XVI⁰ siècle (Voy. Louis Guibert, *Les anciennes corporations en Limousin*, etc.), « en face des syndicats de patrons (des corporations), on trouve des syndicats d'ouvriers organisés ». Les compagnonnages alors, à Paris, à Lyon et ailleurs, « fournissent aux imprimeurs, aux boulangers, aux chapeliers, des ressources pour résister aux maîtres ».

de dissonance; si, en d'autres termes, une certaine somme
de mensonge ou d'erreur, de duperie ou de sacrifice, ne
sera pas toujours nécessaire pour maintenir la paix sociale.

Quand le déplacement des contradictions ou des contrariétés consiste à les centraliser, il y a assurément avantage.
Si cruelles que soient les guerres provoquées par l'organisation des armées permanentes, cela vaut mieux encore que
les innombrables combats des petites milices féodales ou des
familles primitives; si profonds que soient les mystères
révélés par le progrès des sciences, si grand que soit l'abîme
creusé entre les écoles philosophiques par les questions nouvelles où elles se combattent par des arguments puisés au
même arsenal scientifique, il n'est pas permis de regretter
les temps d'ignorance où ces problèmes ne se posaient pas.
La science, en somme, a plus satisfait de curiosités poi-
gnantes qu'elle n'en a suscité, la civilisation a plus satisfait
de besoins qu'elle n'a fait naître de passions. Les inventions
et les découvertes sont des cures par la méthode substitu-
tive. Les inventions, en calmant les besoins naturels et faisant surgir des besoins de luxe, substituent à des désirs
très pressants des désirs moins pressants. Les découvertes
remplacent les premières ignorances, très anxieuses, par
des *inconnues* peut-être aussi nombreuses, mais, à coup sûr,
moins inquiétantes. Puis, ne voyons-nous pas le terme où
cette transformation protéiforme de la contradiction et de
la contrariété nous achemine? Le jeu de la concurrence
aboutit fatalement à un monopole, le libre-échange et le
laisser-aller courent à une organisation légale du travail,
et la guerre tend à hypertrophier les États, à produire
d'énormes agglomérations, jusqu'à ce que l'unité politique
du monde civilisé se consomme enfin et assure la paix générale. Plus s'accentue, plus grandit le conflit *de masse* provoqué par la suppression des conflits de détail, au point même
de faire parfois regretter ceux-ci, et plus ce résultat pacifique devient inévitable. Quand l'armée royale s'est substituée

dans chaque État aux milices provinciales ou seigneuriales, cette armée a commencé par compter un nombre de soldats très inférieur à l'effectif total de ces milices, et, par suite, le conflit des armées royales était loin d'égaler en étendue de péril la somme des conflits qu'il évitait; mais cet avantage, je le sais, a été en diminuant à mesure qu'une nécessité inéluctable a forcé chaque État d'augmenter son contingent militaire, si bien que de nos jours les grandes nations en sont venues à mettre sur pied tous les hommes valides. Alors tout le profit de la civilisation à cet égard s'évanouirait si, précisément, l'énormité des armées ne présageait l'imminence de quelque conflagration définitive suivie d'une conquête colossale, unifiante et pacifiante, — à moins que les armes ne finissent par tomber rouillées des mains des soldats, à force de ne plus servir.

# CHAPITRE VI

## LES INFLUENCES EXTRA-LOGIQUES

———

Nous avons maintenant à étudier les causes non logiques de préférence ou de défaveur qui s'attachent aux diverses sortes d'imitations en concours, et motivent leur victoire ou leur défaite.

Avant d'aborder ces considérations, disons, cependant, quelques mots de certaines modalités qui peuvent affecter une imitation quelconque, à savoir son exactitude ou son inexactitude, son caractère conscient ou inconscient.

I. — D'abord, l'imitation peut être vague ou précise. Demandons-nous si, à mesure que les actes ou les idées à imiter se multiplient et se compliquent au cours de la civilisation, l'imitation devient plus rigoureuse ou plus confuse. On pourrait penser que chaque degré nouveau de complication entraîne un accroissement d'inexactitude. C'est pourtant tout le contraire qu'on observe. L'imitation est si bien l'âme élémentaire de la vie sociale, que, chez l'homme civilisé, l'aptitude et l'habileté à imiter croissent plus vite encore que le nombre et la complexité des inventions. Aussi établit-elle des similitudes de plus en plus parfaites ; et son analogie en cela se poursuit avec la génération et l'ondulation. Les vibrations lumineuses, beaucoup plus nombreuses et plus délicates que les vibrations sonores, se transmettent pourtant des étoiles à nous avec une merveilleuse rigueur que celles-ci n'atteignent pas. Les vibrations électriques, non moins nombreuses et non moins complexes, se propagent avec une fidélité incomparable, qu'on jugerait incroyable si le télégraphe, le téléphone et le phonographe ne la démontraient avec éclat. Un bruit est une série d'ondes très peu semblables, tandis qu'un son est une série d'ondes très semblables; ce qui n'empêche pas les ondes du son, avec leurs enchevêtrements d'harmoniques, de l'emporter en complexité sur les ondes du bruit. — Est-il vrai que l'hérédité, quand elle a à reproduire des organismes supérieurs, composés d'organes et de caractères plus multiples, produise des ressemblances moins exactes que lorsqu'elle a à répéter des êtres inférieurs? Nullement; le type d'un félin ou d'une orchidée est au moins aussi fidèlement conservé que celui d'un zoophyte ou d'un champignon. Il n'est pas jusqu'aux plus légères variétés des races humaines qui, si on leur donne le temps de se fixer, ne se perpétuent héréditairement avec la plus grande perfection.

Considérée sous n'importe quel aspect, la vie sociale, en se prolongeant, aboutit fatalement à la formation d'une étiquette, c'est-à-dire au triomphe le plus complet du conformisme sur la fantaisie individuelle. La langue, la religion, la politique, la guerre, le droit, l'architecture, la musique, la peinture, la poésie, la politesse, etc., donnent lieu à un conformisme d'autant plus parfait, à une étiquette d'autant plus exigeante et tyrannique, qu'ils ont duré plus longtemps et se sont plus paisiblement développés. L'orthographe ou la correction puriste, étiquette de la langue, et le rituel, étiquette de la religion, sont à peu près équivalents en rigueur arbitraire, quand la langue et la religion sont très vieilles et très originales toutes deux[1]. De siècle en siècle, à

(1) Rien n'égale l'étrangeté des cultes quelconques, si ce n'est leur

partir de son origine, on voit le christianisme se montrer
plus exigeant en fait de régularité, d'uniformité, d'ortho-
doxie, quoiqu'il aille se compliquant. Les langues sauvages,
suivant Sayce et Whitney, sont, quoique très pauvres, aussi
variables, aussi continuellement altérées et infidèlement
transmises, que les langues civilisées, quoique très riches,
sont persistantes et uniformes. La procédure, étiquette du
droit, est aussi très formaliste quand le droit est très ancien,
si compliqué qu'il soit devenu. Le *cérémonial*, étiquette des
relations mondaines, est moins rigoureux dans les nations
où le *monde* remonte moins haut que le droit et la religion.
Il ne l'est pas moins dans la société chinoise pour une raison opposée. La prosodie, étiquette de la poésie, devient de
plus en plus despotique à mesure qu'on versifie davantage,
et, chose étrange, que l'imagination poétique s'est davantage déployée. La paperasserie et la routine administra-
tives, étiquette du gouvernement, font des progrès de jour
en jour avec la complication gouvernementale. L'architec-

---

persistance. Mais l'on en peut dire autant des langues. C'est un arbitraire fixe, un désordre établi, éternel, comme le ciel étoilé. Quoi de plus
étrange, de moins justifiable rationnellement, que l'emploi du mot *cabinet*
pour désigner un groupe de ministres, ou de la *Porte* pour désigner le
gouvernement ottoman ? Quel rapport logique y a-t-il entre ces articulations *cheval, equus, ippos*, et l'animal qu'elles représentent ? Cependant,
il n'est pas de loi si sensée, si utile, qui soit obéie avec la même ponc-
tualité, la même constance, le même respect, que l'usage d'employer les
mots reçus, si bizarres qu'ils paraissent. — De même, quelle ressemblance y a-t-il, au fond, entre cet enchaînement sacramentel de cérémonies
qu'on appelle la messe, et le sentiment de haute moralité, de spiritualisme raffiné, qu'elle sert à exprimer parmi les populations catholiques ?
La messe est un mot aussi ; et l'on sait la ténacité de ce vieux mot.
C'est que la difficulté, pour tout un peuple à la fois, de s'accorder sur le
choix d'une expression meilleure ou de renoncer à ses besoins d'expression, sacrés ou profanes, est réellement insurmontable, l'accord en question n'étant possible que par voie de propagation imitative, et non de
convention.— Voilà pourquoi les persécutions religieuses, qui tendent à
supprimer ou à remplacer un culte, sont, ce qu'il y a, en apparence, de
plus rationnel, et, en réalité, de plus absurde, à peu près comme les *persécutions linguistiques*. Ces dernières, qui ont pour but la substitution
d'une langue à une autre, ne réussissent parfois qu'à la faveur de l'*imi
tation* spontanée *du supérieur*, du vainqueur, par le vaincu.

ture exige des architectes une répétition de plus en plus servile de ses types consacrés et momentanément en faveur; la musique de même; la peinture exige aussi des peintres qu'ils reproduisent avec une exactitude de plus en plus photographique les modèles extérieurs ou traditionnels. — Sous l'ancien régime, l'uniforme militaire était moins universel et moins respecté que de nos jours: et plus on remonte dans le passé, plus la variété individuelle des costumes apparaît dans les rangs de l'armée. A Florence, au moyen âge, chacun s'habillait selon son bon plaisir, comme au bal masqué, si l'on en croit Burckhardt. Comme on se scandaliserait aujourd'hui d'une telle licence!

Mais ce besoin de conformisme est si naturel à l'homme social que, parvenu à un certain degré de force, il devient conscient et emploie des moyens violents et expéditifs pour se satisfaire. Toutes les vieilles civilisations ont eu leurs maîtres de cérémonies, fonctionnaires de haut rang chargés de perpétuer les rites traditionnels[1]. Ce n'est pas seulement dans les États monarchiques, en Égypte, en Chine, dans l'Empire romain, dans le Bas-Empire, à l'Escurial sous Philippe II et ses successeurs, à Versailles sous Louis XIV, c'est dans les républiques, c'est à Rome, où le censeur veillait à l'observation stricte des vieux usages, c'est à Athènes même, où la vie religieuse était assujettie au formalisme le plus absolu, que nous trouvons ces espèces de chambellans sous des noms divers. Nous nous en moquons, oubliant que nos grands tailleurs, nos grandes modistes, nos grands fabricants, nos journalistes même, sont précisément à l'imitation-mode ce que les maîtres de cérémonies civiles ou religieuses étaient à l'imitation-coutume, et sont en train de prendre l'importance bouffonne de ceux-ci. Par eux nos vêtements,

(1) Il y en a de bien étranges. Au moment où se consomme, le soir des noces, le mariage de l'empereur de Chine, deux grands personnages présents à cette *solennité*, chantent un duo d'amour dans l'alcôve impériale.

nos conversations, nos connaissances, nos goûts et nos besoins de tout genre sont taillés dans un moule uniforme dont il est inconvenant de s'affranchir, et dont l'uniformité, d'un bout d'un continent à l'autre, passe pour le signe le plus manifeste de la civilisation, à peu près comme la perpétuité, à travers les siècles, des traditions, des légendes, des usages, passait jadis, et avec bien plus de sagesse, pour le fondement de la grandeur des peuples[1].

II. — En second lieu, l'imitation peut être consciente ou inconsciente, réfléchie ou spontanée, volontaire ou involontaire. Mais je n'attache pas une capitale importance à cette division. Est-il vrai qu'à mesure qu'un peuple se civilise, sa manière d'imiter devienne de plus en plus volontaire, consciente, réfléchie? Je croirais plutôt l'inverse. De même que, chez l'individu, ce qui a fini par être une inconsciente habitude a commencé par être un acte voulu et conscient, ainsi, dans la nation, tout ce qui se fait, tout ce qui se dit par tradition ou par usage a commencé par être une importation difficile et discutée. Je dois ajouter, il est vrai, que beaucoup d'imitations sont inconscientes et involontaires dès l'origine; telle est celle de l'accent, des manières, des idées le plus souvent et des sentiments propres au milieu où l'on vit; et il est clair aussi que l'imitation des volontés d'autrui, car je ne saurais définir autrement l'obéissance spontanée, est nécessairement involontaire. Mais remarquons que ces formes involontaires et inconscientes de l'imitation ne deviennent jamais volontaires et conscientes, tandis que les formes volontaires et conscientes tendent à revêtir les

(1) Tout ce qu'il y a de vrai dans les chapitres de Spencer relatifs à ce qu'il appelle le *gouvernement cérémoniel* confirme implicitement ce qui précède. L'auteur semble croire à tort que la cérémonie va en décroissant, et que c'est au début des sociétés qu'elle règne dans toute sa force. Mais ce qu'il prend pour des sociétés primitives avait déjà un long passé derrière soi où s'était lentement formé le soi-disant gouvernement cérémoniel.

caractères opposés. Distinguons d'ailleurs entre la conscience ou la volonté d'imiter quelqu'un quand on pense ou
agit d'une certaine façon, et la conscience de concevoir
cette pensée ou la volonté de faire cet acte. Entendue dans
ce dernier sens, la conscience ou la volonté est le fait constant, universel, que le progrès de la civilisation n'augmente
ni ne diminue. Dans le premier sens, rien de plus variable,
et la civilisation ne paraît pas favoriser l'accroissement du
caractère ainsi compris. Assurément, le barbare aux yeux
duquel la coutume ancienne de sa tribu est la justice même,
et la religion de sa tribu la vérité même, n'a pas moins
conscience d'imiter ses aïeux et ne veut pas moins les imiter
en pratiquant ses rites juridiques ou religieux, que l'ouvrier
et même le bourgeois moderne ne sait et ne veut imiter son
voisin, son patron, son journaliste, en répétant ce qu'il a lu
dans son journal ou en achetant le meuble qu'il a vu dans
le salon de son patron ou de son voisin. Mais, à vrai dire, là
comme ici, on s'abuse en croyant qu'on imite parce qu'on
l'a voulu. Car cette volonté même d'imiter est transmise par
imitation : avant d'imiter l'acte d'autrui, on commence par
éprouver le besoin d'où naît cet acte, et on ne l'éprouve avec
sa modalité précise que parce qu'il a été suggéré.

Cela dit sur les caractères intrinsèques des imitations,
occupons-nous des inégalités qu'elles présentent dans leur
marche à raison de leur objet (suivant que cet objet est,
notamment, un signe ou une chose signifiée, un modèle
externe ou un modèle interne), ou à raison, soit des personnes et des classes, des localités même, présumées
supérieures ou inférieures, d'où elles émanent, soit des
temps, présent ou passé, d'où elles tirent leur origine. Dans
ce chapitre, je me propose de montrer que, *à valeur logique
ou téléologique égale par hypothèse* : 1° les modèles internes
seront imités avant les modèles externes [1], et 2° les

_____

(1) A vrai dire, cette marche du dedans au dehors, de la chose signifiée

exemples des personnes ou des classes, et aussi bien des localités, jugées supérieures, l'emporteront sur les exemples des personnes, des classes, des localités inférieures. Dans le chapitre suivant, je montrerai qu'une présomption semblable de supériorité s'attache : 3° tantôt au présent, tantôt au passé, et est une cause puissante de faveur, d'une portée historique considérable, pour les exemples de nos pères ou pour ceux de nos contemporains.


I


IMITATION DU DEDANS AU DEHORS


Ce serait le moment, si je ne reculais devant les difficultés d'un tel labeur, de défricher un champ tout à fait inexploré, en comparant les diverses fonctions de la vie organique ou psychologique au point de vue de leur tendance plus ou moins accusée, dans la moyenne des cas, à se transmettre par imitation. Cette transmissibilité relative est fort variable d'une époque à l'autre, d'une nation à l'autre. Elle ne deviendra mesurable avec quelque précision que le jour où la statistique aura tenu toutes ses promesses. Il nous suffira donc de dire quelques mots à ce sujet.

La soif n'est-elle pas plus contagieuse par imitation que ne l'est la faim? Il me le semble. Ainsi peuvent s'expliquer les progrès si rapides de l'alcoolisme; si la gourmandise a progressé aussi, comme on en peut juger par l'alimentation plus copieuse et plus variée du bourgeois, de l'ouvrier et du paysan, sa marche, à coup sûr, a été plus lente. Sur un

au signe, répond à un besoin de logique inné, et, par suite, les considérations qui la concernent auraient pu trouver place jusqu'à un certain point au chapitre précédent.

grand territoire on voit les mêmes boissons répandues (ici le thé, là le vin, ailleurs la bière, le maté, etc.), alors que la plus grande diversité de mets locaux règne encore. — La soif est-elle plus ou moins contagieuse que les désirs sexuels? Elle l'est moins, je crois. Le premier vice qui se développe dans les grands rassemblements d'hommes et de femmes, dans les villes en voie de peuplement, c'est la débauche, avant même l'alcoolisme. — Plus aisément communicables encore sont les mouvements des jambes et, surtout, ceux des membres supérieurs. L'entraînement des marches d'ensemble est une des grandes forces militaires. Le penchant à marcher du même pas et de la même manière est inné avant d'être obligatoire dans les armées. Il a été prouvé, par des mesures délicates, que, dans une même ville, tout le monde marche, en moyenne, avec une même rapidité. Quant aux gestes et aux manières, bien plus rapidement encore que les particularités de la locomotion, ils se transmettent aux personnes habituées à vivre ensemble et servent à les caractériser. En partie pour cette cause, les convulsions hystériques dans nos maisons de santé affectent aisément le caractère d'une épidémie, comme jadis les possessions diaboliques dans les couvents. La fonction vocale est éminemment imitative, comme d'ailleurs toutes les fonctions de relation, mais surtout en ce qu'elle a de spirituel, la diction et la prononciation, non le timbre de la voix[1]. L'accent aussi se transmet, mais avec lenteur, et pendant la jeunesse. Chaque ville conserve son accent particulier, longtemps après qu'elle s'alimente et s'habille comme toutes les autres. — Le bâillement, j'entends le bâillement d'ennui, qui a une cause mentale, — se transmet bien plus contagieusement que l'éternûment ou la toux.

Les fonctions des sens supérieurs sont plus transmissibles

---

(1) Le plus vif plaisir des enfants est de reproduire tous les bruits qui les frappent, encore plus que de copier les gestes de leur entourage.

imitativement que celles des sens inférieurs. Si l'on voit
quelqu'un regarder ou écouter, on est bien plus porté à
l'imiter que si on le voyait flairer une fleur ou goûter un mets.
Voilà pourquoi dans les grandes villes un rassemblement
est sitôt formé autour d'un badaud. On se précipite à la
porte des théâtres où l'on voit faire queue, bien plus que
dans les restaurants à travers les vitrines desquels on voit
des consommateurs manger de grand appétit.

Toutes les passions l'emportent en contagiosité imitative
sur les simples appétits, et tous les besoins de luxe sur les
besoins primitifs. Mais, parmi les passions, dirons-nous que
l'admiration, la confiance, l'amour et la résignation, sont
supérieurs en cela au mépris, à la défiance, à la haine et à
l'envie? Oui, en général[1]. S'il en était autrement, la société
ne durerait pas. Certainement pour la même raison, et malgré des épidémies fréquentes de panique, l'espérance est
plus contagieuse que la terreur. La paresse aussi l'est plus
que l'ambition; l'avarice, le goût de l'épargne, l'est plus que
l'avidité. Et c'est fort heureux pour la paix sociale. Le
courage l'est-il plus que la lâcheté? C'est bien moins certain. — La curiosité ici mérite une place à part, sinon la
place d'honneur. Tous les attroupements d'hommes qui
finissent par opérer des révolutions, religieuses, politiques,
artistiques, industrielles, commencent par se former sous
l'empire de ce sentiment. Quand on voit une personne
curieuse de n'importe quoi dont on se souciait naguère
comme d'un fétu, aussitôt on devient désireux de connaître
cette chose, et ce mouvement se propage très vite, et, à
mesure qu'il se propage, l'intensité de ce désir croît en
chacun par l'effet du mutuel reflet. Chaque fois qu'une nouveauté quelconque, en fait de prédication religieuse, de
programme politique, d'idées philosophiques, d'articles

---

(1) Du moins, pendant la période ascendante d'un peuple. Il est réservé
à son déclin de voir les jugements dénigrants s'y propager plus vite que
les jugements admiratifs.

industriels, de vers, de romans, de drames, d'opéras, apparaît dans un endroit bien visible, c'est-à-dire dans une capitale, il suffit que l'attention de dix personnes soit ostensiblement fixée sur cette chose pour que bientôt cent, mille, dix mille personnes s'y intéressent et s'y passionnent. Parfois, le phenomène revêt les caractères d'une névrose. Au xv⁰ siècle, quand le joueur de cornemuse allemand, Hans Böhm, commença à prêcher son évangile d'égalité fraternelle et de communauté des biens, ce fut une exode épidémique. « Les compagnons ouvriers, rapporte un chroniqueur (cité par Jansenn), quittaient à la hâte leurs ateliers, les filles de ferme accouraient tenant encore en mains leurs faucilles », et plus de trente mille hommes se trouvaient en quelques heures rassemblés dans un désert où ils n'avaient pas de quoi manger. — La curiosité générale une fois surexcitée, la foule est prédisposée irrésistiblement à se laisser gagner par les idées et les désirs de tous genres que le prédicateur, l'orateur, le dramaturge, le romancier en vogue, cherchent à populariser.

M. Ribot fait observer que la mémoire des sentiments est bien plus persistante que celle des idées. Nous en dirons autant de l'imitation des sentiments comparée à l'imitation (c'est-à-dire à la propagation) des idées. Assurément les mœurs, les sentiments moraux et les religions, qui consistent en imprégnations réciproques de manières d'être émus, l'emportent en ténacité sur les opinions et les principes mêmes.

Mais c'est assez effleurer un ordre d'idées où nous ne voulons pas entrer plus avant. Arrivons à un aperçu d'une portée plus générale.

Toutes les imitations où la logique n'entre pour rien rentrent dans ces deux grandes catégories : crédulité et docilité, imitation des croyances et imitation des désirs. Il peut sembler étrange d'appeler imitation l'adhésion toute passive à une idée d'autrui ; mais si, comme je viens de le dire, le caractère passif ou actif du reflet d'un cerveau sur un autre importe assez peu, l'extension que je donne au sens usuel de ce mot est fort légitime. Si l'on dit que l'écolier imite son maître quand il répète les paroles de celui-ci, pourquoi ne dirait-on pas qu'il l'a imité d'abord quand il a adopté mentalement l'idée exprimée ensuite verbalement ? On peut être surpris aussi que je considère l'obéissance comme une espèce d'imitation, mais cette assimilation, qu'il est facile de justifier de même, est nécessaire, et permet seule de reconnaître au phénomène de l'imitation la profondeur qui lui appartient. Quand une personne en copie une autre, quand une classe d'une nation se met à s'habiller, à se meubler, à se distraire, en prenant pour modèles les vêtements, les ameublements, les divertissements d'une autre classe, c'est que déjà elle avait emprunté à celle-ci les sentiments et les besoins dont ces façons d'agir sont la manifestation extérieure. Par suite, elle avait pu et dû lui emprunter aussi ses volitions, c'est-à-dire vouloir conformément à sa volonté [1].

Est-il possible de nier que la volition soit, avec l'émotion et la conviction, le plus contagieux des états psychologiques? Un homme énergique et autoritaire exerce sur les natures faibles un pouvoir irrésistible ; il leur offre ce qui leur manque, une direction. Lui obéir n'est pas un devoir, mais un besoin. C'est par là que débute tout lien social. L'obéis-

---

(1) En outre, le commandement a commencé par être un exemple donné, et l'on suit les degrés de cette transformation graduelle de l'exemple en commandement. Je les ai indiqués dans la préface de ma *Logique Sociale* (page vii) : « Dans un troupeau de singes, de chevaux, de chiens, d'abeilles même et de fourmis, le chef donne l'exemple de l'acte qu'il ordonne *in petto*, et le reste du troupeau l'imite. Par degrés on voit l'intention impérative, confondue d'abord avec l'initiative de l'acte commandé, se séparer de celle-ci. Le chef se borne à ébaucher l'acte, plus tard il en fait le geste. Du geste on passe au signe : ce signe est un cri, un regard, une attitude, enfin un son articulé. Mais toujours le mot réveille l'image de l'action à accomplir — action connue, bien entendu, car on ne décrit pas un trait de génie — et cette image est l'équivalent de l'exemple primitivement donné par le chef. »

sance, en somme, est sœur de la foi. Les peuples obéissent
par la même raison qu'ils croient ; et, de même que leur foi
est le rayonnement de celle d'un apôtre, leur activité n'est
que la propagation de la volonté d'un maître. Ce que le
maître veut ou a voulu, ils le veulent ; ce que l'apôtre croit
ou a cru, ils le croient ; et voilà pourquoi ensuite ce que le
maître ou l'apôtre fait ou dit, ils le font ou le disent à leur
tour ou ont une tendance à le faire ou à le dire. Les personnes ou les classes qu'on est le plus porté à imiter, sont,
en effet, celles auxquelles on obéit le plus docilement. Les
masses ont toujours eu un penchant à copier les rois, la
cour, les classes supérieures, dans la mesure où elles ont
accepté leur domination. Dans les années qui ont précédé la
Révolution française, Paris ne copiait plus les modes de la
cour, n'applaudissait plus les pièces de théâtre qui plaisaient à Versailles ; c'est que déjà l'esprit d'insubordination
avait fait des progrès rapides. De tout temps, les classes
dominantes ont été *ou ont commencé par être* les classes
modèles. Nous voyons nettement au berceau de la société,
dans la famille, se montrer cette intime corrélation de l'imitation proprement dite avec l'obéissance et la crédulité. Le
père, à l'origine surtout, est l'infaillible oracle et le souverain roi de l'enfant ; par cette raison, il est son modèle
suprême[1].

*L'imitation, donc, marche du dedans de l'homme au
dehors*, contrairement à ce que certaines apparences pourraient laisser croire. Il semble, à première vue, qu'un

---

(1) Il en doit être ainsi, remarquons-le, si l'action à distance de cerveau à cerveau, à laquelle je donne le nom d'imitation, est assimilable à
la suggestion hypnotique, autant du moins qu'un phénomène normal et
continu peut être comparé à une anomalie rare dont il est la reproduction extrêmement affaiblie, mais agrandie. On sait à quel point l'hypno-
tisé est crédule et docile et excellent comédien ; on sait aussi combien la
personnalité qui lui est suggérée s'incarne en lui profondément, et qu'elle
entre ou paraît entrer tout d'abord dans son cœur, dans son caractère,
avant de s'exprimer par ses attitudes, ses gestes et son langage. Le
caractère qui domine en lui, c'est sa crédulité, sa docilité parfaites.

peuple ou une classe qui en imite un autre commence par copier son luxe et ses beaux-arts, avant de se pénétrer de ses goûts et de sa littérature, de ses idées et de ses desseins, de son esprit en un mot; mais c'est précisément le contraire. Au xvie siècle les modes de toilette venaient en France d'Espagne[1]. C'est que déjà la littérature espagnole s'était imposée chez nous avec la puissance espagnole. Au xviie siècle, quand la prépondérance française s'est établie, la littérature française a régné sur l'Europe, et, à sa suite, les arts français, les modes françaises, ont fait le tour du monde. Si, au xve siècle, l'Italie, quoique vaincue et affaiblie, nous envahit de ses modes et de ses arts, mais d'abord de sa merveilleuse poésie, c'est que le prestige de sa civilisation supérieure et de l'Empire romain qu'elle exhume en le transfigurant, subjugue ses vainqueurs, dont les consciences d'ailleurs se sont déjà italianisées depuis longtemps, bien avant les habitations, les vêtements et les meubles, par l'habitude de la soumission au pape d'outre-mont.

Ces Italiens eux-mêmes, qui se mettent à singer l'antiquité gréco-romaine restaurée par eux, ont-ils commencé par refléter ses dehors, en statues, en fresques, en périodes cicéroniennes, pour arriver par degrés à se pénétrer de son âme ? Non, c'est au·cœur d'abord que leur éblouissant modèle les a frappés. Ce néo-paganisme a été la conversion d'un peuple de lettrés d'abord, puis d'artistes (cet ordre est irréversible), à une religion morte ; et, morte ou vivante, n'importe, quand une religion nouvelle, imposée par un apôtre fascinateur, s'empare d'un homme, elle ne commence pas par être pratiquée, mais par être crue. Elle ne débute pas par des mômeries qui aboutissent graduellement aux vertus et aux convictions voulues : loin de là, c'est chez les néophytes surtout que l'*esprit* d'une religion agit indé-

(1) « En matière d'habits, dit Bodin, on estimera toujours sot et lourdaud celui qui ne s'accoustre à la mode qui court, laquelle nous est venue d'Espagne ainsi que la vertugade. »

pendamment de ses formes extérieures, et le formalisme du
culte ne devient vide et insignifiant que beaucoup plus tard
quand la religion s'est retirée des cœurs quoique survivant
dans les usages. Ainsi le néophyte de la première Renaissance persiste encore dans ses habitudes de vie chrétienne
et féodale, mais il est déjà païen de foi, comme le prouvent
son débordement sensuel et sa passion dominante pour la
gloire ; et il ne deviendra païen de mœurs, puis de manières,
que plus tard. — Il en a été de même, en remontant plus
haut, des Barbares du vᵉ ou vıᵉ siècle, d'un Clovis par
exemple, ou d'un Chilpéric, qui s'efforçaient de se plier aux
usages romains et se paraient des insignes consulaires.
Avant de se romaniser de la sorte, gauchement et superficiellement, ils avaient subi une romanisation tout autrement
profonde, en se christianisant ; car, à cette date, la civilisation romaine qui les fascinait ne vivait plus que par la
religion chrétienne.

Deux peuples pratiquant des religions différentes sont mis
en contact : païens et chrétiens, chrétiens et musulmans,
bouddhistes et sectateurs de Confucius, etc. Chacun d'eux,
pour illustrer ses propres dogmes, emprunte à l'autre de
nouveaux rites, et, en même temps, tout en pratiquant ses
anciens rites, accueille de nouveaux dogmes plus ou moins
contradictoires aux premiers. Or, est-ce que la propagation
des rites marche plus ou moins vite que celle des dogmes ?
Moins vite, et de là, en somme, la persistance des vieux
rites dans les religions nouvelles. — De même, deux peuples
s'empruntent à la fois leurs langues et leurs idées, mais
leurs idées plus vite que leurs langues : ou leurs procédures
et leurs cérémonies en même temps que leurs principes
juridiques, mais ceux-ci plus rapidement que celles-là. De là
la persistance des formes longtemps après le renouvelle-
ment du droit, à Rome, en Angleterre, en France, partout.

Telle est la marche de l'imitation de peuple à peuple ; et
aussi bien de classe à classe dans un même peuple. Voit-on

une classe en contact avec une autre classe dont elle n'aurait jamais, par hypothèse, subi la domination, s'aviser
d'emprunter à celle-ci son accent, ses toilettes, ses ameublements, ses constructions, pour finir par accueillir ses
croyances et ses principes ? Ce serait le renversement de
l'ordre universel et nécessaire. La preuve, en effet, la plus
forte que l'imitation procède du dedans au dehors, c'est que,
dans les rapports des diverses classes, l'envie ne précède
jamais l'obéissance et la confiance, mais au contraire est
toujours le signe et la suite d'une obéissance et d'une confiance antérieures. Le dévouement aveugle et docile aux
patriciens de Rome, aux eupatrides d'Athènes, aux nobles
français d'ancien régime, a précédé l'envie, c'est-à-dire le
désir d'imitation extérieure, qu'ils ont inspirée. L'envie est
le symptôme d'une transformation sociale qui, en rapprochant les classes, en diminuant l'inégalité de leurs ressources,
a rendu possible, non plus seulement comme autrefois la
transmission- des desseins et des pensées de l'un à l'autre,
leur communion patriotique et religieuse, leur participation
au même culte, mais encore le rayonnement du luxe et du
bien-être de l'une à l'autre. L'obéissance engendre l'envie
comme la cause l'effet. C'est pourquoi, lorsque la plèbe
antique ou la bourgeoisie guelfe dans les cités italiennes
du moyen âge, par exemple, arrive au pouvoir, la manière dont elle en use atteste et continue sa précédente
servitude, puisque ses lois oppressives contre les aristocraties naguère dirigeantes, sont suggérées par le besoin de
copier ses anciens maîtres.

On remarquera que l'obéissance et la confiance, imitation
intérieure du supérieur reconnu, ont pour mobile une admiration dévouée et pour ainsi dire amoureuse, comme l'imitation extérieure du supérieur discuté ou nié émane d'un
envieux dénigrement ; et il est manifeste que les populations
passent de l'amour à l'envie dissimulée, ou de l'admiration
au mépris affiché, à l'égard de leurs anciens maîtres, mais

ne repassent jamais, à leur égard du moins, de l'envie à
l'amour, du mépris à l'admiration. Pour donner satisfaction
à leur besoin persistant d'admirer et d'aimer, elles doivent
se créer de temps en temps de nouvelles idoles, sauf à les
briser ensuite à leur tour[1].

On dit, bien à tort, que la crainte seule les courbe. Non,
tout porte à croire qu'il y a eu des dépenses inouïes d'amour,
et d'amour malheureux, à l'origine de toutes les grandes
civilisations, ou pour mieux dire de tous les établissements
religieux ou politiques quels qu'ils soient, même dans les
temps modernes. Par là tout s'explique ; sans cela rien ne
s'explique. Le *roi-dieu* si fortement peint par Spencer serait
tué dès son avènement s'il n'était que redouté ; mais il est
aimé. Et, pour remonter au berceau même des sociétés,
croit-on que le patriarche antique, le premier des *rois-dieux*,
ait dû son autorité absolue sur ses enfants et ses esclaves,
à leur terreur exclusivement? Ses enfants, sinon ses esclaves,
l'aimaient à coup sûr, et sans doute beaucoup plus qu'il ne
les aimait lui-même ; car il semble qu'ici comme ailleurs le
lien unilatéral ait précédé le lien réciproque. Les documents

---

(1) A partir d'un certain degré, les inégalités sociales sont d'autant
plus pénibles à supporter par les inférieurs qu'elles sont moins profondes.
La cause en est que, en s'amoindrissant au delà d'un certain point, elles
cessent de produire l'admiration, la crédulité, l'obéissance, toutes dispositions favorables à la force du corps social, et perdent ainsi leur raison
d'être. Alors elles inspirent l'envie qui sert à les faire disparaître. Les
exigences de l'utile ici sont analogues à celles du beau, qui ne souffre
pas de milieu entre une ellipse nettement accusée et un cercle, entre un
parallélogramme très sensible à l'œil et un carré. Dès que la disproportion entre les deux axes de l'ellipse, entre la longueur et la largeur du
parallélogramme, cesse d'être suffisamment forte, le sens esthétique veut
qu'elle soit supprimée, et le veut d'autant plus qu'on approche davantage
de l'égalité à peu près complète. — Or, à mesure qu'une égalité à peu
près complète s'opère aussi entre les diverses classes d'une société,
l'envie elle-même, ayant achevé son œuvre d'assimilation, tend à disparaître ; et cette œuvre alors est compromise par cet excès même. Un
besoin de divergence individuelle, de *désassimilation*, ou, comme on dit,
de liberté, grandit par le moyen de l'égalité née de la similitude ; et la
société reviendrait au morcellement de la barbarie, si de nouvelles causes
d'inégalité ne surgissaient. Mais elles surgissent tou ours.

anciens donnent à penser que les pères d'autrefois étaient loin d'égaler en tendresse paternelle les pères d'à présent. Je ne parle pas des mères, dont l'affection est bien plus vitale que sociale dans ses causes et doit à ce caractère sa profondeur, son immutabilité relative. L'amour filial lui-même, donc, a dû commencer par être en partie un amour malheureux, faiblement mutuel. On peut se représenter le chef de famille des premiers temps, roi, juge, prêtre, instituteur unique, comme un Louis XIV au petit pied, n'admettant aucun droit de ses sujets sur lui, et s'offrant à leur adoration en parfait égoïste, quoiqu'il se fît un devoir de les protéger en vue de sa propre glorification dont ils lui étaient d'ailleurs reconnaissants comme d'un bienfait. De là son apothéose, nécessaire au culte du foyer et à la perpétuité de la famille, fondement de la cité et de la civilisation.

A quel point il est cru et obéi, la Bible et toutes les antiques législations en sont le témoignage. Presque sans parole, sa pensée est devinée, sa volonté voulue; et c'est pour cela que ses enfants ont un penchant si vif à suivre son exemple en tout, à reproduire son accent, son langage, ses gestes, ses manières. Ce n'est pas en le mimant stérilement du dehors avant de l'avoir compris par la docilité et la foi, qu'ils auraient pu être conduits à le croire et à lui obéir; et par cette voie la formation du lien social était impossible. — Mais remontons plus haut encore, à cette aube de la préhistoire où l'art de la parole était inconnu. Comment alors, d'un cerveau à un autre, s'opérait le transvasement de leur contenu intime, de leurs idées et de leurs désirs? Il s'opérait, en effet, si l'on en juge par ce qui se passe dans les sociétés animales dont les membres semblent se comprendre presque sans signes, comme en vertu d'une sorte d'électrisation psychologique par influence. On doit admettre que, dès lors, et peut-être avec une intensité remarquable, décroissante depuis lors, s'exerçait une action inter-cérébrale à distance, dont la suggestion hypnotique peut nous donner vaguement l'idée

autant qu'un phénomène morbide peut ressembler à un fait
normal. Cette action est le problème élémentaire et fondamental que la *psychologie sociologique* (qui commence là
où la psychologie physiologique aboutit) doit s'efforcer de
résoudre.

L'invention du langage a étrangement facilité, mais elle
n'a pas créé pour la première fois, l'inoculation des idées et
des volontés d'un esprit dans un autre esprit, et, par suite,
la marche de l'imitation *ab interioribus ad exteriora;* car,
sans cette marche préexistante, la production du langage
est inconcevable. Le difficile n'est pas de comprendre qu'un
homme, le premier inventeur de la parole, se soit avisé d'as-
socier dans son propre esprit une pensée à un son (complété par un geste); mais c'est de comprendre qu'il ait pu
*suggérer* cette liaison à autrui rien qu'à lui faire entendre
ce son. Si cet auditeur s'était borné à répéter le son en
question, comme un perroquet, sans y attacher le sens
voulu, on ne voit pas comment cette *écholalie* superficielle
et mécanique aurait pu le conduire à l'intelligence de la
signification donnée par un étranger, et le faire passer du
*son* au *mot*. Il faut donc admettre que le sens lui a été transmis avec le son, a réflété le sens. Assurément l'admission
d'un tel postulat ne doit pas coûter à qui connaît les tours
de force hypnotiques, les miracles de suggestion, si vulga-
risés dans ces derniers temps.

Du reste, l'observation des enfants qui commencent à
parler, entre deux et trois ans, prête une grande force à
cette hypothèse. On s'aperçoit sans peine qu'ils comprennent
ce qu'on leur dit, bien longtemps avant d'être en état de
dire les mêmes choses. Comment cela pourrait-il se faire si,
chez eux, l'imitation des grandes personnes n'avait lieu *ab
interioribus ad exteriora?* Or, ce point admis, l'établissement du langage, qui a paru si merveilleux, ne souffre plus
de difficulté. La parole n'était point, au début de l'histoire,
ce qu'elle est devenue de nos jours, c'est-à-dire un échange

de renseignements et d'avis mutuels. En vertu de cette loi que nous avons souvent formulée et d'après laquelle l'unilatéral, en tout et pour tout, précède le réciproque, la parole a dû être d'abord un enseignement et un commandement du père aux enfants sans nulle réciprocité; une prière à un dieu sans nulle réponse; c'est-à-dire une sorte de fonction sacerdotale et monarchique, éminemment autoritaire, accompagnée d'une hallucination ou d'une action *suggérée*, un sacrement, un monopole auguste. Le chef seul avait le droit de parler, ou « d'avoir le verbe haut » dans son domaine, comme le professeur à présent dans son école. Une élite seule d'ailleurs savait parler, objet d'admiration, puis d'envie.

Plus tard, le droit d'écrire a été de même monopolisé par les classes supérieures; d'où ce caractère prestigieux que l'écriture, après les *Écritures saintes*, gardait naguère encore aux yeux des illettrés. Si la parole a perdu tout à fait ce même prestige, c'est sans doute parce qu'elle est beaucoup plus ancienne. Mais elle l'a possédé, comme le prouve notamment la vertu propre attachée aux expressions dites *sacramentelles* dans les vieilles procédures juridiques, ainsi que la force magique attribuée dans les Védas à la *Prière* divinisée par les aryens, comme le Verbe, le Logos, par les byzantins et les chrétiens. — Dans un autre chapitre nous montrerons que les besoins de consommation, en tout ordre de faits, ont précédé les besoins de production, et que ce phénomène important se rattache à la marche de l'imitation du dedans au dehors; s'il en est ainsi, le besoin d'écouter a dû précéder le besoin de parler.

Une fois facilitée et régularisée par l'habitude des communications verbales, l'action à distance d'un cerveau dominant sur les cerveaux dominés acquiert une force irrésistible. On peut se faire une idée de ce qu'a été le langage à l'origine comme moyen de gouvernement, par la puissance qu'exerce de nos jours sa forme la plus récente, la presse périodique, bien qu'elle se soit neutralisée partiellement en se répandant et se combattant elle-même. C'est grâce à la parole que l'imitation, dans le monde humain, a accentué ce caractère éminent de s'attacher d'abord à ce qu'il y a de plus intime dans son modèle vivant, et de reproduire ce côté caché, représentations et desseins, avec une incroyable précision, avant de saisir et de refléter avec une exactitude moindre les côtés extérieurs de ce modèle, attitudes, gestes, mouvements. L'inverse a lieu dans les tribus animales, où l'imitation ne peut s'exercer d'une manière tant soit peu précise que sur la reproduction des chants, des cris, des actes musculaires, et où la transmission des phénomènes nerveux, des idées et des volontés n'est jamais que vague, ce qui condamne ces sociétés au piétinement sur place. Car une idée ingénieuse, par hypothèse, aurait beau luire dans le cerveau d'un bison ou d'un corbeau, elle mourrait avec lui et serait forcément perdue pour la communauté. Chez les animaux, c'est surtout et d'abord le muscle qui imite le muscle; chez nous, c'est d'abord et surtout le nerf qui imite le nerf, le cerveau le cerveau. Voilà le contraste majeur qui explique la supériorité de nos sociétés. Nulle bonne idée ne s'y perd, et tout esprit d'élite s'y survit dans la postérité qu'il élève à sa hauteur. Ces bonnes idées ont bien pu n'être longtemps que des visions folles ou des caprices despotiques; n'importe, elles ont produit au moins en se communiquant du chef aux multitudes ce bien immense et fondamental, l'unanimité, religieuse ou politique, qui rend seule possible ensuite l'action collective, disciplinée, militaire; comme plus tard, quand les idées vraies et les directions utiles se seront fait jour, la communion générale dans une même science et une même morale rendra seule possible une grande floraison artistique et industrielle.

Remarquons, à propos des arts, que leur évolution ne marche point des plus extérieurs aux plus intimes, de l'architecture, à travers la sculpture et le dessin, à la musique et à la poésie, comme le prétend Spencer. Mais, au contraire, qu'elle débute toujours par un livre, par une épopée, par une œuvre poétique quelconque, d'une perfection relative très remarquable, l'Iliade, la Bible, le Dante, etc., haute source initiale d'où découleront tous les beaux-arts.

Cette marche du *dedans* au *dehors*, si l'on cherche à l'exprimer avec plus de précision, signifie deux choses : 1° que l'imitation des idées précède celle de leur expression; 2° que l'imitation des buts précède celle des moyens. Les *dedans* sont des buts ou des idées ; les dehors, des moyens ou des expressions. — Sans doute, nous sommes portés à copier en autrui tout ce qui s'offre à nous comme un moyen nouveau propre à atteindre nos anciennes fins, à satisfaire nos anciens besoins, ou comme une expression nouvelle de nos anciennes idées; et nous entrons dans cette voie *en même temps* que nous commençons à accueillir des innovations qui éveillent en nous des idées nouvelles, des buts nouveaux. Seulement, ces buts nouveaux, ces besoins de consommations nouvelles, entrent en nous bien plus aisément et se propagent bien plus rapidement que ces expressions et ces moyens [1]. Une nation qui est en train de se civiliser, et dont les besoins vont se multipliant, consomme bien plus de choses qu'elle n'en peut ni n'en veut produire. — En langage esthétique, cela revient à dire que la diffusion des sentiments devance celle des talents. Les sentiments sont des habitudes de jugements et de désirs, qui, à force de se répéter, sont devenus très prompts et presque inconscients. Les talents sont des habitudes d'actes, qui, à force de se répéter, ont également acquis une facilité machinale.

---

(1) Je n'entends pas nier que, parfois, les *dehors* du modèle ne soient imités à l'exclusion de ses *dedans*. Mais quand on commence ainsi, comme font souvent les femmes et les enfants (moins souvent pourtant qu'on ne pense), par l'imitation externe, on s'y arrête; tandis que, de l'imitation interne, on passe à l'autre. Dostoïdsky nous apprend qu'après quelques années passées au bagne parmi les forçats, il leur ressemblait extérieurement. « Leurs habitudes, leurs idées, leurs coutumes, déteignirent sur moi, et devinrent miennes par le dehors, sans pénétrer toutefois dans mon for intérieur. »

Sentiments et talents sont donc pareillement des habitudes, et il n'y a entre eux que la différence du dedans au dehors, du fait intérieur au fait externe. Or, n'est-il pas vrai que les sentiments esthétiques se forment, se répandent bien avant les talents propres à les satisfaire? Et n'en peut-on pas voir la preuve dans cette remarque vulgaire, que la virtuosité des époques de décadence survit à l'épuisement de l'inspiration?

Un art ne se fait pas sa religion; un style ne se fait pas sa pensée; mais une religion, à la longue, se fait son art, qui l'exprime et l'illustre, une pensée se fait son style. Imagine-t-on la peinture de Cimabué et de Giotto devançant la propagation de la foi chrétienne? — On s'explique très bien, d'après notre loi, pourquoi la fusion des croyances, toujours et partout, s'est accomplie longtemps avant la fusion des mœurs et des arts, et pourquoi, par suite, même aux âges d'États mincuscules juxtaposés et hostiles, une religion commune a pu s'étendre sur un vaste territoire. Il est reconnu que les Oracles et les Jeux, l'Oracle de Delphes surtout et les Jeux d'Olympie, ont formé d'abord et sans cesse fortifié le sentiment de la nationalité hellénique, malgré le morcellement des petits États grecs. Mais, longtemps avant que les Jeux ne devinssent un centre commun, une occasion de se voir et de s'imiter réciproquement au point de vue de la vie extérieure, l'autorité des mêmes Oracles était reconnue par tous. Leur origine se perd dans une antiquité fabuleuse. — Au moyen âge, de même, une foi identique régit l'Europe bien des siècles avant que les grandes monarchies avec leurs cours brillantes et leurs échanges de luxe contagieux aient commencé à uniformiser les dehors des peuples. Il n'y a pas d'exemple contraire.

On sait que les changements législatifs, juridiques, suivent d'assez loin, sans jamais les précéder, du moins s'ils naissent viables, les changements intellectuels ou économiques auxquels ils correspondent. Notre thèse le veut ainsi. Elle veut

aussi, comme corollaire, que les lois, squelette extérieur
des sociétés, survivent assez longtemps à leur raison d'être
interne, aux besoins et aux idées dont elles sont l'incarnation. Venues après, ou marchant moins vite, elles doivent
ou peuvent persister après. — Il en est de même des coutumes quelconques, comme l'observation le montre pareillement; et ce phénomène général permet seul de comprendre
le cas particulier dont il vient d'être question. Les *survivances* coutumières, pour employer l'excellent terme de
Lubbock, ont été si bien mises en lumière, qu'il est inutile
d'en citer de nombreux exemples. Rappelons cependant que,
le matriarcat aboli et même oublié, on a vu son simulacre
se perpétuer dans la *couvade*, maternité fictive à l'usage
du père, et que, le rapt des femmes tombé en désuétude, les
cérémonies du mariage en ont conservé la fiction. Jusqu'au
mariage de Louis XVI a duré en France, du moins dans
certaines provinces, l'usage de payer treize deniers au
moment de la conclusion d'un mariage, ce qui est un débris
du temps où le mari achetait sa femme. On a vu des sectes
qui repoussaient le dogme de l'Eucharistie, simuler la communion, et des libres-penseurs qui s'opposent au baptême
de leurs enfants, fêter leur quasi-baptême civique. D'ailleurs,
quelle est la religion vivante qui n'ait emprunté à quelque
religion morte, ses rites, ses processions, les décors de son
culte ? La conservation d'une racine linguistique dont le sens
a changé, n'est-ce pas aussi une survivance du même genre,
compliquée, comme dans le cas précédent, de l'introduction
d'un sens nouveau qui adapte à une fonction jeune un vieil
organe ? Je viens de parler des survivances juridiques ; nos
codes en sont pleins. Sans le droit féodal, bien qu'il ait péri
depuis des siècles, je défie un juriste d'expliquer la fameuse
distinction du possessoire et du pétitoire, cauchemar de nos
juges de paix. Dans la sphère de la poésie et de l'art, enfin,
rien de plus habituel que de voir la défroque d'une école
dont l'âme s'est éteinte passer à de nouveaux génies.

Qu'est-ce que cela prouve? D'abord, cela prouve la ténacité, l'énergie du penchant qui porte l'homme à imiter le
passé. Mais, en outre, dans ces simulations esthétiques ou
rituelles, ou purement routinières, de croyances et de besoins
évanouis, on voit les dehors de l'imitation survivre à ses
dedans, ce qui est bien naturel, si ses dedans sont plus vieux
ou ont plus rapidement évolué que ses dehors.

Les survivances dont il s'agit nous fournissent donc la
contre-épreuve de notre loi. On n'en doutera plus si l'on a
égard à la remarque suivante. En se répandant, les titres
honorifiques (*seigneur* devenu *sieur*), les saluts (agenouille-
ment féodal devenu légère inclination du haut de la tête), les
compliments, les manières, vont s'abrégeant, s'atténuant,
se simplifiant. Spencer a magistralement montré cela. Ce
fait demande à être rapproché de faits similaires. Un mot, à
force de servir et de se vulgariser, se contracte, s'assourdit,
s'use comme un caillou à force de rouler; une croyance religieuse perd de son intensité; un art se dégrade, etc. De tout
cela il semblerait résulter que l'imitation est l'affaiblissement
nécessaire de la chose imitée; d'où la nécessité de nouvelles
inventions, de nouvelles sources d'imitation toutes fraîches,
pour ranimer à temps l'énergie sociale en train de mourir.
Et, en cela, il y a beaucoup de vrai, comme nous le verrons
plus loin. — Mais en est-il toujours ainsi? Non, ces similitudes n'existent qu'entre les périodes finales des évolutions
diverses que nous venons de comparer. Avant de se contracter, un mot a dû se former, se nourrir, se grossir, par une
suite d'imitations ascendantes et non descendantes encore.
Avant de s'atténuer, une étiquette à dû s'établir, en se fortifiant de plus en plus à chaque imitation dont elle était
alors l'objet. Un dogme, un rite, avant de décliner, ont dû
s'imposer et grandir pendant toute la jeunesse de leur
religion.

D'où vient ce contraste? N'est-ce pas de ce que, dans la
première période, l'imitation était surtout intérieure, portant

sur des croyances ou des désirs à propager, croyances et désirs dont les formes extérieures n'étaient que l'expression, secondairement poursuivie, croyances et désirs avivés graduellement, en vertu de leur loi propre, par leur propagation même et leur mutuel reflet ; tandis que, dans la seconde période, les formes extérieures ont continué à se propager de plus en plus malgré le tarissement graduel de leur source interne, et, par suite, ont dû s'affaiblir ? Ainsi, le phénomène s'explique parce que l'imitation a marché du dedans au dehors, de la chose signifiée au signe. — Maintenant, pourquoi vient-il un moment où ce n'est plus le côté interne du modèle, c'est-à-dire la foi ou le désir impliqués dans la parole ou l'acte en question, qui est reproduit, mais le côté externe ? C'est parce qu'une autre foi, un autre désir, entièrement ou partiellement inconciliables avec la première croyance et le premier désir, viennent de se répandre dans les milieux mêmes où ceux-ci sont déjà répandus. Alors le modèle est frappé au cœur, mais il continue à vivre par la surface, seulement en se rapetissant et s'annihilant sans cesse, jusqu'au moment où une nouvelle âme lui survient[1]. Nous savons par les écrits de Tertullien et les découvertes de l'archéologie que les premiers chrétiens et les premières chrétiennes, malgré la ferveur de leur foi et la sincérité de leur conversion interne continuaient extérieurement à vivre, à s'habiller, à se coiffer, à s'amuser même comme des païens, quelle que fût l'indécence antichrétienne des habillements et des amusements dont il s'agit.

Je ne saurais terminer ces développements sur l'imitation *ab interioribus ad exteriora* sans faire brièvement remar-

---

(1) « Le cérémonial est le grand musée de l'histoire, » dit fort justement M. Paul Viollet. S'il en est ainsi, et l'on n'en saurait douter, il y a lieu d'écarter l'idée que se fait Spencer de la cérémonie, regardée par lui comme ayant été le gouvernement primitif. Un musée, loin d'être quelque chose de primitif, qui, complet à l'origine, irait diminuant par la suite des temps, ne se forme et ne se grossit qu'à la longue, en se renouvelant d'ailleurs d'âge en âge.

quer au lecteur l'analogie que, sous ce rapport encore, comme sous tant d'autres, l'imitation présente avec les autres formés de la Répétition.

Il est clair, par suite de l'obscurité même inhérente à l'étude de la vie, que tous les développements de la vie, depuis la fécondation jusqu'à la mort, procèdent de je ne sais quelle action toute intérieure, absolument soustraite à nos yeux, d'une foi vitale pour ainsi dire, ou d'une inspiration vitale. soufflée au germe par ses progéniteurs, et antérieure à ses *manifestations*. L'évolution de l'individu est une élicitation. Au moment de la fécondation, les parents se sont répétés dans leur enfant en ce qu'ils ont vitalement de plus intime, avant de se répéter, grâce à cette transmission, en ce qu'ils ont de plus visible et de plus extérieur, car le germe fécondé renferme en puissance toute sa croissance future; de même que, au moment de la conversion d'un catéchumène, un apôtre se répète en lui par son côté socialement le plus profond, source bientôt de prières et de pratiques religieuses où les siennes se reproduiront non moins fidèlement. — L'analogie avec les phénomènes physiques du même ordre est plus conjecturale. On sait cependant la vanité des efforts faits pour comprendre, par exemple, la transmission, la répétition des mouvements, soit par le contact, soit à distance, autrement qu'en supposant la communication préalable d'une force, d'une tendance cachée; et les tentatives en vue d'expliquer les combinaisons, les formations chimiques par des groupements d'atomes vides à leur centre, dépourvus d'intérieur, n'ont jamais été plus heureuses. — Concluons que, dans la nature comme dans nos sociétés, la Répétition, c'est-à-dire l'Action, va, je ne saurais trop le redire, *ab interioribus ad exteriora*.

Entre autres objections qu'on pourrait faire à cette thèse, lui opposerait-on, par hasard, la promptitude des femmes à adopter les toilettes étrangères importées par mode, beaucoup plus tôt que les idées étrangères? Mais le dedans ici, la chose signifiée, c'est ou l'affirmation vaniteuse de soi — quand la femme, pour s'élever d'un cran, imite les toilettes d'une classe supérieure dont l'orgueil, les vices et les prétentions ont commencé par pénétrer en elle — ou bien le désir sexuel de plaire, quand elle imite ses pareilles, ses égales, parce qu'elle s'est laissé persuader d'abord, si souvent à tort, que l'adoption des nouvelles formes de coiffure ou de robe l'embellira. — D'ailleurs, l'exemple de la femme serait admirablement choisi pour illustrer non seulement la loi de la propagation imitative de haut en bas, dont nous allons parler, mais encore celle dont nous parlons en ce moment. Toute femme, on le sait, imite l'homme qu'elle aime ou qu'elle admire et dont elle subit l'ascendant. Mais on peut remarquer aussi que les sentiments et les idées de cet homme se communiquent à elle bien avant qu'elle ait copié ses manières d'être, adopté ses locutions, contracté ses tics littéraires et son accent. Quand une femme passe d'une famille dans une autre qu'elle croit supérieure à la sienne, d'un milieu dans un autre qu'elle juge supérieur au sien, elle s'imprègne immédiatement des idées, des passions, des préjugés, des vices ou des vertus qui règnent dans sa nouvelle société, et s'en sature beaucoup plus vite qu'un homme en pareil cas. Si, au début, sous beaucoup de rapports, — en ce qui touche, notamment, aux croyances religieuses — la femme ne laisse point percer son impressionnabilité aux exemples *intérieurs*, cela tient précisément à ce que le principe de l'imitation du dedans au dehors s'applique tout à fait à elle. Chez elle, bien plus encore que chez l'homme, en vertu d'un corollaire de ce principe, les manifestations extérieures d'une ancienne croyance, dans les paroles, les gestes, les manières, les pratiques, persistent longtemps après sa disparition et son remplacement clandestin par une autre. Il faut que cette autre ait longtemps creusé son siège dans l'âme féminine pour que celle-ci se décide à adopter la livrée de son culte nouveau. De tout temps cela s'est vu et se voit encore. Au XVIᵉ siècle, Marguerite de Valois et son entourage féminin étaient convertis de cœur au calvinisme — c'est même par elles que la doctrine de Calvin, si peu faite du reste pour leur plaire, a commencé à se répandre en France — mais elles continuent à pratiquer la religion catholique, un peu sans doute par peur du bûcher, mais surtout par suite de cette nécessité logique qui veut que les choses signifiées précèdent leurs signes.

## II

### IMITATION DU SUPÉRIEUR PAR L'INFÉRIEUR

Le caractère intérieur et profond revêtu dès les premiers temps par l'imitation humaine, ce privilège qu'elle a de relier les âmes les unes aux autres par leur centre, entraînait, on le voit par ce qui précède, l'accroissement de l'inégalité entre les hommes, la formation d'une hiérarchie sociale. C'était fatal puisque le rapport de modèle à copie était, par suite, un rapport d'apôtre à néophyte, de maître à sujet. Donc, par le fait même que l'imitation marchait du dedans au dehors du modèle, elle devait consister dans une *descente* de l'exemple, du supérieur à l'inférieur. C'est une seconde loi impliquée en partie dans la première, mais qui demande un examen à part.

Entendons-nous bien, du reste, sur la portée exacte des considérations qui vont suivre, ainsi que de celles qui précèdent. D'abord, elles n'ont trait, nous le savons, qu'à l'hypothèse où l'influence prestigieuse de la supériorité présumée n'est point neutralisée, en partie ou en entier, par l'action des lois logiques. Si infime, si déconsidéré même que soit l'auteur où l'introducteur d'une idée nouvelle dont la vérité ou l'utilité relatives frappent les yeux, elle finit bien par se répandre dans le public. Ainsi s'est propagé dans le monde romain le plus aristocratique l'évangile apporté par des esclaves ou des juifs, parce qu'il répondait beaucoup mieux que le polythéisme aux problèmes majeurs de la conscience. Ainsi s'est propagé, à une certaine époque de l'Égypte ancienne, malgré le mépris des Égyptiens pour les Asiatiques, l'usage du cheval venu d'Asie, parce que, pour bien des travaux, le cheval était évidemment préférable à l'âne, usité jusque-là. Les exemples de ce genre sont innombrables. Pareillement, le plus extérieur des exemples, une articulation verbale détachée de son sens, un rite religieux détaché de son dogme, une particularité de mœurs détachée du besoin qu'elle exprime, une œuvre d'art détachée de l'idéal social qu'elle manifeste, se répand aisément dans un milieu étranger dont les principes ou les besoins déjà régnants trouvent avantage à remplacer par cette expression nouvelle, plus pittoresque par exemple, plus claire ou plus forte, leur expression usuelle.

En second lieu, même dans le cas où l'action des lois logiques n'intervient pas, ce n'est pas seulement le supérieur qui se fait imiter par l'inférieur, le patricien par le plébéien, le noble par le roturier, le clerc par le laïque, plus tard le parisien par le provincial, l'homme des villes par le paysan, etc., c'est encore l'inférieur qui, dans une certaine mesure, bien moindre il est vrai, est copié ou tend à être copié par le supérieur. Quand deux hommes sont en présence et en contact prolongé, si haut que soit l'un et si bas que soit l'autre, ils finissent par s'imiter réciproquement, mais l'un beaucoup plus, l'autre beaucoup moins. Le corps le plus froid envoie sa chaleur au corps le plus chaud. Le gentilhomme campagnard le plus hautain ne peut s'empêcher de ressembler un peu, par l'accent, les manières, la tournure d'esprit, à ses domestiques et à ses métayers. Par la même raison, beaucoup de provincialismes, d'expressions rurales, s'introduisent parfois dans le langage des villes et des capitales mêmes, et des termes d'argot pénètrent dans les salons ; et cette influence de bas en haut s'étend à tous les ordres de faits. Il n'en est pas moins vrai qu'en somme le rayonnement considérable du corps chaud vers les corps froids, non le rayonnement insignifiant du corps froid vers le corps chaud, est le fait capital en physique, où il explique la tendance finale de l'univers à un équilibre éternel de température ; et, de même, en sociologie, le rayonnement des exemples de haut en bas est le seul fait qu'il importe de considérer, à raison du nivellement général qu'il tend à produire dans le monde humain.

I. — Cela dit, essayons de mettre en lumière la vérité dont il s'agit. Que les gens qui s'aiment se copient entre eux, ou plutôt, car ce phénomène commence toujours par être unilatéral, que l'*aimant* copie l'*aimé*, rien de plus naturel. Mais, ce qui prouve bien la profondeur où descend l'action de l'imitation dans le cœur de l'homme, on voit partout les gens se singer, même en se combattant. Les vaincus ne manquent jamais de se modeler sur les vainqueurs, ne serait-ce que pour préparer une revanche. Quand ils empruntent à ceux-ci leur organisation militaire, ils ont soin de dire et ils croient sincèrement que le seul motif de cette copie est un calcul utilitaire. Mais cette explication sera jugée insuffisante, si l'on rapproche ce fait de beaucoup de faits connexes où le sentiment de l'utilité ne joue aucun rôle.

Par exemple, ce ne sont pas seulement ses meilleurs armes, ses canons de portée supérieure, ses méthodes préférables, que le vaincu prend au vainqueur, mais encore bien des particularités insignifiantes, bien des usages militaires dont l'acclimatation, en admettant qu'elle soit possible, soulève des difficultés sans rapport avec leur faible avantage. Pendant le XIII° siècle, nous voyons Florence et Sienne, toujours en guerre l'une contre l'autre, s'opposer l'une à l'autre non seulement des troupes d'une organisation semblable, mais encore précédées de cet étrange char (le *carroccio*) et de cette singulière cloche (la *martinella*), dont l'usage, d'abord propre à la Lombardie, c'est-à-dire à la partie de l'Italie longtemps la plus puissante (si bien que *lombard* et *italien* avaient même sens), puis importé avec quelques modifications à Florence, s'était répandu de là, grâce au prestige de cette florissante cité, dans les cités voisines ses ennemies. Le char pourtant était un encombrement et la cloche un véritable danger. Pourquoi donc chacune de ces cités a-t-elle adopté ces deux singularités, au lieu de garder ses usages propres ? Par la même raison que les classes inférieures des sociétés, c'est-à-dire les vaincus ou les fils des vaincus des guerres civiles, copient les classes supérieures en fait de vêtements, de manières, de langage, de vices, etc. On ne dira pas ici que cette imitation est une opération militaire en vue d'une revanche. C'est tout simplement la satisfaction d'un besoin spécial, fondamental dans la vie sociale, et dont la conséquence finale est de préparer les conditions de la paix future, à travers bien des combats[1]!

Quelle que soit l'organisation d'une société, aristocratique ou démocratique, si nous voyons l'imitation y progresser rapidement, nous pouvons être assurés que l'inégalité de ses divers étages y est très forte, plus ou moins visible d'ailleurs. Et il nous suffira de savoir dans quel sens coule le courant principal des exemples, à travers des *remous* peu importants, pour dire où est le pouvoir vrai. Si une nation est aristocratiquement constituée, rien de plus simple. Toujours et partout, on voit la noblesse, dès qu'elle le peut,

---

(1) Les Japonais, paraît-il, possédaient, avant d'être mis en communication avec la Chine, une écriture ou même plusieurs écritures syllabiques beaucoup plus commodes et plus utiles que l'écriture chinoise. N'importe, dès que le prestige de la supériorité attribuée par eux aux mandarins s'est fait sentir à ce jeune peuple si éminemment suggestible, il a adopté l'écriture chinoise, qui a contribué à entraver ses progrès.

imiter ses chefs, rois ou suzerains, et la plèbe, dès qu'elle le peut aussi, la noblesse. A Constantinople, sous les empereurs byzantins, « la cour regarde le prince, dit Baudrillart dans son *Histoire du luxe;* la ville regarde la cour pour s'y conformer; le pauvre tourne sa vue vers le riche et veut avoir sa part de luxe ». Il en est de même en France sous Louis XIV. Toujours à propos du luxe, Saint-Simon écrit : « C'est une plaie qui, une fois introduite, est devenue le cancer intérieur qui dévore les particuliers, parce que de la cour il s'est promptement communiqué à Paris et dans les provinces et les armées. » Au XVe siècle, on songea, dit M. de Barante, « à interdire sévèrement tous les jeux de dés, de cartes et de paumes, qui s'étaient introduits dans le peuple à l'imitation de la cour ». Ces innombrables joueurs qu'on voit agiter des cartes dans les cafés et les auberges sont donc des copistes sans le savoir de nos anciennes cours monarchiques. Les formes et les rites de la politesse se sont répandus suivant la même voie. Courtoisie vient de cour, comme civilité vient de cité. L'accent de la cour, plus tard l'accent de la capitale, s'étend peu à peu à toutes les classes et à toutes les provinces de la nation. Soyons sûrs qu'il en a été jadis de l'accent babylonien, de l'accent ninivite, de l'accent memphite, comme à présent de l'accent parisien, florentin ou berlinois. Cette transmission de l'accent, précisément parce qu'elle est une des formes les plus inconscientes, les plus irrésistibles et les plus inexplicables de l'imitation, est très propre à montrer la profondeur de cette force et la vérité de la loi que je développe en ce moment. Quand on voit s'exercer sur l'accent même le prestige reconnu aux classes élevées par les classes inférieures, aux citadins par les ruraux, aux blancs par les noirs dans nos colonies, aux hommes par les enfants, aux grands dans les collèges par les petits, on ne saurait douter qu'elle s'exerce *a fortiori* sur l'écriture, les gestes, les jeux de la physionomie, les vêtements, les usages.

Ce qui mérite d'être signalé, c'est la force du penchant à singer le supérieur hiérarchique, et la rapidité avec laquelle en tout temps ce penchant s'est satisfait à la moindre éclaircie de prospérité[1]. La fréquence des édits somptuaires tout le long de l'ancien régime en est la preuve, comme la multiplicité des digues d'un fleuve atteste l'impétuosité de son courant. A Charles VIII remonte la première cour française. Mais il faudrait se garder de croire que la contagion imitative de la politesse et du luxe courtisanesques ait mis plusieurs siècles à descendre en France jusqu'au bas peuple. Dès Louis XII, cette influence se faisait sentir partout. Les désastres des guerres de religion ayant arrêté ce développement au xvie siècle, il a repris très vite au siècle suivant, mais la misère causée par les dernières guerres du Grand Roi a occasionné un nouveau refoulement. Au cours du xviiie siècle, nouvelle poussée ; sous la Révolution, autre reflux. A partir du premier empire, la reprise s'accomplit sur une très grande échelle, mais dès lors sous des formes démocratiques dont nous n'avons pas à nous occuper pour le moment. Sous François Ier, sous Henri II, l'irradiation luxueuse de Louis XII s'est continuée. A cette époque, une loi somptuaire interdit « à tous paysans, gens de labeur et valets, s'ils ne sont aux princes, de porter pourpoints de soye, ne chausses bondées ne bouffées de soye ». De 1543 à la Ligue, huit grandes ordonnances contre le luxe. « Les unes, dit Baudrillart, s'appliquent à tous les sujets ; elles interdisent l'usage des draps d'or, d'argent et de soie. » Telle était l'élégance générale à la veille des guerres religieuses[2]. Pour

---

(1) Jusqu'où peut aller cette rage, on peut le voir par l'exemple suivant. En 1705, d'après le marquis d'Argenson, les valets des grands seigneurs avaient eux-mêmes des domestiques.

(2) En Allemagne, il en était de même, comme on en voit la preuve abondante dans Jean Jannsen (*L'Allemagne à la fin du Moyen âge*). Par exemple, au xve siècle, « en Poméranie et dans l'île de Rugen, les paysans sont riches ; ils ne portent que des vêtements anglais et d'autres habillements coûteux, *semblables à ceux que portaient autrefois la noblesse et les bourgeois aisés* ». Ces lignes sont d'un historien poméranien du

motiver les lois de prohibition commerciale, « une des
raisons le plus souvent invoquées était que la France se
ruinait à acheter des choses de luxe ». D'ailleurs, le même
fait est révélé par la prospérité d'industries de luxe, qui
supposent une clientèle étendue[1].

Remontons à l'antiquité classique, plus haut encore, la
même loi se vérifiera. On voit par un texte de Sidoine Apol-
linaire, que l'usage de la langue latine en Gaule commença
dans la noblesse gauloise, d'où il se répandit, avec les
mœurs et les idées romaines, dans le sein du peuple[2].

Autre exemple. Représentons-nous le bassin de la Méditerranée au VIIIe siècle avant J.-C., au moment de la grande
prospérité tyrienne ou sidonienne, quand les Phéniciens,
colporteurs européens des arts de l'Égypte et de l'Assyrie,
éveillaient la Grèce et tant d'autres peuples au goût du luxe
et du beau. Ces marchands allaient étalant sur les grèves,

---

temps, de Kanzow. Des prédications nous font connaître que les paysans
portaient des vêtements de soie. — En Italie, même descente du luxe
dans toutes les classes, à la même époque, d'après Burckhardt.

(1) Cette contagion du luxe a souvent servi de véhicule à des propagations utiles. « Nos espèces (animales) les plus utiles, dit Bourdeau, dans
sa *Conquête du monde animal*, ont été à l'origine élevées par amusement
plutôt qu'en vue des avantages, alors ignorés, que leur exploitation pourrait procurer. Le même mobile nous fait encore rechercher les espèces
nouvelles et singulières, et, dans les premiers temps, tout animal conquis
avait cet attrait d'étrangeté. Autrefois, en Grèce et à Rome, on offrait, à
titre d'oiseau d'agrément, une oie ou un canard à un enfant ou à une
femme aimée. Du temps de César, les Bretons entretenaient, par étalage
de luxe, des poules et des oies sans utiliser leur chair... ; au XVIe siècle,
le dindon et le canard d'Inde figuraient dans les parcs seigneuriaux avant
de déchoir au rang de simples volailles et d'être relégués dans les basses-
cours... *Cette marche est logique et forcée.* Les classes riches seules sont
à même de faire des éducations coûteuses et des expériences incertaines;
mais, quand le succès est acquis, le gain devient général. »

(2) Si la noblesse gauloise, après la conquête, a commencé à adopter
la langue et les usages romains, c'est qu'elle a pour la première fois
alors senti la supériorité de Rome. — Pourquoi les Indiens d'Amérique
ne se sont-ils jamais civilisés à l'européenne? Parce que leur immense
orgueil les empêchait de se juger inférieurs aux Anglo-Américains. Au
contraire, les nègres d'Amérique, habitués à reconnaître la suprématie
des blancs, même après l'abolition de l'esclavage, ont un penchant très
vif et très remarqué à copier en tout leurs maîtres ou leurs anciens maîtres.

non des tissus communs et à bon marché, comme les Anglais de nos jours, mais bien, comme les Vénitiens du moyen âge, des produits raffinés à l'adresse des gens riches de tous les pays, vêtements de pourpre, parfums, coupes d'or, figurines, armures de prix, ex-voto, bijoux charmants de grâce et de légèreté relative. Partout alors, en Sardaigne, en Étrurie, en Grèce, dans l'Archipel et en Asie Mineure, en Gaule même, on pouvait voir les hautes classes, une rare élite, coiffer des casques, porter des épées, des bracelets, des tuniques, etc., à peu près semblables d'une extrémité à l'autre de cette vaste région, pendant qu'au-dessous d'elles les populations plébéiennes continuaient à se différencier par leurs costumes et leurs armes caractéristiques. D'ailleurs, cette plèbe, si différente de ses chefs par les dehors, lui ressemblait exactement par les idées et les passions, par la nature des superstitions religieuses et des principes moraux.

C'est exactement le même spectacle qui eût frappé au xive ou xve siècle de notre ère, un Arthur Young quelconque voyageant à travers la France et l'Europe. A cette époque les produits vénitiens, aussi uniformes qu'universellement répandus, inondaient et déjà assimilaient les palais, les châteaux, les beaux hôtels des grandes villes, tandis que les maisons et les masures, où néanmoins régnait la même religion et la même morale que dans les habitations nobles et somptueuses, restaient encore distinctes en leur originalité coutumière. — Or, peu à peu, et de haut en bas, l'assimilation a marché, soit dans l'antiquité, soit dans les temps modernes, jusqu'à ce qu'enfin une grandiose industrie d'exportation, à l'usage, non d'une élite seulement, mais de la masse entière d'un vaste peuple, soit devenue possible, au grand profit de l'Angleterre aujourd'hui, de l'Amérique demain[1].

(1) Prévenons une objection. On peut nous opposer qu'en imitant les modes étrangères en fait de vêtements, d'armes et de meubles, l'aristocratie méditerranéenne au temps des Phéniciens, l'aristocratie européenne au temps du commerce de Venise, allait *ab exterioribus ad interiora :* mais ce serait une erreur. Elle subissait le prestige d'une nation domi-

Les apologistes de l'aristocratie ont donc passé, je crois,
à côté de sa meilleure justification. Le principal rôle d'une
noblesse, sa marque distinctive, c'est son caractère initia-
teur sinon inventif. L'invention peut partir des plus bas
rangs du peuple ; mais, pour la répandre, il faut une cime
sociale en haut relief, sorte de *château d'eau* social d'où la
cascade continue de l'imitation doit descendre. De tout temps
et en tout pays le corps aristocratique a été ouvert aux nouveautés étrangères et prompt à les importer[1], de même
qu'un état-major est la partie d'une armée la mieux informée
des innovations militaires essayées au dehors, la plus apte
à les adopter avec intelligence, et rend par là autant de services que par la discipline dont il est l'âme. Aussi longtemps
qui dure la vitalité d'une noblesse, elle se reconnaît à ce
signe ; et quand, à l'inverse, elle se replie sur les traditions,
s'y rattache jalousement, les défend contre les entraînements d'un peuple jadis initié par elle aux changements, si
utile qu'elle puisse être encore dans ce rôle modérateur,
complémentaire du premier, on peut dire que sa grande
œuvre est faite et son déclin avancé[2].

---

nante, l'Égypte ou l'Assyrie, l'Italie ou Constantinople, dont la littérature
avant les arts, avait pénétré d'abord en elle, et dont la gloire l'avait sub-
juguée : la fonction sociale des aristocraties est d'initier les populations à
l'admiration et à l'envie de l'étranger, et de frayer ainsi la voie à l'imitation-mode, substituée à l'imitation-coutume.

(1) Encore un exemple : c'est par l'aristocratie romaine, au temps des
Scipions, que les idées grecques, la langue et la civilisation grecque ont
pénétré à Rome.

(2) Il arrive parfois, souvent même, que les conquérants prennent
exemple sur les vaincus, empruntent leurs usages, leurs lois, leur langue.
Les Francs en Gaule se sont latinisés, ont parlé le romain... Il en a été
de même des Normands en Angleterre, des Warègues en Russie, etc...
Mais c'est que, dans ce cas, le conquérant sentait la supériorité sociale du
vaincu. Et plus cette supériorité était réelle et sentie, plus le vaincu était
fidèlement reflété par le vainqueur. L'Anglo-Saxon n'étant que faiblement
supérieur au Normand de Guillaume, il y a eu fusion des deux civilisations, et notamment des deux langues, en une civilisation, en une langue
nouvelle, plutôt que triomphe de l'élément saxon. — On sait, en outre,
que la noblesse gallo-romaine avait été conservée malgré l'invasion, et
continuait à donner le ton.

II. — A cet égard, malgré les apparences contraires, la
hiérarchie ecclésiastique ressemble à la hiérarchie civile.
Sans la forte constitution aristocratique du clergé chrétien,
il est certain que jamais, à travers le morcellement du monde
féodal, la propagation des mêmes dogmes d'abord, des mêmes rites ensuite, n'aurait pu couvrir l'immense espace que
l'on sait, et produire cette grande unité, spirituelle à la fois
et rituelle, appelée la chrétienté. C'est faute d'une organisation pyramidale du même genre que le protestantisme,
apparu pourtant à une époque de grands États centralisés
et non plus morcelés, tout autrement favorable par conséquent à la diffusion d'une doctrine et d'un culte uniformes,
s'est fractionné en sectes sans fin. Or, tant que la cour pon-
tificale et le corps épiscopal du clergé catholique ont été une
noblesse vivace, leur caractère propre a été de monopoliser
les initiatives religieuses ; et leur propension initiatrice est
attestée par les complications singulières du dogme et du
culte, qui, à chaque concile, à chaque synode, s'enrichis-
saient en se répandant. Par ces réunions fréquentes, et fréquemment réformatrices, les évêques, les abbés, se tenaient
au courant des modes nouvelles en théologie, en casuistique,
en liturgie, et les faisaient pénétrer au-dessous d'eux[1]. Leur
goût d'innovation allait même plus loin, et ne se limitait
pas aux bornes du domaine religieux. Le haut clergé s'était
dépravé sur la fin du moyen âge, par la même raison que,
plus tard, la noblesse française s'est amollie : c'est qu'il était
à cette époque la classe supérieure et dirigeante entre toutes,
la première touchée par l'aube civilisatrice qui se levait.
Supposez que les faîtes ecclésiastiques de l'Europe d'alors se
soient refusés à subir l'influence des nouvelles inventions,
des nouvelles découvertes, et, par suite, des nouvelles mœurs,
à coup sûr, l'avènement de la civilisation moderne eût été

---

(1) Dans l'Inde, d'après Barth, ce sont des brahmanes qu'on trouve à la
tête de toutes les innovations religieuses, d'où découlent dans ce pays tous
les changements quelconques.

retardé de quelques siècles, sinon ajourné indéfiniment.

En un temps d'aristocratie théocratique, si la chaumière se modèle sur le château, le château se modèle sur l'église ou le temple quelconque du dieu, d'abord par son style d'architecture, puis par les diverses formes du luxe et de l'art qui s'y déploient avant de rayonner dans le monde inférieur. Au moyen âge l'orfèvrerie et l'ébénisterie employées à l'ornementation des cathédrales servent de règle à l'orfèvrerie et à l'ébénisterie profanes, qui remplissent de bijoux et de meubles en style ogival les demeures féodales. La sculpture, la peinture, la poésie, la musique, se sont sécularisées par la même voie. De même que les cours monarchiques ont créé, sous forme de flatterie, de politesse unilatérale et très circonscrite, l'habitude, généralisée ensuite et mutualisée, d'être aimable et poli envers tous ; de même que l'exemple du commandement d'un chef, ou des privilèges quelconques d'une élite, n'a eu qu'à se répandre pour donner naissance au droit, commandement de chacun sur tous et de tous sur chacun, privilège général ; ainsi, à l'origine de toute littérature, nous trouvons un livre saint, le Livre par excellence dont tous les livres mondains écrits plus tard ne sont qu'un reflet échappé des sanctuaires, — à l'origine de toute écriture même, une écriture hiératique, — à l'origine de toute musique, un plain-chant, une mélopée religieuse, — à l'origine de toute statuaire, une idole, — à l'origine de toute peinture, une fresque de temple ou de tombeau, ou une enluminure monacale de livre sacré... Les temples, donc, avant les palais, peuvent être considérés comme des foyers séculaires, et longtemps nécessaires, de l'irradiation civilisatrice au sens extérieur et superficiel du mot aussi bien qu'au sens intérieur et profond en fait d'arts et d'élégances aussi bien qu'en fait de convictions et de maximes [1].

---

(1) L'abbé Petitot, l'instructif voyageur, observe que, chez les Esquimaux, les hommes, *mais non les femmes*, font leur prière le matin et le soir. Chez nous, c'est le plus souvent le contraire. A ce propos, la *Revue scien-*

III. — C'est aux époques où décline le gouvernement sacerdotal, où les enseignements du prêtre sont de moins en moins
la source des croyances, que les exemples luxueux et artistiques du prêtre sont de plus en plus suivis et qu'on ne craint
pas de profaner les côtés décoratifs du culte en les mondani-
sant. De même, c'est au temps où s'affaiblit le gouvernement
aristocratique, où l'on obéit moins aux privilégiés, qu'on ose
les copier extérieurement. Nous savons que c'est conforme à
la marche *ab interioribus ad exteriora;* mais cela s'explique
aussi en partie par l'application d'une autre loi très générale
qui doit être combinée avec celle de l'imitation du supérieur. Si cette dernière loi agissait seule, ce serait le plus
supérieur qui serait le plus imité; mais, en réalité, le plus
imité est le plus supérieur *parmi les plus proches.* En effet,
c'est en raison inverse de la *distance* du modèle et non pas
seulement en raison directe de sa supériorité, que l'influence
de son exemple est efficace. *Distance* est entendue ici au sens
sociologique du mot. Si éloigné géométriquement que soit
un étranger, il est rapproché en ce sens, si les relations avec
lui sont multiples et journalières et si l'on a toutes facilités
de satisfaire le désir de l'imiter. Cette loi de l'imitation du
plus prochain, du moins distant, explique le caractère successif et graduel de la propagation d'un exemple parti du
haut d'une société. Comme corollaire, on peut en induire,
quand on voit une classe inférieure se mettre à imiter pour
la première fois une classe très supérieure, que la distance
des deux a diminué[1].

*tifique* (21 novembre 1888) fait remarquer avec raison que, « chez tous
les peuples primitifs, la religion, comme la chasse et la guerre, est l'apa-
nage des hommes ». D'où l'on est en droit d'induire que, si la religion
survit plus tard dans le cœur et les habitudes des femmes, c'est parce
qu'elles l'ont reçue primitivement à l'exemple de leurs seigneurs et maîtres.
Encore une confirmation de notre loi.

(1) « Comment se fait-il, se demande M. Melchior de Vogüé, que les
nègres fétichistes (traqués par les chasseurs d'hommes, par les négriers
musulmans), adoptent avec tant de facilité la croyance de leurs persécu-
teurs (l'islamisme) ? » — Imitation du supérieur. Mais encore faut-il que

IV. — On appelle démocratique la période qui s'ouvre à partir du moment où, par des causes diverses, la distance entre toutes les classes s'est amoindrie au point de devenir compatible avec l'imitation extérieure même des plus élevées par les plus infimes. Dans toute démocratie, donc, où la fièvre de l'assimilation interne ou externe est intense, comme dans la nôtre, nous pouvons être certains qu'il existe une hiérarchie sociale subsistante ou surgissante, des supériorités reconnues, héréditaires ou *sélectives*. Chez nous il n'est pas difficile d'apercevoir par qui la noblesse ancienne, après avoir perdu même en grande partie le sceptre des élégances, a été remplacée. D'abord, la hiérarchie administrative a été se compliquant, se développant en élévation par le nombre de ses degrés, et en étendue par le nombre des fonctionnaires ; la hiérarchie militaire, de même, en vertu des causes qui contraignent les États européens modernes à l'armement universel. Puis, les prélats et les princes du sang, les moines et les gentilshommes, les monastères et les châteaux, n'ont été abattus qu'au plus grand profit des publicistes [1] et des financiers, des artistes et des politiques, des théâtres, des banques, des ministères, des grands magasins, des grandes casernes et autres monuments groupés dans l'enceinte d'une même capitale. Toutes les célébrités se donnent là rendez-vous ; et qu'est-ce que les diverses espèces de notoriété et de gloire, avec tous leurs degrés inégaux, connues dans une société, si ce n'est une hiérarchie de places brillantes occupées ou disponibles, dont le public seul dispose ou croit disposer librement ?

Or, loin de se simplifier et de s'abaisser, cette aristocratie de

le supérieur soit le voisin, que la supériorité ne soit pas trop grande pour décourager l'imitation. Voilà pourquoi le christianisme fait peu de progrès chez les nègres pendant que l'islamisme fait chez eux des conquêtes presque aussi rapides que celles de Mahomet.

(1) Tocqueville (*Démocratie en Amérique*) montre magistralement que « l'empire des journaux doit croître à mesure que les hommes s'égalisent. »

situations enorgueillissantes, cette estrade de sièges ou de
trônes lumineux, ne cesse de devenir plus grandiose par
l'effet même des transformations démocratiques, qui abais-
sent les frontières des nations et des classes et font élire les
renommées par le suffrage de plus en plus universel, de plus
en plus international. A mesure que s'accroît le nombre des
spectateurs au parterre, en train d'applaudir ou de siffler,
la quantité de gloire à répartir entre les acteurs augmente
d'autant, et l'intervalle s'accroît, par suite, entre l'homme
le plus obscur de la salle et le comédien le plus acclamé sur
la scène. L'apothéose de Victor Hugo, qui eût été impossible
il y a trente ans, a révélé l'existence d'une haute montagne
de gloire littéraire qui s'est récemment soulevée, comme les
Pyrénées un jour, au milieu d'une vaste plaine, bien plate
et bien unie, et qui s'offre désormais à l'ambition des poètes
futurs, avec son cortège de pics moins hauts, échelonnés à
ses pieds. Toutes les montagnes de ce genre poussent invisi-
blement à travers le pavé des grandes villes, où elles se pressent comme les toits des maisons. L'accroissement prodigieux,
l'hypertrophie des grandes villes, et avant tout de la capitale,
dont les privilèges abusifs se multiplient et s'enracinent pendant que les dernières traces des privilèges d'autrefois sont
jalousement effacées : voilà le genre d'inégalité que s'attachent à creuser les temps nouveaux et qui leur est indispensable, en effet, pour entretenir, pour déployer le large courant de leur production et de leur consommation industrielle,
c'est-à-dire de l'imitation sur une immense échelle. Le cours
d'un Gange pareil exigeait un tel Himalaya. L'Himalaya de
la France, c'est Paris. Paris trône royalement, orientale-
ment, sur la province, plus que n'a jamais trôné assurément
la cour sur la ville. Chaque jour, par le télégraphe ou le train,
il envoie à la France entière ses idées, ses volontés, ses conversations, ses révolutions toutes faites, ses vêtements, ses
ameublements tout faits. La fascination suggestive, impérative qu'il exerce instantanément sur un vaste territoire est si

profonde, si complète et si continue, que presque personne
n'en est plus frappé. Cette magnétisation est devenue chronique. Cela s'appelle égalité et liberté. L'ouvrier des villes a
beau se croire égalitaire et travailler à détruire la bourgeoisie tout en devenant bourgeois, il n'en est pas moins lui
aussi une aristocratie, très admirée, très enviée du paysan.
Le paysan est à l'ouvrier ce que l'ouvrier est à son patron.
De là l'émigration des campagnes.

Les *communes jurées* du moyen âge avaient beau naître
d'un esprit d'hostilité contre le seigneur du lieu et la féodalité en général, il n'en est pas moins vrai, comme nous l'apprend M. Luchaire, qu'elles avaient pour effet et *pour but*
d'élever la ville où elles se constituaient au rang de *seigneurie
collective*, vassale ou suzeraine d'autres seigneuries, tributaire
ou créancière de redevances féodales, ayant, dans la hiérarchie
féodale, son échelon particulier. Les sceaux des communes
représentent le plus souvent des emblèmes militaires : un
fantassin, un chevalier armé et galopant, comme les sceaux
des seigneurs. — Le même auteur, dans son profond ouvrage
historique à ce sujet, a prouvé que le mouvement émanci-
pateur des communes au XIIᵉ siècle, ne s'était pas arrêté aux
villes, mais que, *à l'exemple de celles-ci*, les simples villages,
dans leur banlieue ou au delà, s'étaient affranchis de la
même manière, en se fédérant. Les historiens jusqu'ici
n'avaient pas pris garde à cela ; c'est cependant un fait incontestable qu'il y a eu, au moyen âge, des *communes urbaines*
d'abord, et des *communes rurales* ensuite. Le même ordre
s'observe, chose remarquable, même lorsqu'il s'agit d'innovations d'une nature agricole. Par exemple, « c'est dans la ville,
dit Roscher, que le système moderne de la rente foncière, du
fermage substitué au cens seigneurial, s'est fait jour le plus
tôt, comme on le voit par la charte de Gand de 1259 dans le
Warnkœnig ». — Ajoutons que l'émancipation communale
n'a pas eu pour cause, comme le croyait Augustin Thierry,
une insurrection populaire, un soulèvement spontané d'hum-

bles corporations d'artisans, mais bien, comme l'ont montré de nouvelles recherches historiques[1], une conjuration, d'abord très étroite, de riches marchands qui, déjà associés en guildes ou en confréries religieuses, et formant l'aristocratie de la cité, « se transformèrent en véritables ligues, *groupèrent derrière elles le reste des habitants*, en sorte que la commune sortit, en général, d'une ligue de tous les habitants groupés sous la foi du serment par l'aristocratie bourgeoise ».

Une capitale, une grande ville aujourd'hui, est pour ainsi dire un premier choix de la population, écrémée par elle. Tandis que, dans l'ensemble de la nation, l'importance numérique des deux sexes se balance à très peu près, le nombre des hommes dans les grands centres l'emporte notablement sur celui des femmes; en outre, la proportion des adultes y est très supérieure à celle que l'on constate dans le reste du pays; enfin, et surtout, les villes attirent de tous les points du pays les têtes les plus actives, les organisations les plus nerveuses, les plus propres à utiliser les inventions modernes. C'est ainsi qu'elles forment l'aristocratie moderne, la corporation d'élite, non héréditaire mais librement recrutée, ce qui ne l'empêche nullement d'être aussi dédaigneuse à l'égard de la population inférieure et rurale que pouvaient l'être les nobles d'ancien régime à l'égard des roturiers[2]. Non moins

(1) Voir *Histoire générale* de Lavisse et Rambaud, t. II, p. 431 et suivantes.

(2) A première vue, la loi de l'imitation de haut en bas paraît inapplicable à la propagation du christianisme, qui s'est répandu d'abord dans les basses classes. Il est vrai que ses progrès ont été bien peu rapides jusqu'au jour où il a gagné les classes supérieures et la cour même des Césars. Mais il faut surtout observer que le christianisme a commencé à se répandre dans les villes, dans les grandes villes d'abord, et ne s'est que tardivement propagé dans les campagnes où ont subsisté les derniers paysans (*pagani*). Fustel de Coulanges (*Monarchie franque*, p. 517) remarque cette propagation urbaine de la foi chrétienne. Par les capitales s'est répandu le christianisme alors, comme le socialisme de nos jours. « Ce mal contagieux, écrit Pline à Trajan, s'est propagé *non seulement dans les cités, mais encore* dans les bourgs et les villages. »

égoïste, non moins dévorante, non moins ruineuse que l'ancienne, est cette aristocratie nouvelle; et, comme l'ancienne, elle périrait rapidement par les vices qui la rongent, par la tuberculose, par la syphilis, ses maladies caractéristiques, par le paupérisme, son fléau, par l'alcoolisme, par toutes les causes qui rendent sa mortalité exceptionnellement élevée malgré le choix exceptionnel de son personnel, si, comme toutes les noblesses, elle ne se renouvelait très vite par l'afflux d'éléments nouveaux.

Les capitales aujourd'hui ne servent pas seulement à l'écrasement et à l'uniformisation de toutes les parties de la nation au-dessous d'elles, elles servent encore à l'assimilation des divers peuples entre eux; et, à ce point de vue encore, elles jouent le rôle des anciennes cours. Sous les Plantagenets, le luxe anglais et le luxe français, malgré la rareté des voyages et des relations, présentaient une grande similitude, que l'influence des cours anglaise et française, en communication perpétuelle l'une avec l'autre, explique seule. Les cours ont donc été des foyers qui s'entre-éclairaient, qui s'entre-coloraient par l'échange constant de leurs rayons, à travers les frontières, et donnaient les premières aux peuples l'exemple d'une certaine uniformité. Telles sont à présent les capitales, filles des cours. En elles se concentrent toutes les initiatives destinées au succès; vers elles convergent tous les regards, et, comme elles sont en rapports incessants entre elles, il ne se peut qu'une grande uniformité universelle, compensée par une grande mobilité perpétuelle, ne soit pas le résultat de leur prépondérance prolongée. — Ajoutons que, dans leurs relations réciproques, la marche de l'imitation de haut en bas s'observe aussi. Il y a toujours une capitale sur laquelle tendent à se régler toutes les autres, profondément et superficiellement, comme jadis il y avait toujours une cour modèle en tout. C'est la capitale du peuple prépondérant ou qui l'était naguère encore, comme jadis c'était la cour du roi victorieux ou longtemps habitué à la victoire malgré de récentes défaites[1].

Dans les pays démocratiques, ce ne sont pas les capitales seulement, mais les majorités qui ont du prestige, comme l'a remarqué Tocqueville : « A mesure, dit-il, que les citoyens deviennent plus égaux et plus semblables, le penchant de chacun à croire aveuglément un certain homme ou une certaine classe diminue. *La disposition à en croire la masse augmente*, et c'est de plus en plus l'opinion qui mène le monde. » — La masse, la majorité, étant devenue la vraie puissance politique, la supériorité reconnue par tous, on finit par subir son prestige par la même raison qu'on subissait celui d'un monarque ou d'une noblesse. Mais il y a aussi une autre raison que nous donne Tocqueville : « Dans les temps d'égalité, les hommes n'ont aucune foi les uns dans les autres, à cause de leur similitude; mais cette même similitude leur donne une confiance presque illimitée dans le jugement du public; car il ne leur paraît pas vraisemblable qu'ayant tous des lumières pareilles, la vérité ne se rencontre pas du côté du plus grand nombre. » C'est logique et mathématique en apparence; si les hommes sont des unités semblables, c'est le plus gros chiffre de ces unités qui doit avoir raison. Mais, au fond, c'est une illusion fondée sur l'oubli constant du rôle que joue l'imitation en ceci.

---

(1) Comme toutes les autres branches de l'art oratoire, la prédication, dans le passé, a eu ses modes, dont la variété servait de compensation à l'immutabilité relative du dogme. Encore ici s'appliquent les lois de l'imitation. Quand la scolastique est née, à la Sorbonne, les prédicateurs, parisiens d'abord, puis provinciaux et enfin ruraux, se sont mis à prêcher avec des arguments en forme, et il faut savoir la force ordinaire des courants d'imitation, pour concevoir que cette manière si sèche et si rebutante de prêcher ait pu s'établir. Plus tard, à la cour polie de Louis XIV, les prédicateurs, devenus mondains et courtisans eux-mêmes, ont adapté à leurs sermons d'Avent, de Carême, ou autres, le langage du monde ; et c'est peu à peu, de la cour à la ville, de la ville aux grandes puis aux petites villes, que cette réforme s'est répandue. Mais, au temps où La Bruyère écrivait, cet usage ne faisait que commencer à se répandre, comme on le voit par cette pensée : « L'on a enfin banni la scolastique de toutes les chaires des grandes villes, et on l'a reléguée dans les bourgs et dans les villages pour l'instruction et pour le salut du laboureur et du vigneron. »

Quand une idée sort triomphante d'un scrutin, on serait
infiniment moins porté à s'incliner devant elle si l'on son-
geait que les 999 millièmes des *voix* obtenues par elles sont
des échos. Les historiens même les plus sérieux s'y méprenn-
ent toujours et sont enclins, comme la foule, à s'extasier
devant l'unanimité de certains vœux populaires, soufflés au
peuple par ses chefs, comme devant quelque chose de merveilleux. Il faut se méfier beaucoup des unanimités; rien ne
dénote mieux l'intensité de l'entraînement imitatif.

Il n'est pas jusqu'au progrès dans l'égalité qui ne se soit
opéré par imitation, et par imitation des classes supérieures.
Avant que l'égalité politique et sociale de toutes les classes
de la société fût possible ou seulement concevable, il fallait
bien qu'elle se fût établie en petit dans l'une d'elles. Or,
c'est en haut d'abord qu'on l'a vue s'opérer. De Louis XI à
Louis XVI, avec une imperturbable continuité, se nivellent
les divers étages de la noblesse, jadis séparés, au temps des
grands vassaux et de la féodalité pure, par des distances si
infranchissables ; et, sous le prestige écrasant de la royauté,
grâce aussi à la multiplicité relative des contacts entre les
gentilshommes de tout rang, la fusion se faisait, même entre
la noblesse d'épée et celle de robe. Or, chose frappante,
pendant que s'accomplissait ce nivellement supérieur, les
innombrables fractions de la bourgeoisie et du peuple continuaient à se tenir à distance les unes des autres, et même
avec un renforcement peut-être de vanité distinctive, jusqu'à
la veille de 89. Qu'on lise dans Tocqueville, par exemple,
l'énumération des rangs superposés de la bourgeoisie grande,
moyenne et petite, dans une ville d'ancien régime à cette
date. Certainement la répugnance à s'allier entre les consuls
et les petits marchands était plus forte au xviiie siècle qu'au
moyen âge. On peut donc avancer en toute sécurité ce paradoxe apparent que le véritable travail préparatoire de l'éga-
litarisme actuel a été exécuté dans le passé par la noblesse
et non par la bourgeoisie. En cela, comme au point de vue

de la diffusion des idées philosophiques et de l'élan donné par le goût des modes exotiques à la grande industrie, la noblesse a été la mère inconsciente des temps nouveaux. Ces causes d'ailleurs s'enchaînent. Sans les cours, qui ont nivelé les rangs de la noblesse, le rayonnement littéraire et par suite philosophique des xvii° et xviii° siècles n'aurait pas éclaté, et l'imitation-mode, l'amour des innovations imitées de l'étranger, des cours étrangères, n'aurait point prévalu dans le sein de la caste dirigeante et prestigieuse sur l'imitation des aïeux. Donc, le foyer initial de tous ces foyers, c'est le roi [1].

Ainsi, quelle que soit l'organisation de la société, théocratique, aristocratique, démocratique, la marche de l'imitation suit toujours la même loi : elle va, à distance égale, du

(1) La politicomanie, comme l'ivrognerie, a commencé par être le privilège des classes supérieures. Au dernier siècle, cette fureur sévissait parmi les grands seigneurs, les grandes dames, les lettrés ; pendant que le peuple et même la petite bourgeoisie restaient relativement indifférents à ce genre d'émotion. De nos jours, les classes élevées, instruites, tendent à se désintéresser relativement des questions politiques, ou en parlent avec une modération excessive. Dans les conversations mondaines, ces questions interviennent en passant, entre deux histoires d'actrices, comme on peut le voir par le peu de place qu'elles occupent dans les journaux qui reflètent le « monde ». Mais, à mesure que la passion de ces problèmes dangereux s'apaise en haut, elle descend, en se répandant, de couche en couche sociale, jusqu'au tuf rural. Le moment vient où politicomanie et alcoolisme combinés vont porter au comble la folie des masses. — Je ne veux, certes, pas assimiler la foi et les pratiques religieuses, voire même superstitieuses, aux deux aberrations ci-dessus. Mais il me sera permis d'indiquer, comme une des explications de la religiosité des masses populaires, que le culte, dans la très haute antiquité, a commencé par être un luxe réservé à une élite patricienne, avant de devenir un besoin général vulgarisé parmi les plébéiens.

Ce n'est pas seulement, par bonheur, la passion de la politique qui s'est propagée de la sorte, c'est aussi, et en même temps, l'amour de la patrie. Le sentiment du patriotisme est né d'abord dans les rangs de la noblesse, d'où il est descendu ensuite, et peu à peu, par imitation, dans les rangs de la bourgeoisie et du peuple. On peut en croire sur ce point Perrens, l'historien démocrate. Le « sentiment du patriotisme », dit-il, ne s'est popularisé qu'après la guerre de Cent ans, mais il « était déjà ancien parmi les gentilshommes : dès le xii° siècle il avait paru dans les poèmes qui s'inspiraient d'eux. *Douce France* est, dès lors, une expression favorite de la poésie chevaleresque. Après le désastre de Poitiers, il éclata pour un moment chez les bourgeois et les petites gens. »

supérieur à l'inférieur, et, dans celui-ci, elle opère du dedans au dehors. Il y a pourtant une différence essentielle à noter. Quand les supériorités qui donnent le ton sont transmises par hérédité, ce qui a lieu pour la noblesse ancienne et pour les clergés de castes, ou sont communiquées par consécration (sorte d'hérédité fictive ou d'adoption), comme c'est le cas pour la noblesse acquise et pour le clergé bouddhique ou chrétien, elles sont inhérentes à la personne même, envisagée sous tous ses aspects. L'individu jugé supérieur est copié en tout, et il semble ne copier personne au-dessous de lui, ce qui est vrai, à peu de chose près. Le rapport de modèle à exemplaire est donc à peu près unilatéral. Mais quand, à cette aristocratie fondée sur le lien vital de filiation, réel ou fictif, s'est substituée une aristocratie toute sociale dans ses causes, recrutée par élection spontanée, le prestige s'attache à l'aspect spécial sous lequel l'homme mis en relief est aperçu. On l'imite sous ce rapport, abstraction faite de tous les autres. Il n'y a plus d'homme que l'on imite en tout; et celui que l'on imite le plus est lui-même imitateur à certains égards de quelques-uns de ses copistes. L'imitation, de la sorte, s'est donc mutualisée et spécialisée en se généralisant.

V. — Il ne suffit pourtant pas de dire que l'imitation se propage de haut en bas; il faut préciser, mieux que je ne l'ai encore fait, l'idée qu'il convient d'attacher à la supériorité en question. Dirons-nous que les classes politiquement ou économiquement supérieures sont celles qui donnent toujours le ton? Non. Aux époques, par exemple, où le pouvoir et, avec le pouvoir, la facilité plus grande d'acquérir des richesses, appartiennent aux délégués du peuple, ceux-ci sont *désirés* supérieurs plutôt que *jugés* supérieurs par ceux qui les choisissent et les élèvent. Or, c'est à la supériorité crue et non voulue que s'attache le privilège de se faire

refléter de toutes manières. Vouloir, en effet, qu'un homme
monte, c'est reconnaître qu'il n'est pas haut, et cela seul
souvent l'empêche d'avoir du prestige. Voilà pourquoi tant
d'élus sont si peu prestigieux aux yeux de leurs électeurs.
Mais, dans ce cas, les classes ou les personnes qui ont vraiment du prestige sont les classes qui ont eu à une époque
encore récente le pouvoir et la richesse si elles en sont
actuellement dépouillées, ou les personnes qui, par leurs
talents éminents, appropriés aux circonstances, sont en voie
d'arriver aux honneurs et à la fortune. D'autre part, quand
un homme est depuis longtemps puissant ou riche, la considération lui vient inévitablement avec la conviction, formée
à la longue, qu'il est digne de ces avantages. Ainsi, malgré
tout, il est bien certain que les deux idées de pouvoir et de
richesse sont liées à celle de supériorité sociale.

Mais elles lui sont liées comme l'effet à la cause. Il s'agit
de remonter à celle-ci ; il s'agit de savoir quelles sont les
qualités qui, conduisant ou ayant conduit un homme, un
groupe d'hommes, à la puissance et à l'opulence, le signalent
à l'admiration, à l'envie, à l'imitation ambiantes. Dans les
temps primitifs, c'est la vigueur jointe à l'adresse corporelle, la bravoure physique ; plus tard, l'habileté à la guerre,
l'éloquence à l'assemblée ; plus tard encore, l'imagination
artistique, l'ingéniosité industrielle, le génie scientifique.
En somme, la supériorité qu'on cherche à imiter, c'est celle
que l'on comprend [1] ; et celle que l'on comprend, c'est celle

---

(1) On a remarqué que toutes les provinces romaines à l'ouest de
l'Adriatique ont été plus ou moins facilement romanisées, adoptant les
lois, la langue, les mœurs de Rome (Italie, Sicile, Espagne, Gaule, Ger
manie, etc.), tandis qu'à l'est la civilisation et la langue grecques se sont
maintenues et même propagées après la conquête de la Grèce. C'est que
la supériorité des conquérants était reconnue par les vaincus occidentaux,
Celtes, Ibères, Germains, mais que, en dépit de sa défaite, la nationalité
hellénique se refusa à s'avouer inférieure aux barbares du Tibre, et
garda au contraire l'orgueilleux sentiment de sa prééminence intellectuelle. Par la même raison, les Gallo-Romains, vaincus plus tard, résis-
tèrent à l'assimilation germaine. — Un fait tout à fait analogue se produit toutes les fois qu'une plèbe parvenue au pouvoir se met à imiter

que l'on croit ou que l'on voit propre à procurer les biens
qu'on apprécie, parce qu'ils répondent à des besoins qu'on
éprouve et qui, par parenthèses, ont pour source la vie organique, il est vrai, mais pour canal et pour moule social
l'exemple d'autrui. Ces biens sont tantôt de vastes domaines,
de grands troupeaux, des leudes ou des vassaux nombreux
rassemblés autour d'une immense table, tantôt des capitaux
et une clientèle d'électeurs dévoués ; sans oublier les espérances célestes et le crédit supposé auprès des grands personnages d'outre-tombe, etc.

Si l'on demande : quelle est la série des supériorités
sociales au cours de la civilisation ? je répondrai : elle est
réglée par la série des biens sociaux, de formes si multiples
et si changeantes, qui sont poursuivies successivement par
la majorité des hommes d'une époque ou d'un pays donnés.
Or, cette dernière série elle-même, qu'est-ce qui la pousse
et la dirige ? C'est la suite des inventions et des découvertes
qui se présentent l'une après l'autre à l'esprit humain, s'en-
travant ici, s'entr'aidant là, et dont l'ordre d'apparition,
dans une certaine mesure, indiquée par la logique sociale,
est fatal, irréversible. La découverte des avantages attachés
au séjour des grottes et l'invention des armes en silex, des
arcs et des flèches, des aiguilles en os, du feu produit par le
frottement du bois, etc., ont fait luire aux premiers troglodytes leur idéal de bonheur ; une chasse heureuse, des vêtements de fourrure, du gibier (humain parfois!), mangé au
fond d'une grotte enfumée. Plus tard, la découverte de certaines notions d'histoire naturelle, et l'invention capitale de

les manières et les mœurs de l'aristocratie déchue à laquelle on reconnaît toujours le sceptre des élégances. Le prestige de Rome, de Constantinople, aussi bien que d'Athènes, a grandi par leurs défaites mêmes.
  On le voit, toute l'histoire romaine s'explique, à l'extérieur, par la loi
de l'imitation de haut en bas. A l'intérieur, elle s'explique de la même
manière. La plèbe romaine ne s'est élevée qu'en copiant les mœurs, puis
les attributions des patriciens, et leurs privilèges, à commencer par le
mariage légal.

la domestication des animaux, destinée à des développements immenses, a fait changer l'idéal, et l'on n'a plus
rêvé que grands troupeaux sous la surveillance d'un patriarche. Puis la découverte des premiers éléments d'astronomie, et l'invention de la domestication des plantes, c'est-
à-dire de l'agriculture, la découverte des métaux et l'invention
de l'architecture, ont rendu possible le rêve des grands
domaines peuplés d'esclaves et dominés par un palais, copié
ensuite en maisons. Enfin, la découverte des sciences, depuis
la physique naissante des Grecs et la chimie balbutiante des
Égyptiens jusqu'à nos traités savants, et l'invention des arts
et des industries, depuis l'hymne jusqu'au drame ou depuis
la pierre à broyer le grain jusqu'aux moulins à vapeur, ont
permis de concevoir graduellement la félicité de nos mil-
lionnaires, leur sécurité toute en billets de banque ou en
rentes d'État dans un hôtel de Londres ou de Paris. Voilà
pour la richesse; quant au pouvoir, les mêmes considérations s'appliquent à la succession de ses formes historiques.

Puisqu'il en est ainsi, la réponse définitive à la question
posée se formule d'elle-même : les qualités qui, à chaque
époque et en chaque pays, rendent un homme supérieur,
sont celles qui le rendent plus propre à bien comprendre le
groupe de découvertes et à exploiter le groupe d'inventions
déjà apparues. — Quelquefois, assez souvent même, ce sont
des conditions accidentelles ou extérieures plutôt que des
qualités personnelles qui permettent à un individu d'exploiter plus avantageusement les inventions régnantes ou de
les monopoliser pour un temps ; et, en général, ces deux
causes se combinent. La tribu ou la cité, barbare d'ailleurs
et de race inférieure, où éclôt par hasard une idée civilisatrice, un meilleur procédé industriel, une arme plus puissante, en gardera longtemps le monopole. C'est peut-être à
une chance pareille que les Touraniens ont dû pendant
toute la haute antiquité l'avantage d'exercer presque seuls

la métallurgie. La prospérité phénicienne s'explique en partie par la rencontre sur leur rivage du petit animal qui produit la pourpre; de là une grande industrie d'exportation maritime qui venait fort à propos encourager les dispositions naturelles de ces peuples sémitiques à la navigation. Le premier peuple qui a domestiqué l'éléphant ou le cheval n'a pu manquer d'en tirer un immense profit à la guerre. D'autres fois, le seul fait d'être fils d'un père qui présentait les qualités naturelles exigées par la civilisation de son temps, est une condition avantageuse qui tient lieu de ces qualités; l'idée de noblesse héréditaire vient de là[1]. Enfin, quand un lieu déterminé a eu longtemps le privilège d'attirer les individus les mieux doués relativement aux fins d'une époque, une présomption de supériorité s'attache, comme il a été dit plus haut, au séjour de ce lieu, qui est effective- ment une circonstance des plus favorables à l'heureux em- ploi des ressources fournies par la civilisation du moment. De nos jours, où la science et l'industrie sont les grands corps de découvertes et d'inventions qu'il s'agit de s'appro- prier pour s'enrichir, il est avantageux d'habiter les grandes villes où les savants, les ingénieurs, les capitaux se con- centrent; si bien qu'il suffit souvent à une femme débarquée dans une ville de province, d'être parisienne, pour y donner aussitôt le ton. Pendant la période féodale, où l'art de la guerre, qui était la source de toute la richesse territoriale d'alors, était le privilège habituel des châtelains, l'habitant des châteaux, fût-il page ou *domestique* du seigneur, était présumé bien supérieur au citadin; non en Italie pourtant, où les cités avaient su organiser des milices prépondérantes,

(1) Ajoutons que l'idée de noblesse s'est formée à une époque où, les engins et les procédés militaires étant très simples, les qualités physiques ou morales nécessaires pour leur exploitation se développaient sans peine par une éducation appropriée, et se transmettaient aisément avec le sang — beaucoup plus aisément que les caractères raffinés des cerveaux modernes. Le fils du guerrier puissant était donc à bon droit le plus souvent réputé valeureux lui-même.

qui assujettissaient les châteaux environnants. Quand une cour se fut formée autour des rois, on vit, par des raisons analogues, un courtisan de Versailles éclipser totalement un notable de Paris, la faveur royale étant devenue le bien suprême qu'il s'agissait d'acquérir.

On voit donc que, partout et toujours, la supériorité sociale consiste soit en circonstances extérieures, soit en caractères internes qui permettent d'exploiter avantageusement les découvertes et les inventions connues. Laissons maintenant de côté la première de ces deux sources de la supériorité, les circonstances externes, et ne nous occupons que de la seconde. Ce sont toujours, dans ce cas, des qualités *corporelles* sans nul doute, des qualités organiques et individuelles, qui rendent un homme ou un groupe d'hommes supérieur ; mais cela n'empêche nullement que leur supériorité ne soit toute sociale puisqu'elle consiste dans leur aptitude éminente à servir les fins d'idées sociales. Dès le début même de l'humanité, quand la force physique est réputée régner, le sauvage triomphant n'est pas le plus vigoureux, mais le plus agile, le plus habile à manier l'arc, la fronde ou le bâton, à tailler le silex. De nos jours, un individu a beau être bien musclé, bien pondéré organiquement, s'il ne présente pas cette hypertrophie cérébrale qui, anomalie jadis et condition d'insuccès, est requise normalement par les exigences de notre civilisation, il est condamné à la défaite. Dans l'intervalle de ces deux termes extrêmes, il n'est peut-être pas une particularité de race ou de tempérament, un trait morbide même ou monstrueux, qui n'ait eu son jour de gloire et d'épanouissement. Ramsès, le grand conquérant, exhumé récemment, ne nous a-t-il pas étonnés par son type bestial, quoique royal et autoritaire? Combien de nos criminels-nés qui auraient été des héros en d'autres temps? combien d'aliénés qui auraient eu des statues et des autels !

Mais, à travers cette ondoyante multiformité qu'explique

le caractère *en partie* fortuit des inventions et des découvertes, il est aisé de remarquer, dans l'ensemble, le déclin graduel des aptitudes plutôt musculaires que nerveuses, et le progrès concomitant des aptitudes plutôt nerveuses que musculaires. Le campagnard est plus musclé, le citadin est plus nerveux ; la même différence sépare le barbare du civilisé. Pourquoi cela ? Parce que, d'une part, parmi les inventions et les découvertes qui se produisent, çà et là, à chaque instant, la logique sociale en élimine moins de contradictoires qu'elle n'en accumule de conciliables ; d'où, à la longue, un excès croissant de complication qui nécessite une capacité cérébrale plus développée et une organisation cérébrale plus parfaite ; parce que, d'autre part, l'accumulation des inventions relatives aux machines met au service de l'homme des forces animales, chimiques ou physiques, toujours plus considérables, et le dispense chaque jour davantage d'y ajouter le travail de ses muscles[1].

On le voit, la diversité des races humaines, ou, dans chaque race, la diversité des organisations individuelles, est comme un clavier sur lequel joue librement le génie inventif, sous la haute direction de la logique sociale. De là un corollaire important à l'usage des historiens. Veut-on savoir la cause de la prospérité d'un peuple ou de sa décadence ? Il faut la demander à tel ou tel détail de son organisme qui le rendait particulièrement propre à utiliser les connaissances de son temps, ou à l'apparition de telle ou telle connaissance nouvelle qu'il n'était pas physiquement propre à utiliser comme les anciennes. Les éléments d'une civilisation étant donnés,

(1) Il suit de là que, partout, à un moment historique donné, les classes supérieures sont des races plus croisées, plus complexes, plus artificielles que les classes inférieures. En Égypte, le fellah est resté semblable aux anciens Égyptiens, tandis que ses maîtres ont perdu le type ancien. — Plus une classe est élevée, plus s'élargit pour elle le champ territorial des mariages ; la noblesse française d'ancien régime se mariait d'autant plus loin de son lieu d'origine qu'elle était plus haute. Au sommet se trouvait la famille royale qui avait toute l'Europe pour domaine matrimonial.

veut-on décrire à coup sûr, au moins cérébralement, la race
où elle a brillé, on le peut en se guidant d'après le même
principe. C'est ainsi, instinctivement, qu'on a pu esquisser la
psychologie de l'Étrusque, ou du Babylonien primitif. Un
peuple qui, à l'époque pastorale, très robuste d'ailleurs et
merveilleusement doué pour la chasse, était rendu impropre,
par son agilité même et ses dons plus brillants, au métier
de pasteur, devait fatalement succomber, comme suc-
combe de nos jours, dans une cité industrielle, un tempérament démodé de poète et d'artiste. En général, à chaque
afflux nouveau d'inventions capitales qui refondent la civilisation, correspond l'avènement d'une race nouvelle, soit
parce que la race déjà au pouvoir est née dépourvue des
caractères requis pour le service des idées qui surgissent,
soit parce que, longtemps façonnée par les idées anciennes,
elle a pu avoir ces caractères, mais les a perdus. Toute
civilisation établie finit par se faire une race à soi ; la
nôtre, par exemple, est en train de se fabriquer l'Américain
de demain.

Remarquons en finissant que les cimes sociales, les classes
ou les nations que les autres classes ou les autres nations
imitent le plus, sont celles dans l'intérieur desquelles on
s'imite le plus réciproquement. Les grandes villes modernes
se signalent par une intensité d'imitation interne qui se
proportionne à la densité de leur population et à la multiplicité multiforme des rapports de leurs habitants. De
là le caractère « épidémique et contagieux », comme le
remarque justement M. Bordier[1], non seulement de toutes
leurs maladies, mais de leurs modes, de leurs vices quelconques, de tous les phénomènes marquants qui s'y produisent. Les classes aristocratiques, jadis, étaient remarquables par un caractère analogue, et, à un degré éminent,
les cours royales.

(1) Voir la *Vie des Sociétés*, p. 159.

VI. — La loi que je viens de développer est assurément très simple ; mais je crois que peut-être, en ne la perdant pas de vue, on parviendrait à résoudre certains points de l'histoire demeurés obscurs. Pour n'en citer qu'un, quoi de plus ténébreux que la formation du système féodal dans la la période mérovingienne et carolingienne ? Malgré Fustel de Coulanges, qui a jeté ici des traits de lumière en révélant les origines romaines de beaucoup d'institutions réputées germaines, il reste encore beaucoup de côtés de la question à éclairer, et je ne prétends pas, certes, dissiper ces ombres. Mais je me permets d'indiquer aux historiens éclaireurs de ces obscurités qu'ils n'ont peut-être pas tenu un compte suffisant, entre autres lacunes, des exemples donnés par le roi mérovingien et du rayonnement inévitable de ces exemples. La plupart n'ont pas pris la peine de remarquer que le lien féodal du seigneur avec ses vassaux, tel qu'il est constitué et généralisé aux IXe et Xe siècles, ressemble étrangement au rapport du roi avec ses antrustions, tel qu'il existait dans quelques palais royaux aux Ve et VIe siècles. Ou, s'ils ont remarqué ce fait, ils ne l'ont pas mis à son rang. L'antrustion est dévoué corps et âme à son roi, comme le vassal à son seigneur, en retour de la protection qui le couvre. Il est vrai que, au début, l'antrustionnat est viager, mais il ne tarde pas à devenir héréditaire, et, en outre, propriétaire. « De bonne heure, écrit M. Glasson, des concessions de terre avaient été attachées à l'antrustionnat, et cette dignité se transmit de père en fils longtemps avant que le capitulaire de Kiersky eût reconnu l'hérédité des bénéfices et des offices. » Ainsi, les deux caractères principaux de la féodalité, à savoir la territorialité et l'hérédité, existent chez l'antrustion avant d'exister chez le bénéficiaire. Quoi de plus naturel que de voir dans celui-ci un copiste multiplié de celui-là[1], et, par la même raison, de regarder les bénéficiaires du

(1) Il ne faut pas confondre cet essai de solution donné au problème de

bénéficiaire, les petits vassaux du grand vassal, comme une édition nouvelle imitative du même modèle ? « La question est controversée, se demande cependant M. Glasson, de savoir si le roi seul avait des antrustions, ou si les grands seigneurs pouvaient également en posséder. A notre avis, on ne peut donner aucune raison décisive ni dans l'un ni dans l'autre sens. » Comment admettre que les grands seigneurs aient résisté au désir d'avoir des gardes du corps pareils à ceux du monarque ? Qu'on se rappelle La Fontaine : « Tout petit prince a ses ambassadeurs... » — Autre caractère du lien féodal : le serment de foi et hommage. Lui-même ne serait-il pas la copie multipliée du serment de fidélité prêté au roi mérovingien par ses sujets ? Rien d'analogue à ce dernier serment n'existait sous l'Empire romain. Il serait bien surprenant que cette singularité n'eût pas frappé les yeux, et que, plus tard, quand les suzerains ont exigé de leurs hommes un serment tout pareil, elle ne leur eût pas suggéré cette idée. — Enfin, est-ce que l'origine de la plupart des droits féodaux ne s'explique pas tout naturellement par certains impôts ou certaines redevances qui sont dues au monarque mérovingien ? Par exemple, « l'usage, dit M. Glasson, de faire des libéralités au roi, dans certaines circonstances, notamment à l'occasion de fêtes, de *mariages*, existait déjà sous les Mérovingiens... Les premiers Carolingiens régularisèrent cet usage et firent de ces dons un impôt direct. » Or, plus tard, on voit « sous la féodalité *les seigneurs exiger de semblables libéralités de leurs vassaux* », précisément dans les *mêmes* circonstances de la vie. N'est-ce pas significatif ? — Pourquoi n'aurait-on pas imité ces

la féodalité, avec une hypothèse qui a été émise sur l'origine de la noblesse. On s'est demandé « si la noblesse franque ne dérive pas (physiologiquement), des anstrustions ». M. Glasson le nie, et, ce semble, avec raison. Les nobles sont nés (au sens vital du mot) de fonctionnaires royaux dont les fonctions sont devenues héréditaires. Ce qui n'empêche pas que, en conquérant cette hérédité, ils ont dû songer aux anstrustions, et que, ensuite, ils ont voulu avoir des anstrustions eux-mêmes.

exemples royaux, quand il est reconnu qu'on en imitait tant
d'autres qui, notamment, contribuent à nous expliquer les
caractères revêtus par le servage au moyen âge? On s'est
demandé comment le serf des temps mérovingiens, auquel
son maître pouvait réclamer à peu près arbitrairement
n'importe quel service, était devenu le serf du xi⁰ siècle,
astreint à des redevances fixes? On a répondu en faisant
observer que cette fixité substituée à cet arbitraire a été
innovée d'abord sur les domaines royaux et ecclésiastiques.
« Ce que l'Église, les abbayes, le roi faisaient, dit le savant
auteur déjà cité, les seigneurs l'imitèrent et le cens tendit
partout à devenir invariable. »

Fustel de Coulanges est trop clairvoyant pour avoir tout à
fait méconnu l'importance des antrustions. Dans ses *Origines
du système féodal*, où il étudie minutieusement les sources
romaines, gothiques, germaines de la féodalité, il consacre
quelques pages, mais quelques pages seulement, à la *truste
du roi*, parmi tant d'autres longs chapitres sur le *précaire*
romain, le *bénéfice*, le *patronage*, etc. Il est fâcheux, à mon
humble avis, qu'il ait mis la première de ces institutions au
même rang que les autres, ou même bien au-dessous; et je
crois qu'il se serait gardé de cette erreur s'il eût tenu compte
du penchant universel des hommes à se copier entre eux,
s'il eût considéré surtout le caractère particulièrement contagieux de l'exemple des rois à toutes les époques de l'histoire. En effet, on ne saurait voir dans le précaire romain,
ou même dans le bénéfice et le patronage de toutes provenances, germanique, romaine ou gauloise, que des modes
d'appropriation du sol ou d'assujettissement des personnes
dépourvus de tout caractère militaire et, en général, de
sanction religieuse par le serment. Ce sont là dès coutumes
qui, sans nul doute, ont été les conditions, les racines
mêmes du lien féodal, mais elles ne le constituent pas; elles
sont trop banales, trop répandues chez les nations les plus
diverses, pour suffire à expliquer une des formes de société

les plus originales qui aient paru sous le soleil. C'est seulement quand ces sources différentes se rencontrent en un
confluent singulier à la cour du roi mérovingien, sous une
couleur militaire et sacramentelle, que le germe féodal est
vraiment éclos. L'éminent historien semble, en un passage
remarquable, le reconnaître presque (p. 332). « Nous trouvons déjà ici, dit-il en résumant son trop court chapitre sur
la truste royale, plusieurs traits qui resteront dans la féodalité : nous trouvons d'abord, comme chose essentielle, le
*serment* et le *contrat;* et nous trouvons encore, *comme
forme caractéristique, le serment prêté dans la main du
chef, l'épée au côté;* nous trouvons enfin certains termes
qui sont aussi *caractéristiques,* celui de fidèle, celui d'ami
ou de pair, et surtout le terme germanique qui correspond
au terme de *homme.* » C'est moi qui souligne. Vraiment, on
ne conçoit point que notre auteur n'ait point paru ensuite
attacher plus d'importance à des analogies si frappantes.
On aura beau relire son livre, on n'y découvrira rien, entre
les autres institutions analysées avec tant de soin par lui,
qui rappelle d'aussi près, — il s'en faut de beaucoup, — la
féodalité.

Un seul trait, je le répète, manque à ce tableau d'une
similitude si parfaite : le titre d'antrustion est purement
individuel, il ne se transmet pas par hérédité; c'est par un
accord spontané de volontés qu'on devient antrustion du
roi; au contraire, le titre de vassal, au xᵉ siècle, est héréditaire, et, bien que, à chaque génération, la nécessité d'une
nouvelle investiture, par la prestation d'un nouveau serment de foi et hommage, soit reconnue, elle ne sert en
réalité qu'à attester le caractère originairement contractuel
et volontaire d'un lien devenu à la longue inné et transmis avec le sang. Mais cette différence s'explique par une
autre loi de l'imitation dont nous allons maintenant parler, la loi de la mode s'enracinant en coutume, c'est-à-dire
de la consolidation héréditaire de ce qui a commencé par

se répandre contagieusement de contemporain à contemporain.

Au demeurant, l'hypothèse historique qui précède n'est donnée ici qu'à titre de spécimen des services que pourrait rendre, en des mains plus habiles et plus savantes, l'application des idées générales développées ici.

# CHAPITRE VII

## LES INFLUENCES EXTRA-LOGIQUES (*Suite*).

———

### LA COUTUME ET LA MODE

La présomption de supériorité qui, à valeur logique supposée égale, recommande un exemple entre mille autres, ne
s'attache pas seulement aux personnes, aux classes et aux
lieux d'où il émane, mais encore à sa date ancienne ou
récente. C'est à cette dernière sorte d'influences que nous
allons consacrer ce chapitre. Il n'est, on le voit, qu'une suite
à la loi de l'imitation du supérieur, seulement envisagée
sous un nouvel aspect. Commençons par poser en principe
que, même dans les sociétés les plus envahies, telles que la
nôtre, par l'importation des locutions, des idées, des institutions, des littératures, étrangères et contemporaines, et
accréditées à ce double titre, le prestige des ancêtres l'emporte encore immensément sur celui des innovations récentes.
Comparons les quelques mots anglais, allemands, russes,
mis en vogue récemment, au fonds de tout notre vieux voca-
bulaire français ; les quelques théories à la mode sur l'évolution ou le pessimisme à la masse des vieilles convictions
traditionnelles ; nos réformes législatives d'aujourd'hui à
l'ensemble de nos codes, aussi antiques que le droit romain
en ce qu'ils ont de fondamental ; et ainsi de suite. L'imita-

tion engagée dans les courants de la mode n'est donc qu'un bien faible torrent à côté du grand fleuve de la coutume ; et il faut nécessairement qu'il en soit ainsi [1]. Mais, si mince que soit ce torrent, ses ravages ou ses irrigations sont considérables, et il importe d'étudier les périodicités de ses crues ou de ses desséchements, qui se produisent suivant une sorte de rythme très irrégulier.

En tout pays une révolution s'opère à la longue dans les esprits. A l'habitude de croire sur parole les prêtres et les aïeux, succède l'habitude de répéter ce que disent les novateurs contemporains ; c'est ce qu'on appelle le remplacement de la crédulité par le libre examen. A vrai dire, c'est simplement, après l'acceptation aveugle des affirmations traditionnelles qui s'imposaient par autorité, l'accueil fait aux idées étrangères qui s'imposent par persuasion. Par persuasion, c'est-à-dire par leur accord apparent avec des idées préexistantes déjà dans les esprits soumis au dogme, c'est-à-dire avec des idées déduites du dogme. La différence, on

---

(1) De même que, au point de vue social, du moins au point de vue de la paix sociale momentanée, sinon éternelle, c'est la communauté des croyances qui importe, bien plus que leur vérité — et de là l'importance majeure des religions ; — pareillement, au même point de vue, ce qui importe, en fait d'instruction publique, par exemple, c'est la communauté des connaissances bien plus que leur utilité ; ou plutôt leur utilité principale consiste dans leur communauté, dans leur diffusion même. Assurément, il est facile de prouver que l'enseignement du grec et du latin n'est pas ce qu'il y a de plus utile aux besoins humains (autres que le besoin dont il va être question), pas plus que les dogmes de telle ou telle religion ne sont ce qu'il y a de plus démontré ; le seul avantage, mais il est grand, de maintenir cet enseignement, c'est de ne pas rompre la chaîne des générations, de ne pas nous rendre trop brusquement et trop complètement étrangers à nos pères et à nous-mêmes, de nous maintenir conformes les uns aux autres et à nos ancêtres dans les classes éclairées, afin que, unis entre nous par les liens de l'imitation des mêmes modèles, nous ne cessions pas de former ensemble une même société. Un adolescent qui saurait beaucoup plus de choses utiles et vraies que n'en savent les élèves de nos collèges, mais qui ne saurait pas les mêmes choses, leur serait étranger socialement. C'est là, au fond, la véritable raison, inavouée ou inconsciente, mais profonde, qui perpétue indéfiniment, en dépit des critiques même unanimes, le respect de tant de choses vieillies. Et rien ne confirme mieux la conception du lien social développé dans ce livre.

le voit, n'est pas dans le caractère libre ou non de l'acceptation. Si les affirmations traditionnelles ont été acceptées,
je ne dis pas moins librement, mais plus promptement et
avec plus de force, par l'esprit de l'enfant, et s'y sont imposées par autorité, non par persuasion, cela signifie que
l'esprit de l'enfant était une table rase quand les dogmes
y sont entrés, et que, pour y être accueillis, ils n'ont eu ni
à y confirmer ni à y contredire nulle idée déjà établie. Il
leur a suffi pour cela d'éveiller une curiosité nouvelle et
aussitôt de la satisfaire tant bien que mal. — Voilà toute la
différence. Il en résulte que l'imposition autoritaire a dû
forcément précéder l'imposition persuasive, et que celle-ci
vient de celle-là.

En tout pays, pareillement, une autre révolution parallèle
à la précédente s'accomplit dans les *volontés*. L'obéissance
passive aux ordres, aux coutumes, aux influences des ancêtres, y est non pas remplacée, mais neutralisée en partie
par la soumission aux impulsions, aux conseils, aux suggestions des contemporains. En agissant suivant ces derniers
mobiles, le citoyen des temps nouveaux se flatte de faire un
*libre choix* entre les propositions qui lui sont faites ; mais,
en réalité, celle qu'il agrée, celle qu'il suit, est celle qui
répond le mieux à ses besoins, à ses désirs préexistants et
résultant de ses mœurs, de ses coutumes, de tout son passé
d'obéissance.

Les époques et les sociétés où règne exclusivement le
prestige de l'ancienneté sont celles où, comme dans la Rome
antique, *antiquité*, outre son sens propre, signifie *chose
aimée*. *Nihil mihi antiquius est*, rien ne m'est plus cher,
disait Cicéron. En Chine, de même, et en Sibérie[1], pour
plaire aux gens qu'on rencontre, on leur dit qu'ils ont *l'air
âgé*, et, par déférence, on appelle *frère aîné* son interlo-

_____

(1) Voir sur ce dernier pays Dostoïesky, *Maison des Morts*. Dans le
même peuple, en parlant d'un homme de vingt ans, on dit : « Mes res-
pects au vieillard un tel. »

cuteur. Les époques et les sociétés régies plutôt par le prestige de la nouveauté sont celles où il est proverbial de dire :
tout nouveau, tout beau. D'ailleurs, la part de l'élément
traditionnel et coutumier est toujours, je le répète, prépondérante dans la vie sociale, et cette prépondérance se révèle
avec force dans la manière dont se répandent les innovations
même les plus radicales et les plus révolutionnaires ; car
ceux qui les accréditent ne parviennent à les propager que
par le talent de la parole ou de la plume, en maniant supérieurement la langue, non pas la langue scientifique, philosophique, technique, toute hérissée de termes nouveaux,
mais la vieille et antique langue populaire, si familière à
Luther, à Voltaire, à Rousseau. C'est toujours sur le vieux
sol qu'il faut prendre point d'appui pour ébranler les vieux
édifices ou pour en élever de nouveaux. C'est sur la vieille
morale aussi qu'on se fonde pour introduire en politique des
nouveautés.

Je devrais, ce semble, subdiviser la distinction ci-dessus
établie entre l'imitation du modèle sien et ancien et l'imitation du modèle étranger et nouveau. Ne peut-il pas se
faire que le modèle ancien soit prestigieux, quoiqu'il ne soit
ni parent, ni compatriote, et que le modèle nouveau ait du
prestige en d'autres temps quoiqu'il ne soit pas étranger à
la famille ni à la cité ? C'est certain, mais c'est assez rare
pour qu'il ne vaille pas la peine de distinguer. Les époques
où la devise principale est : « tout nouveau, tout beau, »
sont essentiellement *extériorisées ;* du moins à la surface,
car nous savons qu'au fond elles sont plus pénétrées qu'elles
ne le croient de la religion des aïeux ; et les époques où l'on
a pour maxime unique : « tout antique, tout bon, » vivent
d'une vie tout intérieure. Quand le passé de la famille ou de
la cité n'est plus jugé vénérable, à plus forte raison tout
autre passé a-t-il cessé de l'être ; et le présent seul semble
devoir inspirer le respect ; mais, à l'inverse, dès lors qu'il
suffit d'être parents ou compatriotes pour se juger égaux,

l'étranger seul, en général, semble devoir produire l'impression respectueuse qui dispose à imiter : l'éloignement dans l'espace agit comme naguère l'éloignement dans le temps. — Aux époques où prévaut la coutume, on est plus infatué de son pays que de son temps, car on vante surtout le temps de jadis. Aux âges où la mode domine, on est plus fier, au contraire, de son temps que de son pays.

La révolution que j'ai indiquée est-elle universelle et nécessaire ? Oui, puisque, indépendamment même de tout contact avec une civilisation étrangère, une tribu donnée, sur un territoire donné, doit voir fatalement sa population croître sans cesse, d'où résulte, non moins inévitablement, le progrès de la vie urbaine. Or, ce progrès a pour effet l'excitabilité nerveuse qui développe l'aptitude à l'imitation. Les peuples primitifs, ruraux, ne savent imiter que leurs pères, et prennent ainsi l'habitude de s'orienter vers le passé, parce que la seule époque de leur vie où ils aient pu recevoir l'empreinte d'un modèle est leur enfance, âge caractérisé par son nervosisme relatif, et que, enfants, ils sont sous la domination paternelle. Au contraire, chez les adultes des villes, la plasticité, l'impressionnabilité nerveuse s'est assez bien conservée en général pour leur permettre de se modeler encore sur de nouveaux types, accueillis du dehors.

A cela on peut objecter l'exemple de ces peuples nomades, Tartares, Arabes, etc., qui, actuellement, et depuis de longs siècles, paraissent voués au traditionnalisme incurable. Mais peut-être, ou plutôt sans nul doute, cet état d'immobilité actuelle est la fin du cycle historique qu'il leur était donné de parcourir, l'équilibre qu'ils ont atteint à la suite d'étapes antérieures pendant lesquelles leur demi-civilisation s'est formée par des importations successives. En effet, non moins nécessaire que la révolution indiquée est la révolution inverse. L'homme n'échappe, et toujours incomplètement, au joug de la coutume que pour y retomber, c'est-à-dire pour fixer et consolider, en y retombant, les conquêtes dues à son émancipation temporaire. Quand il a beaucoup de vitalité et de génie, il en sort de nouveau, et conquiert encore, mais de nouveau se repose, et ainsi de suite. Telles sont les péripéties historiques des grands peuples civilisés. On en a la preuve notamment en observant que la vie urbaine n'y est pas en progrès continu, mais que, après des accès de fièvre comme celui qui sévit dans l'Europe actuelle, elle subit des reculs par intermittence et laisse la vie rurale se développer à ses dépens. Celle-ci se développe alors de toutes façons, non seulement par l'accroissement numérique de la population disséminée dans les campagnes ou les bourgs, mais par l'accroissement du bien-être, de la richesse, des lumières, en dehors des grands centres. Une civilisation parvenue à sa maturité est toujours et essentiellement rurale, — la Chine, par exemple, l'Égypte antique, le Pérou des Incas (?), l'Europe féodale du XIIIe siècle, en ce sens que le niveau des villes y reste stationnaire pendant que celui des campagnes continue à y monter. Notre Europe elle-même, suivant toutes les probabilités, malgré l'invraisemblance apparente de cette hypothèse, court à un avenir pareil.

Mais ce retour final de l'esprit de mode à l'esprit de coutume n'est nullement une rétrogradation. Il faut, pour le bien comprendre, l'éclairer des analogies offertes par la nature vivante. Remarquons que chacune des trois grandes formes de la Répétition universelle, l'ondulation, la génération et l'imitation, se présente d'abord comme liée et assujettie à la forme antécédente d'où elle procède, mais tend bientôt à s'en affranchir, puis à se la subordonner. Nous voyons la génération, dans les espèces végétales et animales les plus inférieures, esclave de l'ondulation; leur vitalité, dans ses périodes de torpeur et de réveil alternatifs, suit exactement les phases des saisons, de la lumière et de la chaleur solaires, plus ou moins abondantes en ondes éthérées qui stimulent les molécules vibrantes des substances organiques. Mais, à mesure que la vie s'élève, elle consent moins docilement à tourner comme une toupie sous le fouet des rayons du soleil ; et, quoiqu'elle ne puisse jamais se passer de cette flagellation forcée, elle la transforme graduellement en flagellation à volonté. Elle y parvient grâce à divers procédés qui lui permettent d'emmagasiner les produits du rayonnement solaire, d'avoir à la portée du système nerveux des provisions de combustible intérieur toujours prêtes, de substances explosibles toujours menaçantes, et de les brûler, de les faire éclater à son gré, non au gré des saisons, pour se donner elle-même le stimulant vibratoire indispensable à l'effort musculaire, au coup d'aile, au bond, au combat. Il vient un moment où, loin de dépendre des forces physiques, c'est-à-dire des grands courants d'ondes éthérées ou moléculaires et des combustions qui les engendrent, elle en dispose dans une large mesure ; à savoir quand l'homme, qui, jusque dans les derniers raffinements de ses civilisations, demeure un simple être vivant, fait du jour la nuit, de l'hiver l'été, du nord le midi, dans ses capitales, en allumant ses lampes, ses becs de gaz, ses hauts fourneaux, ses foyers de locomotives, et asservissant, l'une après l'autre, toutes les énergies ondulatoires de la nature, la chaleur, l'électricité, la lumière même du soleil.

Des rapports analogues aux précédents me paraissent unir la génération à l'imitation. Au début, il convient de même que celle-ci s'attache timidement à celle-là, comme la fille à la mère. Aussi voyons-nous que, dans toutes les sociétés très primitives, le privilège d'être obéi, d'être cru, de donner l'exemple, est lié à la faculté d'engendrer. On imite le père parce qu'il est générateur. Une invention n'a la chance d'être imitée qu'à la condition d'être adoptée par le *pater familias*, et le domaine de son extension s'arrête aux limites de la famille. Pour que sa propagation se développe, il faut que la progéniture se multiplie. En vertu du même principe ou de la même liaison d'idées, à une époque déjà moins ancienne, la transmission du pouvoir sacerdotal ou

monarchique ne saurait être conçue que par voie héréditaire.
et le principe vital règle la marche du principe social.
Chaque race alors a sa langue, sa religion, sa législation, sa
nationalité propre. — Entre parenthèses, l'importance
exorbitante qu'on a voulu donner de nos jours en histoire à
l'idée de race, point de vue naturaliste explicable d'ailleurs
par le progrès remarquable des sciences naturelles, est une
sôrte d'anachronisme.

Mais, dès l'origine, toute découverte, toute invention se
sent à l'étroit dans les limites de la famille, de la tribu,
même de la race, et aspire à se répandre par une voie moins
lente que la procréation des enfants; de temps en temps il
y en a quelqu'une qui franchit ces limites et se fait imiter
au dehors, frayant le chemin aux autres. Cette tendance de
l'imitation à s'affranchir de la génération se dissimule
d'abord sous le masque ingénieux de celle-ci : l'adoption, par
exemple, filiation fictive; la naturalisation des étrangers,
adoption nationale. Elle se manifeste plus hardiment par
l'accession des étrangers au culte national (des Gentils, par
exemple, aux rites juifs et chrétiens depuis saint Paul), et
l'apparition des religions dites prosélytiques, par la substitution du sacerdoce électif ou *consacré* au sacerdoce héréditaire, ou d'une présidence élective à l'hérédité du pouvoir
suprême; par la faculté accordée aux classes inférieures
de participer aux honneurs des classes élevées (par exemple
aux plébéiens de devenir préteurs ou consuls comme les
patriciens); par l'empressement croissant à apprendre les
langues étrangères ou le dialecte dominant de son propre
pays au préjudice de son patois local, et à copier tout ce qui
se signale à l'attention dans les mœurs, les arts, les institutions de l'étranger.

Enfin, après s'être émancipé, le principe social à son
tour devient despote et commande au principe vital. Au
début, un faible corps d'inventions, un embryon de civilisation, n'avait chance de se répandre que s'il se trouvait

convenir à la race où il apparaissait, et ne pouvait espérer de se répandre que dans la mesure ou elle-même se propagerait. Plus tard, à l'inverse, quand une civilisation conquérante fait son tour du monde, une race quelconque ne peut vivre et se propager que si elle est apte, et dans la mesure où elle est apte, au développement de ce corps puissant de découvertes et d'inventions organisées en sciences et en industries. Alors aussi s'introduit dans les mœurs le malthusianisme pratique, qui peut être considéré comme une forme négative de cet assujettissement de la génération à l'imitation, puisqu'il consiste à restreindre le pouvoir générateur dans les limites prévues de la production, c'est-à-dire du travail, imitateur par essence [1]. La forme positive est donnée, non seulement par le choix de la race la plus apte aux fins de l'idée civilisatrice, comme il vient dit, mais encore par la formation lente de nouvelles races *ad hoc*, nées de croisements inconscients ou intelligents et d'habitudes séculaires. On peut déjà prévoir le jour où l'homme civilisé, après avoir créé tant de variétés animales ou végétales appropriées à ses besoins ou à ses caprices, et pétri à son gré la vie inférieure comme pour s'exercer à un plus haut dessein, osera aborder le problème d'être son propre éleveur, de transformer sciemment et délibérément sa propre nature physique dans le sens le plus conforme aux vœux de sa civilisation finale.

Mais, en attendant ce chef-d'œuvre vivant de l'art humain, cette race humaine artificielle et supérieure, destinée à supplanter toutes les races connues, nous pouvons dire que chacun des types nationaux formés depuis l'aube de l'histoire est une variété fixe du type humain due à l'action longtemps continuée d'une civilisation particulière qui l'a faite incons-

---

(1) Poussé à bout, cet assujettissement négatif de la génération à l'imitation s'exprime par les ordres monastiques où, en même temps qu'on fait vœu d'obéissance (ou plutôt d'obéissance à la fois et de conformité de croyance), on fait vœu de chasteté.

ciemment pour s'y mirer. Depuis moins de deux siècles
nous voyons naître et se fixer aux États-Unis le type
anglo-américain, produit original dont notre civilisation
européenne se fait un admirable outil de propagation et de
progrès sous plusieurs de ses aspects. Dans le passé, il en a
toujours été de même, et c'est pareillement qu'ont apparu
sur le globe, rejetons modifiés du vieux tronc aryen ou
sémite, les types anglais, espagnol, français, romain, grec,
phénicien, perse, hindou, égyptien, et autres créations
vivantes ou mortes obtenues par la domestication sociale.

J'omets à dessein le type chinois, bien qu'il réalise peut-
être l'adaptation la plus complète d'une race à une civilisation, devenues inséparables l'une de l'autre : ici la civilisation semble s'être moulée sur la race autant que la race sur
la civilisation, si l'on en juge par le caractère essentiellement
familial que ce peuple a gardé en dépit de sa prodigieuse
expansion. L'harmonie si complète de ces deux éléments
sans subordination bien sensible de l'un à l'autre n'est pas
la moindre singularité de cet empire unique. Il a su en toute
chose faire beaucoup avec peu ; le national n'y est que le
domestique étendu immensément ; et il en est, sous ce
rapport, de sa civilisation prise dans son ensemble, restée
rudimentaire en se raffinant et s'élevant même assez haut,
comme de sa langue devenue riche et cultivée sans cesser
d'être monosyllabique, cómme de son gouvernement patriarcal et impérial à la fois, comme de sa religion où l'animisme
et le culte des aïeux persistent sous le spiritualisme le plus
épuré, comme de son art aussi gauche et enfantin que subtil, comme de son agriculture aussi simple que perfectionnée,
comme de son industrie aussi arriérée que prospère. En un
mot, la Chine a trouvé moyen de s'arrêter en tout à la première des trois étapes que nous venons d'indiquer, et son
exemple nous prouve que les peuples ne sont point forcés
de les parcourir jusqu'au bout ; mais leur ordre de succession
est irréversible.

Or, qu'arrive-t-il quand, après être née dans une tribu et s'être propagée *coutumièrement* pendant des siècles dans cette enceinte close, puis en être sortie et s'être répandue *par mode* dans les tribus voisines, congénères ou non, en s'y développant, une certaine forme originale de civilisation a fini par fondre toutes ces tribus en une nouvelle variété humaine à son usage qui s'appelle une nation? Ce type physique une fois fixé, elle s'y fixe elle-même; elle semble ne l'avoir créé que pour s'y asseoir; cessant de regarder par delà ses frontières, elle ne songe plus qu'à sa postérité et oublie l'étranger, aussi longtemps du moins qu'une rude secousse extérieure ne la force point à y avoir égard. Tout alors en elle revêt une livrée nationale: et il est à remarquer que toute civilisation, plus tôt ou plus tard, tend à cette période de recueillement et de consolidation. La nôtre même, à nous, Européens, bien que poursuivant dans tous les sens et à travers toutes les variétés de races son mouvement d'expansion, donne déjà des signes manifestes d'un penchant à se choisir ou à se faire une race à elle, exterminatrice et envahissante universellement. Quelle sera cette race élue entre toutes et privilégiée? Sera-t-elle germaine ou néo-latine? Et quelle sera, hélas! la part du sang français dans sa formation définitive? Question anxieuse pour un cœur patriote! — Mais « l'avenir n'est à personne, » dit le poète. — Quoi qu'il en soit, l'imitation, d'abord coutume, puis mode, redevient coutume, mais sous une forme singulièrement agrandie et précisément inverse de la première. En effet, la coutume primitive obéit et la coutume finale commande à la génération. L'une est l'exploitation d'une forme sociale par une forme vivante; l'autre l'exploitation d'une forme vivante par une forme sociale.

Telle est la formule générale qui résume le développement total d'une civilisation quelconque, au moins de toutes celles qui ont pu aller jusqu'au bout de leurs destinées sans mort violente. Mais cette même formule s'applique encore

mieux à chacun des développements partiels d'une société,
petites ondes secondaires qui dentellent en quelque sorte
et constituent cette onde majeure; c'est-à-dire à l'évolution
de chacun de ses éléments pris à part, langue, religion,
gouvernement, droit, industrie, art et morale, comme nous
allons le voir dans les sections suivantes de ce chapitre.

Si la différence des âges de coutume et des âges de mode
n'est pas nettement marquée en histoire, si elle ne frappe
guère les yeux de l'historien, la raison en est que les épidémies d'imitation étrangère, d'innovation moutonnière, sévissent bien rarement dans tous ou dans presque tous les
domaines de l'activité sociale en même temps. Un jour,
elles s'attaquent à la religion pour la révolutionner, le lendemain à la politique ou à la littérature, un autre jour à la
langue, etc. Il en est des peuples comme des individus qui,
si souvent révolutionnaires en politique, sont orthodoxes
et routiniers en religion, ou qui, novateurs en politique,
sont conservateurs puristes et classiques en littérature.

Et les périodes de ces crises sont de très inégales lon-
gueurs dans ces divers cas. Quand, par exception, plusieurs
d'entre elles se rencontrent, comme, par exemple, aux vi[e] et
ve siècles avant J.-C., dans le monde hellénique, et au xvie ou
au xviiie siècle de notre ère, dans notre Europe, ou, de notre
temps, au Japon [1], il est impossible de méconnaître alors le
caractère éminemment révolutionnaire de ces temps et de
ne pas remarquer leur contraste avec les âges dont ils sont
immédiatement précédés ou suivis. Mais de tels synchro-
nismes sont rares. — Sous le bénéfice de cette observation,
appliquons notre division tripartite aux divers aspects de la
vie sociale, et voyons les faits qu'elle explique.

(1) La frénésie d'imitation étrangère qui règne actuellement au Japon
est exceptionnelle, mais ne l'est pas autant qu'on pourrait le penser. J'espère, dans ce chapitre, disposer le lecteur à soupçonner que des fièvres
pareilles à celles-là ont dû apparaître çà et là dès les plus hauts temps,
et que cette hypothèse explique seule bien des faits obscurs.

# I

## LANGUE

Les diverses familles ou les divers clans à l'origine, parlent chacun une langue à part[1], jusqu'au jour où ils commencent à s'agréger en tribu ; alors se fait sentir l'avantage de parler un même idiome ; et, pendant une période plus ou moins longue, l'un de ces idiomes, en général celui de la famille dominante, refoule tous les autres. Les individus des familles dominées, après n'avoir connu ni voulu connaître que la langue de leurs pères, apprennent par mode et par genre celle de leurs maîtres étrangers. Puis, quand la fusion des sangs s'est complètement opérée, la langue de la tribu, grande famille nouvelle, s'enracine après s'être

---

(1) Je suis bien d'accord avec les *monogénistes* du langage sur ce point que le langage n'a pas apparu *spontanément* en une infinité de lieux et de familles humaines à la fois. Certainement, si naturel que *soit devenu* le besoin de communiquer ses pensées à ses semblables, il n'eût point suffi à faire naître partout en même temps l'invention de la parole. Ce besoin, d'ailleurs, remarquons-le, a été développé par la parole qui l'a satisfait, et il ne lui préexistait pour ainsi dire point. Il est infiniment probable que, ressenti très fort, exceptionnellement, par un sauvage de génie, il a donné lieu, dans une famille *unique*, aux premières manifestations linguistiques. De cette famille, comme d'un centre, l'exemple de cette innovation féconde s'est répandu très vite et a procuré tout de suite un avantage si marqué aux familles parlantes sur les familles muettes, que celles-ci n'ont pas dû tarder à disparaître ; en sorte que la faculté de parler a été depuis lors la caractéristique du genre humain. — Seulement — et c'est ici qu'il faut donner raison à M. Sayce et à d'autres philologues éminents contre les monogénistes — ce sont bien moins, sans doute, les premiers produits grossiers de l'invention linguistique qui ont été imités, que cette direction nouvelle de l'esprit inventif. Tout ce qu'il y avait de gens ingénieux dans les familles primitives s'est évertué, en entendant parler pour la première fois, moins à reproduire les articulations entendues qu'à en inventer de pareilles ou d'à peu près pareilles. Telle a dû être la grande occupation de l'imagination naissante. Aussi

répandue. C'est une langue qui, après avoir commencé par
être étrangère à la plupart de ceux qui la parlent, leur est
devenue maternelle à son tour, exclusivement chère à tous
les siens, qui méprisent ou repoussent les parlers du dehors.
Ce n'est pas tout. Il est bon de faire observer dès maintenant
que la famille, j'entends la famille patriarcale, composé déjà
aussi artificiel que naturel, de parents, d'esclaves, d'étrangers adoptés, n'est pas le seul groupe social primitif. Il faut
compter auprès d'elle, comme un ferment essentiel de tout
progrès ultérieur, la réunion inévitable des déclassés et des
réfugiés de toutes les familles, forcés de s'organiser en
horde pour se défendre ou conquérir. Le nombre de ces
bannis doit être d'autant plus grand que la loi domestique
est plus despotique sous le régime patriarcal. Si l'imitation
est la vraie vie sociale, ces éléments physiologiquement
hétérogènes n'auront pas eu de peine, dès les temps les plus
primitifs, à se fusionner socialement. Au point de vue linguistique, ce fusionnement aura eu pour effet la création
d'un langage composite, pareil à ces idiomes hybrides qu'on

Sayce dit-il très bien : « Il est parfaitement clair qu'à une certaine
période de la vie sociale la tendance à s'exprimer en un langage articulé
a dû être irrésistible. L'homme se sera réjoui, non moins que le sauvage ou l'enfant d'aujourd'hui, de déployer cette nouvelle puissance qu'il
venait de déployer en lui. L'enfant ne se lasse jamais de répéter les
mots qu'il a appris ; le sauvage et l'écolier, d'en inventer de nouveaux. »
De là, dès le début du langage, l'infinie multiplicité des langues, et
ce n'est point au commencement, c'est à la fin de l'évolution philologique
qu'il faut rêver l'unité du langage, imaginée par les partisans du monogé-
nisme. « Les races modernes ne sont que le résidu choisi d'une variété
innombrable d'espèces qui ont disparu. On peut assurément en dire autant
du langage... Çà et là quelques (langues) ont été stéréotypées et sau-
vées par une sélection heureuse ; çà et là on découvre les restes de quelques autres ; mais la plus grande partie a péri plus complètement que
les animaux de l'antiquité géologique... Il y avait en Cochilde, nous dit
Pline, plus de trois cents dialectes ; Sagard, en 1631, comptait que, parmi
les Hurons de l'Amérique du Nord, on trouvait difficilement la même
langue non seulement dans deux villages, mais même dans deux familles
du même village. » Et ce n'est pas surprenant, si l'on songe à l'hostilité
permanente qui sépare primitivement toutes les familles. — Voici ce qui
est plus fort : « Dans l'île de Tasmanie, une population de cinquante
personnes n'avait pas moins de quatre dialectes. »

voit se former dans certains ports de mer. Il y a donc eu, dès l'origine et non pas seulement aux âges de décadence, une sorte de syncrétisme philologique, de même qu'une sorte de syncrétisme religieux.

Mais continuons. Plus tard, il advient que les tribus elles-mêmes cherchent à se confédérer et à se confondre, et les mêmes phases se succèdent sur une échelle plus grande : de ces langues propres aux tribus diverses, on passe, après la diffusion de l'une d'elles et le refoulement des autres, à la langue, étrangère d'abord, puis maternelle aussi, de la cité. — Plus tard encore, nouvelle série sur le même rythme : les langues des cités et des provinces qui se concentrent en États, disparaissent devant l'une d'elles qui est adoptée par engouement [1], jusqu'à ce que la langue triomphante devienne enfin une langue nationale, exclusive et jalouse, coutumière et traditionnelle, comme celles qui l'ont précédée. — Nous en sommes là. Mais déjà ne sent-on pas dans toute notre Europe, où le besoin d'alliance et de confédération entre les peuples est si manifeste, les signes avant-coureurs d'une nouvelle période qui va s'ouvrir? La manie des emprunts aux dictionnaires voisins, la rage de faire apprendre aux enfants les langues étrangères, l'annoncent clairement. Partout le néologisme fleurit comme, en d'autres temps, l'archaïsme. Une langue, qui se propage à pas de géant, — je ne parle pas du *volapück,* mais de l'anglais, — tend à devenir universelle. Un jour viendra peut-être où, soit celle-ci, soit une autre quelconque, universellement maternelle, et d'autant plus fixe que plus cultivée, comme il arrive toujours, aussi immortelle qu'étendue, confondra en une même famille sociale tout le genre humain.

(1) Et avec quelle rapidité parfois! En voilà un exemple entre mille : « Il ne s'était pas écoulé, dit Friedländer, *plus de vingt ans* depuis l'entière soumission de la Pannonie quand Velléius Paterculus écrivit son histoire, et déjà la connaissance de la langue, et même des lettres latines, s'était répandue sur une foule de points de cette région inculte, âpre et toute barbare, qui embrassait la partie orientale de l'Autriche avec la Hongrie.

Dans l'intérieur de chaque nation petite ou grande, prise à part, nous observons des effets analogues. Tocqueville a remarqué avec beaucoup de justesse que, dans les sociétés aristocratiques, — où tout est héréditaire et coutumier, nous le savons, — chaque classe a non seulement ses habitudes, mais sa langue à soi qu'elle se taille dans l'idiome commun. « Elle adopte de préférence certains mots qui passent ensuite de génération en génération comme des héritages... On rencontre alors dans le même idiome une langue de pauvres et une langue de riches, une langue de roturiers et une langue de nobles, une langue savante et une langue vulgaire », ajoutons une langue sacrée et une langue profane, une langue *cérémonielle* et une langue usuelle. — Au contraire, « quand les hommes, n'étant plus tenus à leur place, se voient et se communiquent sans cesse », c'est-à-dire quand l'imitation-mode commence à agir sensiblement, « tous les mots de la langue se mêlent, les patois disparaissent. Aux États-Unis, les patois sont inconnus ».

Une langue a deux manières de se répandre par mode. Elle peut, à la faveur d'une conquête ou d'une supériorité littéraire reconnue, être apprise volontairement par l'aristocratie des nations voisines qui renonce la première à ses barbares idiomes et suggère ensuite aux classes inférieures le désir utilitaire ou vaniteux d'y renoncer aussi. — Elle peut, en second lieu, exercer une action très sensible encore chez les nations qu'elle ne parvient pas à subjuguer de la sorte et qui, tout en conservant leur idiome paternel, se mettent à la copier littérairement, à lui emprunter ses constructions de phrase, son harmonie périodique, ses élégances, sa prosodie. Ce dernier genre d'imitation extérieure, appelé culture littéraire des langues, est fréquent en histoire et souvent coïncide avec le premier. C'est ainsi qu'à Rome, au temps des Scipions, non seulement les jeunes nobles apprenaient le grec, mais encore, lorsqu'ils parlaient latin, hellénisaient leur style. C'est ainsi qu'au XVIᵉ siècle, en France, la noblesse apprenait l'espagnol ou l'italien, ou bien accommodait le français en tournures italiennes et espagnoles. Il est probable qu'en remontant plus haut dans le passé, le persan a *persanisé* de la sorte les langues environnantes, et que l'arabe a *arabisé*, etc.

Or, soit sous l'une, soit sous l'autre de ces formes, la mode linguistique aboutit à une coutume. La langue étrangère, apprise et substituée à l'idiome maternel, devient, nous l'avons dit, maternelle à son tour; la culture étrangère importée dans la langue nationale y devient nationale avant peu. En moins d'un siècle, les périodes grecques, les mètres grecs, les tournures grecques, empruntés par le latin, s'étaient incorporés au génie de la langue latine, et leur transmission s'opérait nationalement.

Mais, dans tout ce qui précède, j'ai attribué à l'imitation de l'étranger et du contemporain beaucoup de transformations dues en grande partie aussi à l'imitation du supérieur. Il est, en réalité, bien difficile de séparer ces deux espèces de contagions. La première, cependant, semble se faire seule sentir à certaines époques, et, notamment, à l'époque mal délimitée où sont nées, la nuit, si vite et si obscurément, dans la grande forêt du haut moyen âge, comme autant de cryptogames philologiques, les langues romanes. Les linguistes, à voir ce phénomène en apparence miraculeux, se sont trop hâtés, à l'instar des anciens naturalistes, de l'expliquer par l'hypothèse d'une véritable génération spontanée. J'avoue ne pouvoir me contenter de leur explication, et je crois pouvoir affirmer que ce prétendu miracle restera mystérieux tant qu'on ne partira pas d'une autre idée, à savoir que, vers le IXᵉ siècle de notre ère, l'esprit d'invention s'étant tourné, un peu capricieusement, du côté linguistique, parce que peut-être tout autre débouché lui était fermé à raison des circonstances, un vent de mode, pour ainsi dire, s'est levé, a longtemps soufflé et disséminé aux quatre coins de l'Europe latine et même au delà les nouveaux germes apparus quelque part, n'importe où. Si, comme on nous l'affirme, les idiomes romans étaient nés sur place de la décomposition spontanée du latin, par suite de la rupture de toutes les communications antérieures entre les populations désagrégées de l'Empire, il serait surprenant, d'abord que le latin se fût corrompu partout à la fois, partout également, que, nulle part, en aucune petite région isolée, la vieille langue latine n'eût survécu avec ses déclinaisons, ses conjugaisons et sa syntaxe.

Une telle simultanéité, une telle universalité de corruption en un temps si morcelé, quand il s'agit d'une chose aussi tenace, aussi vivace que la langue, a de quoi émerveiller. De plus, s'il en était ainsi, comment concevoir l'uniformité de composition qui s'observe entre tous les dialectes et toutes les langues qui ont germé ensemble sur le tronc pourri du latin? Entre la langue d'oc, la langue d'oïl, l'italien, l'espagnol, le portugais, le wallon, et entre toutes leurs variétés cantonales, il « existe des analogies intimes et profondes » que Littré admire avec raison, mais où il a le tort de voir l'effet d'une nécessité générale. Était-il donc nécessaire et prédéterminé que partout, sur tous les points à la fois, l'article naquît et fût tiré du pronom *ille*, que partout le parfait indéfini s'ajoutât au prétérit latin et s'y formât à l'aide du verbe *avoir* placé devant le participe passé *j'ai aimé, ai amat, ho amato, he amado*, que partout le mot *mens* fût choisi, arbitrairement, comme suffixe nouveau, pour constituer le nouvel adverbe, *chère-ment, cara-men, cara-mente...?* il est clair que chacune de ces idées ingénieuses est née quelque part, et que de là elle a rayonné partout. Mais c'est ce rayonnement qui serait inexplicable, par sa rapidité et son étendue[1], si l'on n'admettait l'exis-

_____

(1) Il semble avoir dépassé même les limites de l'Empire. J'en vois la preuve dans ce fait que, vers la même époque, l'allemand et le slave même subissent des transformations assez semblables à celles du latin

tence alors d'un courant de mode spécial à l'ordre de faits
dont il s'agit.

Ce serait inexplicable à raison, précisément, de ce morcellement territorial, de cette rupture de toutes les anciennes
communications, qui a faussement paru fournir l'explication du phénomène en question. Rien ne prouve mieux que
cet exemple, au contraire, la réalité et l'intensité des courants intermittents et spéciaux que j'invoque comme une
hypothèse obligatoire. C'est ainsi que, au xvi° siècle, pardessus les frontières si multipliées encore et si hérissées de
ce temps, nous voyons se répandre avec une vitesse inouïe
la doctrine de Luther, en vertu d'un ouragan analogue, religieux cette fois. Elle s'est déployée sur l'Europe entière,
sauf à revêtir dans chaque province, dans chaque région, à
mesure que la force du vent diminuait, une physionomie
spéciale, comparable à la diversité des dialectes romans telle
qu'on la remarque au xi° siècle, après que chaque province a
repris son isolement linguistique. Ne dites donc pas qu'au
ix° et au x°, le latin s'est décomposé de lui-même. Il ne s'est
pas plus décomposé de lui-même que le catholicisme au
moment des prédications luthériennes. Il a fallu, ici et là,
l'introduction de microbes inattendus, vraiment neufs, pour
amener la décomposition qu'on veut leur donner pour cause.
Celle-ci a suivi et non précédé les innovations grammaticales
ou théologiques qui ont transformé la langue ou la religion.
Et, pour vulgariser ces semences, il a fallu une disposition
en quelque sorte épidémique à bien accueillir les nouveautés
étrangères.

En temps ordinaire, cette ouverture hospitalière est remplacée, dans chaque peuple, par une fermeture coutumière

---

devenu roman. « Suivant Grimm et Bopp, comme le fait remarquer
Cournot, l'emploi du verbe auxiliaire pour la conjugaison du temps parfait n'aurait commencé à se montrer dans la langue germanique que vers
le viii° ou ix° siècle. » Explique qui pourra cette coïncidence autrement
que par l'imitation.

en soi. Que l'on compare alors la lenteur extrême avec laquelle une langue, celle même du vainqueur, se propage hors de son lit habituel, à cette conversion linguistique en masse des populations romanes! Que l'on compare aussi au temps qu'il faut, d'habitude, pour arracher çà et là quelques catéchumènes à leur religion natale, les succès extraordinaires de l'apostolat catholique dans tout le monde romain et grec, en Allemagne, en Irlande, pendant les premiers siècles de notre ère, aussi bien que les triomphes foudroyants de Luther à l'époque de la Réforme!

On ne peut pas faire honneur, sinon partiellement, de ces grandes révolutions, au prestige du supérieur. La révolution romane du langage s'est faite et propagée dans le sein des classes populaires et des nations vaincues, comme la révolution chrétienne de la religion, du moins dans les premiers siècles. On ne peut non plus, du moins en ce qui concerne la naissance du parler roman, rendre compte par sa supériorité interne de son triomphe sur le parler latin, bien que les lois logiques de l'imitation s'appliquent ici. Sans nul doute, une fois l'embryon du parler róman substitué à la langue latine, c'est par voie de substitution et d'accumulation logiques, comme il a été dit plus haut, que cet embryon a cru et est arrivé à maturité. Mais la préférence qui, au début, a fait adopter ce langage encore rudimentaire, n'avait certainement rien de rationnel, et, si dans les innombrables *duels logiques* qui se livraient alors entre les formes latines et les formes romanes, ces dernières avaient toujours l'avantage, c'est précisément parce qu'elles avaient le vent de la mode en poupe. On a cependant essayé de justifier le fait accompli en faisant remarquer que l'article, le conditionnel, le parfait indéfini, manquaient au latin et que le roman est venu combler cette lacune... Ainsi, l'admirable instrument qui avait servi aux grands écrivains de Rome n'eût pas suffi aux colons des barbares! Si, d'ailleurs, les innovations dont on parle n'avaient été préférées qu'à titre de perfec-

tionnements, le latin, dont elles ne contredisaient en rien
le génie, n'eût été qu'enrichi par elles. Mais il a été détruit
par elles, car le même esprit qui les appelait, appelait en
même temps des substitutions où je me refuse de voir un
progrès, celle de la préposition aux cas de la déclinaison,
par exemple. Qu'on ne dise pas que le *sentiment délicat* des
flexions de la déclinaison avait dû se perdre par suite de la
grossièreté des esprits. Rien n'entre mieux dans les esprits
grossiers que les subtilités des langues. Loin d'avoir le sens
philologique émoussé, les populations de ce temps l'avaient
si aiguisé qu'elles se sont mises inutilement en frais d'invention linguistique, pour le bon plaisir d'inventer, à ce
qu'il me semble, et parce qu'il faut bien que l'imagination
humaine se tourne de quelque côté. Et admirez le luxe imaginatif de ces primitifs ! Littré, qui les accuse d'avoir perdu,
par rusticité, la clé du latin, ne s'aperçoit pas qu'il se réfute
lui-même en écrivant les lignes suivantes : « Tout homme
occupé d'études sur les langues reconnaîtra combien les
finesses, les nuances grammaticales sont développées *à l'o-
rigine de notre langue*, combien elles se sont émoussées
dans le français moderne, et combien est fausse, je ne cesse
de le répéter, l'opinion qui met la barbarie grammaticale
au début. »

Tout linguiste souscrira sans peine à cette assertion, qui
s'applique aussi bien à la formation des langues aryennes.
Les considérations précédentes, sont propres, je crois, à
ouvrir quelques aperçus sur les conditions sociales qui ont
présidé à leur apparition préhistorique, sur la débauche
d'invention et l'engouement d'imitation d'où elles sont nées.
Ce besoin de révolution linguistique sans raison, par
caprice, est l'une des premières épidémies de mode qui
sévissent chez l'adolescent, comme on peut l'observer dans
les collèges. Elle affecte de même l'adolescence des nations.

Les effets produits dans le domaine du langage par
le passage alternatif de la coutume à la mode et de la

mode à la coutume, sont considérables et manifestes. D'a-
bord, quand l'imitation de l'étranger se joint à celle du
supérieur, on a pu voir qu'elle est toujours un grand progrès,
puisqu'il en résulte un agrandissement graduel du territoire
propre aux langues triomphantes et une réduction du nombre
total des langues parlées. Mais, même quand la mode agit
seule, elle travaille dans le même sens ; car ce n'est pas à
elle qu'il faut reprocher le morcellement linguistique de
l'Europe féodale comparée à l'Empire romain. La faute en
est à la coutume forcément renaissante après elle ; et il est
infiniment probable que, si la mode n'eût pas soufflé pour
propager le roman naissant, le latin abandonné à lui-même
en chaque canton distinct y eût évolué, sans révolution, en
mille directions différentes, d'où eût résulté un morcellement
linguistique bien plus lamentable encore.

Or, la langue étant le plus puissant et le plus indispensable des moyens de communication entre les hommes, on
peut affirmer que les transformations sociales accomplies
sur un territoire dans le sens de l'assimilation niveleuse de
toutes les localités et de toutes les classes, par l'introduction
des locomotives substituées aux charrettes, ne sont rien
auprès des transformations sociales de même sens dues au
débordement d'un grand dialecte par-dessus de petits
patois, — ou d'une langue par-dessus des dialectes. La
similitude linguistique est la condition *sine qua non* de
toutes les autres similitudes sociales, et, par suite, de toutes
les nobles et glorieuses formes de l'activité humaine qui
supposent ces similitudes déjà établies et travaillent sur
elles comme sur un canevas. Spécialement, la période transitoire où une langue se répand par mode, en surface, rend
seule possible, dans un pays, l'avènement de ce qu'on y
appelle (car tout est relatif) une grande littérature. Le maximum de valeur, ou, ce qui revient au même, de gloire, que
les œuvres littéraires peuvent atteindre, est limité par le
nombre de ceux qui peuvent les comprendre : donc, pour

s'élever à une gloire et à une valeur très supérieures à ce
qu'on a vu avant elles, il faut que leur langue déborde très
loin au delà de ses rives anciennes ; sans compter que la
perspective de cette couronne plus brillante à poursuivre
surexcite le génie. Toutefois, cela ne suffit pas. Un peuple
dont la langue se serait unifiée, il est vrai, mais se transfor-
merait à vue d'œil, de génération en génération, par une
suite de fantaisies grammaticales répandues par mode, sans
nulle fidélité rigoureuse à l'usage et aux règles, se prêterait
à l'éclosion d'illustrations éphémères, de chefs-d'œuvre d'un
jour, acclamés aujourd'hui, oubliés demain ; il se refuserait
à la consécration de ces renommées augustes, séculaires,
dont la majesté grandit au cours des âges, parce que chaque
génération nouvelle grossit leur public. Il y aurait là des
littératures brillantes peut-être, il n'y aurait point de littérature classique. Un classique est un ancien novateur littéraire, imité et admiré de ses petits-neveux après l'avoir été
de ses contemporains, parce que sa langue n'a pas changé.
Vivant, il a dû sa célébrité incomparable à la diffusion
récente de sa langue ; mort, il doit à la fixation coutumière
de sa langue son autorité durable.

Les crises de mode, en se succédant, tendent aussi à faire
prévaloir, toutes choses égales d'ailleurs, les innovations
linguistiques les plus propres à faire marcher le langage
dans un certain sens difficile à préciser, mais qui se caractérise dans l'anglais, notamment, par la simplification des
grammaires et le grossissement des dictionnaires, par un
progrès utilitaire dans la clarté et la régularité, non sans
dommage pour les qualités poétiques[1]. Retenons ces caractères qui se répéteront bientôt sous d'autres noms.

---

(1) Même dans la substitution du roman au latin, et malgré les finesses
grammaticales du roman naissant, cette tendance est satisfaite par le
caractère analytique et la construction plus simple de la langue nouvelle.

## II

### RELIGION

On a souvent divisé les religions en deux grandes classes : celles qui sont prosélytiques et celles qui ne le sont pas. Mais la vérité est, en premier lieu, qu'elles ont toutes commencé, même les plus ouvertes, par être jalousement fermées à l'étranger, si du moins on remonte à leur véritable origine. Le bouddhisme, il est vrai, dès sa naissance, appelle à lui les hommes de toute race, mais il n'est qu'un rameau détaché du brahmanisme, et celui-ci n'admet pas d'autre propagation, au moins en principe, que sa transmission par le sang[1]. Quant au christianisme, jusqu'à saint Paul, il ne s'est point propagé hors de la race juive, et d'ailleurs il sort du mosaïsme qui a toujours repoussé les Gentils. Il n'est qu'une *hérésie juive*, disait naguère fièrement un enfant d'Israël. L'islamisme est resté longtemps chose exclusivement arabe, avant de subjuguer tant de nations, et le pontificat armé y était héréditaire parmi les descendants de Mahomet. En Grèce, chaque tribu avait ses dieux avant l'apparition d'Apollon, dont le culte propagé rapidement établit le premier lien fédératif entre les cités helléniques. Les religions closes précèdent toujours les religions ouvertes, par la même raison que les castes précèdent toujours les classes, les monopoles la liberté commerciale, et les privilèges la loi égale pour

(1) Il est vrai, comme l'a observé de près Lyall de nos jours, que, moyennant force fictions, les vieux cultes hindous parviennent par voie de conversion à s'assimiler bien des peuplades non aryennes établies dans l'Inde. Mais elles sont réputées s'être aryanisées. Et, d'ailleurs, ces fictions, par lesquelles on élude la rigueur de la règle ancienne, attestent précisément à quel point celle-ci fut rigoureuse jadis.

tous. Cette fameuse distinction des religions prosélytiques et non prosélytiques, en somme, signifie simplement que le besoin d'expansion, *commun du reste aux unes et aux autres*, se satisfait dans les unes par la transmission des utiles recettes pieuses à la postérité de même race, et à une postérité toujours de plus en plus nombreuse, — ce qui fait désirer si ardemment à l'Hébreu et à l'Aryen antique d'avoir beaucoup d'enfants[1], — tandis que, dans les autres, le même besoin cherche à se satisfaire, d'une manière à la fois plus aisée et plus rapide, par la transmission des dogmes et des rites dont il s'agit aux contemporains de race et de sang quelconques. Dans le premier cas, l'agent propagateur est la coutume ; dans le second, ce que j'appelle la mode. Et le passage du premier au second n'est qu'un progrès extraordinaire de l'imitation, qui, de pédestre, est devenue ailée.

Mais les religions les plus expansives et les plus hospitalières finissent tôt ou tard par se heurter à leurs limites naturelles, et, malgré leurs vains efforts pour ronger ce rivage, malgré même les trouées accidentelles qu'elles y font parfois (comme le mahométisme, qui, de nos jours, au cœur de l'Afrique, est redevenu convertisseur en masse), elles se résignent à s'avouer que telle nationalité ou tel groupe de nationalités congénères est leur domaine unique, désormais infranchissable. Elles s'y recueillent, s'y enracinent, s'y fractionnent même le plus souvent, et leur souci dominant dès lors est, non plus de se répandre chez les

---

(1) Ajoutons que, dans les religions les plus closes, se fait sentir, beaucoup plus qu'on ne le suppose, le besoin d'imitation de l'étranger, la tendance à se mettre à un certain ton international dominant, même en matière religieuse. Par exemple, Israël avant Samuel, se sentit gêné, embarrassé au milieu des autres nations, parce qu'il n'avait pas un dieu national « *à la façon des autres peuples* ». (Voir Darmesteter, *Les Prophètes*.) Il a fallu lui donner à la fois un dieu et un roi sur le patron adopté dans son voisinage. « Donne-nous un roi qui nous juge, *comme en ont les autres peuples*, » dit le peuple hébreu à Samuel. — Certainement, un sentiment pareil a eu pour effet, dans cent autres occasions et pour cent autres peuples, d'unifier le type divin et le type monarchique dans une région plus ou moins vaste.

peuples lointains par voie de conversion et de conquête,
mais de se prolonger et de se perpétuer, par l'éducation des
enfants, dans les générations futures. Toutes les grandes
religions de nos jours en sont à cette phase de recueillement,
qui n'est pas sans fécondité d'abord, avant le déclin qui la
suit.

Mais les trois périodes que je viens d'observer en chacune
d'elles avaient déjà été traversées par les religions inférieures
qui leur servent d'assises ; et ainsi de suite. Au plus bas
degré de l'échelle religieuse, nous trouvons partout le culte
des ancêtres ou de quelque fétiche, religion toute familiale[1].
Il a bien fallu que, même aux plus anciennes époques, le
prosélytisme fût connu et pratiqué, puisque, par-dessus
ces cultes domestiques différents d'une famille à l'autre, un
culte commun, celui du dieu de la cité, est parvenu à s'établir et à étouffer lentement les premiers. Mais il a bien fallu
aussi que cette vogue d'un dieu exotique hors de son foyer
natal ait partout été suivie d'un arrêt et d'un enracinement
sur place, puisque d'exotique il est partout devenu patriotique, et que partout ces dieux des cités se montrent à nous,
dans l'histoire du passé, aussi exclusifs, aussi hostiles les
uns aux autres que pouvaient l'être, à un âge antérieur, les
dieux des foyers. Ainsi le rythme historique des religions
est un passage alternatif du prosélytisme à l'exclusivisme,
et *vice versa*, indéfiniment. On ne saurait affirmer sans
quelque hésitation que l'exclusivisme ait été au premier
bout de la chaîne.

L'inverse pourrait être soutenu. Dans l'Inde, où l'on surprend chaque jour sur le fait la naissance, dans les bas-fonds
de l'hindouisme, de quelque religion très inférieure, Lyall
nous apprend que le point de départ est la prédication d'un

---

(1) Sur l'universalité de la famille patriarcale à l'origine, du moins à
l'origine des peuples destinés à la civilisation, voir la démonstration
étendue qu'en a donnée Sumner Maine dans ses *Études sur l'Histoire du
Droit*. (Trad. fr., 1889.)

réformateur exalté, d'un ascète, d'un célibataire sans enfants, qui a rompu tout lien avec sa famille et sa caste. Il recrute des adhérents de tous côtés; après quoi, par l'habitude que contractent les membres de cette petite chapelle de ne manger et de ne se marier qu'entre eux, la secte devient caste à son tour et finit par se localiser en une famille. Mais ce serait outrer la portée de ce fait contemporain que d'y voir la représentation complète de ce qui a dû se passer à l'origine des religions. Il est précieux cependant en ce qu'il vient confirmer l'hypothèse d'après laquelle, à notre avis, la famille ne serait pas la source unique des sociétés. La bande, la horde, la coterie, de quelques noms qu'on l'appelle, pêle-mêle des bannis ou des émigrants de la famille, serait le premier terme d'une évolution sociale tout autre, mais bientôt entrelacée avec la précédente et prenant exemple sur elle. Tout nous atteste du reste que les religions ont universellement débuté par l'animisme, que la croyance aux dieux a été d'abord la peur des esprits; et il est très probable que l'une des premières et des principales manifestations de l'animisme a été la divinisation des ancêtres morts, que les premiers esprits redoutés ont été surtout des âmes parentes. Quant aux esprits d'une autre origine, forces de la nature personnifiées par un anthropomorphisme, ou plutôt, d'abord, comme nous allons le voir, par un zoomorphisme spontané, n'a-t-il pas fallu l'autorité du père de famille, du chef, pour les faire adopter unanimement? La religion vraiment primitive n'a donc pu se transmettre que par filiation.

A ce sujet, remarquons ce qu'il y a d'étrange dans cette apothéose ancestrale, et surtout dans son universalité. Car, à ces époques grossières où l'on s'est habitué à croire que l'adoration de la force régnait seule, il paraît bien difficile de comprendre ce culte des morts, ce respect des morts, cette obéissance aux morts. Pour avoir l'intelligence de ce phénomène, je crois qu'il faut le rapprocher d'un autre fait

non moins général et non moins primitif : la *gérontocratie*.
Toutes les premières sociétés tant soit peu bien douées et
prédestinées au progrès, ont la vénération et le fétichisme
des vieillards. Mais cet autre fait lui-même, comment le concilier avec le règne brutal de la force? Comment se fait-il
que, dans un monde jeune, parmi des combats perpétuels,
les vieillards ne soient pas relégués au dernier plan? La
plus vraisemblable explication, à mon sens, est celle-ci :
Dans la famille primitive, très close et très hostile à toute
famille même voisine, les exemples du père sur ses enfants,
ses femmes et ses esclaves, doivent posséder une puissance
irrésistible d'entraînement. Le besoin de direction, en effet,
qu'éprouvent ceux-ci dans leur profonde ignorance et à défaut de stimulants extérieurs, ne peut se satisfaire que par
l'imitation d'un homme et de l'homme qu'ils ont l'habitude
d'imiter depuis le berceau. Le prestige exemplaire du père,
du roi-prêtre de ce petit État, est égal à la somme de tous
les prestiges multiples que subit de nos jours, le plus souvent à son insu, un Européen civilisé, dont l'activité se dis-
perse par mille canaux de docilités et de crédulités différentes, sous l'influence de professeurs, de camarades, d'amis,
d'étrangers quelconques, au lieu de se concentrer en un seul
lit de traditions et de coutumes paternelles. Ceci posé, et la
magnétisation en quelque sorte des enfants par le père étant
d'autant plus complète, à l'origine, que le père est plus âgé,
puisqu'elle a eu plus de temps pour agir, on s'explique fort
bien ce fait, mis en lumière par Buckle, que les peuples primitifs sont portés à reculer dans un passé d'autant plus
lointain les géants, les hercules, les génies surhumains,
qu'ils leur attribuent une taille, une force, une intelligence
plus prodigieuses. C'est un effet d'optique, une orientation
de l'admiration, dont le prestige du père suffit à rendre
compte. Le père lui-même tremble devant l'ombre de l'aïeul,
comme ses propres enfants le savent bien. L'idole de leur
idole doit donc paraître à ces derniers un dieu supérieur.

Mais Buckle aurait pu remarquer aussi que, même aux plus vieux âges, à côté de ce culte de l'ancêtre, se fait jour le culte de l'étranger. Ce qui vient de loin n'est pas moins prestigieux pour les barbares et les sauvages que ce qui date de loin. Aussi les merveilles du monde rêvées par eux, les Édens et les Enfers notamment, et les êtres doués d'un pouvoir surnaturel, sont-ils localisés dans leurs légendes aux confins de l'Univers connu. Les Aztèques croyaient qu'une race divine, originaire des rivages lointains de l'est, était destinée à les conquérir un jour; les Péruviens avaient une croyance analogue. Du reste, parmi leurs dieux, on en remarque plusieurs où il est impossible de ne pas reconnaître des conquérants ou des réformateurs étrangers qui ont subjugué ou fasciné leurs pères. Le même fait s'observe dans toutes les vieilles religions. La raison en est que, dès l'antiquité la plus reculée, le prestige du père doit être souvent tenu en échec par quelque prestige extérieur et supérieur, soudainement apparu. Un chef inconnu, venu du fond de l'horizon et réputé invincible, surgit de temps en temps; on tombe à ses genoux, et les dieux pénates sont oubliés pour le moment. Un nouveau venu, important des secrets et des connaissances qu'on admire, est pris pour un sorcier tout-puissant devant lequel tout le monde tremble. Si de telles apparitions se multiplient, il n'en faut pas davantage pour orienter à nouveau l'adoration, et substituer à la fascination du passé celle de la distance [1]. D'ailleurs, il est vraisemblable que l'autorité despotique des maîtres ou des civilisateurs étrangers a dû être copiée sur celle du *pater familias;* et, soit

---

(1) De là l'apothéose des inventeurs, source si importante des mythologies. « Chez les Phéniciens comme chez les Iraniens, l'invention du feu et le commencement du culte divin paraissent mis en étroit rapport. Quand on lit à côté l'une de l'autre les cosmogonies biblique, phénicienne, babylonienne, iranienne, on y reconnaît *un dessein de représenter*, dans la succession des personnages génériques et non des personnages individuels, *la succession des inventions* et des développements qui avaient conduit l'espèce humaine au point où elle était lorsque ces cosmogonies furent écrites. » (Littré, *Fragments de philosophie positive.*)

filiale, soit servile, l'apothéose de ces temps se montre à nous comme une *crainte révérentielle* poussée au suprême degré. Il ne faut donc pas s'étonner si les dieux les plus despotes sont les plus vénérés : les familles autoritairement régies nous donnent encore aujourd'hui le même spectacle. Le caractère terrifiant des dieux antiques et le caractère humiliant des cultes antiques n'ont donc pas une source dont l'homme doive rougir. Et l'on comprend la persistance de telles croyances dans les sociétés anciennes, puisqu'elles découlaient du principe social sans lequel ces sociétés n'eussent pas été possibles. Aussi, quoique l'athéisme eût été sans contredit un immense soulagement de cœur pour le fidèle, une désoppression de sa terreur constante, l'athéisme ne pouvait se propager à une époque où il eût été un suicide social.

Cependant, aux premiers débuts de l'humanité, l'isolement des familles humaines clairsemées dans un océan d'animalité grondante, a dû être si grand que leurs rencontres et leurs luttes n'ont pu être bien fréquentes. La cause que je viens d'indiquer n'a donc pu avoir toute son importance que plus tard. En revanche, il est alors une autre catégorie de fascinateurs étrangers qui a dû jouer, ce me semble, dans la formation des très antiques mythologies, un rôle prépondérant, méconnu ou insuffisamment apprécié par les mythologues. Ce sont les grands fauves et les serpents venimeux d'abord, puis les animaux domestiques. Et je m'attache à ce côté des mythologies parce qu'ici se montre à nous, dès les âges les plus reculés, l'action de la mode isolément agissante et non confondue avec l'imitation du supérieur, comme dans les progrès dont il vient d'être question.

Aujourd'hui, nous faisons la *chasse* aux bêtes, mais nos premiers ancêtres leur faisaient la *guerre*. C'est contre les bêtes surtout qu'ils étaient forcés de guerroyer toujours, soit pour s'alimenter, soit pour se défendre. « Aussi souvent gibier que chasseur, » l'homme naissant était loin, sans nul doute, d'éprouver pour les lions, les ours des cavernes, les rhinocéros, les mammouths, avec lesquels il livrait des batailles quotidiennes aux émouvantes péripéties, le mépris que nous inspirent les lièvres et les perdreaux de nos plaines, voire même les loups et les sangliers de nos dernières forêts. La fin de l'époque tertiaire et le début de l'époque quaternaire, c'est-à-dire de l'âge où l'homme commence à poindre, se caractérisent par une formidable « émission de carnassiers ». J'amais faune si meurtrière ni si intelligente à la fois n'avait apparu sur la terre. Éléphants, rhinocéros, tigres de 4 mètres de long, lions, hyènes, etc., tous appartenaient à des espèces éteintes dont les espèces actuelles ne sont que les pâles images, et faisaient de l'homme leur pâture habituelle. Devant ces belligérants terribles, encore plus que devant les grands hommes de proie des tribus voisines, il frissonnait de cet effroi sacré qui est le commencement de toute dévotion. Aussi, quand, se trouvant ensuite devant un grand phénomène quelconque, tempête, phases de la lune, lever et coucher du soleil, etc., il l'*anime* pour le comprendre, la personnification qu'il en fait spontanément est plutôt animale qu'humaine. Personnifier, pour lui, c'est animaliser encore plus qu'humaniser. Si les dieux primitifs, depuis le Panthéon scandinave jusqu'à l'Olympe aztèque, sont tous altérés de sang et exigent impitoyablement un tribut périodique de vies humaines, dont on leur sert plus tard l'équivalent en vies animales, jusqu'à ce que l'ombre seule et le simple symbole végétal en subsistent dans l'hostie chrétienne ; si toutes ces divinités archaïques sont cannibales, n'est-ce pas parce que l'homme les a conçues, non pas précisément à l'image de lui-même, mais sur le type de ces grands monstres surhumains, carnassiers ou reptiles, qui si souvent le dévoraient ?

Cette hypothèse permet de juger l'homme primitif supérieur à ses dieux puisqu'elle explique la férocité de ceux-ci non par sa méchanceté prétendue, mais par les dures con-

ditions de son existence précaire, anxieuse, exposée à tant
de périls. Or, rien ne vient à l'appui de l'hypothèse ordinaire, suivant laquelle l'homme aurait modelé ses dieux sur
soi : ils lui ressemblent si peu ! Ils sont immortels et invul-
nérables, lui si éphémère ! Ils sont le caprice incarné, lui la
routine même. Ils commandent en maîtres à la nature ambiante; lui se prosterne devant le moindre météore. Au contraire, ma conjecture, on l'a vue, se fonde sur de sérieuses
considérations. J'ajoute que l'universalité des dieux sangui-
naires s'explique naturellement par l'universalité des bêtes
féroces; et ce point de départ identique pour toutes les races
explique à son tour la similitude des phases traversées par
l'évolution religieuse : sacrifices humains, sacrifices d'animaux, offrandes végétales, symbolisme spirituel.

En outre, si notre point de vue est vrai, il s'ensuit que,
dans un âge ultérieur, quand le refoulement commencé de
l'animalité et le flot montant de l'humanité ont fait croître
l'importance de la guerre entre hommes et diminuer celle de
la guerre des hommes contre les bêtes, les dieux à forme
humaine ont dû l'emporter décidément sur les dieux à forme
bestiale. Précisément, cette humanisation graduelle des divinités est un des faits les mieux démontrés. Les dieux égyptiens à face d'homme sur un corps de bête ou à face de bête
sur un corps d'homme, nous présentent la plus antique
transition connue entre les dieux *zoomorphiques* de la préhistoire et les dieux purement *anthropomorphiques* graduellement élaborés par les Grecs. Transformation profonde, qui
ne pouvait s'accomplir sans bouleverser l'idée divine. Le
dieu, à l'origine, était éminemment le *destructeur*, tandis
qu'il est avant tout, pour nous, le *créateur*. Des dieux belliqueux ne sauraient être que des triomphateurs ; et, à la
guerre, triompher c'est détruire.

Incidemment, il me semble que l'antropophagie habituelle
ou rituelle des premiers peuples s'éclaircit par ce qui précède. Quand il arrivait à l'homme d'alors, et c'était fréquent,

d'être battu dans ses combats contre les monstres, il était toujours dévoré. Par suite, quand il les terrassait d'aventure, il se faisait un devoir de les immoler et de les manger, si coriaces qu'ils pussent être, non seulement pour s'en nourrir, mais pour exercer des représailles, suivant l'éternelle coutume du talion militaire[1]. Cela posé, que devait-il se passer quand deux tribus se battaient l'une contre l'autre? Ce combat accidentel s'intercalait parmi les combats accoutumés contre les grands carnassiers, et y rentrait comme l'espèce dans le genre. Aussi, naturellement, se faisait-on une loi de traiter les captifs ou même les cadavres des vaincus comme on traitait chaque jour les animaux battus ou pris au piège : on les sacrifiait et on les mangeait solennellement dans un festin triomphal. Le premier triomphe a dû être un banquet. Ainsi, le cannibalisme serait né originairement par imitation des usages de la chasse primitive, quoique, postérieurement, il ait pu être entretenu par d'autres motifs d'ordre utilitaire ou mystique[2].

(1) C'est ce qui explique sans doute pourquoi, dans les grottes préhistoriques, nous ne trouvons, parmi les instruments de silex, aucun squelette d'animal complet, même d'ours des cavernes.

(2) Ajoutons une considération d'ordre plus sentimental et qui présenterait sous un jour encore plus favorable l'adoration primitive des bêtes. Le groupe social à l'origine est si étroit qu'il ne saurait suffire à satisfaire le besoin de sociabilité développé par lui-même. *Ce besoin croît plus vite, beaucoup plus vite que ce groupe.* Il reste donc à déverser sur les êtres de la nature, sur les animaux principalement, qui sont en perpétuel contact avec les primitifs, une partie des sentiments du cœur qui ne trouvent pas suffisamment à s'employer dans les relations de l'homme avec ses semblables, clairsemés sur la terre, et surtout avec ses semblables amis et associés, les seuls qu'il puisse fréquenter. — De là peut-être *en partie*, l'explication de ce rôle si grand que joue l'animalité, fauve ou domestique, dans la vie des sauvages et des premiers troglodytes. Leur zoolâtrie ou plutôt leur thériolâtrie, est attestée par leurs dessins de mammouths, de baleines, de lions, etc., sur leurs plaques d'ivoire, sur leurs bâtons de commandement.
- Goblet d'Alviella a bien raison de voir dans ces ébauches d'art une réponse au besoin de dieux plutôt qu'à des besoins esthétiques encore non éclos. Ces dieux mystérieux, ces dieux-bêtes, ont dû inspirer une terreur étrange, égale en étrangeté à leurs formes monstrueuses ; et aussi une piété singulière, une admiration servile et, malgré sa servilité, touchante, une adoration vraie : de tout temps ce qui épouvante finit par être

On voit combien les considérations précédentes sont propres à expliquer un fait qui étonne fort les mythologues et
a provoqué de leur part les hypothèses les plus contradictoires : c'est le fait que les plus anciens dieux des diverses
mythologies, dans toutes les parties du monde, ont été des
animaux, des bêtes sauvages, souvent des bêtes féroces, et
que si, par le progrès des âges, leur caractère zoomorphique,
*thériomorphique*, s'est recouvert d'un anthropomorphisme
graduel, il n'est jamais impossible de retrouver le fauve
divin sous le dieu humanisé [1]. Le compagnon animal d'un
dieu a commencé par être ce dieu lui-même, aussi bien l'oie
de Priape, le coucou de Héra, la souris d'Apollon, la chouette
de Pallas, que l'oiseau-mouche du dieu aztèque Huitzilo-
pochtli. Il est prouvé qu'antérieurement à l'invasion des
Pasteurs, « les dieux (égyptiens), toutes les fois qu'ils apparaissent sur un monument, sont représentés par des animaux ». — Cette déification universelle de la faune ambiante
(parfois de la flore), l'expliquerons-nous, avec Lang, comme
la suite du totémisme, de l'usage universel chez les sauvages
et les peuples primitifs de reconnaître pour premier ancêtre
de la tribu un animal ? Rattacherons-nous par suite le culte
des animaux au culte des ancêtres? Non, je crois qu'ici on
prend l'effet pour la cause ; ce n'est point le totémisme qui
explique la déification des animaux, c'est celle-ci qui peut

adoré. Mais cette zoolâtrie n'est qu'un côté des rapports demi-sociaux
que l'homme primitif a créés entre lui et la nature animale. D'autre part,
il est probable que les animaux domestiques lui inspiraient une tendresse
toute paternelle ou toute filiale, dont il reste encore quelque chose dans
les traitements affectueux dont les bœufs et les vaches sont l'objet de la
part du paysan qui les soigne tous les jours et ne s'en sépare jamais sans
regret de cœur. Cet esclave animal, comme l'esclave humain du même
temps, s'incorporait facilement à la famille.

Il est donc probable que, à l'origine, les cordes du cœur mises en vibration par la nature, et surtout par l'animalité, avaient, comparées à celles
que la société humaine fait vibrer, une importance très supérieure à leur
importance relative actuelle. — On cherchait à créer une société véritable avec les bêtes; d'où *le langage prêté aux animaux*, comme le suppose avec raison Goblet d'Alviella.

(1) Je renvoie sur ce point à la *Mythologie* de M. Andrew Lang.

seule expliquer raisonnablement le totémisme [1]. L'animal
n'a été réputé un ancêtre qu'après avoir été déifié. Or,
pourquoi a-t-il été déifié ? Parce qu'on a été frappé de
terreur ou d'admiration en le regardant, ou tout simplement parce qu'il a causé un jour une vive surprise due
sans doute à quelque observation mal faite à travers quelque
vision d'ignorant. Le premier animal, le premier être naturel qu'un sauvage a été curieux d'étudier, lui a ouvert
un nouveau monde, le monde extra-familial, ou plutôt
lui a fait une trouée nouvelle dans ce monde que le gron-
dement continuel des fauves ne lui avait jamais permis
d'ignorer complètement. Vu à travers ses rêves ou ses ter-
reurs, l'animal, vulgaire ou terrible, lui a révélé hors de lui
autre chose digne d'intérêt que lui et les siens. Cet animal,
donc, cet étranger dont il a senti et subi le prestige, l'a
arraché au prestige exclusif de ses ancêtres divins et de ses
maîtres despotiques; et, si ensuite l'animal divinisé a pris
rang, et un rang supérieur, en tête de ceux-ci, il n'en est
pas moins vrai que ce culte nouveau, loin de dériver du
culte domestique, a dû lui faire opposition. Au premier
début de l'humanité, où l'animalité dominait, l'étranger sur
lequel l'homme devait chercher à prendre exemple, à la fascination duquel il devait céder, quand il échappait à la fascination des aïeux, ne pouvait être d'ordinaire que bestial,
quoique, de temps à autre, et de plus en plus fréquemment
dans la suite, la rencontre d'autres tribus permît aussi à
l'étranger humain de jouer un rôle analogue. Il est certain
qu'il y a deux espèces capitales de mythes se côtoyant étrangement dans toutes les vieilles mythologies : les mythes

(1) Ce que j'admets sans peine, en revanche, c'est que l'interdiction, si
fréquente, dans les anciennes religions, de manger la chair de certains
animaux, s'explique par le totémisme, et nullement par des considérations d'hygiène; considérations trouvées après coup, comme celles que
trouve toujours la somnambule prête à agir par suggestion, pour se justifier à ses propres yeux l'acte d'obéissance inconsciente qu'elle va commettre.

relatifs aux dieux animaux et les mythes relatifs aux dieux
ou héros civilisateurs. Rien de plus incompréhensible qu'une
juxtaposition si bizarre, à moins d'admettre notre point de
vue qui ne voit dans ces deux catégories mythiques que des
variétés d'un même genre. Les unes comme les autres attestent, dès les temps les plus anciens, l'action des prestiges
extérieurs et contemporains, source de la mode, en contraste avec les prestiges paternels, sources de la coutume.

Continuons. Je n'ai pas fini d'énumérer les principales
sources où ont puisé les religions primordiales. Pour achever
cette recherche conjecturale, qui est quelque peu une digression, je dirai qu'après les bêtes féroces les animaux domes-
tiqùes ont été et ont dû être divinisés. Les dieux bons ont
pris place de la sorte auprès des dieux mauvais, et ainsi se
place une phase transitoire, bonne à remarquer, entre le *thé-
riomorphisme* et l'anthropomorphisme divins, sans compter
les transitions déjà indiquées plus haut. Songeons, en
effet, à l'immense et bienfaisante transformation qui s'est
produite le jour où, au milieu de la petite colonie humaine
sans industrie, sans agriculture, sans autre moyen d'existence que la chasse à l'arc et la pêche au harpon, un sauvage de génie a imaginé d'apprivoiser un chien, un mouton,
un renne, une vache, un âne, un cheval[1]. Qu'est-ce que l'ensemble de toutes nos inventions modernes auprès de cette
invention capitale, la domestication ? C'était la première
victoire décisive sur l'animalité ; or, en fait d'accidents historiques, le plus grand et le plus surprenant sans contredit
est celui qui a seul rendu l'histoire possible, à savoir le

---

(1) L'importance des inventions relatives à la domestication a été si
grande — comme plus tard celle des inventions relatives à la conquête
des minéraux — qu'elle a paru suffire à caractériser les civilisations différentes. De même qu'on a distingué l'âge de la pierre éclatée, de la
pierre polie, du bronze, du fer — on a distingué ou on peut distinguer
les peuples à bœufs ou à vaches (Aryas primitifs), les peuples à cheval
(Touraniens, Arabes), les peuples âniers (Égyptiens), les peuples à cha-
meaux (Nomades des déserts), les peuples à renne (Lapons), etc.

triomphe de l'homme sur la faune ambiante. Aussi, plus on remonte haut dans le passé, plus on voit grandir la valeur du bétail, qui a été le plus précieux des butins, le plus désiré des trésors et la première des monnaies. De là, la divinisation des taureaux, des bœufs, des vaches dans l'ancien monde, des lamas en Amérique. C'était un grand progrès sur l'apothéose des carnassiers ; et l'Égypte en témoigne par la prééminence accordée à son Apis sur les dieux à moitié tigres, lions ou chats, de sa plus antique mythologie. La Grèce a donné un grand développement, dans sa période archaïque, à cette forme déjà civilisée de l'adoration des bêtes. On en a la preuve, entre autres faits, par le mythe des centaures, buste d'hommes sur un corps de cheval, qui expriment sans doute l'humanisation gra- duelle du cheval primitivement adoré, et correspondent ainsi dans cette nouvelle phase de l'idée divine aux dieux tigres à face humaine de l'Égypte. Dans ses fouilles en Argolide, Schliemann a trouvé des milliers d'idoles très antiques où une métamorphose analogue de déesse-vache en déesse-femme, notamment[1], était surprise aux diverses périodes de son accomplissement, jusqu'à ce qu'enfin de la nature primitivement bovine de la divinité il subsistât seulement, comme dernier indice, deux petites cornes à peine visibles, d'où l'épithète de *Boôpis*, si peu comprise par la plupart des lecteurs d'Homère. Inutile de rappeler le culte indien de la vache.

Mais ce n'est pas seulement par cette adoration des divers genres de bétail que l'homme a célébré la merveille de la domestication ; c'est encore par la nature du culte rendu par lui aux dieux de n'importe quelle provenance. Après avoir apprivoisé des bêtes et avoir apprécié les immenses avan- tages de cette exploitation, l'homme a dû se demander s'il

---

(1) Elles étaient « soit en forme de femmes ayant des cornes des deux côtés de la poitrine, soit en forme de vaches ».

ne pourrait pas aussi domestiquer quelques-uns de ces
dieux, de ces grands esprits déjà conçus, par lui comme les
ressorts cachés des vastes machines naturelles, soleil et
lune, tempête et pluie, et figurés sous des traits d'animaux
ou d'hommes. Une fois ces conceptions admises et développées en une innombrable *faune divine*, la domestication
des divinités a dû être la grande préoccupation des hommes
supérieurs. Il s'agissait d'avoir des esprits à soi, attachés à
son logis, comme ses moutons, ses chiens ou ses rennes.
Tels étaient les dieux lares, qui n'étaient pas toujours, effectivement, les âmes des aïeux. Mais comment dompter ces
dieux sauvages et les humaniser ? Par des moyens étrangement analogues à ceux qui avaient permis d'assujettir les
diverses espèces de bêtes privées, c'est-à-dire par des
caresses et des flatteries, et en leur offrant l'avantage, si
rare en ces temps-là, d'une nourriture régulière, abondante
et assurée, qui les dispense de tout effort pour en chercher
une incertaine et intermittente. Voilà l'origine des sacrifices. — Ce point de vue cessera de paraître bizarre, si l'on
tâche de se représenter ce que la domestication a dû être à
l'origine. Pour nous, le cheval dompté et docile au frein
est une simple force musculaire à notre disposition. Mais
pour le sauvage des âges éteints, il était sans nul doute une
puissance cachée, qu'on ne maniait pas sans un certain
effroi ou respect superstitieux du mystère impliqué en elle ;
et il reste encore chez l'Arabe quelque chose de ce sentiment.
Il est donc moins étonnant que le culte ait été un essai de
domestication, si vraiment la domestication a été une
espèce de culte.

A l'appui de ces considérations, j'en ajoute une autre qui
les complète et qui me paraît aussi vraisemblable. L'idée de
réduire l'homme en esclavage, au lieu de le tuer et de le
manger, a dû naître après l'idée d'apprivoiser les animaux
au lieu de s'en servir comme aliment, par la même raison
que la guerre contre les fauves a dû précéder la guerre

contre les autres tribus. Quand l'homme a asservi, domestiqué son semblable, il a songé à avoir un bétail humain et non plus seulement un gibier humain.

— Mais ce qui précède sur la formation probable des premières religions est, à vrai dire, une digression que le lecteur voudra bien excuser. Revenons à notre sujet spécial, et, comme plus haut pour le langage, demandons-nous quelles sont les conséquences qu'entraîne le passage de la coutume à la mode et le retour inverse en matière religieuse, c'est-à-dire le déploiement d'un culte suivi de son établissement dans son domaine agrandi; en second lieu, quels sont les caractères internes que suppose l'expansion d'un culte et qui lui permettent de triompher? En deux mots, nous dirons au premier point de vue qu'une religion largement répandue est la condition préalable de toute grande civilisation, et qu'une religion solidement assise est la condition non moins nécessaire de toute civilisation forte et originale. Tel culte, telle culture. — Au second point de vue, nous dirons que la religion la plus spiritualiste et la plus philanthropique a le plus de chances de se répandre au dehors et, réciproquement, qu'une religion qui se répand hors de sa source a une tendance à se spiritualiser et s'humaniser.

Cette tendance des religions à se spiritualiser en avançant est bien connue; par exemple, le culte d'Apollon, si noble et si pur en comparaison des cultes grossiers auxquels il a succédé; le prophétisme hébreu, déjà spiritualiste si on le compare au mosaïsme antérieur; le christianisme, plus spiritualiste encore, le protestantisme et le janséisme, formes particulièrement raffinées du spiritualisme chrétien, sont autant de degrés successifs dans cette voie. Mais la raison de ce progrès nous est donnée maintenant. L'idée des dieux, d'abord bestiale ou physique aux temps où les rapports des hommes avec les bêtes et la matière l'emportaient en fréquence et en gravité sur leurs relations avec leurs semblables non parents, se spiritualise, ou pour mieux dire s'hu-

manise par degrés, dans le sens social du mot, à mesure que
l'homme est plus souvent en face de l'homme, parent ou non,
et moins souvent en contact direct avec la nature. Aussi
avons-nous vu que le caractère animal des anciens dieux
allait s'effaçant plus tard, remplacé par des traits humains
qui eux-mêmes, se transfigurant, ont fini par s'évanouir
dans le rêve sublime d'une Sagesse et d'une Puissance infinies. Ce changement s'est accompli dans l'idée divine en
même temps que la religion, dont elle était l'âme, franchissait les bornes de son berceau familial. Ces deux transformations ont dû être parallèles, car elles émanent de la même
cause : la prépondérance acquise par le côté social, et par
conséquent spirituel, des faits humains, sur le côté naturel
et matériel. L'imitation s'est affranchie de l'hérédité, par la
même raison que l'esprit s'est dégagé de la matière[1]. D'autre
part, ce second progrès a facilité le premier. Le dieu le
moins corporel, le plus spirituel, à une époque donnée, est
celui qui a le plus de chance de subjuguer les peuples étrangers ; les hommes des diverses races diffèrent moins entre eux
par l'esprit que par le corps, ou du moins leurs différences

---

(1) En Grèce et à Rome, notamment, la spiritualisation plus ou moins
avancée d'une religion jusque-là matérielle, a eu pour accompagnement
la substitution d'un sacerdoce recruté par la libre consécration, par l'élection ou par le sort, à un sacerdoce héréditaire auparavant. Cette innovation a eu lieu, à Athènes, vers 510 avant J.-C., par la réforme de Clis-
thènes, qui, complétant l'œuvre de Solon, supprima les quatre anciennes
tribus, corporations religieuses fondées sur la consanguinité, et les rem-
plaça par de nouvelles tribus composées de dèmes, division toute territoriale. La conséquence fut que les fonctions sacerdotales devinrent élec-
tives. Un changement pareil s'est opéré à Sparte et dans beaucoup de
cités grecques à la même époque, précisément au temps où la philosophie pénétrait le dogme. — A Rome, la lutte des patriciens et des plébéiens se présente en grande partie comme la question de savoir si les
fonctions de flamines, de saliens, de vestales, de roi des sacrifices, resteront héréditaires ou deviendront transmissibles par l'élection. Il vint un
moment, vers la fin de la République déjà touchée de la lumière hellénique, où la plèbe, après avoir déjà obtenu l'accès aux diverses magistratures, jusque-là réservées aux patriciens, obtint aussi le droit d'aspirer
aux dignités sacerdotales, que la caste supérieure se transmettait comme
un privilège du sang. Ce fut là l'une de ses dernières conquêtes.

spirituelles sont tout autrement souples et maniables, effa-
çables par assimilation graduelle, que leurs différences
physiques. Par le même motif, la mythologie la plus systématique est destinée à gagner du terrain.

L'essor de la religion hors de la race natale entraînait
on supposait un autre progrès important. Est-ce parce que
son fondateur a proclamé la fraternité des hommes de toute
race qu'une religion est apte à déborder, ou est-ce pour lui
donner cette aptitude qu'il a professé ce dogme régénérateur?
N'importe; il est clair que la proclamation d'une telle vérité
était propre à favoriser puissamment la propagation des
croyances unies à elle. Le christianisme et le bouddhisme
en sont la preuve. Quand règne en plein l'esprit de Coutume,
le sentiment religieux est tourné vers le passé ou l'avenir,
la grande préoccupation est celle des ancêtres et de la vie
posthume, comme en Chine, en Égypte, ou de la postérité,
comme en Israël; la dévotion, en un mot, s'alimente de
l'infini dans la durée. Au contraire, là où l'esprit de Mode
triomphe pleinement, le sentiment religieux puise ses plus
vives inspirations, ses élans les plus spontanés dans la
pensée de l'immensité terrestre ou astronomique, dans la
conception de l'univers dont les bornes reculent sans cesse,
et d'un Dieu immense, omniprésent, père commun de tous
les êtres répandus dans l'infinité des espaces. — Mais la
sympathie, la pitié, l'amour, développés dans les cœurs des
fidèles par cette croyance, n'est-ce pas la source même de la
vie morale? Il en résulte que les religions les plus moralisa-
trices devaient être nécessairement les plus contagieuses. Et,
comme je ne vois pas par quelle autre voie qu'une religion
envahissante, une haute moralisation aurait pu naître et se
répandre, je crois avoir le droit de conclure avec l'histoire
que, sans prosélytisme religieux, il n'y aurait jamais eu de
grande civilisation.

J'ajoute que, sans un établissement religieux assis et re-
posé après ses conquêtes, une civilisation forte et originale

est impossible. J'entends par là un état social profondément logique, d'où, par une élaboration longue et pénible, les contradictions principales ont été bannies, où la plupart des éléments s'accordent, où presque tout procède des mêmes principes et converge aux mêmes fins. Il faut longtemps à une foi religieuse pour refondre ainsi à son image une société plus ou moins vaste qu'elle vient d'envahir.

Nous ne savons, il est vrai, le temps qu'il a fallu à la religion de l'Égypte, avant l'ancien Empire, après que les dieux indigènes de Memphis ou de toute autre ville se sont propagés tout le long de la vallée du Nil, pour enfanter la civilisation égyptienne. Nous ignorons de même combien de temps a duré l'incubation de la civilisation babylonienne par la religion primitive de la Chaldée, une fois que ses dieux ont eu rayonné dans toute l'étendue de cette vallée, jadis si peuplée et si féconde. Mais nous savons que le culte d'Apollon Delphien, la première religion commune à toutes les branches doriennes et ioniennes de la Grèce, date du x<sup>e</sup> siècle avant notre ère, et que « le point de maturité et de beauté » de l'art, de la poésie, de la pensée, de la politique helléniques, se place vers le vi<sup>e</sup>. Nous savons aussi que la littérature, l'architecture, la philosophie, le système gouvernemental du Moyen âge chrétien commencent à peine au xi<sup>e</sup> siècle de notre ère à fleurir et s'harmoniser conformément à la loi du Christ, quatre ou cinq cents ans après l'expansion du christianisme dans notre Europe. La civilisation arabe, née de Mahomet, a exigé une gestation moins longue; aussi sait-on ce qu'elle a duré.

Il n'est donc pas vrai que le progrès de la civilisation ait pour effet de reléguer la religion dans un coin des âmes. Il est de l'essence de la religion d'être tout ou rien. Si la religion établie recule, c'est qu'une autre religion inaperçue prend silencieusement sa place et s'apprête à installer à sa suite une nouvelle civilisation qui finira par être toute religieuse comme le fut la précédente en ses beaux jours. Si, au début des sociétés, tout, dans les moindres pensées, dans les moindres actes de l'homme, depuis son berceau jusqu'à sa tombe, est rituel et superstitieux, les sociétés adultes et achevées donnent le même spectacle. On a dit que le propre du christianisme était d'être resté étranger à la politique, pour se distinguer des cultes antiques, si intimement unis au pouvoir. Mais ce caractère n'est qu'apparent. Aussi bien dans les religions modernes, spiritualistes et missionnaires, que dans les religions anciennes, grossières et fermées, il y a une morale inséparable d'un dogme, une règle supérieure de la conduite non moins que de la pensée. Seulement, par suite de son expansion extérieure, obtenue par les développements internes que l'on sait, la religion cesse de pouvoir tout réglementer elle-même dans le menu détail de l'intelligence et de la volonté en exercice. Comme un monarque dont le royaume s'est étendu et l'administration compliquée, elle délègue à des subalternes une partie de sa double autorité enseignante et impérative, et laisse une certaine indépendance à ses délégués, assez mal surveillés par elle, parce qu'ils sont bien au-dessous d'elle.

D'une part, donc, elle abandonne à des rois, à des hommes politiques quelconques, dont la personnalité lui est assez indifférente pourvu qu'ils soient ses fidèles, le soin de commander les armées, de lever les impôts, de faire les lois, mais à la condition de ne rien tenter qui soit contraire aux préceptes généraux du catéchisme, sorte de constitution suprême de toutes les constitutions. Elle reste ainsi le gouvernement souverain des âmes, l'appel en dernier ressort de tout sujet lésé par le pouvoir. D'autre part, elle permet aussi, dans une certaine mesure, aux esprits curieux et investigateurs, de découvrir et de formuler certains théorèmes, certaines lois de la nature, mais à la condition, bien entendu, de ne rien enseigner qui contredise ouvertement les versets des livres saints ou les conséquences déduites de ces textes.

En somme, le dieu chrétien, ou musulman, a été, pen-

dant tout le moyen âge au moins, le précepteur et le seul
maître de la chrétienté et de l'islam, en cela semblable au
dieu lare de la famille primitive ; et le pape ou le khalife,
organe de ce dieu, a enseigné et commandé souverainement. Toute la différence entre l'omnipotence des religions
sauvages ou barbares et celle des religions civilisées,
est que celle des premières s'exerce par le culte, équivalent formaliste de la morale à leur époque, et celle des
secondes, par la morale, équivalent spiritualiste du culte.
Celui-ci s'est approfondi en se déguisant. Le culte n'a-t-il pas
été primitivement la politique suprême des anciens, la tactique militaire et civile par excellence? Les anciennes armées n'agissent qu'après l'impulsion donnée par les cérémonies des féciaux, les sacrifices rituels, les observations et
expériences sacramentelles des augures, et l'on n'exagère
pas en disant que les coups de lance ou d'épée donnés
ensuite ont paru aux contemporains être l'accessoire et la
continuation des rites qui les précédaient, une sorte de
sacrement sanguinaire. Par la même raison, aucune assemblée délibérante, aux mêmes âges, ne saurait entrer en discussion avant d'avoir immolé quelque victime, fait quelque
oraison, accompli quelque acte de purification. Voter, de
même que combattre, n'est qu'une manière d'adorer et de
prier encore ses dieux, de les apaiser et de les glorifier.

Plus tard, quand les diverses cités et les divers peuples sont
entrés en communication et ont fait effort pour s'imposer
réciproquement leurs rites simplifiés en se répandant, il
vient un moment où le culte purement spirituel, c'est-à-dire
la morale, telle que l'entendent les chrétiens, les musulmans
et les bouddhistes, semble être le seul culte vraiment digne
de ce nom. Alors on dit que la morale doit dominer la politique et planer sur la guerre même. — On dit aussi bien, et
avec non moins de raison, qu'elle doit régir l'art et l'industrie. Le fait est que le culte a toujours été implicitement
conçu, non seulement comme la politique et la tactique

supérieures, mais comme le premier des arts et comme
l'industrie capitale au sein de tout peuple religieux. Architecture, sculpture, peinture, poésie, musique, orfèvrerie,
ébénisterie, toutes les formes de l'art sortent du temple, et
en sortent d'abord comme une procession, pour continuer
au dehors les solennités du dedans. Les grandes hécatombes
étaient à coup sûr, pour les citoyens des cités helléniques, la
grande production de valeur et de richesse, de sécurité et de
puissance, imaginaires en partie, mais non entièrement,
puisqu'il est certain que la foi est une force. Qu'était-ce
auprès de ces travaux mystiques que le petit labeur d'un
esclave ou d'un artisan? Et d'ailleurs, il n'est pas un acte
important de la vie du laboureur ou de l'artisan même qui
ne débutât par une offrande ou une prière aux dieux, par
une procession des arvales ou le sacrifice d'un agneau, en
sorte que toute besogne industrielle ou agricole n'était
qu'une prière ou une immolation prolongée. Dans une civilisation plus avancée et plus spiritualiste, on exprime la
même chose, au fond, en disant que le travail est une des
formes du devoir, et que le côté économique des sociétés,
comme leur côté politique et artistique, n'est qu'un développement de leur côté moral.

Aussi, le jour où un savant, par exemple Galilée, s'avise de
formuler la moindre loi ou le moindre fait scientifique contraire au plus court des versets sacrés; — le jour où un
monarque s'avise d'édicter le plus petit décret contraire au
précepte le plus secondaire de la religion établie, par
exemple l'autorisation de vendre de la viande en temps
d'abstinence ou de travailler le dimanche; — le jour enfin
où se met à fleurir dans un pays une branche d'industrie ou
d'art quelconque jugée immorale ou impie par sa religion,
par exemple un théâtre profane ou un journal libre-penseur;
— ce jour-là, un germe de dissolution est entré dans le corps
social; et il faut à toute force, ou que ce germe soit expulsé,
par l'inquisition, notamment, ou que, par la propagande phi-

losophique, révolutionnaire ou réformiste, ce germe croisse et s'étende au point de reconstituer l'ordre social sur des fondements nouveaux. Nous en sommes là en Europe. C'est un problème de logique sociale que nous pose ce dilemme redoutable[1]. — Il se résoudra on ne sait comment. Mais on peut être sûr que, l'ordre futur une fois consommé, la croyance unanime en une vérité indiscutable, en un Bien et un Devoir incontestables, redeviendra ce qu'elle a été, intense et intolérante. Et la science, transfigurée par une vaste synthèse, complétée par une morale hautement esthétique, sera la religion de l'avenir, devant laquelle s'inclineront humblement professeurs et hommes d'État, tous les esprits et toutes les volontés.

Cette omnipotence, cette omniprésence de la religion dans toutes les fonctions des sociétés, justifie assez la place exceptionnelle que nous lui avons accordée dans ce chapitre. Mais cette considération ne saurait nous empêcher maintenant d'examiner à part, rapidement, les gouvernements partiels et secondaires qui commandent avec son assentiment et non sans une indépendance dangereuse pour elle, à savoir d'une part la philosophie à certaines époques, d'autre part, en tout temps, le gouvernement proprement dit, le législation et l'usage. Un système philosophique accrédité, quand il surgit dans une nation studieuse, est au dogme religieux ce qu'une forme gouvernementale, un corps de droit ou un ensemble de besoins, en tout pays, est à la morale religieuse. L'un est une sous-règle des pensées, l'autre une sous-règle des conduites; ce qui n'empêche pas les conflits fréquents entre l'autorité suzeraine ou soi-disant telle et les autorités vassales. Les luttes des philosophies contre les théologies font pendant à celles des empires contre les sacerdoces. Au demeurant, s'il est vrai que la religion régit la civilisation

---

(1) Puisse, d'ailleurs, sa solution se faire longtemps attendre! Puisse, pour les libres esprits, se prolonger cette inappréciable anarchie intellectuelle qu'Auguste Comte déplorait!

dans son ensemble et la pétrit à son effigie, il n'est pas
moins certain, spécialement, que la philosophie régnante à
un moment donné régit la science et se fait la science, que
le gouvernement établi dirige la politique et la guerre et les
fait siennes, que la législation et l'usage déterminent le
cours et le caractère de l'industrie. Voyons donc si le passage
de la coutume à la mode et *vice versa* s'effectue ici comme
plus haut et y produit des effets comparables. Toutefois abs-
tenons-nous, faute d'espace, de toucher au côté philosophique
et scientifique des sociétés, qui exigerait un volume à part.
Passons au côté pratique.


## III

### GOUVERNEMENT

Tout ce qui précède revient à dire qu'à l'origine la famille,
ou la pseudo-famille née à côté d'elle, était le seul groupe
social, et que chaque transformation ultérieure a eu pour
effet de diminuer son importance à cet égard, en constituant
de nouveaux groupes plus amples, formés artificiellement
aux dépens du côté social des diverses familles, et réduisant
celles-ci par degré à n'être plus que des expressions physiologiques; mais que, à la fin, les nombreuses familles ainsi
démembrées tendent à s'agréger en une sorte de grande
famille naturelle et sociale à la fois comme au début, avec
cette différence que les caractères vivants transmis par
hérédité y ont pour principale raison d'être de faciliter la
transmission par imitation des éléments de la civilisation, et
non *vice versa*. En effet, au point de vue linguistique d'abord,
nous avons vu que chaque famille, à une époque préhistorique très ancienne, a dû avoir sa langue à soi, que, plus

tard, une seule langue a embrassé des milliers de familles, et qu'enfin celles-ci par l'habitude du *connubium* pratiqué plus aisément entre gens parlant le même idiome, ont donné naissance à une même race. De la sorte, chaque langue a eu finalement sa race, c'est-à-dire sa grande famille, tandis que primitivement, chaque famille, avons-nous dit, avait sa langue. — Nous avons vu encore, en ce qui concerne la religion, que chaque famille avait son culte à l'origine, et que chaque famille alors était une Église à part, mais que, plus tard, un même culte avait réuni des milliers des familles, jusqu'à ce qu'enfin ces familles, par l'interdiction plus ou moins rigoureuse du mariage avec les infidèles et la pratique exclusive du *connubium*, se soient combinées en une race créée tout exprès pour sa religion.

Nous pouvons voir maintenant, au point de vue gouvernemental, une série analogue de transformations ; au début, chaque famille formant un État distinct ; puis un même État contenant des milliers de familles qu'un lien purement artificiel a soudées ensemble, et enfin chaque État se faisant sa nation, c'est-à-dire sa race ou sa sous-race particulière, sa famille à lui.

Je pourrais redire à ce propos tout ce que Fustel de Coulanges et Sumner Maine ont si bien dit sur la *patria potestas* devenue par degrés l'*imperium* du magistrat romain, sur la liaison primordiale et la séparation progressive du pouvoir *générateur* et du pouvoir *impératif*. Mais j'épargnerai au lecteur cet ennui. J'aime mieux faire observer qu'il convient de compléter ce point de vue en admettant dès le début de l'histoire ou de la préhistoire, l'apparition d'États purement artificiels, formés par engouement général pour un chef ou un brigand célèbre et grossis des évadés de toutes les familles environnantes. Les villes de refuge, telles que Rome naissante et les *villes franches* du moyen âge, peuvent nous donner une idée de ce qu'ont dû être ces agrégats primitifs. Ils ont peut-être, sans doute même, constitué les premières villes proprement dites. Et, de fait, l'élément urbain, qui coexiste dès les plus hauts temps avec l'élément rural, s'est toujours distingué de celui-ci par la prédominance, ici, de l'esprit coutumier, là, de l'esprit novateur en tout ordre de faits. Il est à croire que ces premiers ramassis d'indisciplinés ont été les foyers les plus actifs de guerres et de conquêtes, et que, par suite, si tous les fléaux nés de la vie belliqueuse leur sont imputables, il faut leur faire honneur des grandes agglomérations nationales, garantie finale de richesse et de paix.

En outre, nous voyons partout la mode et la coutume s'incarner politiquement en deux grands partis, dont la lutte et le triomphe alternatifs expliquent tous les progrès politiques des peuples. Il n'y a jamais, en effet, que deux partis en présence, plus ou moins subdivisés. Leurs noms diffèrent d'après les pays et les époques, mais on peut appeler l'un sans trop d'impropriété le parti conservateur, et l'autre le parti novateur. Leur rivalité s'exprime d'ordinaire, chez les populations riveraines de la mer, par celle des intérêts agricoles, que personnifiait à Athènes le conservateur Aristide, et des intérêts maritimes, qui s'incarnaient dans le novateur Thémistocle ; chez les populations continentales, par celle de l'agriculture et du commerce, des campagnes et des villes, des paysans et des ouvriers. Or, il est assez clair que la lutte des conservateurs et des libéraux, aussi ancienne que l'histoire, et déjà engagée dans le sein de la famille ou de la tribu primitive, se ramène partout et toujours à celle de la coutume et de la mode. Le parti progressiste appelle de tous ses vœux les idées nouvelles, les droits nouveaux, les produits nouveaux, importés et imités de l'étranger, par les voies de mer ou de terre, pendant que le parti traditionnel résiste en s'appuyant sur les idées, les coutumes, les industries anciennes, héritées des aïeux. Plus spécialement, le parti novateur veut qu'on modifie la constitution politique du pays conformément à des théories que lui a suggérées la vue des gouvernements extérieurs et qui, en dépit ou à raison de cette suggestion même, plus ou moins inconsciente, lui paraissent applicables, par imitation, à tous les peuples de la terre; le parti *tory*, au contraire, veut qu'on respecte et qu'on maintienne, sans altération, la forme gouvernementale du passé[1]. On sait que, toujours et partout, quand le conflit s'engage entre ces deux partis, c'est qu'un parti libéral, suscité ou

(1) A une époque donnée, il arrive toujours que, parmi les peuples les plus en vue, l'un semble incarner en lui l'esprit de conservation, et un autre l'esprit de nouveauté. Mais si l'on remonte dans le passé de chacun d'eux, on voit le contraste s'intervertir. De nos jours, l'antithèse en question a été représentée jusqu'à ces derniers temps par l'Angleterre et la France, comme elle l'était dans la Grèce antique, par les Doriens conservateurs et les Ioniens novateurs; on l'a répété à satiété. « En France, dit M. Boutmy, dans ses *Études de droit constitutionnel*, l'autorité naturelle et immédiate est aux idées (politiques) qui ont pour fondement sentimental l'union avec l'humanité en général. En Angleterre, elle est aux idées qui ont pour fondement sentimental l'union avec la génération précédente. Nous ne sommes à l'aise que devant une large conception en surface où tous les peuples entrent avec nous et s'inclinent devant des articles de législation universelle. Les Anglais se complaisent devant une étroite conception en profondeur où tous les siècles de la vie nationale s'entrevoient les uns derrière les autres. »

En d'autres termes, nous nous passionnons pour des idées susceptibles de se propager par imitation libre, extérieure, les ayant d'ailleurs reçues nous-mêmes le plus souvent par imitation de cette sorte; nos voisins, au contraire, n'aiment que les idées transmises par imitation close, héréditaire, et transmissibles exclusivement par cette voie. — Mais, d'abord, soit dit en passant, cela n'empêche pas le parlementarisme anglais, malgré son caractère original, de se communiquer de peuple à peuple par la contagion la plus libre et la plus générale qui se soit vue. Puis, on sait bien qu'au XVIIᵉ siècle, l'Angleterre personnifiait l'esprit de révolution auprès de la France monarchique; et de nouveau, après un repos de deux siècles, ne sent-on pas le ferment révolutionnaire travailler le sol britannique, grâce aux germes d'idées radicales ou socialistes apportés du continent? Il pourrait bien se faire qu'à l'inverse, quand cette crise sévira chez les insulaires d'Outre-Manche, les Français parvinssent à fonder enfin un gouvernement national.

Ajoutons que la distinction établie par M. Boutmy entre les constitutions qui aspirent expressément à l'universalité et celles qui ne prétendent qu'à la durée dans une race ou une nation, rappelle celle des religions prosélytiques ouvertes et des religions fermées aux Gentils. Si l'on se règle par cette analogie, le système français aurait l'avenir pour lui, puisque les religions prosélytiques ont partout l'avantage sur leurs rivales. Mais, de même que le culte le plus expansif demande enfin à s'asseoir et à se clore, le système gouvernemental le plus cosmopolite finit par être à son tour, nous le verrons plus loin, une coutume des aïeux.

réveillé par des contacts plus fréquents avec le dehors et avec un dehors plus brillant, a fait sa réapparition au sein d'un peuple, auparavant traditionnaliste sans le savoir, et y a fait prendre au parti conservateur, c'est-à-dire à l'immense majorité, conscience de soi-même. Cela veut dire que la coutume d'abord régnait seule, ou presque seule, mais que la mode commence à la remplacer.

Cependant la mode grandit, et le parti qui la représente, d'abord battu, finit par faire accepter les innovations préconisées par lui. Il en résulte que le monde a fait un pas de plus vers l'assimilation politique des peuples, assimilation qui se poursuit alors même que leur agglomération politique, ce qui n'est pas la même chose, est stationnaire ou rétrograde. C'est toujours, en effet, par le triomphe d'un parti novateur, même au moyen âge et dans l'antiquité, que s'est accomplie, sur un territoire donné, très petit jadis, puis de plus en plus étendu, une certaine uniformité gouvernementale, compagne ou devancière de l'unité. Dès l'époque de la Grèce héroïque, nous pouvons reconnaître, à certains indices, qu'un vent de mode a dû souffler de temps en temps à travers les peuples réputés les plus coutumiers. On s'est fort étonné, par exemple, de voir les Doriens, cette race si traditionnaliste au moment où l'histoire l'éclaire, régie par des institutions d'origine crétoise importées par l'étranger Lycurgue, et soumise, en outre, à des familles royales non doriennes. Cela peut-il s'expliquer autrement qu'en supposant un âge antérieur où le prestige de l'étranger a régné chez cette nation, retombée plus tard sous le prestige de l'ancêtre?

Le second fait signalé, du reste, n'a rien d'exceptionnel; il est fréquent au contraire. Curtius, l'historien de la Grèce, cite à ce sujet les Molosses régis par les Oacides, les Macédoniens par les Téménides, les Lyncestes par les Bacchiades, les Ioniens par les Lyciens, etc., comme de nos jours les Suédois par les successeurs de Bernadotte. Ce prestige de l'étranger dont je parle, a donc été parfois général dès les

âges les plus reculés ; et il a dû être bien profond, si, avec
le savant auteur que je viens de citer, on admet que la
croyance à l'extraction divine des rois s'explique par leur
origine étrangère. Leur patrie disparaissant dans un lointain
inconnu, « ils pouvaient passer pour fils des dieux ; c'est un
honneur que des gens du pays eussent difficilement obtenu
de leurs compatriotes ». D'ailleurs, partout où nous voyons
des familles primitives loyalement courbées sous le sceptre
de l'une d'entre elles, même appartenant à leur propre race,
nous devons supposer que cette famille privilégiée a dû sa
suprématie à la faveur d'un engouement plus ou moins éphémère par lequel, dans chacune des autres, l'admiration de
leurs aïeux respectifs a été momentanément éclipsée. Mais,
rompu de la sorte par l'avènement d'une dynastie, l'esprit
de famille se réforme ensuite en s'élargissant et s'appelle
civisme ou patriotisme.

Si l'on trouve, au x⁰ siècle de notre ère, l'Europe couverte
de millions de petits États appelés seigneuries, à très peu
près semblables entre eux par leur constitution féodale, dont
l'originalité est aussi frappante que leur similitude à travers
leur diversité, il n'en faut pas douter, c'est que, de proche
en proche, le type du fief, créé quelque part, a été copié par
les libéraux intelligents de leur époque, et imposé par eux
aux réactionnaires récalcitrants, sénateurs gallo-romains ou
autres. Le fief était alors la grande nouveauté féconde, le
modèle auquel le pouvoir royal lui-même a fini par se conformer, après l'avoir d'ailleurs suggéré, comme nous l'avons
vu plus haut. Jusque-là le roi rattachait, vaguement, son
autorité à celle des anciens empereurs romains, qui était
dans l'esprit des peuples le type traditionnel du pouvoir souverain. Il semblait que l'essence même de cette suprématie
fût d'être une domination universelle ou d'y aspirer. Mais
Hugues Capet eut ce qu'on peut appeler une idée de génie,
bien simple pourtant. Au lieu de chercher en arrière, dans
l'Empire romain, son idéal, il le prit à côté de lui. C'est à

lui que Sumner Maine fait remonter l'initiative et le premier
exemplaire connu de la royauté, proprement féodale, nullement impériale. « Hugues Capet et ses descendants, dit-il,
furent rois de la France dans un sens tout nouveau ; ils
eurent avec le sol de la France les mêmes rapports que le
baron avec son fief et le vassal avec le sien. » L'invention,
en somme, n'avait consisté qu'à modeler la souveraineté sur
la suzeraineté[1] et à étendre au territoire entier d'une grande
nation les rapports féodaux auparavant circonscrits à la
petite étendue d'un canton. Néanmoins, voyez son succès.
« Toute souveraineté établie ou consolidée par la suite prit
ce nouveau modèle. Celle des rois normands, imitée de celle
des rois de France, fut positivement territoriale. En Espagne,
à Naples, dans les principautés fondées sur les ruines des
libertés municipales en Italie, s'établirent des souverains
territoraux. »

Plus rapide encore, dans les temps modernes, a été la
contagion d'une autre idée maîtresse, qui, contradictoire à
la précédente, a dû la détrôner pour se répandre ; l'idée de
l'État telle que nous le comprenons aujourd'hui. Où la politique moderne est-elle née ? Elle est née dans les petites
républiques italiennes, et d'abord à Florence, d'où ce type
d'action gouvernementale s'est répandu en France, en
Espagne, en Allemagne, en Angleterre même. L'Espagne et
la France surtout, qui se sont si longtemps disputé l'Italie,
« ont commencé, dit Burckhardt, par ressembler aux États
italiens centralisés, même par les imiter, seulement dans
des proportions colossales. » Sur cette mode se greffe, au
au xviiie siècle[2], une mode nouvelle qui ne la contredit en

(1) Pareillement, l'administration ecclésiastique a revêtu la livrée impériale sous l'Empire, la livrée féodale au moyen âge.

(2) Le xviiie siècle a inauguré le règne de la mode en grand. Dans le
détail des institutions et des mœurs, cela est bien visible. Par exemple, à
cette époque, on voit prévaloir, dans les élections municipales, le scrutin
secret, et M. Albert Babeau (dans son ouvrage sur la ville sous l'ancien
régime) nous dit que ce fut « une mode ». Il ajoute que, déjà, au

rien, mais qui la complète. C'est alors l'anglomanie qui fait rage. La constitution parlementaire de l'Angleterre commence à être copiée sous deux formes originales, avant sa grande diffusion dans notre siècle, par les États-Unis, qui en ont fourni une simple traduction républicaine, comme Sumner Maine l'a mis en évidence dans son *Gouvernement populaire*, puis par la France révolutionnaire, qui s'est hâtée de pousser le parlementarisme au radicalisme inspiré de Rousseau. Contagieuse à son tour, cette dernière transformation, saluée à son aurore comme une foudroyante création, a suscité je ne sais combien de républiques éphémères dans l'Amérique du Sud, bouleversé le vieux continent et fait sentir son contre-coup jusque sur le sol britannique.

Un des traits les plus remarquables du parti libéral et, par conséquent, des époques où ce parti domine, c'est le caractère cosmopolite de ses aspirations. Le cosmopolitisme, en effet, n'est pas le privilège exclusif de notre temps. On l'a vu fleurir à toutes les périodes de l'antiquité et du moyen âge où l'imitation-mode a régné. « Le cosmopolitisme, dit Burckhardt, est un des signes distinctifs de toute époque où l'on découvre de nouveaux mondes et où l'on ne se sent plus chez soi dans sa propre patrie. Il apparaît, chez les Grecs, après la guerre du Péloponèse, comme l'a dit Niebuhr[1]. Platon n'était pas un bon citoyen... Diogène proclamait l'absence de patrie un véritable bonheur et s'appelait lui-même « apolis ». Les Italiens de la Renaissance, dès avant le xve siècle, sont cosmopolites, non pas seulement parce que l'exil leur est devenu une habitude, mais parce que leur temps et leur pays abondent en innovations de tout genre,

---

xvie siècle, — autre âge de mode envahissante, — l'échevinage d'Angers avait adopté ce vote en s'appuyant sur les usages « des élections des sénateurs à Venise, Gênes, Milan, Rome ». « Tant, à cette époque, l'esprit municipal était éveillé et désireux de chercher des modèles ! »

(1) En réalité, il a dû y apparaître bien des fois longtemps auparavant.

et que l'esprit des gens y est orienté vers le présent extérieur, encore plus que vers le passé domestique et patriotique. L'affaiblissement du patriotisme en France, au xvi°,
au xvii° siècle, est notoire. Rappelons les alliances monstrueuses des partis avec l'étranger pendant les guerres de
religion, et les compliments de Voltaire au roi de Prusse
après Rosbach. Même Herder et Fichte, devenus depuis de
si ardents patriotes sous le talon d'un conquérant, ont commencé par mépriser l'idée de patrie. Il a fallu de nos jours
l'évidente nécessité de la défense à main armée en Allemagne
et en France pour rendre au sentiment national une partie
de son ancienne vigueur.

— Mais tout se termine-t-il par la victoire de la mode sur
la routine ? Nullement. Cette victoire n'est elle-même complète que lorsque le parti conservateur, résigné à sa défaite
et reprenant le dessus, se transforme en un parti national et
se met à faire circuler dans la greffe des nouveaux progrès
la sève de la tradition. — Cette nationalisation des éléments
étrangers est le dénouement du drame historique provoqué
par le contact d'un peuple avec ses voisins plus ou autrement
civilisés que lui. C'est ainsi que les royautés féodales, fondées par mode à l'instar de la monarchie capétienne, sont
devenues au plus haut degré nationales et traditionnelles.

Le fleuve de la coutume se remet alors à couler dans son
lit, singulièrement élargi il est vrai ; et un nouveau cycle
commence. Il se déroule et se termine comme le précédent.
Et ainsi de suite sans doute jusqu'à l'uniformité et à l'unité
politique de tout le genre humain. — Le parti novateur, en
tout ceci, ne joue donc qu'un rôle transitoire, mais indispensable. Il sert de médiateur entre l'esprit de conservation
relativement étroite qui le précède et l'esprit de conservation
relativement large qui le suit. Qu'on ne vienne donc plus
opposer le traditionnalisme au libéralisme. Notre point de
vue montre que les deux sont inséparables et que, sans
l'*imitation héréditaire*, sans la tradition conservatrice, l'in-

vention, la nouveauté quelconque importée par les libéraux, mourrait inutile sur place, la première s'attachant à la seconde comme l'ombre au corps, ou plutôt comme la lumière à la lampe. Les révolutions les plus profondes aspirent à se traditionnaliser pour ainsi dire ; et, réciproquement, à la source des traditions les plus routinières, nous trouvons un état révolutionnaire d'où elles procèdent. Le but de toutes les transformations historiques semble être de déboucher en une coutume puissante, immense et finale, où l'imitation, aussi forte que libre, joindra enfin à toute l'étendue toute la profondeur possible.

Insistons pour remarquer que la poursuite de cet idéal s'accomplit suivant la répétition rythmique des mêmes phases, sur une échelle de plus en plus grande. Dans le passage du gouvernement primitif de la famille au gouvernement de la tribu, les sociétés ont dû traverser précisément les mêmes périodes que traversent péniblement les sociétés contemporaines pour passer du gouvernement national au gouvernement continental que verra l'avenir. Et, dans l'intervalle, il a fallu les mêmes séries d'efforts pour fonder le gouvernement de la cité, plus tard le gouvernement du petit État, de la province, plus tard le gouvernement de la nation. Pour comprendre comment a eu lieu dans le passé chacun de ces agrandissements successifs et intermittents de l'agrégat politique, voyons de quelle manière les agrandissements modernes se sont opérés. Les petites républiques américaines, qui sont devenues les États-Unis, vivaient séparées et indépendantes ; un jour le danger commun les rapproche et leur union est proclamée. La guerre, qui a provoqué ce grand fait, n'est d'ailleurs qu'un accident historique, comme l'ont été les guerres de conquête ou d'indépendance qui, durant tout le cours de l'histoire, ont occasionné, hâté ou retardé, mais nullement causé, les extensions vraiment solides de l'État, depuis l'État-famille jusqu'à l'État-nation. L'Union américaine, donc, a été votée ; mais qu'est-ce qui

l'a rendue possible et durable? quelle est la cause qui non
seulement a nécessité ce lien fédératif, mais qui agit encore
tous les jours pour le resserrer, et, à travers l'union, fera
l'unité? Tocqueville va nous le dire : « C'est, dit-il, dans les
colonies anglaises du Nord, plus connues sous le nom d'États
de la Nouvelle-Angleterre, que se sont combinées les deux
ou trois idées principales qui, aujourd'hui, forment la base
de la théorie sociale aux États-Unis. Les principes de la
Nouvelle-Angleterre se sont d'abord répandus dans les États
voisins ; ils ont ensuite gagné de proche en proche les plus
éloignés, et ont fini par *pénétrer* la confédération entière. Ils
exercent maintenant leur influence au delà de ses limites sur
tout le monde américain. La civilisation de la Nouvelle-
Angleterre[1] a été comme un de ces feux allumés sur les
hauteurs, qui, après avoir répandu leur chaleur autour
d'eux, teignent encore de leur clarté les derniers confins de
l'horizon. » Il est certain que, si chacun des États dont il
s'agit était resté fidèle à la constitution de ses pères, s'il
n'avait pas accueilli les deux ou trois idées étrangères formulées par un petit groupe d'États voisins, la similitude
politique de tous ces États, qui seule a permis leur fusion
politique, n'aurait jamais existé. L'action de l'imitation-
mode a donc fait ce progrès. J'ajoute que les idées importées de la sorte dans la plupart de ces États, s'y sont accli-
matées au point d'y faire corps avec leurs coutumes primitives. Le résultat final a été un patriotisme collectif, non
moins intense et déjà non moins traditionaliste et protec-
tionniste que les patriotismes originaires.

Si la grande fédération américaine vient d'avoir cette origine sous nos yeux, nous devons croire qu'il n'en a pas été
autrement jadis de la petite fédération hellénique. Les
innombrables républiques municipales répandues en Grèce

---

(1) L'auteur nous donne la raison de sa supériorité contagieuse : seuls,
les colons de la Nouvelle-Angleterre, puritains émigrants, étaient venus
travailler pour une idée.

et dans l'Archipel étaient des copies à peine variées de
deux types principaux, le dorien et l'ionien ; évidemment
leur ressemblance, qui les invitait en toute occasion à s'u-
nir, ne s'expliquait pas seulement par la colonisation de
quelques cités-mères, propagation par *hérédité*, mais encore
et surtout par une propagation imitative qui a suivi celle-ci
et qui inaugure une ère nouvelle de la civilisation grecque :
alors on assiste au rayonnement extérieur de Sparte ou
d'Athènes, feux allumés sur les hauteurs, comme dit Tocqueville. Il y a eu là imitation par mode ; et cette mode,
assise et enracinée, est devenue, pour toutes les villes, une
coutume nationale et commune, où s'alimentait le sentiment patriotique le plus vivace et le plus héréditaire qui se
soit vu. Mais, si nous considérons à part chacune de ces
petites cités si attachée à ses institutions originales avant
l'assimilation dont je parle, et que nous nous demandions
comment les diverses tribus qui la composent sont parvenues elles-mêmes à s'y confédérer sous cette forme urbaine,
nous ne trouverons pas d'autre raison que leur similitude
préexistante, opérée de même par l'éclat rayonnant de quelqu'une d'entre elles, volontairement ou forcément copiée
par les autres.

— Les périodes d'éclat où se tourne de lui-même le regard
de l'historien comme vers des illuminations intermittentes
du passé, le siècle de Périclès, le siècle d'Auguste, le siècle
de Louis XIV, ont pour caractères communs de marquer
l'époque où, après une ère d'innovations précipitées, d'an-
nexions et d'assimilations rapides, une nouvelle forme de
société se montre et inaugure l'avènement d'une nouvelle
tradition. La langue, après de longues altérations, se fixe en
un moule dorénavant respecté. La religion, après beaucoup
de changements produits par un accueil trop hospitalier aux
idées du dehors, s'assoit et se régularise. Les institutions
gouvernementales, remaniées, régularisées, après de grands
bouleversements, prennent racine de nouveau. L'art, dans

toutes ses branches, après des tâtonnements sans nombre,
trouve sa voie *classique* et s'y maintient désormais. La législation, après un chaos d'ordonnances, de décrets, de lois, se
codifie et s'ossifie pour ainsi dire. Périclès, sous ce rapport,
bien que le chef d'un État démocratique, et du plus remuant
des peuples anciens, ressemble à Auguste et à notre Roi-
Soleil. Sous lui, tous les éléments de la civilisation athé-
nienne, désordonnés auparavant, par suite de ce grand courant d'imitation-mode qui l'avait précédé et qui, du reste,
n'a jamais pu être bien longtemps interrompu dans le
monde grec, livré au mélange commercial et maritime des
civilisations, s'accordent logiquement, comme les éléments
de la civilisation latine ou de la civilisation française sous
ses deux grands émules de gloire, à la suite des temps trou-
blés qui avaient désorganisé la république romaine avant
l'un et la société française avant l'autre. Alors le dialecte
athénien s'étend, s'impose à tout son empire colonial qui
se consolide, et, en s'étendant, il se fixe, il devient le parler
immortel de toute l'antiquité postérieure. Alors aussi, la
sculpture, la poésie dramatique, atteignent leur apogée,
leur *perfection exemplaire*. Alors, enfin, le gouvernement,
les finances, prennent une assiette solide et vraiment conservatrice. Car Périclès, malgré son inclination aux nouveautés
intellectuelles et son accueil hospitalier aux penseurs, aux
écrivains extérieurs, était aussi *conservateur* que Louis XIV
et Auguste, eux-mêmes protecteurs et fauteurs de la vie
intellectuelle et artistique, qu'ils accueillent pour se l'appro-
prier.

Or, il est clair que si, à l'époque de ces grands hommes
ou de ces grands règnes, on revient à la tradition, c'est à
une tradition élargie, élargie de deux manières, et par
l'étendue des territoires qu'elle régit et par la complexité des
éléments dont elle se compose. Avant Périclès, Athènes
n'était qu'une cité hellénique plus grande ou plus illustre
que d'autres; avec lui, elle devient la capitale d'un Empire

assez vaste qui vit de sa vie, et cette vie est autrement intense et compliquée que celle de l'Athènes des premiers siècles.

On le voit, les grands siècles dont je parle peuvent être considérés sous deux aspects : premièrement, comme le moment où est atteint un nouvel *équilibre logique*, obtenu grâce à l'élargissement de ce que j'ai appelé la *grammaire* des éléments de la civilisation, opposée à son *dictionnaire;* en second lieu, comme le point de départ d'une nouvelle ère de vie *traditionnelle*. Mais ces deux aspects sont liés, car c'est parce que les innovations, apportées par le vent de mode, se sont harmonisées, qu'elles se sont fixées ensuite en coutume. La preuve qu'elles se sont harmonisées est visible dans cet air symétrique, artificiel même, que revêtent toutes les créations de ces mémorables époques : les administrations s'y centralisent, s'y uniformisent; les villes s'y transforment dans le sens d'une ordonnance géométrique des rues et des places... Par exemple, quand Périclès fit rebâtir Sybaris sous le nom de Thurii, Curtius nous apprend que cette ville « fut dessinée sur le plan du Pirée », que « quatre voies principales la traversaient dans sa longueur, trois dans sa largeur ». On peut lire dans Babeau (*La Ville sous l'ancien régime*), les transformations à la Haussmann qui s'accomplirent dans toutes les villes de France sous Louis XIV, et comparer le tout avec ce que nous apprend sur les villes postérieures à Auguste l'archéologie romaine... Périclès, du reste, austère et autoritaire, descendant d'une illustre famille, sorte de Pitt républicain, voulait la grandeur maritime et l'extension de l'Empire d'Athènes, mais, avec un soin jaloux, repoussait l'introduction de l'étranger dans la cité comme membre du corps patriotique. Il revint sur ce point, nous dit Curtius, « à l'antique et sévère législation ». Il gouverna démocratiquement, mais en supprimant tous les principes démocratiques, c'est-à-dire « l'alternance des emplois, le fractionnement de l'autorité et même la responsabilité des offices publics ». En sa personne il concentra, comme Auguste, toutes les charges républicaines et se fit, de ce faisceau, un pouvoir souverain.

Du reste, il n'eut de commun que l'apparence extérieure avec les anciens *tyrans*. Le tyran, loin de représenter et de favoriser la coutume conservatrice, malgré son despotisme, était favorable aux courants de *mode* étrangère qui dissolvaient les traditions nationales, ses grands obstacles. Périclès, au contraire, inaugurait le retour à la vie traditionnelle, parce qu'il y avait intérêt.

Ce n'est pas à dire que Périclès, en imposant son autorité et scellant de son sceau les institutions de son pays, ait créé le besoin de vie plus nationale, plus traditionnelle, dont il profita un moment, — un moment trop court, par malheur. Les guerres médiques, comme toutes les crises belliqueuses, avaient retrempé le sentiment de la nationalité (mais de la nationalité agrandie), qui, dans les siècles précédents, notamment au vie siècle, s'était émoussé par l'usure de la vie cosmopolite. « Tandis qu'à l'époque de Solon, dit Curtius (t. II, p. 476), on vivait à Athènes de la vie facile des Ioniens (d'Asie), que les riches citoyens se plaisaient à étaler leur pourpre, leur or, leurs parfums, leurs chevaux, leurs meutes, leurs mignons et leurs banquets, il est incontestable qu'avec les guerres médiques une idée plus sérieuse de la vie pénètre dans la nation... » On revient aux mœurs des ancêtres athéniens. « La journée de Marathon avait remis en honneur la vieille race des *cultivateurs* de l'Attique; et plus le noyau du peuple athénien apprit à se considérer comme supérieur aux populations *maritimes* d'Ionie (orgueil toujours lié à la pratique de l'imitation-coutume, remarquons-le), plus il aima aussi à se séparer d'elles par la langue, les mœurs et le costume. » Le costume se simplifia, il retourna à l'austérité primitive. — « C'était là une différence tout extérieure entre les Ioniens (d'Asie) et les Athéniens ; *mais, depuis longtemps déjà (ce qui prouve bien*

*l'antériorité de l'imitation interne sur l'externe*), leurs
mœurs et leurs façons de vivre étaient opposées. »

A bien des signes on reconnaît que les temps immédiatement antérieurs à Périclès, le commencement du v⁰ siècle,
et surtout le vi⁰, sont des périodes où souffle le vent de
l'imitation étrangère dans tout l'Archipel, dans tous les
bassins civilisés ou civilisables de la Méditerranée. C'est
l'époque de Polycrate et des autres tyrans grecs, tous contraires aux vieilles mœurs, tous propagateurs de coutumes
extérieures, tous précurseurs du gouvernement *administratif* à la moderne. La *tyrannie*, d'ailleurs, par sa rapide propagation d'île en île à cette époque, révèle bien l'impressionnabilité de ce temps aux exemples du dehors. Ce qui la
montre mieux encore, c'est le spectacle inouï que donna
alors l'Égypte sous les Psammétiques et sous Amasis, pareillement imitateurs de la vie grecque et s'efforçant de l'importer sur la terre classique de la tradition! Amasis « avait
pour femme une Cyrénéenne, des Grecs pour compagnons
de table, des princes grecs pour hôtes et amis; comme
Crésus (qui de son côté, en Lydie, innovait de la même
manière), il honorait les dieux grecs ». C'est ainsi qu'au
xviii⁰ siècle de notre ère, Frédéric le Grand tâchait de
franciser son royaume. — On peut considérer Darius comme
ayant participé à ce mouvement d'hellénisation, mais sous
des formes plus dissimulées et plus larges. Tout au moins
a-t-il ouvert la voie aux grands empires *administratifs*, qui
l'ont suivi. La Perse fut par lui « transformée de fond en
comble. Un nouvel esprit administratif prit la place des
vieilles habitudes ».

De là l'*individualisme* qui apparaît alors. « Un sentiment
tout nouveau de la personnalité s'était éveillé. » On osait
penser par soi-même; la philosophie est née de cette audace.
Les sophistes sont les véhicules de la liberté intellectuelle, individuelle. De là aussi le cosmopolitisme de cette
époque.

— En ai-je dit assez pour montrer le rôle capital que joue en histoire politique la variation alternative du niveau des deux grands courants entre lesquels se partage inégalement l'imitation ? Non, sans doute, mais nous allons achever notre démonstration en étudiant maintenant de plus près les conséquences politiques produites par ce simple changement rythmique survenu dans la direction d'une même force, et les caractères que doit revêtir une forme gouvernementale pour être apte à s'étendre ou à s'enraciner comme il vient d'être dit.

Ces conséquences sont, en résumé, l'agrandissement et la consolidation progressifs de l'agglomération politique, nous le savons déjà ; puis, nous allons le voir, une centralisation administrative et militaire toujours croissante, la facilité de plus en plus grande donnée à un gouvernement personnel de s'universaliser et de s'éterniser ensuite en devenant traditionnel. Ces caractères sont l'air relativement rationnel et égalitaire des constitutions qui se répandent, et l'air relativement original et autoritaire des constitutions qui, après s'être répandues, s'assoient. Tout ceci ressortira mieux par la comparaison de notre antithèse avec deux antithèses différentes, mais voisines, où deux éminents penseurs, de profondeur et d'étendue d'ailleurs inégales, se sont complus.

Tocqueville et Spencer ont eu le sentiment vif d'une grande transformation sociale qui est l'onde lente et irrésistible de notre âge ; ils ont cherché l'un et l'autre à la formuler en des termes où ils ont cru voir une loi générale de l'histoire. Spencer a été surtout frappé du développement industriel de notre époque, il a vu là le trait dominant qui explique tous les autres traits de nos sociétés, notamment l'émancipation de l'individu, la substitution des droits consentis aux droits innés, du contrat au statut personnel, de la justice au privilège, de l'association libre et volontaire aux corporations héréditaires ou imposées par l'État. Généralisant cette vue, il a regardé l'emploi déprédateur ou producteur, guerrier ou pacifique de l'activité, comme un fait majeur qui suffit à caractériser deux types de civilisation éternellement en lutte : le type militaire voué à une mort prochaine et le type industriel destiné à un idyllique et grandiose avenir de paix, de liberté, de moralité, d'amour[1].

Tocqueville a été profondément, religieusement impressionné, nous dit-il, par le nivellement des conditions qui précipite les peuples, en Europe ou en Amérique, sur la pente inévitable de la démocratie. Le besoin d'égalité est, à ses yeux, le mobile supérieur de notre temps, comme le besoin de privilège était le mobile supérieur du passé, et sur l'opposition de ces deux forces il fonde le contraste des sociétés aristocratiques et des sociétés démocratiques, qui, de tout temps, ont différé en tout, en fait de langue, de religion, d'industrie, de littérature, d'art, aussi bien que de politique. Sans effroi, avec une sympathie évidente au contraire, mais sans trop d'illusions, du moins sans une dose d'optimisme comparable à celle de Spencer, il prévoit les suites de l'égalisation consommée dans la démocratie future, et les déroule en un tableau prophétique par endroits.

Sur bien des points, l'antithèse de Spencer et celle de Tocqueville marchent de front et s'accordent; car il semble que les sociétés appelées militaires par le premier sont précisément, à bien des égards, les aristocraties décrites par

---

(1) L'antithèse du type industriel et des types militaires des sociétés a pour premier auteur non pas M. Spencer, mais Comte. Celui-ci ne s'est pas borné à l'indiquer, il l'a souvent développée ; il l'a même exagérée, — par exemple en établissant entre l'évolution industrielle et l'évolution artistique un lien indissoluble que suffit à démentir l'antiquité classique. Encore y a-t-il, au fond, beaucoup de vérités dans ce point de vue.

Seulement, même en exagérant les mérites de l'activité industrielle et sa supériorité à l'égard de l'activité guerrière, Comte s'est bien gardé d'outrer la portée de cette distinction au point de la considérer comme la *ligne de partage des eaux*, pour ainsi dire, en sociologie. Il sait bien que l'évolution religieuse, la succession et la distinction des formes et des idées théologiques, scientifiques, domine de très haut ces considérations de second plan. Et c'est ce que n'a pas vu M. Spencer.

le second, et que les sociétés industrielles de l'un tendent
à se confondre avec les démocraties de l'autre. Cependant
Spencer nous dit que le militarisme engendre la coopération
obligatoire, l'oppression de l'individu, sous la centralisation
administrative, et que l'industrialisme a pour effet la coopération volontaire, l'indépendance individuelle, la décentralisation. Tocqueville, à l'inverse, en des pages où se condense
l'érudition la plus solide jointe à la pénétration la plus
réfléchie et la plus sincère, est forcé de convenir enfin, à
contre-cœur, que l'égalité démocratique née de l'uniformité
générale, nous conduit, presque fatalement, à une centralisation oppressive, réglementatrice à l'excès, et que les
franchises locales, les garanties personnelles, trouvaient des
abris tout autrement sûrs aux temps de diversité et d'inégalité aristocratiques. Cet aveu a dû lui coûter, et je ne sais
comment il concilie son amour passionné de la liberté bien
plus encore que de l'égalité avec sa sympathie pour un
état social conformiste, intolérant, en un mot socialiste,
dont il a la claire vision. Son libéralisme, au reste, n'est pas
plus inconséquent que celui du grand évolutionniste anglais.
Quoi qu'il en soit, lequel des deux a raison ici? Faut-il concéder à Tocqueville que le régime aristocratique est décentra-
lisateur, différenciateur et, en un sens, libéral, et que le
régime démocratique est centralisateur, niveleur et autoritaire; ou faut-il accorder à Spencer une proposition qui
paraît être l'inverse de celle-ci?

Je crois que la thèse de Tocqueville renferme une plus
large part de vérité, mais qu'il a eu le tort de ne pas dégager assez nettement un côté de sa pensée demeuré dans
l'ombre. Au fond, par régime aristocratique, il entend le
plus souvent l'empire dominant de la coutume, et, par
régime démocratique, l'empire dominant de la mode, et, s'il
eût traduit sa pensée comme je viens de le faire, elle eût été
d'une justesse incontestable. Mais la traduction qu'il en a
donnée est inexacte, car il n'est pas essentiel à l'aristocratie

d'être liée à l'esprit de tradition, et toute démocratie n'est point hospitalière aux nouveautés. Son mérite, néanmoins, est d'avoir eu égard à l'origine héréditaire ou non héréditaire des pouvoirs et des droits, des sentiments et des idées, et de n'avoir point méconnu l'importance capitale de cette distinction, qui est négligée ou effleurée à peine par Spencer. Celui-ci ne distingue point le militarisme héréditaire et coutumier, c'est-à-dire féodal, du militarisme volontaire, imitatif du dehors et législatif, propre aux peuples contemporains. Pour lui, le fait important est la nature belliqueuse ou laborieuse de l'activité ordinaire. Mais dire que la coopération obligatoire est propre à toute nation où domine l'armée, sous prétexte que l'organisation militaire est essentellement coercitive, c'est oublier qu'un grand atelier n'est pas moins autoritairement gouverné qu'une horde barbare, qu'une troupe de vassaux, ou même qu'un régiment moderne. Au Pérou, sous les Incas, ne doit-on pas plutôt voir un grand phalanstère qu'une grande caserne? Toutefois, jamais despotisme guerrier n'a été plus réglementateur que ce despotisme agricole. C'est que jamais l'obéissance à la coutume n'a été plus rigoureuse, si ce n'est en Chine. La Chine est le pays le moins belliqueux, le plus travailleur qui soit au monde : n'importe, si l'on ne se paye pas de mots, la coopération y est on ne peut plus obligatoire, l'intolérance y est absolue et la centralisation administrative y est poussée aussi loin que le permet l'absence de chemins de fer et de télégraphes sur un territoire si étendu; car le joug de la coutume, la domination des ancêtres, y pèse sur tous, à commencer par l'Empereur[1].

_____

(1) Serait-ce par hasard l'habitude de guerroyer qui rendrait héréditaire l'autorité et la rendrait plus dure ? Non, la guerre victorieuse peut bien provoquer l'extension d'une noblesse préexistante, ou même lui donner naissance peut-être, mais à la condition que la société se trouve vivre sous l'empire de la coutume et prédisposée de la sorte à rendre héréditaire tout pouvoir. Dans le cas contraire, nullement. Croit-on que vingt ans de guerres continuelles dans l'Europe actuelle feraient surgir

Spencer attribue au militarisme, développé, dit-il, en France par des guerres plus fréquentes qu'en Angleterre, le caractère réglementateur et centralisateur de l'ancien régime français (complété à cet égard, on le sait, par la Révolution). Mais, remarquons-le, ce caractère s'accentue au fur et à mesure des empiétements du pouvoir royal qui, s'appuyant surtout sur les communes, c'est-à-dire sur les classes industrielles de la nation, s'étend au détriment de la caste belliqueuse des seigneurs féodaux, et a pour effet d'empêcher, sinon les guerres extérieures, intermittentes, du moins les guerres intestines, constantes, pour le plus grand avantage du travail. Le roi de France a été essentiellement un pacificateur. Si l'Angleterre est restée un pays de décentralisation relative, c'est qu'elle est restée un pays d'aristocratie. Sa richesse industrielle, qui n'était pas supérieure à celle de la France, avant la fin du dernier siècle, n'est pour rien dans ce résultat. Quant à la tendance toute récente des nations contemporaines au socialisme d'État, — objection si forte contre l'influence libérale prêtée par Spencer au développement industriel, et démenti si formel opposé à ses vues sur l'avenir politique, — est-il permis de l'interpréter comme un effet accidentel et momentané des armements exagérés imposés à l'Europe par la dernière guerre franco-allemande? Et ne serait-il pas plus exact d'attribuer à ce mouvement profond,

---

une féodalité ? Une dictature, appuyée sur une ploutocratie plus insolente encore que celle d'aujourd'hui ; rien de plus. En fait l'origine première de toute noblesse est rurale, patriarcale, domestique. Les aristocraties sont surtout vivaces et inaltérables quand elles ne sont pas belliqueuses, par exemple l'aristocratie suisse qui, malgré sa forme républicaine et fédérale, s'est perpétuée jusqu'à notre siècle, longtemps après que tout le reste du continent s'était mis à se démocratiser. — Si, malgré cela, l'idée du militarisme se lie d'ordinaire à celle du régime aristocratique, c'est que le morcellement territorial produit par la prépondérance aristocratique de la coutume, multiplie les occasions de conflits à main armée. — L'industrialisme est si peu incompatible avec le militarisme que la cité la plus belliqueuse peut-être du moyen âge, Florence, est aussi, à la même époque, le pays le plus industriel de l'Europe. Autre exemple : l'Athènes antique.

invincible, présentant toutes les apparences de la durée, une cause non fortuite, non extérieure, mais interne et durable, et qui rattacherait intimement les progrès de l'État moderne aux progrès mêmes de l'industrie et de la démocratie modernes [1] ?

Cette cause, c'est l'habitude chaque jour plus générale de prendre exemple autour de soi, dans le présent, au lieu de prendre exemple exclusivement derrière soi, dans le passé. Depuis que cette habitude règne, il est remarquable que, soit par la guerre, soit par la paix, les nations contemporaines sont poussées dans les voies de la centralisation et de l'unification à outrance, de l'extension de l'État démocratique en surface et en profondeur ; comme, lorsque régnait l'habitude inverse, la guerre et la paix, les sièges des châteaux et les travaux des corporations, concouraient à maintenir le morcellement féodal. Pourquoi? Parce que l'imitation extérieure produit l'uniformité vaste des idées et des goûts, des usages et des besoins, qui rend possible, puis rend nécessaire, non seulement la fusion des peuples assimilés, mais encore l'égalité des droits et des conditions, c'est-à-dire la similitude juridique entre les citoyens de chaque peuple devenus semblables sous tant d'autres rapports. Parce que cette uniformité, en outre, rend possible pour la première fois, puis rend nécessaire, la grande industrie, la production par des machines, et aussi bien la grande guerre, la destruction par des machines. Et parce que, enfin, cette même uniformité, d'où il suit qu'un homme en vaut un autre, con-

---

(1) Même aux États-Unis, malgré le caractère essentiellement pacifique de ce peuple, se remarque le penchant universel à la centralisation. Dans le numéro de mars de *Political science quaterly*, revue américaine publiée à Boston, un article de M. Burgess tend à prouver, dit le *Journal des économistes* (juillet 1886) que « il se fait un travail intérieur pour réduire l'importance des États, qui deviendraient des provinces ou des départements, et augmenter celle de l'Union. De tout temps, d'ailleurs, l'auteur le prouve, l'Union primait les États. » — V. aussi à ce sujet l'intéressant et instructif ouvrage de M. Claudio Jannet sur les *États-Unis contemporains* (4e édition, 1888).

duit nécessairement à traiter les hommes comme des unités similaires, à chiffrer, à envisager numériquement leurs volontés par le suffrage universel, leurs actions par la statistique, et à les courber tous sous une discipline uniforme par ces autres machines qu'on nomme des administrations et des bureaux. Ce qu'il y a d'essentiel et de vraiment causal en ceci, c'est la multiplication des relations extérieures entre les classes et entre les peuples; et cela est si vrai que la transformation sociale dont il s'agit a pris naissance aussitôt après les inventions modernes relatives à la presse, à la locomotion et aux correspondances, qu'elle se développe parallèlement à la propagation de ces inventions, et que, là où elle n'avait pas commencé encore, il suffit du percement de voies ferrées et de la pose de poteaux télégraphiques pour l'inaugurer. Si la démocratie américaine présente à un degré remarquable les traits que M. de Tocqueville prête à toutes les démocraties en général, et, notamment, aux démocraties européennes, et a offert à celles-ci leur portrait anticipé, c'est que l'Amérique du Nord a devancé l'Europe dans l'emploi large et hardi des nouveaux modes de transport, des bateaux à vapeur et des chemins de fer; c'est que nulle part on n'a jamais tant voyagé, ni si vite, ni tant échangé de lettres et de télégrammes.

D'ailleurs, n'y a-t-il pas à supposer qu'en prolongeant leur existence, nos démocraties, assises enfin, s'écarteront, sur bien des points, du tableau que Tocqueville en trace? Est-il vrai que le régime démocratique implique essentiellement l'empire de ce que j'appelle la mode et que, par suite, l'opinion et l'usage y doivent toujours être aussi instables qu'informes et tyranniques, les majorités aussi imprévoyantes et aussi capricieuses qu'omnipotentes? Je ne vois nulle raison de le penser. L'être social, après tout, si social qu'il soit, est un être vivant, né de la génération et né pour elle. Il veut perpétuer sa forme sociale et il n'en sait pas de meilleu. moyen que de l'attacher à sa forme vitale et de la trans-

mettre avec son sang. Toute civilisation qui est allée jusqu'au
bout de ses destinées a donné le spectacle d'une société
plus ou moins étendue, l'Égypte, la Chine, l'empire romain,
qui, après s'être *convertie*, comme par une sorte d'épidémie
bienfaisante, à un ensemble d'institutions et d'idées, s'y est
recueillie et renfermée séculairement par pitié filiale. J'ai
déjà parlé de la Chine. Les derniers siècles de l'Empire romain nous montrent une société, non pas égalitaire, assez
aristocratique au contraire, mais très uniforme et en même
temps très stable, très routinière, régie par une administration très centralisée. L'Égypte ancienne, démocratique dans
une certaine mesure, était non moins frappante par son
uniformité d'un bout à l'autre du bassin du Nil, par sa centralisation administrative, et ne l'était pas moins par sa
prodigieuse immutabilité. Tous ces exemples et toutes ces
raisons nous suggèrent la pensée que notre société contemporaine gravite à son insu, à travers sa mobilité transitoire,
momentanément favorable à la liberté de l'individu (comme
les fluctuations de la mer donnent un air libre au navire),
vers un âge de fixation coutumière où se complétera son
travail actuel d'uniformisation universelle. A la fin de son
livre, Tocqueville a eu ce pressentiment. Loin de favoriser
les révolutions, dit-il, l'état démocratique, une fois assis,
leur est contraire ; et, ajoute-t-il, « j'entrevois tel État politique qui, venant à se combiner avec l'égalité, rendrait la
société plus stationnaire qu'elle ne l'a jamais été dans notre
occident [1] ».

_____

(1) En lisant attentivement Tocqueville, on pourra s'apercevoir que,
sans avoir jamais pris la peine de formuler le principe de l'imitation, il
le côtoie toujours et ne fait qu'en énumérer curieusement les conséquences. Mais, s'il l'avait exprimé nettement et posé en tête de ses déduc-
tions, il se serait, je crois, épargné bien des erreurs et des contradictions de détail. — Il dit très bien : « Il n'y a pas de société qui puisse
prospérer sans croyances semblables, ou plutôt il n'y en a point qui subsistent ainsi ; car, sans idées communes, il n'y a pas d'action commune,
et, sans action commune, il existe encore des hommes, mais non de corps
social. » Cela signifie, au fond, que le vrai rapport social consiste à

# V

## LÉGISLATION

Les considérations ci-dessus relatives au gouvernement peuvent être appliquées à la législation [1]. La législation, comme la constitution politique et militaire, n'est qu'un développement particulier de la religion. Et, de fait, la loi, à l'origine, est chose sacrée comme la couronne; les plus

s'imiter, puisque la similitude des idées, j'entends des idées dont la société a besoin, est toujours acquise, jamais innée. — C'est par l'égalité qu'il explique avec raison l'omnipotence des majorités, ce redoutable problème de l'avenir, et la puissance singulière de l'opinion dans les Etats démocratiques, sorte de « pression immense » exercée par l'esprit de tous sur l'esprit de chacun. D'autre part, il explique l'égalité par la similitude, dont, à vrai dire, elle n'est qu'un aspect. C'est seulement, dit-il, quand les hommes se ressemblent jusqu'à un certain point qu'ils se reconnaissent les mêmes droits. — Qu'y a-t-il à ajouter ? Rien qu'un mot, mais un mot indispensable : c'est que l'imitation a fait et dû faire cette similitude nullement native. L'imitation est donc l'action proprement sociale d'où tout découle.

« Dans les siècles démocratiques, dit-il encore, l'extrême mobilité des hommes et leurs impatients désirs font qu'ils changent sans cesse de place, et que les habitants des différents pays se mêlent, se voient, s'écoutent et s'empruntent. Ce ne sont donc pas seulement les membres d'une même nation qui deviennent semblables; les nations elles-mêmes s'assimilent. » On ne saurait mieux peindre, sous le nom de révolution démocratique, les effets de l'imitation-mode prépondérante. — Il donne une raison ingénieuse, et que je crois solide, du penchant des démocraties aux idées générales et abstraites qui leur font perdre de vue les réalités vivantes : c'est que les hommes, en devenant beaucoup plus semblables, ont trouvé moins de difficulté à se voir en masse, à se totaliser, et ont pris l'habitude de tout voir ainsi. Encore un effet de l'imitation. — Je choisis ces citations entre mille pareilles. — Il écrit encore : « Ce qui maintient un grand nombre de citoyens sous le même gouvernement, c'est bien moins la volonté raisonnée de demeurer unis que l'accord instinctif, et en quelque sorte involontaire, qui résulte de la similitude des sentiments et de la ressemblance des opinions. »

(1) Sur le rôle de l'imitation et de la logique sociale dans la formation du droit, voir nos *Transformations du Droit.*

anciens recueils de lois, le Deutéronome, les Codes irlandais
des antiques Brehons, le Code de Manou, sont inextricable-
ment mêlés de récits légendaires, d'explications cosmogo-
niques. On voit par là que le prophète qui dogmatise et
qu'on divinise après sa mort, est le législateur qui commande, et aussi bien le roi qui gouverne. Au début de l'histoire, le père de famille, et aussi bien le chef de bande, est
à la fois tout cela. Sa qualité essentielle est d'être pontife ;
comme tel, il est, par suite, chef et justicier. Il est chef, en
tant qu'il dirige une action collective du groupe dans un
intérêt commun à tous ses membres; il est justicier, quand
il interpose son autorité entre ceux-ci pour accorder leurs
différends. Par sa manière de les accorder, si elle est suivie
et conséquente avec elle-même, s'il a, comme diraient nos
légistes, une jurisprudence, il les prévient enfin. Et dès lors
il y a une loi dans cette petite société, c'est le souvenir de
ses anciens jugements, qui implique la prévision de ses
jugements futurs. — Ainsi, la législation n'est, au début, et
en réalité n'est jamais, au fond, que de la justice accumulée,
généralisée, capitalisée; de même que la constitution n'est
que de la politique accumulée, généralisée, systématisée.
La législation est à la justice, la constitution est à la politique, ce que le lac de Genève est au Rhône.

En général, il y a entre le droit coutumier, légué par la
tradition, et le droit législatif, né d'un courant d'opinion
novatrice, la même différence qu'entre les constitutions originales et les constitutions rationnelles, ou entre les religions closes et les religions prosélytiques, ou même entre
les patois et les langues cultivées. Les patois, les cultes
locaux, les systèmes originaux de gouvernement, les coutumes aspirent à se transmettre de génération en génération;
les langues cultivées, les religions ouvertes, les constitutions
fabriquées, les codes nouveaux, aspirent à se répandre de
proche en proche, soit dans l'étendue d'un même pays, soit
au dehors. Cela n'empêche pas la langue la plus répandue

d'avoir été d'abord un patois comme un autre, ni la religion
la plus envahissante d'avoir eu son germe dans une secte
étroite, ni la constitution la plus conquérante ou la plus ambitieuse d'avoir été suggérée par un petit gouvernement
local, tel que celui de Lacédémone, dont nos conventionnels
étaient si épris, ou, en tout cas, par un gouvernement traditionnel, tel que celui de l'Angleterre, dont nos parlementaires sont encore si enthousiasmés ; ni, enfin, la législation
la plus contagieuse, telle que le Droit romain ou son dérivé
hybride le Droit français moderne, d'avoir sa source ou ses
sources dans d'humbles coutumes telles que le *Jus quiri-
tium* primitif et les lois franques. Et cela n'empêche pas
non plus la langue, la religion, la constitution, la législation la plus propagée, de se recueillir après son expansion,
de se localiser après sa diffusion et de tendre à devenir à son
tour un patois, un culte local, une constitution singulière,
une coutume, le tout seulement sur une plus grande échelle
et avec un degré supérieur de complication. Il y a donc trois
phases, je le répète, à considérer ; et, au point de vue législatif comme à tous autres égards, leur caractéristique est
aisée. Dans la première, le Droit est très multiforme et très
stable, très différent d'un pays à l'autre et très immuable
d'un temps à un autre ; dans la seconde, il est à l'inverse
très uniforme et très changeant, spectacle offert par l'Europe actuelle ; dans la troisième, il tâche de concilier son
uniformité acquise avec sa stabilité retrouvée. — Voilà le
rythme sur lequel s'exécute toute l'histoire du Droit, comme
un coup d'œil jeté sur elle va nous le montrer.

Il fut un temps où chaque famille ou pseudo-famille avait
sa loi propre, — puis chaque clan et chaque tribu, — puis
chaque cité, — puis chaque province. Pour essayer de comprendre comment s'est accompli chacun de ces pas successifs vers l'unité future du domaine législatif, regardons
s'opérer le passage du droit provincial au droit national.
Longtemps, chaque province de France a eu sa coutume dis-

tincte, mais à laquelle se superposait de plus en plus le corps
des ordonnances royales. Encore faut-il remarquer que
chaque parlement ou chaque tribunal interprétait à sa façon
les lois nouvelles et se faisait une jurisprudence à part, une
habitude judiciaire qui ramenait la législation à sa provin-
cialité première, d'où elle ne paraissait pas pouvoir sortir en
un temps encore dominé par l'imitation héréditaire. Mais,
enfin, l'imitation contagieuse, le penchant à prendre
éxemple sur les innovations législatives et judiciaires de
Paris, l'ayant emporté définitivement, les lois édictées par
les législateurs parisiens de la Révolution et de l'Empire ont
été obéies sans peine par toutes les provinces françaises,
qui avaient cessé de s'incliner devant l'autorité de leurs
aïeux propres, de leurs juristes particuliers. Qui plus est, la
jurisprudence de chaque tribunal, de chaque cour, s'est mo-
delée (par force, dira-t-on, mais pourquoi, si ce n'est parce
que le besoin de conformisme territorial était devenu impérieux?) sur la jurisprudence parisienne de la Cour de cassa-
tion. Ajoutons que déjà cette jurisprudence nationale, après
s'être établie de la sorte par mode, tend à se fixer par tradition et à immobiliser avec elle-même la législation. La loi
des Douze-Tables, qui a fini par être la tradition vénérable
et la coutume sacrée de Rome, a commencé par être une
importation étrangère, qu'un beau feu d'imitation-mode a
fait adopter.

Pendant que s'accomplit ce mouvement, un changement
plus majestueux encore s'inaugure. La même cause qui a
rendu nécessaire la superposition d'abord, puis la substitution d'un Droit national aux Droits provinciaux, force les
divers droits nationaux à refléter l'un d'eux et à préparer
l'unification législative de l'avenir. Au xvie siècle, période
éruptive s'il en fut, temps de contagion novatrice, c'était le
Droit romain qui, renaissant de ses cendres éparses, se
répandait sur tous les États, en même temps que, dans
chacun d'eux, le progrès du pouvoir royal uniformisait la

législation. Hier, c'était le Code Napoléon qui franchissait les frontières de l'Empire français. Aujourd'hui, le malheur est qu'il ne surgit nulle part aucune autorité prestigieuse assez puissante pour construire un nouveau monument juridique propre à éblouir les yeux de loin ; mais tout porte à croire que, s'il en apparaissait quelqu'un quelque part, il serait copié partout avec une rapidité inouïe, comme le montre le succès relatif de l'*act Torrens*. A défaut de solutions juridiques vraiment nouvelles, les nouveaux problèmes juridiques qui se posent, par exemple à propos des accidents du travail et de la législation ouvrière, sont à peine formulés dans un État petit ou grand qu'ils se répercutent passionnément dans tous les autres.

Eh bien, s'il est vrai que la disposition du public moderne à la libre imitation du dehors a seule rendu possible la diffusion des Codes français notamment, ne doit-on pas juger vraisemblable que, dans les âges passés, quand un même Droit provincial s'est établi sur un certain nombre de cités, quand un même Droit urbain s'est établi sur un certain nombre de tribus, etc., une disposition analogue, au degré près, s'est fait jour dans le public d'alors, et que, sans elle, aucune de ces extensions graduelles du champ juridique n'aurait eu lieu ? Quand, aux XIIᵉ et XIIIᵉ siècles, nous voyons en France et en Allemagne un certain nombre de villes, auparavant régies par des coutumes très distinctes, présenter une similitude relative de législation, nous savons que, en France, cette uniformité s'est établie par la propagation imitative de la première charte communale dont le public d'alors s'est engoué, et nous savons que cette idée de se copier sous ce rapport est venue aux villes déjà en relations multiples de commerce ou d'alliance, de langue ou de parenté. Les coutumes de Lorris, par exemple, se sont propagées avec une grande rapidité dans le domaine royal et en Champagne. En Allemagne il en a été de même. « Presque toutes les lois municipales des villes du Rhin se rattachent à celles

de Cologne, » dit M. Schulte dans son livre classique sur
l'histoire du Droit allemand. Les villes du Rhin vivaient
d'une vie commune par ce courant continu d'imitation mutuelle que le cours du fleuve entretenait et symbolisait.
« Le Droit de Lubeck, dit le même auteur, servit de modèle
à celui du Holstein et du Schleswig et à ceux d'une grande
partie des villes de la mer Baltique. » Le Droit de Magde-
bourg fut pareillement copié, et développé aussi, par Halte,
Leipsick, Breslau et autres « villes sœurs », et de Breslau
« il se répandit en Silérie, en Bohême, en Pologne, en Mo-
ravie, de sorte qu'il fut à peu près suivi dans tout l'Est. »
Il n'en est pas moins vrai qu'après s'être répandue ainsi par
mode, avec quelques modifications, une charte, une loi mu-
nicipale, sous un nom quelconque, devenait bientôt une
coutume des plus chères au cœur de ses justiciables.

En se pénétrant de cette pensée, on se gardera de l'erreur
de distinguer un ancien Droit et un Droit nouveau, de
creuser entre eux un abîme factice, et de supposer que le
*tournant* de l'un à l'autre, en ce qu'il a de réel, ne s'est
opéré qu'une fois au monde. L'éminent penseur, qui a si
profondément fouillé le Droit du passé, M. Sumner Maine,
n'est pas étranger à ce genre d'illusion. Suivant lui, la
grande, la capitale révolution qui s'est accomplie en Droit
est celle qui a eu lieu quand, suppose-t-il, à l'idée de la
consanguinité familiale s'est substituée celle de la cohabi-
tation territoriale comme fondement de l'union politique et
juridique. Il y a beaucoup de vrai dans cette vue, mais si
l'on cherche à la préciser on verra qu'elle doit être exprimée
en d'autres termes et qu'elle gagnerait à cette traduction. Il
est certain que la famille a été longtemps le domaine étroit
où étaient circonscrites les obligations morales, et qu'en
dehors l'univers entier était un territoire de chasse. Il s'en-
suivait que le père de famille antique avait droit de haute et
basse justice dans sa maison, qu'il pouvait condamner à mort
sa femme, ses esclaves et ses enfants. Mais qu'est-ce que

cette vie de famille hermétiquement fermée, si ce n'est le complet dédain professé par les parents pour tout exemple extérieur ? On comprend qu'une exclusion pareille soit difficile à maintenir ; peu à peu les barrières domestiques sont rompues, et les influences étrangères s'ajoutent aux traditions paternelles. C'est alors, quand les diverses familles commencent à entrer dans la voie des emprunts mutuels, que les relations de voisinage concourent avec les relations de parenté pour créér des liens de droit. Mais, le seul type reconnu de la solidarité étant par habitude le lien du sang, on y a d'abord fait rentrer fictivement les liens d'amitié, par adoption ou autrement. A la paternité adoptive il faut rattacher, plus tard, dans les pays chrétiens, la paternité spirituelle, le rapport de parrain à filleul avec les droits et les devoirs qui en résultent, et aussi bien le rapport de nourricier à nourrisson (le *fostérage* irlandais), ainsi que le rapport de nourricier spirituel, c'est-à-dire de précepteur, à disciple. En Irlande, par exemple, le précepteur avait un droit de succession sur la fortune de ce dernier. Dans ce même pays, toujours d'après Sumner Maine, l'organisation ecclésiastique elle-même, l'ensemble des monastères et des évêchés, simulait une vraie tribu. C'est peut-être en vertu d'une fiction pareille que, dans tous les couvents d'hommes ou de femmes, les noms de père, de frère, de mère, de sœur, sont attribués aux religieux et aux religieuses malgré leur célibat obligatoire.

Mais, peu à peu, à mesure que les hommes non parents frayaient davantage ensemble et s'assimilaient entre eux, l'impossibilité d'étendre à leurs nouvelles relations des fictions pareilles aux précédentes dut faire renoncer à celles-ci, et le simple fait d'habiter une même contrée suffit à lier juridiquement les hommes les uns aux autres. Pourquoi ? Parce que, dans la grande majorité des cas, les compatriotes étaient devenus très semblables par l'habitude de s'imiter réciproquement. Quand, par exception, un groupe d'entre eux était très différent des autres, tel que les Juifs au moyen âge ou les nègres en Amérique, ou les Maures en Espagne sous Philippe II, ou les catholiques en pays protestant et les protestants en pays catholique au XVIᵉ siècle, on leur refusait ou on ne leur concédait qu'à grand'peine la participation au droit commun malgré la communauté de territoire. Tant il est vrai que le véritable fondement et la première condition du droit est une certaine similitude préalable des hommes qu'il doit unir. Quand la parenté était requise, c'est qu'alors elle seule faisait présumer ce degré de ressemblance, tandis qu'à présent la communauté de pays suffit à faire naître cette présomption. D'ailleurs celle-ci aspire à se fortifier par l'adjonction de la première. Les nationaux, dans les nations les plus modernes, où les races distinctes ont eu le temps de se fusionner par la soumission prolongée aux mêmes lois, sont persuadés qu'ils ont les mêmes ancêtres, et le caractère en apparence territorial de leur Droit masque la foi en cette parenté commune. Parmi les conditions d'unification nationale, Seeley place avec raison en première ligne « la communauté de race, ou *plutôt* la *croyance à cette communauté* ». Dans les temps les plus modernes, donc, comme dans les temps les plus antiques, ce qui importe, c'est moins la consanguinité réelle que la consanguinité fictive ou réputée réelle. — Ainsi, on le voit, c'est l'action de l'imitation-mode qui a produit, non pas une fois, mais bien souvent, la révolution juridique capitale dont parle Sumner Maine. Exprimer celle-ci dans les termes de cet auteur, c'est laisser croire que des causes physiologiques ou physiques, la génération ou le climat et la terre, sont en jeu dans cette transformation, tandis qu'une force essentiellement sociologique, l'imitation, a tout fait.

Dans ce qui précède, il est vrai, l'imitation du supérieur se présente confondue avec celle du novateur contemporain. Mais il est des cas où celle-ci s'en dégage dans le domaine juridique comme dans tout autre. L'histoire du Droit pénal fournit plusieurs exemples frappants du fait. Je me borne à les indiquer, parce que j'en ai parlé, avec quelques développements, dans un autre ouvrage [1]. On est stupéfait de voir avec quelle rapidité, à certaines époques, se sont répandues des procédures criminelles aussi odieuses qu'absurdes, telles que la torture, ou aussi inefficaces qu'inintelligentes, telles que le jury. La torture a été à la mode en Europe à partir de l'exhumation bolonaise du Droit romain ; et jusqu'au XVIe siècle, elle s'étend comme une inondation sanglante. — Au XVIIIe siècle, c'est du jury qu'on s'éprend partout, sans le connaître, sur la foi de quelques anglomanes ; si bien que tous les cahiers des États généraux en 1789 étaient unanimes sur ce point, comme sur tant d'autres. Et l'on sait jusqu'où cette prévention irraisonnée pour cette justice boiteuse et aveugle s'est répandue en notre siècle épris de lumières et d'égalité. — N'est-on pas fondé à soupçonner, d'après ces deux exemples, que la procédure antérieure à la torture, le duel judiciaire, s'est elle-même propagée à la faveur de quelque engouement semblable ?

Quoi qu'il en soit, il est à noter que ces modes étranges n'ont pas tardé à se fixer en coutumes très chères au cœur des populations. Le jury est à présent une institution nationale en France, et il n'est pas permis d'y toucher. Mais, au XVIIe siècle, la torture a eu le même honneur. Plusieurs fois, les États généraux du XVIe siècle, et même ceux de 1614, se prononcent non seulement pour le maintien, mais pour l'extension de ce mode de preuve, et attestent l'enracinement de sa popularité.

Hâtons-nous d'ajouter que les fièvres de mode, ici comme ailleurs, produisent rarement d'aussi mauvais effets, et que, comme elles servent de simple auxiliaire, en général, à l'imitation du supérieur et à la logique sociale, elles favorisent d'ordinaire le progrès des législations. Nous en dirons autant

(1) Voir ma *Philosophie pénale*. (Storck, éditeur, 1890.

des coutumes nouvelles qui succèdent à ces crises. — Demandons-nous donc quels sont les caractères que tend à revêtir une législation qui cherche à s'étendre, puis à se fixer sur un plus vaste espace, et quelles sont les conséquences soit de cette extension, soit de cette fixation.

Ces caractères sont en général : plus de richesse dans le contenu et plus de simplicité dans les formes, une part plus large faite aux contrats, aux engagements réciproques, à l'équité, à l'humanité, à la raison individuelle, dans le droit qui se répand; et, dans le droit qui se fixe et se codifie, un air de casuistique savante et de réglementation despotique ajouté aux précédentes qualités. Le Droit romain, tel qu'il s'est formé spontanément sous l'influence du *Jus gentium* et des adoucissements prétoriens et tel qu'il s'est codifié et immobilisé sous l'Empire, nous présente un exemple remarquable de ce double type. Partout où il a été propagé par les juristes, il a été accueilli comme la justice et la logique mêmes, et à cela tient en partie l'écrasement sous lui de presque toutes les autres législations originales de l'antiquité ou du moyen âge; partout où il s'est établi, il a servi d'instrument puissant aux despotes. — Observons, à ce propos, que, bien qu'on oppose l'équité au privilège et la justice à la coutume, l'équité et le privilège, la justice et la coutume ont la même origine. La coutume paraît juste aux hommes primitifs, parce que, soit qu'elle accorde un privilège à l'individu ou lui impose un sacrifice, elle le traite de la même manière que les seules personnes auxquelles il ait l'habitude de se comparer, à savoir ses ancêtres et les gens de sa caste. Son besoin de similitude, de parité de traitement, est satisfait de la sorte, malgré les disparités, les dissemblances juridiques que la coutume établit entre gens déjà dissemblables de toute manière. Mais quand l'individu se soucie moins de ressembler juridiquement à ses aïeux et à ses proches qu'à ses compatriotes quelconques et en général à ses contemporains, parce que déjà sa ressemblance avec ceux-ci est devenue grande à d'autres égards, l'égalité de traitement qu'il réclame est ce qu'on appelle la justice ou l'équité, et alors peu lui importe d'être tout autrement traité que ses pères s'il l'est comme ses voisins.

Dans une certaine mesure, la distinction de la propriété foncière et du capital mobilier, dont la prépondérance sociale semble être alternative, se rattache à celle de l'imitation-coutume et de l'imitation-mode. En temps coutumier et traditionnel, il est remarquable que l'héritage transmis par les aïeux — terres, maisons, offices, usines, etc., — est considéré, et avec raison alors, comme la part de beaucoup la plus importante de la fortune ; ce que l'individu, au cours de sa vie éphémère, peut acquérir, par sa petite industrie particulière, par son commerce, par son initiative spontanée ou imitée de ses contemporains, n'ajoute en général pas grand'chose à ce fonds héréditaire, fruit d'épargnes accumulées produites par l'exploitation d'inventions anciennes, d'inventions agricoles, financières, industrielles, artistiques ou autres. Il est naturel, en de telles époques, de considérer le *patrimoine* comme la propriété la plus sacrée, digne d'être sauvegardée dans son intégrité par des lois tutélaires, par le *retrait lignager* ou féodal, par les substitutions, par le respect religieux des volontés testamentaires. L'habitude d'imiter surtout les pères, de se retourner en arrière pour choisir ses modèles, conduit à l'habitude d'obéir aux aïeux et de respecter par-dessus tout leur volonté. — Au contraire, quand sévit l'imitation des contemporains, c'est-à-dire quand ceux-ci sont remarquablement inventifs et que leurs inventions font momentanément pâlir celles des pères, la facilité de s'enrichir, en exploitant les innovations contemporaines, est si grande que l'on tend de plus en plus à regarder le patrimoine comme une simple mise de début, comme un premier fonds de commerce destiné à être promptement anéanti ou décuplé par la spéculation, le travail, l'entreprise audacieuse. Par suite, le patrimoine perd de son prestige et l'acquêt revêt un caractère plus noble. Rien ne paraît plus respectable alors, en fait de propriété, que ce qui est acquis par l'effort personnel, par l'emploi intelligent des nouvelles idées industrielles, agricoles, etc. Nous en sommes là actuellement en France et partout. Il n'est donc pas étonnant que l'on parle un peu partout, à tort, je crois, de porter atteinte aux vieilles lois sur les successions, de supprimer ou de restreindre encore le droit de tester et la capacité d'hériter, et de fonder exclusivement le droit de propriété sur le travail personnel.

On le voit, l'influence de l'imitation-mode s'exerce, *ici comme partout*, dans un sens *individualiste*. — Entre parenthèses, cette opposition entre la propriété foncière et le capital mobilier se retrouve au fond de l'opposition entre le point de vue juridique et le point de vue économique. Il est à remarquer que l'*économie politique a pris naissance* — en Grèce, à Florence, en Angleterre au xviiie siècle — *aux âges de mode*.

Les conséquences qu'entraîne le progrès du Droit en étendue d'abord, puis en stabilité, sont de plusieurs sortes : car la législation a trait à toutes les directions que l'activité *individuelle* peut prendre dans le sein de la nation ; et ces directions sont bien plus nombreuses que celles de l'activité *collective*, qui sont régies par la constitution gouvernementale. Tout ce que les nationaux peuvent faire *en masse* consiste dans une action militaire ou diplomatique sur les autres États ou dans une réforme politique sur eux-mêmes, production de puissance ou de gloire, ou de liberté nationale, industrie jugée supérieure. Encore une réforme politique n'est-elle qu'un remaniement législatif qui touche à des actes et à des intérêts de la vie privée, à des droits et à des devoirs individuels. Mais les actions que les individus peuvent accomplir *séparément* sont innombrables : occupations rurales et urbaines de toute espèce, tous les travaux agricoles ou industriels, toutes les natures de délit, tous les accords et tous les conflits d'intérêts. Il y a à distinguer ici l'activité contraire et l'activité conforme aux lois. L'activité contraire, qui doit être elle-même législativement prévue pour être réprimée, c'est l'ensemble des faits qui donnent lieu aux procès civils ou criminels, puisque les premiers, non moins que les seconds, supposent une violation du droit par l'un des plaideurs, seulement une violation réputée faite par erreur et non par mauvaise volonté. L'activité conforme, c'est d'abord l'ensemble des travaux de la justice civile ou criminelle, production de paix et de sécurité, industrie d'un genre à part, et aussi l'exercice paisible et légal de toutes les professions, production de richesses multiformes, industrie proprement dite. Or, en ce qui concerne la justice, l'uniformité de législation succédant à la diversité de législation a pour effet de centraliser, de régulariser, j'allais dire de mécaniser, le fonctionnement des tribunaux, d'élargir la jurisprudence ; et la stabilité de législation a pour effet de consacrer, de consolider la jurisprudence élargie. Ceci est surtout vrai de la justice civile, mais la répression pénale subit des changements analogues. A la pénalité coutumière, routinière, fertile en supplices aussi bizarres et atroces qu'absurdes, succède une pénalité méthodique et rationnelle, trop lente à venir sans doute, mais qui, déjà, fait contraster singulièrement les pénitenciers de nos jours avec les geôles d'autrefois. A chaque accès révolutionnaire de mode, en effet, n'importe en quel ordre de faits, il s'introduit dans nos sociétés plus de raison, comme, à chaque retour de coutume, plus de sagesse.

En ce qui concerne les industries quelconques, une législation uniforme, substituée au morcellement législatif, est la condition *sine qua non* de toute production en grand, par des machines et des associations de capitaux, qu'il s'agisse de voies ferrées, d'usines ou de grandes fermes ; par là, elle permet seule une prospérité brillante ; et une législation stable d seule possible une prospérité solide. Toutefois, comme le développement industriel dépend bien plus directement encore des variations de l'usage et du besoin, ces lois fondamentales et implicites, que de la loi proprement dite, il convient de renvoyer les considérations de cet ordre à la section suivante. Mais, parmi les industries, il en est une, l'agriculture, qui est sous la dépendance plus immédiate de la législation. On sait, en effet, les entraves qu'oppose à l'agriculture progressive, servie par des machines et disposant de marchés étendus, la multiplicité de coutumes ayant force de loi et juxtaposées, relativement aux servitudes, aux usufruits, aux divers modes de propriété, aux hypothèques, aux successions, à la vente, au louage, à la prescription, etc. Quand, par l'adoption facultative ou obligatoire, mais contagieuse, d'un même corps de lois émané d'une cour ou d'une capitale prestigieuse ou d'une célébrité contemporaine, ces barrières sont renversées, l'élan est enfin donné à la grande industrie agricole.

## VI

### USAGES ET BESOINS

#### ÉCONOMIE POLITIQUE

Le gouvernement le plus despotique et le plus minutieux, la législation la plus obéie et la plus rigoureuse, c'est l'usage. J'entends par là ces mille et une habitudes reçues, soit traditionnelles, soit nouvelles, qui règlent la conduite privée, non pas de haut et abstraitement comme la loi, mais de très près et dans le moindre détail, et qui comprennent tous les besoins artificiels, traduction libre des besoins naturels, tous les goûts et les dégoûts, toutes les particularités de mœurs et de manières, propres à un pays et à un temps. C'est à satisfaire ce faisceau de désirs spéciaux que s'évertue l'industrie, suivant les formes spéciales déterminées par eux, et conformément à des lois plus ou moins mal formulées par l'économie politique. Ainsi entendu, l'usage, comme le gouvernement et le Droit, se rattache à la religion ; il est un rejeton du rituel. Qui eût deviné, par exemple, que l'usage d'écrire de gauche à droite, propre à notre civilisation, eût une origine sacerdotale ? Rien n'est plus vrai pourtant. Les Grecs avaient commencé à l'exemple des Phéniciens, par écrire de droite à gauche ; mais, plus tard, à l'exemple de leurs prêtres qui écrivaient les oracles en sens inverse, parce que la direction vers la droite était de bon augure, le côté droit étant le côté de l'orient pour le sacrificateur qui observe le ciel les yeux tournés vers le nord, ils ont entièrement réformé sur ce point leurs vieilles habitudes. « Comme on se tournait à droite pour la prière, dit Curtius, la coupe qui servait au festin du sacrifice, le casque qui contenait les sorts, la cithare destinée à célébrer les dieux, circulaient à droite » et, par la même raison, l'écriture allait à droite. De là, le sens de notre écriture à nous. Et il est curieux de voir, après cela, des anthropologistes expliquer le fait par des motifs physiologiques... — L'usage, du reste, dans les sociétés même réputées irréligieuses, ne cesse d'exprimer leur culte vrai et profond, l'idéal chevaleresque ou matérialiste, aristocratique ou démocratique, qui les domine et les conduit. La seule forme des chaises et des coffres au xiie et au xviiie siècle suffirait à révéler le mysticisme de la première époque, et l'épicurisme de la seconde.

Aujourd'hui, le même genre de confort en fait d'alimentation, d'habitation, de vêtement, le même genre de luxe, le même genre de politesse, tendent à gagner l'Europe entière, l'Amérique et le reste du monde. Nous ne nous étonnons plus de cette uniformité, qui eût paru si surprenante à Hérodote. Elle n'en est pas moins un fait capital, sans lequel notre immense richesse industrielle serait impossible, quoique les progrès mêmes de l'industrie aient contribué à la développer. Un voyageur qui eût traversé l'Europe au XIIe siècle n'eût pas manqué de remarquer que, à chaque pas, d'un canton à l'autre, des populations, d'ailleurs semblables par la religion toujours, souvent par la langue, le Droit et la forme politique, différaient étrangement par leur manière de se nourrir, de se loger, de se vêtir, de se parer, de s'amuser[1]. Mais s'il eût repassé aux mêmes lieux cent ans après, il n'eût pas vu, dans un canton quelconque, de différence bien sensible entre les petits-fils et leurs ancêtres au point de vue de la nourriture, du logemènt, du costume, de la parure, des divertissements. Au contraire, un touriste moderne qui parcourt tout le continent européen, y voit partout, surtout s'il ne regarde que les capitales et les classes supérieures, même cuisine et même service dans les hôtels, mêmes chambres identiquement meublées, mêmes coupes d'habits, mêmes bijoux sur les femmes, mêmes pièces à l'affiche des théâtres ou mêmes volumes à la vitrine des libraires. Mais qu'il repasse dix ans, quinze ans après, il trouvera partout beaucoup de changements dans le menu où figureront des plats nouveaux, dans les meubles d'un tout autre style et parfois d'une utilité jusque-là inconnue, dans les toilettes tout récemment écloses de l'imagination d'un couturier à la mode, dans les bijoux nés d'une fantaisie de joaillier, dans les comédies ou les opéras et les romans en vogue. Ce contraste, que j'ai signalé aussi plus haut, est ici plus saillant que nulle part ailleurs.

Est-ce à dire que ce remplacement graduel, général ou régulier, de la diversité dans l'espace par la diversité dans le temps, et de la similitude dans le temps par la similitude dans l'espace, grâce au progrès de notre civilisation, doive

---

(1) Ainsi, les idées et les dogmes s'étant répandus plus aisément que es usages, et ceux-ci ne s'assimilaient que lentement à la suite de ceux-là. Exemple à l'appui de ce qui a été dit plus haut sur la marche de l'imitation du dedans au dehors.

être considéré comme une loi fatale de l'histoire et comme
un ordre entièrement irréversible ? Non. Ce qui est vraiment
irréversible, c'est le passage normal de la diversité à la
similitude géographique ; car on ne saurait imaginer, si ce
n'est par suite d'un cataclysme social, le retour au morcellement des usages après l'établissement de leur unité. Mais
on conçoit fort bien que, sans nul soubresaut, le passage de
l'identité à la différence dans le sens chronologique puisse
être renversé, et que les usages s'immobilisent enfin après
une période de capricieux changements ou plutôt de tâtonnements précipités. La constance des habitudes, loin de contredire en rien leur universalité, la complète. L'Europe, si
bouillonnante encore de nos jours, mais qui ne l'a pas toujours été, court, sans s'en douter, à ce port où s'apaisera
son orage. Cette fièvre civilisatrice qui la tourmente n'est
pas chose nouvelle et inouïe dans l'histoire, au degré près ;
et l'on en sait la terminaison. Ce n'est pas, à coup sûr,
sans agitation fiévreuse que tout le bassin du Nil ou de
l'Euphrate, tout l'empire du Milieu, toute l'Inde, ont été, à
des époques plus ou moins lointaines ou obscures, partiellement uniformisés ; ce qui suppose la destruction de tant de
singularités cantonales ! Elles ont dû être emportées par un
courant de contagion dont cet effet suffit à attester la violence passagère. Mais ce courant a disparu, ayant fait son
œuvre. Et, après lui, sur de grands territoires asiatiques
qu'il a dû recouvrir, on est surpris de rencontrer, non pas
seulement une étonnante ressemblance dans les costumes,
les ameublements, etc., mais encore une immuable fidélité
aux anciens usages. Elle est telle que, par exemple, le type
d'habitation et de distribution intérieure, encore usité dans
les palais d'Orient, a permis de reconstituer le plan des antiques palais assysiens malgré le caractère informe de leurs
ruines.

Il est infiniment probable que le jeu alternatif des deux
espèces d'imitation a seul pu, à la longue, transformer le

monde au point d'effacer par degrés toute trace du damier
primitif des usages locaux. Mais je dois prévenir une objection. Les archéologues de la préhistoire, parce qu'ils trouvent
dans toutes les grottes à peu près les mêmes types de silex,
de grattoirs, d'ustensiles très simples, se hâtent de conclure
que les sauvages, possesseurs de ces outils et de ces armes,
ne différaient guère les uns des autres par les vêtements, les
mœurs et le genre de vie, et que cette ressemblance avait
pour cause l'apparition spontanée des mêmes idées et des
mêmes besoins chez ces hommes primitifs. Rien de plus
arbitraire que cette conclusion, et la logique autorise seulement à conclure que la production ou la consommation des
armes ou des outils de silex, des poteries, etc., s'est propagée par imitation-mode sur de vastes territoires à ces époques reculées où nous sommes souvent portés à supposer
que l'imitation de tribu à tribu ne jouait aucun rôle important. Quand je songe que les Incas, malgré leur degré avancé
de civilisation, n'ont jamais eu l'idée du char ni de la roue,
ni même celle de s'éclairer au moyen d'une lampe ou d'une
chandelle quelconque pour utiliser les substances oléagi-
neuses qui se trouvaient sous leur main, je ne puis douter
que la plupart des peuples sauvages n'eussent toujours
ignoré l'art de la poterie si elle ne leur eût été enseignée du
dehors. Il me paraît donc illusoire de voir, dans la diffusion
presque universelle de cet art, la preuve de la nécessité, de
l'*innéité* de certaines découvertes.

Je reconnais pourtant que l'existence des sauvages restés
au bas de l'échelle humaine est presque aussi dépourvue
d'originalité que de variété, et qu'ils se ressemblent par bien
des points sans s'être imités le moins du monde. Mais leur
similitude en ceci n'est point sociale ; elle est toute vitale,
car les seuls besoins qu'ils connaissent sont des besoins naturels à peine marqués par le timbre spécial de la famille[1].

(1) Cette similitude, d'ailleurs, est très loin d'être complète. M. Émile

Élevons-nous plus haut, au point où la famille, plus artificielle que naturelle, commence à être et à vouloir être
une société, et non uniquement un groupe physiologique.
Les usages proprement dits, les besoins factices recou-
vrant ou grossissant les besoins physiques, commencent
alors. Ils naissent distincts de groupe à groupe, et, à
mesure qu'ils se précisent et se multiplient dans chacun
d'eux, ils se différencient de l'un à l'autre. Mais leur précision et leur richesse interne se continuent sans cesse, tandis
que leur différenciation extérieure rencontre de bonne
heure un obstacle dans le penchant inné à copier l'étranger
glorieux, inventif ou vainqueur. De loin en loin, ce penchant
se donne carrière ; et, grâce à cet esprit intermittent d'importation des besoins étrangers, combiné avec l'esprit constant de conservation des besoins traditionnels, chaque tribu,
puis chaque cité, puis chaque province, puis chaque grande
nation, et enfin la presque totalité du globe civilisé, offre,
en fait d'usages, comme à tant d'autres égards, le spectacle d'une similitude progressive unie à une complexité
croissante.

Si l'on voulait expliquer par la seule considération des
exigences du climat, en un lieu donné, le style et le mode
d'architecture qui y sont usités, on s'exposerait à de grandes
déconvenues. En Asie Mineure, par exemple, sur tout le versant de la mer Noire, les maisons sont couvertes de tuiles,
et, sur tout le versant de la mer de Chypre, elles ont des
toits en terrasse, « quelle que soit, dit M. Élisée Reclus, la
diversité du climat ». C'est une affaire de mode ou de cou-

---

Rivière, qui s'est beaucoup occupé de la faune des cavernes préhistoriques, remarque, à propos des grottes de Menton, la rareté extrême des
débris de poissons qu'il y a trouvés. Il s'en étonne et a peine à s'expliquer qu'une population riveraine de la mer, et d'une mer si poisson-
neuse, ait été si peu, ou point, adonnée à la pêche. — Est-ce que l'explication la plus simple de cette étrangeté n'est pas de supposer que les
habitants de ces grottes n'avaient pas encore eu l'idée d'inventer des
engins de pêche suffisants ou appropriés aux poissons de leur rivage ?

tume, ou plutôt d'ancienne mode devenue coutumière. —
D'un bout à l'autre des États-Unis, et du haut en bas,
dans toutes les classes, parmi les jolies femmes même (et
certes il n'est point d'exemple plus frappant de la puissance
de l'imitation) règne la répugnante habitude de chiquer qui
explique la présence universelle du crachoir, le plus indispensable des meubles américains. Est-ce là une habitude
commandée par les exigences de la race et du climat ? Nullement. Mode et coutume encore.

Insistons un peu à ce sujet, ne serait-ce que pour mettre
en relief une distinction qui aurait pu être indiquée déjà
expressément dans les sections précédentes, mais qui trouve
ici plus naturellement sa place : celle de la production et de
la consommation. — Chaque famille ou chaque horde, à ce
début social dont nous venons de parler, a commencé par
être un atelier, un magasin de toutes choses utiles, de
même qu'une Église et un État. En d'autres termes, elle
produisait tout ce qu'elle consommait, et elle consommait
tout ce qu'elle produisait, soit en fait d'utilités privées et
individuelles, soit en fait de croyances, soit en fait d'utilités
collectives. Cela signifie que l'échange, la solidarité économique, n'existait pas entre les familles, non plus que la solidarité politique ou religieuse. On ne voyait pas plus certaines familles produire du blé ou du riz, des toiles ou des
draps pour d'autres familles et celles-ci consommer ces produits en donnant en échange des produits différents ou des
services d'un genre quelconque, politique ou militaire par
exemple, qu'on ne voyait certaines familles enseigner ou
commander à d'autres, leur fournir une direction intellectuelle ou volontaire, et celles-ci croire ou obéir, en donnant
en échange comme précédemment des produits ou des services. — Or, il s'agit de montrer maintenant comment la
production, en tout ordre de choses, s'est séparée de la consommation, et il convient d'établir que la loi de l'alternance
des deux imitations s'applique à la fois à la propagation

des actes producteurs et à celle des désirs consommateurs.

Quand la famille est un atelier clos et se suffisant à lui-même, les secrets, les procédés de fabrication, de domestication, de culture, se transmettent de père en fils, et l'imitation ne fonctionne qu'à l'aide de l'hérédité. En même temps, les besoins que cette industrie embryonnaire satisfait se transmettent de la même manière. Mais quand la famille, informée que de meilleurs procédés sont employés en dehors d'elle, les copie et abandonne ses vieux errements ; il faut que, simultanément, les nouveaux produits, toujours un peu différents des anciens, soient appelés par le vœu des consommateurs ; il faut donc que de nouveaux besoins de consommation aient été transmis eux-mêmes par mode. Enfin, il arrive toujours qu'après un afflux d'innovations industrielles librement accueillies par une imitation du joug héréditaire et coutumier, le désir de les fixer en une coutume plus large se fait jour ; et ainsi prennent naissance les corporations. Pareillement, les besoins de consommation correspondants finissent par s'enraciner et devenir des habitudes nationales[1]. Puis cette marche recommence.

(1) On reconnaît les temps d'imitation-mode à l'effacement des caractères qui distinguaient précédemment les diverses professions. Cela signifie, en effet, que chacun, au lieu de se proposer pour modèle unique son *patron*, son *chef*, les doyens de sa famille professionnelle, jette les yeux autour de soi et cherche à copier les membres des autres carrières.

Par exemple, dans son *Siècle de Louis XIV*, Voltaire écrit : « Tous les différents états de la vie étaient auparavant reconnaissables par les défauts qui les caractérisaient. Les militaires et les jeunes gens qui se destinaient à la profession des armes avaient une vivacité emportée ; les gens de justice, une gravité rebutante, à quoi ne contribuait pas peu l'usage d'aller toujours en robe même à la cour. Il en était de même des universités et des médecins. Les marchands portaient encore de petites robes lorsqu'ils s'assemblaient et qu'ils allaient chez les ministres, et les plus grands commerçants étaient alors des hommes grossiers. Mais les maisons, les spectacles, les promenades publiques où l'on commençait à se rassembler pour goûter une vie plus douce, rendirent peu à peu l'extérieur de tous les citoyens presque semblable. On s'aperçoit aujourd'hui, jusque dans le fond d'une boutique, que la politesse a gagné toutes les conditions. Les provinces se sont ressenties avec le temps de tous ces changements. »

La mémoire, disait Broca, n'est pas une faculté simple ; chaque fonc-

D'une part, aux corporations fermées de l'ancien régime on voit succéder une ère de libre concurrence, c'est-à-dire de libre imitation du dehors, qui se termine immanquablement par un retour au monopole ancien sur une plus vaste échelle, sous le nom de grandes compagnies ou de syndicats professionnels. D'autre part, aux vieux usages du temps jadis, on voit succéder le règne du caprice généralisé et de la mode envahissante, jusqu'à ce que vienne l'heure, déjà pressentie, du repos des âmes en des besoins aussi stables qu'uniformes.

Mais il y a à noter ici un fait en apparence bien simple, qui a eu de grandes conséquences en histoire : les désirs de consommation se communiquent par imitation beaucoup plus vite en général et plus aisément que les désirs de production qui leur correspondent. Une tribu primitive voit des armes ou une parure de bronze pour la première fois, et aussitôt elle désire posséder des objets pareils. Mais ce n'est que bien plus tard qu'elle désirera fabriquer elle-même ces articles. En attendant, et l'attente pourra être longue, elle s'adressera aux fabricants d'une tribu étrangère ; et voilà le commerce né. On a remarqué, avec surprise, que la composition du bronze, dans la préhistoire, est toujours la même, malgré ce qu'il y a d'arbitraire dans cette proportion de ses éléments, chez les Sémites, les Kouschites et les Aryens (non chez les Chinois) : « fait important, dit M. Lenormand, et qui prouve qu'il s'agit d'une même invention propagée de proche en proche sur un domaine dont M. de Rougemont a fort bien établi les limites géographi-

tion cérébrale a sa mémoire particulière et ses habitudes propres. J'en dirai autant de l'imitation, cette mémoire sociale : chaque fonction sociale et spécialement chaque métier, a son genre particulier, c'est-à-dire son courant et son canal propre d'imitation. L'*Imitation professionnelle* mériterait une étude à part, qui devrait être subdivisée en deux chapitres : l'un sur les *préjugés*, l'autre sur les *coutumes* qui caractérisent chaque profession. Il y a des époques où l'imitation professionnelle est étroitement canalisée, d'autres où elle s'épanche au dehors, et où les diverses imitations professionnelles communiquent entre elles.

ques. » Cela signifie qu'à une certaine époque préhistorique
le désir d'acquérir ce métal nouvellement découvert s'est
répandu comme une traînée de poudre et que la plupart
des peuplades ou des peuples l'ont acheté bien longtemps
avant d'avoir su le composer ; sans quoi, la composition eût
très sensiblement varié d'un point à un autre. — Bien
d'autres faits confirment ce point de vue : notamment, la
diffusion de l'ambre, aux âges préhistoriques, à de très
grandes distances des lieux où on le découvre. Il en était
donc du passé comme du présent, où les pays qui commencent à se civiliser forment la clientèle des vieilles nations de
l'Europe, parce qu'ils ont subi la contagion des nouveaux
besoins sans être encore piqués d'émulation à la vue des
industries nouvelles. D'où la conquête commerciale du
monde par les Anglais, si féconde en résultats immenses[1].

Quoique ce phénomène, ai-je dit, soit tout simple ou nous
paraisse tel, le phénomène contraire serait, *a priori*, bien
plus concevable. Les désirs de production, pour se réaliser,
n'ont besoin de se répandre que dans un petit groupe
d'hommes, tandis que les désirs de consommation, pour
être viables, doivent se propager dans une grande masse. Il
est donc surprenant que, lorsque tout un peuple se laisse
gagner au charme de porter certaines étoffes ou certains
bijoux, d'habiter des maisons construites sur un certain
plan, le désir de fabriquer ces étoffes, ces bijoux, ces maisons, ne soit très vif chez personne dans le sein de cette
foule. Tant l'homme, en général, est non seulement imitatif,
mais passif dans sa manière d'imiter. — Quoi qu'il en soit,
le fait signalé s'observe en tout ordre de faits sociaux. Le
goût de lire des vers, de regarder des tableaux, d'entendre

(1) « Les Boschimans, décimés par la faim, sont entourés de peuples
pasteurs. Et, depuis des siècles, ils ne s'emparent de leurs troupeaux que
pour les détruire, et n'ont pas l'idée d'en élever de semblables... » (Zabo-
rowski, *Revue scientifique*, 17 décembre 1892.) Ici le *besoin de consommation* a si bien précédé le *besoin de production* que ce dernier ne s'est
pas encore manifesté.

de la musique ou des pièces de théâtre, est venu à tous les
peuples par imitation d'un voisin longtemps avant que ne
leur fût venu le goût de versifier, de peindre, de composer
des tragédies ou des opéras. De là le rayonnement si facilement universel et le caractère supra-national de certaines
grandes renommées littéraires ou artistiques[1]. — De même
le besoin d'être régis par une législation savante et complète
vient aux peuples bien avant le désir et la faculté d'élaborer
un système juridique. De là l'expansion du Droit romain
chez les barbares Wisigoths ou autres, et, après la Renaissance, dans presque toute l'Europe féodale. — De même
encore, le besoin du sentiment religieux précède le besoin
du génie religieux et aussi bien du génie philosophique,
c'est-à-dire de l'invention théorique. De là les conversions
si rapides des peuples naissants ou des peuples vieillis à
une nouvelle religion. — Semblablement, les peuples aiment,
par imitation, la gloire militaire et patriotique avant de
posséder le génie des armes et de la politique qui fait les
armées ou les patries glorieuses. De là une circonstance
favorable à l'annexion de grands territoires par des conquérants illustres; par exemple, à la formation de l'Empire
romain. — Enfin, les peuples éprouvent, au contact d'un
peuple étranger, le désir de parler une langue riche et cultivée, sans être encore capables ni désireux de la culture
qui seule enrichit et perfectionne un idiome ; et j'en dirai
autant des classes inférieures qui, au contact de classes let-
trées, sont avides de copier un langage poli par la vie de
cour et de salon, sans prétendre d'ailleurs encore à reproduire la vie mondaine. De là les rapides progrès de certaines

---

(1) Dans son ouvrage, du reste, si intéressant, intitulé la *Politique
internationale*, M. Novicow semble croire qu'une nationalité, pour mériter ce nom, doit être productrice des arts et des littératures qu'elle consomme. C'est une erreur, ce me semble. A ce compte, aussi longtemps
que nous nous sommes nourris principalement, dans notre Europe
moderne des littérature grecque ou latine, nous n'avions point de nationalité française, anglaise, espagnole, allemande.

langues sur un continent, et de certains dialectes dans un
pays ; par exemple du grec dans l'empire d'Orient ou de
l'anglais dans l'Amérique du Nord et dans le monde entier,
et du dialecte de l'Isle-de-France dans toute la France[1].

Cette antériorité, en tout genre, des besoins de consommation sur les besoins de production, peut se déduire comme
un corollaire important, de la marche de l'imitation *ab interioribus ad exteriora*, c'est-à-dire de la chose signifiée au
signe. Le signe, ici, c'est l'acte producteur qui réalise l'idée et le
vœu de la chose à consommer. Cette idée et ce vœu, c'est le
*fond* caché dont le produit consommé est la *forme*. Or, la
forme, nous le savons, est toujours en retard sur le fond
dans les périodes de changement. Très justement, par
exemple, Guyau remarque que « la révolution politique de
la première moitié de ce siècle (en France) s'est faite dans
pensée avant de se faire dans la forme : des idées philosophiques, religieuses, sociales, inconnues jusqu'alors des
poètes, éclatent au beau milieu des tranquilles alexandrins
de Delille. » La transformation romantique du vers a été la
fabrication du produit littéraire approprié à la demande de
la nouvelle âme poétique. Est-ce que cette impuissance des
novateurs, en fait d'idées et de sentiments, à trouver immédiatement les rythmes, les procédés, les symboles artistiques qui leur conviennent, ne rappelle pas l'impossibilité
où sont les pays nouvellement initiés à des besoins de luxe
et de confort de créer les industries adaptées à la satisfaction
de ces désirs ?

Nul phénomène social n'a eu de plus grandes conséquences que le fait dont il s'agit. Il a contribué puissamment,
on vient de le voir, à rompre les barrières des nationa-

_____

(1) L'enfant de 15 à 18 mois ne sait pas parler encore, mais déjà il
comprend les discours maternels. D'après Houzeau, certains animaux,
tels que les singes et les chiens, arrivent à deviner le sens des mots dont
se servent leurs maîtres. Eux aussi consomment du langage avant d'en
produire.

lités devant le torrent des exemples civilisateurs qui s'en échappaient ou qui y entraient. Les échanges internationaux ont pris naissance de la sorte. Supposez que le besoin de reproduire, en tout ordre de faits, l'objet nouveau vu à l'étranger eût précédé ou accompagné le besoin de consommer cet article, que serait-il arrivé? Les familles primitives. se seraient copiées sans s'unir, et, après chaque emprunt qu'elles se seraient fait, seraient restées aussi closes les unes aux autres qu'auparavant, sinon aussi hostiles, pareilles aux monades de Leibniz, qui s'entre-reflètent sans s'influencer réciproquement. Il est vrai que cette hétérogénéité unie à cette similitude, ce morcellement dans cette uniformité, impliquent une espèce de contradiction et ne sauraient se prolonger indéfiniment. — La passivité imitative de l'homme a donc eu cet heureux résultat de multiplier les liens commerciaux, politiques, intellectuels des groupes humains, et d'opérer ou de préparer leur fusion. Quand, après avoir été longtemps passive, l'imitation devient active enfin; quand un peuple, après avoir longtemps fait venir de l'étranger les livres, les peintures, les hommes d'État, les législateurs, les articles de luxe dont il a besoin, s'avise d'avoir une littérature, un art, une diplomatie, une industrie de luxe à soi, la plupart de ses essais avortent: ou, s'ils réussissent, grâce à l'élévation des tarifs de douane ou à toutes autres mesures de protection qui tendent à ramener l'isolement antérieur, les habitudes prises sont trop fortes pour être rompues tout à fait et ne pas se renouer un jour ou l'autre, au bénéfice de tous.

En réalité, quand, longtemps après de nouveaux besoins de consommation, de nouveaux besoins de production éclatent chez un peuple, ceux-ci ne consistent pas à copier purement et simplement les littératures, les arts, les stratégies, les industries de la nation qui a jusque-là inondé ce pays de ses produits. Mais une production originale se fait jour, qui cherche à son tour et parvient le plus souvent à se frayer des débouchés parmi ses anciens fournisseurs. Aussi, dans les sections qui précèdent, ai-je considéré comme la condition première et préalable d'une grande littérature, d'une grande civilisation, d'une grande politique, d'une grande sécurité, la propagation étendue d'une langue, d'une religion, d'une autorité gouvernementale, d'une législation. Et maintenant je n'aurai pas de peine à faire voir que la condition première et préalable d'une grande industrie, d'une grande richesse et aussi bien d'un grand art (en anticipant sur le sujet de la section suivante), est la propagation étendue d'un même ensemble de besoins et de goûts, où, en un seul mot, d'*usages* individuels.

Ici, comme plus haut, il faut distinguer l'influence que le passage de la coutume à la mode en fait d'usages, et, plus tard le retour de la mode à la coutume élargie, exercent sur les caractères de l'industrie.

En un temps où la coutume impose à chaque localité des aliments, des vêtements, des meubles, des logements, etc., qui restent fixés pendant plusieurs générations, mais sont différents de lieue en lieue, il est clair que la production en grand par des machines, fût-elle connue, serait sans emploi. L'artisan s'attache alors à faire un petit nombre d'articles, mais d'articles très solides et très durables[1], tandis que, plus tard, aux époques ou règne la mode uniforme d'un pays à l'autre, mais changeante d'une année à l'autre, l'industriel vise à la quantité, non à la solidité des produits. Un constructeur de navires de commerce disait à Tocqueville, en Amérique, qu'à raison du changement fréquent des modes navales, il avait intérêt à construire des bateaux de peu de durée. Aux âges de coutume, c'est le débouché *ultérieur*, étroit et prolongé, tandis qu'aux âges de mode, c'est le débouché extérieur, vaste et bref, qui est recherché par le

---

(1) « L'industrie du lainage à Rome, dit Roscher, se distingue par la solidité de ses produits, auxquels les habits monastiques, *dont la mode ne change pas*, a donné le ton. »

producteur. Quand il s'agit de produits dont la qualité essentielle est de durer, tels que les édifices, les bijoux d'or ou de pierres précieuses, les meubles, les reliures, les statues, etc., il se peut que, jusqu'à un certain point, l'insuffisance de la clientèle contemporaine, en temps de coutume, soit compensée par la perspective de la clientèle future accrue à chaque génération. Aussi le moyen âge, malgré son morcellement d'usages locaux [1], a-t-il eu ses grands architectes, ses grand orfèvres, ses ébénistes, ses relieurs et ses statuaires remarquables. Mais, pour les produits destinés à une destruction plus ou moins prochaine et que leur consommation use rapidement, cette compensation n'existe pas ; et il ne faut donc pas s'étonner que l'horticulture, l'agriculture même, la verrerie commune, la poterie ordinaire, la draperie, aient si peu prospéré, si faiblement progressé, sous le régime féodal. A l'inverse, si l'instabilité des goûts, en temps de mode, entrave le développement des industries ou des arts tels que l'architecture ou la statuaire, qui doivent s'adresser à l'avenir, l'uniformité des goûts, sur un vaste territoire, favorise extrêmement, malgré leur instabilité, les progrès de toute fabrication essentiellement éphémère, telle que la papeterie, le journalisme, le tissage, le jardinage, etc.

_____

(1) Ce n'est pas que le moyen âge n'ait connu les entraînements de la mode. Dès le XIIIe siècle, d'après Cibrario, on se plaisait, dans la noblesse, « à se vêtir de vêtements empruntés aux nations les plus lointaines, comme les *sarrasines* et les *esclavines* ». Les femmes de Florence portaient du « gros vert » de Cambrai. Les changements de mode même étaient assez fréquents, toujours dans la noblesse et aussi dans la bourgeoisie riche, pour tout ce qui se rapporte à l'habillement, bien moins fréquents pourtant qu'ils ne le sont aujourd'hui pour tous les articles quelconques et dans toutes les classes. « Le costume du peuple, dit M. Rambaud, a peu changé pendant le moyen âge. » C'est qu'il est resté *traditionnel*. « En revanche, ajoute-t-il, les classes riches eurent des modes d'une capricieuse variété. » C'est qu'elles subissaient l'influence de la mode. — A toutes les époques, dans l'antiquité comme au moyen âge, on remarquera que le règne de la mode accompagne la période brillante, ascendante, des civilisations. « Les Perses, dit Hérodote, sont les hommes les plus curieux des usages étrangers. Ils ont pris, en effet, l'habillement des Mèdes..., et, dans la guerre, ils se servent de cuirasses à l'égyptienne. Ils ont emprunté aux Grecs l'amour des garçons. »

Mais il n'en est pas moins vrai que, si à l'uniformité acquise des usages venait jamais se joindre leur stabilité retrouvée, une troisième période d'une prospérité incomparable s'ouvrirait pour l'industrie; et l'on peut déjà l'entrevoir. La Chine, en ce qui la concerne, est arrivée depuis des siècles, à ce terme heureux : on sait sa surprenante richesse industrielle, étant donné le mince trésor d'inventions qu'elle exploite.

En tout ceci ai-je exagéré le rôle de l'imitation? Je ne le crois point. Il est remarquable que, lorsque la grande industrie commence à se montrer dans un pays, elle s'applique d'abord à des objets de luxe, tapisserie, bijoux, etc., et c'est seulement plus tard qu'elle s'étend aux objets de *seconde*, puis de *première* nécessité. Pourquoi? parce que l'assimilation des usages s'opère dans les classes supérieures, consommatrices des objets de luxe, avant de s'accomplir dans les couches populaires. C'est donc bien à tort qu'on a reproché à Colbert d'avoir encouragé les manufactures de soieries et autres industries aristocratiques. Il n'y avait que cela de viable à son époque. — Cependant Roscher, qui nous signale l'ordre, en apparence bizarre, dans lequel se succèdent les formes de la grande industrie, ne me semble pas en avoir aperçu la raison. « Dans les temps anciens, dit-il, la commodité beaucoup moindre des moyens de transport, la différence plus tranchée des caractères, des mœurs et des coutumes dans les différentes contrées, enfin le manque de machines, avaient pour conséquence nécessaire une bien plus grande dispersion de l'industrie. » Ici la cause que j'ai indiquée comme unique n'est pas même nommée; mais celles qu'on lui substitue ne sont, à mon avis, que ses conséquences. L'insuffisance des moyens de transport, par exemple, n'était-ce pas, de même que la différence des caractères, des coutumes et des mœurs, l'effet d'une trop faible part faite à l'imitation des étrangers chez les consommateurs? Si les diverses localités avaient désiré acheter les mêmes articles, le besoin de

routes entre elles eût été senti, et, avant peu, satisfait. Mais
les *frères pontifes* (congrégation religieuse créée tout exprès
au moyen âge pour construire des ponts et des routes, sorte
d'administration cléricale des ponts et chaussées) avaient
beau percer de nouvelles voies [1], on les laissait dépérir
faute de s'en servir. Sous l'Empire romain, il y avait des
voies excellentes; mais comme, malgré l'élan donné à l'assimilation universelle par le prestige de Rome [2], les usages
particuliers des diverses provinces restaient encore assez
dissemblables, la grande industrie était assez peu connue à
cette époque [3].

Quant au manque de machines, il peut s'expliquer de la
même manière. Car, à vrai dire, les machines propres à développer la grande industrie ou à la susciter, existaient en
germe dès l'antiquité dans toutes les branches de la production, éparses en Égypte, en Phénicie, en Grèce, à Babylone.
Si elles s'étaient propagées, par imitation-mode, chez les
producteurs, elles n'auraient pas manqué de suggérer des
perfectionnements rapides. Ce qui faisait donc défaut, c'était
le penchant à imiter l'étranger. Ainsi tout se ramène là. La
première condition, pour que la grande papeterie devienne
viable, c'est, sans aucun doute, que l'usage d'écrire se soit
suffisamment généralisé. D'ailleurs, les machines proprement dites ne sont pas indispensables à la grande industrie.

(1) Voir Jusserand, *La vie nomade* au moyen âge.

(2) Un fait surprenant, où se montre bien la force du prestige romain
et du penchant à imiter son vainqueur, c'est le fait que l'usage si singulier et si incommode de manger couché s'est généralisé dans tout l'Empire, du moins dans les hautes classes. De cet usage dérivait un luxe
que nous ne connaissons plus : la distinction du *lit de sommeil* et du *lit
de table;* ajoutons du *lit nuptial,* qui différait des deux.

(3) Il y avait cependant déjà, grâce à l'expansion des exemples romains
dans le monde barbare même, des industries d'exportation. La Barbarie
insensiblement se romanisait par ses besoins et ses goûts, et « peu à
peu, dit Amédée Thierry, l'habitude des marchandises romaines devint si
générale que le Sarmate et le Germain ne se servirent plus pour leurs
vêtements que d'étoffes fabriquées soit dans les provinces voisines, soit
en Italie. » (Tableau de l'Empire romain.)

Elle est *manufacture* au moins autant que *machino-facture*.
Il y avait à Rome notamment, à défaut d'imprimerie, de
grands ateliers de copistes qui manufacturaient des éditions
de Virgile, d'Horace ou d'autres classiques, et c'était là,
par exception, une assez grande industrie, parce qu'elle
s'adressait aux lettrés de tout l'Empire pourvus de la même
éducation, parlant la même langue et animés des mêmes
goûts littéraires [1].

Mais n'omettons pas la remarque suivante : il ne suffit pas
que la similitude des usages et des besoins existe, il faut
encore qu'elle soit connue pour que la grande industrie
devienne possible. Au moyen âge, d'après Jusserand, il ne
passait sur les mauvaises routes du temps que les rois et
leur suite, les grands seigneurs, les pèlerins, les criminels
fugitifs et quelques ouvriers errants, les ménestrels, les frères
prêcheurs et les frères mendiants, les vendeurs de reliques
ou d'indulgences. De cette énumération, il résulte que la
seule ou la principale industrie d'exportation populaire à
cette époque était le commerce des indulgences et des
reliques. Quant aux ménestrels, ils ne travaillaient que pour
quelques châteaux et une ou deux cours. Est-ce à dire pourtant qu'il n'y avait alors dans le peuple qu'un seul besoin,
partout le même, à savoir, celui d'acheter des reliques et des
indulgences [2] ? Non, mais cette similitude, dérivant de la

---

(1) On a encore attribué la lenteur des progrès de l'industrie, pendant
le moyen âge, et même au début de l'ère moderne, à l'absurdité des lois
somptuaires et à l'organisation étroite et routinière des corporations.
Mais ce sont là encore des conséquences de mon explication. Les lois
somptuaires arrêtaient ou amortissaient le penchant à l'imitation d'une
classe par d'autres classes ; et le monopole corporatif empêchait les aspi-
rants à la production de copier les procédés employés par les membres
de la corporation dont ils ne faisaient pas partie. — On a dit que la
prospérité industrielle de l'Allemagne, avant même 1871, était due à
l'*union douanière*, au *Zollverein*. Mais supposez que ces petites principautés, ces villes libres, ces mille lambeaux passés de l'Allemagne
actuelle, eussent gardé chacun leurs besoins et leurs luxes caractéristiques, l'union douanière aurait-elle été possible ? Certainement non.

(2) De là, soit dit en passant, un luxe tout nouveau, que le plus luxueux
des Romains n'eût jamais soupçonné, celui des reliquaires et des châsses.

communauté de religion, était connue de tous, tandis que les autres ressemblances, en général, ne l'étaient pas. Les pèlerins cependant et les autres nomades servaient à répandre peu à peu la conscience, d'abord vague, de ces ressemblances déjà nombreuses, et même à accroître encore leur nombre. En cela, ils préparaient l'industrie de l'avenir. Les frères prêcheurs concouraient inconsciemment au même but en assimilant les esprits, en répandant des idées démocratiques sous couleur évangélique, ou des idées évangéliques sous couleur démocratique. De la sorte, ils touchaient les âmes, et c'est là toujours qu'il faut frapper, même pour n'aboutir qu'au bien-être matériel. Il a fallu les ardentes homélies d'innombrables Savonaroles, il a fallu les discours de Luther et de ses sectateurs, il a fallu les théories passionnées de nos encyclopédistes, pour arriver à ce résultat que presque toutes les classes ou presque toutes les nations s'habillent et vivent à peu près de la même manière, sciemment et publiquement, ce qui permet à la grande industrie de déployer ses ailes.

Parmi les usages dont la similitude est exigée pour que la grande industrie apparaisse, il en est un qu'il importe avant tout de considérer, parce que l'assimilation de tous les autres ne sert pas à grand'chose si la sienne ne s'y ajoute. Je veux parler de l'usage qui a trait à la détermination des prix. Qu'une règle logique, non pas celle, il est vrai, de l'*offre et de la demande*, à l'usage des économistes dogmatiques, mais une autre, plus précise et plus complète, préside à la formation des prix *là où pour la première fois chacun de ces prix est formé*, je l'admets volontiers. Mais, une fois un prix établi quelque part à la suite d'un calcul ou d'un contrat clairement discuté, il se répand par mode bien au delà des lieux où règnent les conditions spéciales qui l'ont fait établir rationnellement; ou bien, par coutume, il se maintient et persiste sur place bien longtemps après que les conditions premières de son établissement ont disparu.

Mais, quoique cette persistance par coutume ou cette diffusion par mode soit regardée ou doive être regardée par les
économistes classiques comme un abus et une contravention
à leurs lois, il est certain que, sans cette persistance, ou
sans cette diffusion, suivant les temps, l'industrie serait
entravée dès ses premiers pas. Nos grands magasins seraient-
ils possibles si chacune des villes où ils expédient leurs colis
sans nombre, voulait payer conformément à son prix traditionnel et refusait d'accepter leur prix uniforme? Et nos
grandes usines pourraient-elles longtemps fonctionner si chacune d'elles s'obstinait à payer toujours le même salaire
coutumier à ses ouvriers sans tenir compte de la hausse ou
de la baisse des salaires autour d'elles? Autrefois, en revanche, quand tout artisan travaillait en vue de l'avenir, toute
perspective étant fermée dans le présent étroitement circonscrit [1], quand il ne pouvait compter, pour vivre et s'enrichir,
sur l'élargissement de sa clientèle et de ses bénéfices, mais
seulement sur leur durée, quand des liens rigoureux l'unis-
saient, pour de longues années, à son patron, et quand les
patrons entre eux étaient liés par une association perpétuelle, quelle sécurité fût restée à tous, consommateurs
aussi bien que producteurs, si les prix futurs n'eussent pas
été assurés et tenus pour certains d'avance? Ainsi, la fixation
coutumière des prix dans le passé a compensé leur dissemblance locale, comme, dans le présent, leur uniformité com-
pense leur changement; jusqu'à ce qu'un jour, enfin, peut-
être, aussi fixes qu'uniformes, ils fournissent à la production
une ampleur et une solidité de débouché qui décupleront
son audace.

(1) Je me permets à ce sujet de renvoyer le lecteur à deux articles que
j'ai fait paraître, en septembre et octobre 1881, dans la *Revue philosophique*, sous ce titre : *La psychologie en économie politique*. Voir notamment p. 405 et suiv. de ce tome de la *Revue*. — J'ai traité le même sujet
en 1888, plus complètement, dans la *Revue économique* de M. Gide, sous
ce titre : *Les deux sens de la valeur* (études reproduites avec additions,
dans ma *Logique sociale*, 1894).

— De fait, toute mode nouvelle aspire à s'enraciner en coutume; mais un petit nombre seulement y parviennent, par la même raison que beaucoup de germes avortent. Cependant, il suffit que quelques-uns des besoins ou de leurs nouveaux moyens de satisfaction importés du dehors s'implantent dans un pays pour que la consommation y devienne de plus en plus complexe; car les besoins et les luxes préexistants n'y disparaissent pas, ou n'y cèdent la place qu'après une longue résistance. En Europe l'habitude de manger du pain n'a pas été entamée par l'importation du riz asiatique; pas plus qu'en Asie l'habitude de manger du riz n'a sérieusement souffert de l'introduction du pain européen. Mais la cuisine ici et là s'est compliquée d'un élément nouveau. « Une erreur commise en France [1], au moment de la signature de la convention commerciale en 1860, a été de croire que les vins français étaient appelés à remplacer la bière dans le Royaume-Uni. On se flattait alors de faire pénétrer nos vins dans la classe des consommateurs, que l'on supposait ne s'en être abstenus qu'à raison de l'élévation des droits, et, par suite, de la cherté des prix. Ces prévisions ont été déçues. Si le vin français a fait des progrès sur le marché britannique, ce n'est que pour une clientèle fort restreinte, dont ne font partie ni les classes ouvrières ni même la majorité des classes moyennes [2]. Bien que nos produits viticoles soient mieux appréciés aujourd'hui, ce *n'a jamais été aux dépens de la bière*. La consommation de cette boisson a toujours augmenté dans des proportions tout autres que celles des vins étrangers. » Ainsi, le vin s'est ajouté à la bière en Angleterre, mais ne l'a nullement remplacée.

Les caractères que le règne de la mode en fait d'usages impose à l'industrie sont faciles à deviner. Pour se répandre,

(1) *Journal des Économistes*, février 1882.

(2) On voit qu'ici comme partout les couches sociales se sont montrées d'autant moins attachées à leurs habitudes et d'autant plus ouvertes aux contagions étrangères, que ces couches sont plus élevées.

par une sorte d'épidémie conquérante, une langue doit se
régulariser et se dépoétiser, prendre un air plus logique
et moins vivant, — une religion doit se spiritualiser, devenir plus rationnelle et moins originale, — un gouvernement doit devenir plus administratif et moins prestigieux,
— une législation doit briller par la raison et l'équité plus
que par l'originalité de ses formes, — une industrie, enfin,
doit développer son côté machinal et scientifique au détriment de son côté spontané et artistique. — En un mot, ce
qui semblera peut-être singulier, le règne de la mode paraît
lié à celui de la raison. J'ajoute : à celui de l'individualisme
et du naturalisme. Cela s'explique si l'on songe que l'imitation des contemporains s'attache à ses modèles individuellement considérés, détachés de leur souche, tandis que
l'imitation des aïeux affirme le lien de solidarité héréditaire
entre l'individu et ses ascendants. Aussi s'apercevra-t-on
sans peine que toutes les époques d'imitation-mode, — à
Athènes sous Solon, à Rome sous les Scipions, à Florence au
xvᵉ siècle, à Paris au xvιᵉ siècle, plus tard au xvιιιᵉ, — sont
caractérisés par l'invasion plus ou moins triomphante du
droit dit naturel (lisez individuel aussi bien) dans le droit
civil, de la religion dite naturelle dans la religion traditionnelle, de l'art que j'appellerai également naturel, c'est-à-dire
fidèle observateur et réflecteur de la réalité individuelle,
dans l'art hiératique et coutumier, de la morale naturelle,
comme nous le verrons bientôt, dans la morale nationale...
Les humanistes italiens, Rabelais, Montaigne, Voltaire, per-
sonnifient ce caractère naturaliste et individualiste sous
divers aspects. Rien n'étant plus naturel à l'individu humain
que la raison, rien n'étant plus propre à satisfaire la raison
individuelle que l'ordre symétrique et logique substitué aux
complications mystérieuses de la vie, il ne faut pas s'étonner
si l'on voit ici le rationalisme, l'individualisme et le naturalisme se donner la main. Le règne de la mode en tout
genre se distingue par l'épanouissement de quelques libres

TARDE. — Imitation. 24

et grandes individualités. — Linguistiquement, c'est alors que les grammairiens, tels que Vaugelas, ont beau jeu, et même que les fabricants d'idiomes de toutes pièces, par exemple du volapück, peuvent espérer quelque succès, à la condition toutefois que leurs réformes aient un cachet de régularité et de symétrie. — Religieusement, c'est l'ère des grands réformateurs, des grands hérésiarques, des grands philosophes, qui réussissent à la condition de simplifier et de rationaliser la religion. — Politiquement, législativement, c'est l'époque des fondateurs d'empires et des législateurs illustres qui perfectionnent l'administration et la codification. — Économiquement, c'est la période des grands inventeurs industriels qui perfectionnent les machines. — J'ajoute que, esthétiquement, c'est le moment des glorieux créateurs d'arts qui poussent au plus haut point le perfectionnement mécanique des *trucs* et des procédés de composition. — Aussi, partout où l'on voit surgir de grandes renommées, on peut affirmer que la contagion de la mode a sévi, quoique chacune de ces gloires ait été le point de départ d'un fétichisme traditionnel aussi exclusif et aussi tenace que les fétichismes antérieurs détruits par elle. Les *moliéristes*, par exemple, avec leur attachement pieux à de petites traditions du théâtre français, ne doivent pas nous faire oublier que Molière, leur idole, a été, dans son siècle artistiquement novateur, l'homme le plus ouvert aux innovations, le plus ennemi des fétiches. Ces moliéristes peuvent nous faire comprendre les *homéristes*. Soyons sûrs qu'Homère, comme Molière, apparut à un âge d'expansion imitative, quand tout l'archipel et toute l'Asie Mineure commençaient à accueillir le rayonnement de l'Ionie.

En résumé, le rôle joué par la coutume et la mode, dans la sphère économique, correspond très bien à l'action exercée dans les autres sphères du monde social par ces deux directions, toujours coexistantes, mais alternativement croissantes ou décroissantes, de l'imitation. Il rentre sans diffi-

.culté dans la loi générale que nous avons formulée. Mais, en
outre, la raison de cette loi, de cette lutte, pleine de péripéties, entre la coutume et la mode, jusqu'au triomphe final de la
première, nous est à présent suggérée. Puisque chaque invention est le foyer d'une imitation particulière qui en émane,
le besoin d'imiter doit toujours se tourner de préférence
vers le côté où brille la plus riche pléiade d'inventions, c'est-
à-dire tantôt exclusivement vers le passé, si les aïeux ont été
seuls inventifs ou plus inventifs que les contemporains,
tantôt aussi, et de plus en plus, vers le présent et l'étranger,
si les contemporains sont plus inventifs que ne l'ont été les
aïeux. Or, il est inévitable que ces deux cas alternent longtemps, car, dès qu'une mine de découvertes est découverte,
tout le monde l'exploite et elle ne tarde pas à s'épuiser momentanément pour grossir le legs du passé en attendant
qu'une nouvelle veine soit trouvée ; et, quand la dernière
de ces mines aura été exploitée, il faudra bien s'adresser
désormais aux ancêtres seuls pour leur demander des
exemples.

Il y a entre le règne de la mode et le progrès de l'invention contemporaine une réciprocité de stimulation qui ne
doit pas nous faire méconnaître l'antériorité de celle-ci.
Sans doute, comme je l'ai déjà dit, le courant de la mode,
une fois lancé, surexcite l'imagination inventive dans les
sens les plus propres à accélérer son débordement; mais
qui l'a lancé, si ce n'est l'impulsion donnée par le contact
d'un pays voisin où des nouveautés fécondes ont plus ou
moins spontanément éclaté? Nous n'en pouvons douter
dans notre siècle, en ce qui concerne l'industrie; car, certainement la cause première de cet engouement, qui pousse
tous les peuples européens à s'imiter entre eux, est l'invention des machines à vapeur, qui ont permis de produire en
grand, et des chemins de fer, qui ont permis de porter au
loin les produits, sans parler des télégraphes. C'est surtout
en nature d'industrie et de science que l'imagination de

notre âge s'est donné carrière; aussi est-ce surtout par son côté économique et scientifique qu'il a brisé les barrières de la coutume. En matière artistique, au contraire, comme l'originalité créatrice lui a souvent fait défaut, l'esprit de tradition a subsisté dans l'ensemble. Le détail est significatif. En architecture, où nous n'avons presque rien inventé, notre époque a servilement copié des modèles gothiques, romains, byzantins. Autant le xiiᵉ siècle, à cet égard, a été novateur, autant le nôtre a été traditionnaliste — du moins jusqu'à l'avènement de ce qu'on pourrait appeler l'architecture du fer.

En effet, malgré le caractère en partie accidentel des inventions, les inventeurs eux-mêmes sont si imitateurs qu'il y a, à chaque époque, *un courant d'inventions* dans un certain sens général, ou religieux, ou architectural, ou sculptural, ou musical, ou philosophique, etc. Il y a des courants d'inventions qui doivent par force ou d'habitude en précéder d'autres. Par exemple, le génie mythologique a dû habituellement — je ne dirai pas avec Comte, nécessairement, — s'exercer avant le génie métaphysique. A coup sûr, le génie créateur des langues a été antérieur aux deux. Aussi est-ce celui qui s'est le plus anciennement épuisé; et nous ne devons donc pas être surpris si dans les sociétés les plus progressives, les plus dédaigneuses de la coutume à d'autres égards, l'empire de la coutume en ce qui a trait au langage prévaut chaque jour davantage, par le respect plus outré de l'orthographe et l'esprit croissant de conservation philologique. — On pourrait, ce me semble, par des considérations puisées à la même source, expliquer en histoire beaucoup d'apparentes singularités. Mais le lecteur saura bien faire lui-même ces applications non indiquées ici.

## VII

## MORALE ET ART

Les goûts, qui se formulent en principes d'art, et les mœurs, qui se formulent en principes de morale, variables d'après les temps et les lieux, régissent deux fractions importantes de l'activité sociale, et, par suite, font partie, comme les usages, les lois, les constitutions, du gouvernement des sociétés, dans le sens large et vrai du mot. Cela est si vrai que plus un peuple devient moral ou devient artiste, moins il a besoin d'être gouverné. Une moralité achevée permettrait l'avènement de l'a-n-archie. — Mais, pour éviter les banalités que ce double sujet comporte, nous ne voulons nous permettre ici que de très courts développements. Nous n'avons pas à prouver, je pense, il nous suffira d'indiquer l'origine religieuse de l'art dont il a été parlé dans un chapitre antérieur [1], et celle de la morale dont les devoirs ne sont d'abord compris que comme des commandements divins. Les sentiments moraux et les goûts artistiques émanent donc de la religion. Ajoutons : de la famille. A l'époque où chaque famille, chaque tribu, avait sa langue et son culte à soi, elle avait, quand elle était bien douée artistiquement, son art particulier, pieusement transmis de père en fils, et, quand elle était pourvue d'instincts sympathiques, sa morale particulière ou son recueil propre de préjugés moraux,

---

(1) Jusqu'aux derniers temps de l'Empire romain encore, les spectacles et les fêtes publiques, où l'art se déployait sous toutes les formes, faisaient partie des solennités du culte. Aussi les anciens n'ont-ils point connu la distinction toute moderne entre la musique profane et la musique religieuse.

souvent immoraux, de sacrifices difficiles et bizarres, scru-
puleusement observés de temps immémorial. Combien de
fois ces arts murés et ces morales closes ont dû rompre
leurs barrières ! Combien de fois, après leur débordement
extérieur, ils ont dû se refermer et se garantir dans leurs
nouvelles frontières, puis les reculer encore et ainsi de suite
séculairement, avant qu'on ait pu voir sur la terre ce spectacle inouï de nations vastes et nombreuses sentant à la
fois, et à peu près de la même façon, le beau et le laid, le
bien et le mal, admirant ou raillant les mêmes tableaux, les
mêmes romans, les mêmes drames, les mêmes opéras,
applaudissant aux mêmes actes de vertu ou s'indignant des
mêmes crimes publiés par la presse périodique aux quatre
coins du monde en même temps !

Sous ce nouvel aspect, le monde nous présente encore le
contraste que nous avons signalé tant de fois. Jadis, au
temps où la coutume prédominait, en art et en morale
comme en religion et en politique, chaque nation, et, pour
remonter plus haut, chaque province, chaque cité se distinguait des nations, des provinces, des cités voisines par
ses productions originales de bijoux, d'armes ciselées, de
meubles richement ouvrés, de figurines, de légendes poétiques, et aussi bien de vertus caractéristiques, en sorte que,
d'une lieue à l'autre, souvent, le beau et le bien apparais-
saient tout différents; mais, en revanche, d'un siècle à
l'autre, en chaque pays, le beau et le bien ne changeaient
guère, et les mêmes vertus, les mêmes objets d'art s'y reproduisaient immuablement. Au contraire, de nos jours, en
notre siècle de mode déployée et envahissante, les œuvres
artistiques et les actes vertueux sont à peu près semblables
partout, sur deux continents au moins, mais, de dix en dix
ans, pour ne pas dire d'année en année, les manières et les
écoles de peintres, de musiciens, de poètes, se transforment
avec les goûts du public, et les maximes morales elles-
mêmes s'usent, s'altèrent, se renouvellent avec une effrayante

facilité. Il ne faut pas trop nous alarmer cependant de cette
mutabilité extraordinaire, s'il est vrai que, liée à l'universalité correspondante, elle se rattache à toute une série d'oscillations rythmiques de plus en plus larges dont les conséquences au point de vue de la moralité notamment ont été
des plus salutaires, et s'il est vrai que l'expérience du passé
nous donne lieu de compter, dans un avenir plus ou moins
proche, sur un retour à la fixité rassurante de l'idéal, jointe
enfin à sa pacifiante uniformité.

Les devoirs, si simples qu'ils paraissent à ceux qui les
pratiquent depuis longtemps, ont tous été des inventions
individuelles et originales à leur début; inventions successivement apparues comme les autres, et successivement
répandues[1]. Elles ont été provoquées et favorisées dans leur
succès tantôt par les dogmes d'une religion nouvelle dont
elles déduisaient logiquement les conséquences pratiques,
fort étranges le plus souvent, tantôt par de nouvelles conditions de vie sociale auxquelles elles se trouvaient convenir.
C'est ainsi que les inventions successives de l'art ont dû
leur apparition et leur fortune, soit au changement des
idées, soit au changement des mœurs. L'hommage aux
vieillards, la vendetta familiale, l'hospitalité, la bravoure,
plus tard le travail, la probité, le respect du bétail, du
champ ou de la femme d'autrui, plus tard encore le patriotisme, la loyauté féodale, l'aumône, l'émancipation des
esclaves, ou le soulagement des malheureux, etc., ont fait
éclosion à des âges différents de l'humanité, comme la tombe
égyptienne, le temple grec ou la cathédrale gothique. Il a
donc fallu qu'à chaque devoir nouveau, comme à chaque
beau nouveau, éclos quelque part à son heure, un vent
de vogue, pour ainsi dire, se levât pour disséminer ce germe

---

(1) Buckle, on le voit, s'est étrangement abusé quand il a opposé l'immutabilité de la morale au caractère progressif de l'intelligence et de la
science. Cette immutabilité n'est qu'une mutabilité moindre; et, en ce
sens tout relatif, l'antithèse est vraie.

dans le monde par-dessus les murs de clôture des tribus et des cités enfermées dans leur moralité et leur art traditionnels. De là souvent des contradictions entre les anciennes coutumes et les exemples importés, ce qui explique en partie le caractère si fréquemment négatif des prescriptions morales et aussi bien des règles du goût. Ne pas tuer l'ennemi vaincu pour le manger, ne pas vendre ses enfants, ne pas tuer ses esclaves sans motif, ne pas tuer ni battre ses femmes hors le cas d'infidélité, ne pas voler l'âne ou le bœuf du voisin, etc.; voilà les prohibitions très originales et très discutées, chacune en leur temps, qui composent en majorité le Code moral de chaque peuple. Leur Code esthétique, de même, est tout plein de défenses encore plus que d'ordres, adressés au goût.

Je ne veux pas dire, par ce qui précède, que le sentiment de la fraternité, et aussi bien de l'égalité, de la liberté, de la justice, c'est-à-dire le germe premier et l'âme de la vie morale, soit une découverte moderne. Ce qui est moderne, c'est l'étendue énorme du groupe humain où l'on prétend faire régner ce sentiment supérieur, qui, d'ailleurs, a existé de tout temps, mais dans des groupes de plus en plus étroits, à mesure qu'on remonte le cours de l'histoire. Ce sentiment exquis et puissant, en effet, est la douceur même de la vie sociale, son charme et sa magie propres, le seul contrepoids à tous ses inconvénients; et ses inconvénients sont tels que, si cet unique avantage avait cessé un jour de se montrer dans une société, elle fût tombée aussitôt en poussière. Ceux qui n'ont vu dans l'humanité primitive que des combats et des massacres, des horreurs anthropophagiques ou autres commises de tribu à tribu; ceux, encore, qui n'y ont vu que les coups de fouet donnés par le maître à l'esclave ou la vente des jeunes enfants par le père de famille, ceux-là n'ont pas compris les premières sociétés. Ils n'en ont regardé que les côtés externes, ils n'y sont pas entrés. L'intérieur, l'essence, le contenu de ces sociétés, c'est la relation qui y existait entre les égaux qui la composaient, entre les pères de famille d'une même tribu ou d'un même clan, entre les citoyens de Sparte ou d'Athènes à l'agora, entre les nobles d'ancien régime dans un salon... Toujours et partout, sauf des querelles passagères, nous voyons l'union, la paix, la politesse régner dans les rapports réciproques qui s'établissent entre ces pairs qui, à eux seuls, composent exclusivement le groupe social, à l'exclusion des esclaves, des fils mineurs, des femmes, et bien entendu des étrangers. Les étrangers sont, par rapport à l'intérêt commun des pairs, l'*obstacle* à vaincre. Les fils mineurs, les femmes, les esclaves, sont, par rapport à ce même intérêt, un simple *moyen* à employer. Mais pas plus ceux-ci que ceux-là ne sont des associés.

Seulement, à la longue, le contact des pairs donne aux inférieurs le vif désir d'être admis dans leur cercle magique, de forcer leur intimité fraternelle à s'élargir. Ce n'est pas sans peine, sans révolutions, que ce désir se réalise par degrés. Comment y parvient-il? Par le simple jeu de l'imitation longtemps continué[1]. Quand on a attribué en cela un rôle prépondérant aux prédications des philosophes ou des théologiens, qu'ils se nomment stoïciens ou apôtres, on a pris l'effet pour la cause. Il vient toujours un moment où, à force de copier en tout le supérieur, de penser, de parler, de prier, de s'habiller, de vivre comme lui, l'inférieur suggère au premier le sentiment irrésistible qu'ils appartiennent de droit, l'un et l'autre, à la même société. Ce sentiment trouve alors son expression, d'ordinaire exagérée, dans quelque formule philosophique ou théologique qui le fortifie et favorise son expansion. Quand Socrate, dans ses propos, relevait quelque peu la dignité de la femme et même de l'esclave; quand Platon, allant plus loin, rêvait dans sa République

---

(1) C'est par imitation que les plébéiens de Rome se sont assimilés aux patriciens. D'après Vico, la plèbe romaine commença par demander « non le droit de contracter des mariages avec les patriciens, *mais des mariages semblables à ceux des patriciens, connubia patrum* et non *cum patribus* ».

l'égalité complète de l'homme et de la femme et la suppression de l'esclavage, c'est que, dans l'Athènes de leur temps, la femme commençait à faire de fréquentes sorties hors des gynécées et que l'esclave s'y était déjà assimilé à l'homme libre [1]. « Le peuple, à Athènes, ne diffère des esclaves ni d'habits, ni d'extérieur, ni en quoi que ce soit, » dit Xénophon. Du reste, avant que sa double utopie fût réalisable, il fallait que, pendant bien des siècles encore, la distance de l'homme à la femme, du citoyen à l'esclave, allât s'abaissant jusqu'au niveau atteint sous les Antonins. Aristote restait bien mieux dans la pratique morale de son époque quand il justifiait l'esclavage; et la voix contraire des premiers maîtres du stoïcisme, sur ce point, est restée sans écho efficace jusqu'au jour où le monde a été mûr pour la parole d'Épictète.— L'amitié, par malheur, et aussi bien la société, est un « cercle qui se déforme en s'*étendant trop loin,* » et cette objection grave a motivé la résistance des conservateurs de tous les temps aux vœux des classes sujettes aspirantes à l'égalité. Mais il faut que cette objection tombe et que le cercle social se déploie jusqu'aux limites du genre humain. On peut se demander toutefois si l'extension graduelle du champ où s'exerce le sentiment dont je parle, n'a pas été achetée au prix de son intensité, et s'il n'y a pas lieu de croire que, dans le passé, dans le haut passé même, il était beaucoup plus intense, *là où il existait,* qu'il ne l'est à présent. Ce mot, *pietas,* a-t-il pour nous la force et la plénitude de sens, l'onction divine, qu'il avait pour les anciens ?

On a très justement remarqué que, autant les guerres contre l'étranger, par exemple les guerres médiques, tendent

---

(1) Une autre cause, qui a pu contribuer à l'adoucissement du sort des esclaves athéniens, c'est, je crois, l'infériorité même où les femmes étaient retenues à Athènes comme dans toute la Grèce. On voit dans l'*Alceste* d'Euripide, dans Xénophon et ailleurs, que les femmes grecques inspiraient à leurs esclaves un attachement affectueux, dû, sans doute, à leur communauté de vie et d'assujettissement. Eux et elles se sont *poussés* ensemble à l'émancipation.

à fortifier la moralité des belligérants, autant les guerres
civiles ou quasi-civiles, par exemple la guerre du Péloponèse,
cette lutte entre cités sœurs, sont démoralisantes. Pourquoi?
Les moyens employés, pourtant, sont les mêmes, ruse et
violence toujours ; mais, dans un cas, ruse et violence sont
dirigées contre un groupe d'hommes qui déjà nous étaient
étrangers, et qui, après la lutte, par suite des contacts belliqueux, nous deviennent moins étrangers qu'auparavant, si
bien que nous nous mettons à les copier le plus souvent ;
tandis que, dans l'autre cas, elles sont dirigées contre un
groupe d'hommes qui, auparavant, nous étaient des frères
ou des parents sociaux, des compatriotes ou des amis. Ainsi,
dans un cas, celui de la guerre étrangère, le *champ* social
n'est pas rétréci, il tend même à s'élargir et le *lien* social
est fortifié ; dans l'autre cas, le champ social est diminué et
le lien social est affaibli. Ici, donc, tout est perte socialement ; et voilà pourquoi on dit avec raison qu'il y a démo-
ralisation. Rien ne montre mieux le caractère éminemment
social de la morale.

Quoi qu'il en soit, il est certain que, de siècle en siècle,
par des agrandissements, non pas continus, mais intermittents, le public moral, comme le public artistique, n'a cessé
de s'étendre. J'entends par là que le groupe des personnes
envers lesquelles l'individu agissant se reconnaît des devoirs
et dont l'opinion influe sur sa moralité[1], de même que le
cercle des personnes pour lesquelles l'artiste travaille et dont
le jugement compte à ses yeux, a été s'élargissant. Cet
agrandissement a été double ; en surface, par le recul incessant des frontières urbaines, provinciales, nationales, au
delà desquelles l'homme honnête de la cité, de la province
ou de la nation ne voyait personne envers qui il se sentît
une obligation de pitié ou d'équité quelconque, et au delà

---

(1) Voir à ce sujet ma *Criminalité comparée*, p. 188 et suiv., et ma
*Philosophie pénale*.

desquelles l'artiste ou le poète n'apercevait que des barbares [1] ; et, en profondeur, par l'abaissement des barrières
qui séparaient les classes et limitaient à chacune d'elles
l'horizon du devoir ou du goût. C'est là un progrès déjà
immense en lui-même, mais qui, en outre, s'accompagnait
nécessairement d'un remaniement interne de la morale et de
l'art. Or, comment ce progrès a-t-il pu et dû s'accomplir? Il
y a à répondre d'abord que tous les élans et débordements
d'imitation extérieure, opérés au point de vue religieux,
politique, industriel, législatif, linguistique, n'importe, ont
contribué puissamment à ce résultat, en assimilant chaque
jour davantage les uns aux autres un nombre d'hommes
chaque jour plus grand. Si, à partir du XVIᵉ siècle, le droit
des gens défend le saccagement des villes prises, la confis-
cation des biens du vaincu et sa réduction en esclavage, si,
depuis la même époque, le droit d'aubaine ne s'exerce plus,
si, en un mot, on se reconnaît des devoirs envers l'étranger,
du moins envers l'étranger européen et chrétien, c'est en
grande partie parce que ce siècle novateur a donné une
remarquable impulsion à l'imitation-mode sur notre continent, et se signale entre tous par les larges voies qu'il lui a
ouvertes. Si Racine écrivait pour quelques milliers de gens
de goût en France, et si Victor Hugo a écrit de nos jours
pour quelques millions d'admirateurs en France et en

---

(1) On peut suivre, à certaines époques, les étapes de ce développement. Jusqu'à Socrate, l'*esprit de cité* a seul régné dans les petites républiques grecques ; à partir de Socrate et de Platon, après les guerres
médiques et le travail de fusion qui les a suivies, l'esprit de nationalité
grecque se fait jour (comme le patriotisme français après la guerre de
cent ans) : Platon même regarde le Grec et le Barbare comme deux êtres
à part, malgré sa théorie des idées qui aurait dû avoir au moins ce bon
effet de confondre l'un et l'autre à ses yeux sous l'idée de l'Homme. Les
conquêtes d'Alexandre étendent la patrie grecque jusqu'au milieu de
l'Asie, la distinction entre la Grèce et la Perse, « ces deux sœurs, » s'ef-
face, et le champ moral s'agrandit singulièrement; mais, au delà du Persan et de l'Hellène confondus, on ne reconnaît plus dans l'homme un
frère. Grâce à la conquête romaine, l'Italie, l'Espagne, la Gaule, l'Afrique,
la Germanie même, entrent dans ce cercle d'or...

Europe, une grande part de cette extension du public littéraire est due au nouveau débordement diluvien du courant
général des exemples, qui, après le xvii° siècle conservateur,
s'est produit au dernier siècle ét s'écoule encore sous nos
yeux. Supposons que la machine à vapeur, le métier à tisser, la locomotive, le télégraphe, n'aient pas été inventés,
que les principaux faits de la chimie et de la physique
modernes n'aient pas été découverts; il est certain que
l'Europe serait restée morcelée en une infinité de petites
provinces dissemblables, état de choses aussi incompatible
avec une large moralité et un grand art qu'avec une grande
industrie. Ainsi, toutes les bonnes idées qui ont civilisé le
monde peuvent être considérées comme des inventions et
des découvertes auxiliaires de la morale et de l'art.

Mais, en ce qui concerne la morale du moins, cette cause
générale n'eût pas suffi à opérer la chute des obstacles qui
s'opposaient aux accroissements de son domaine. Aux idées
qui ont eu pour effet indirect ce progrès, ont dû s'ajouter
celles qui l'avaient pour objet direct et plus ou moins conscient. Dans cette catégorie je range, en première ligne, toutes
les fictions qui, aux temps primitifs où, pour être compatriotes sociaux et moraux, il fallait être parents, ont créé
des parentés artificielles et permis d'étendre à celles-ci les
avantages de la parenté naturelle. Chez beaucoup de peuples
barbares règne la coutume de cimenter une alliance par le
mélange de quelques gouttes de sang des divers contractants,
devenus ainsi consanguins en quelque sorte. Un tel usage
n'a pu être imaginé qu'à une époque où l'on ne se jugeait
obligé moralement que dans la limite des liens du sang; et
Tylor a raison de le célébrer comme « la découverte d'un
moyen solennel d'étendre au delà des bornes étroites de la
famille les devoirs et les affections de la fraternité ». L'adoption, avec ses formes si multiples et si bizarres, a été un
autre moyen, non moins ingénieux, tendant au même début.
Enfin, l'exercice de l'hospitalité pourrait bien reposer sur

quelque idée analogue. Le fait d'entrer dans la maison, en effet, dans le temple domestique, a bien pu être regardé comme une incorporation fictive dans la famille, comparable de loin à l'adoption et au mélange des sangs versés. Mais de toutes les ingéniosités pareilles, la plus merveilleuse à coup sûr et la plus féconde est la parole du Christ : « tout homme est ton frère, vous êtes tous fils de Dieu, » en vertu de laquelle la parenté embrassait l'humanité tout entière.

Quand, par ces procédés et d'autres semblables, ou simplement par suite du nivellement civilisateur, un plus ample débouché s'ouvre à la production des actes honnêtes ou des œuvres esthétiques, on voit des peuples ou des classes renfermés jusque-là dans leurs moralités et leurs arts propres tendre à les échanger; et de cette tendance commune, résulte le triomphe de la moralité ou de l'art supérieurs qui eux-mêmes se transforment inévitablement. Il y a entre une moralité importée du dehors et une moralité domestique, sucée avec le lait, entre une morale-mode et une morale-coutume, la même différence qu'entre un art exotique, en train de s'acclimater, et un art indigène. L'inspiration de ce dernier, malgré sa vieillesse et son immutabilité relative, a bien plus de fraîcheur, de force et d'originalité. Il n'y a pas lieu de s'en étonner, non plus que de l'énergie bizarre et juvénile inhérente aux devoirs imposés par d'antiques coutumes, au devoir de vengeance familiale notamment. Mais c'est sur d'autres traits que je voudrais insister.

Il y a deux points à noter au sujet de l'art. D'abord, l'art, aux âges de coutume, où il naît spontanément, sans importation de toutes pièces, jaillit du métier, « comme la fleur de sa tige », à la chaleur de l'inspiration religieuse. Il en a été ainsi en Égypte, en Grèce, en Chine, au Mexique et au Pérou, à Florence [1]. L'architecture, gothique ou autre, est

---

(1) A Florence, les métiers, qui s'appelaient les arts et méritaient ce nom, ont été, sans nulle contestation possible, le berceau des beaux-arts.

née de la maçonnerie ; la peinture au xiv° siècle, de l'enluminure, et l'enluminure du métier des copistes ; la sculpture,
de l'ébénisterie au moyen âge, des constructions funéraires
en Égypte ; la musique moderne, des usages ecclésiastiques
du plain-chant ; l'éloquence, des professions qui obligent à
parler, tribune et barreau ; la poésie, la littérature, des divers
usages habituels de la langue, raconter, émouvoir, persuader. En second lieu, aux mêmes époques, l'œuvre d'art
répond, non à un besoin de connaître du nouveau, ce qui
est le propre des âges de mode où la curiosité est surexcitée
par les aliments mêmes qui affluent du dehors, mais au
besoin vraiment amoureux de revoir, de retrouver avec une
intensité de plus en plus vive, sans jamais se lasser, ce que
l'on connaît déjà et que l'on aime, admire ou adore, les types
divins de la religion des aïeux, les légendes divines, les saints
et leur histoire, les héros et les récits épiques de l'histoire
nationale, les scènes habituelles de la vie conformes aux
vieilles mœurs, en un mot, les émotions traditionnelles qui
se résument, pour l'artiste comme pour son public, dans
l'amour profond d'un lointain passé et dans l'espérance profonde en un long avenir terrestre ou posthume assuré par
la religion. On ne demande pas alors à l'architecture et à la
musique des impressions changeantes, empruntées à des
civilisations étrangères ou mortes, celles-ci ressuscitées artificiellement ; on leur demande l'expression, la reproduction
intense des impressions et des croyances dont on vit. On
demande à la sculpture, à la peinture, non des inventions
de groupes, de scènes, de paysages exotiques ou imaginaires,
mais la reproduction intense, expressive, des douze apôtres,
de saint Michel, de saint Christophe, du Christ, de la Vierge,
ou des portraits de famille, ou des tableaux représentant la
cité natale avec ses coutumes, ses fêtes, ses particularités
qu'on juge éternelles. On demande à l'épopée, au drame,
non l'intérêt soutenu par l'ignorance du dénouement et la
nouveauté du sujet, mais la reproduction intense des fables

légendaires que l'on sait depuis l'enfance, la mort de Prométhée ou d'Hercule, les infortunes d'Œdipe, le drame de la création depuis Lucifer jusqu'au Christ et à l'Antéchrist, la mort de Roland, etc.

Tels sont les deux caractères principaux de l'art propre aux âges de tradition, et l'on peut voir qu'ils s'enchaînent. L'art est alors, je ne dirai pas industriel, mais professionnel, parce qu'il s'est formé par une accumulation lente de procédés esthétiques transmis de père en fils avec les recettes utiles, et la même cause qui a produit cet effet, c'est-à-dire l'habitude d'avoir le regard du cœur et de l'esprit toujours retourné en arrière, vers les ascendants et leurs modèles intérieurs, veut que l'art soit le miroir magique et vivant d'un passé lui-même tout vivant encore, d'un passé, en d'autres termes, plein de foi en sa propre durée future, au lieu d'être la résurrection factice d'un passé éteint ou la traduction quelconque d'œuvres extérieures. — Au contraire, aux âges de mode, il doit arriver naturellement que les formes de l'art importées se présentent détachées de leur tige, puisque la fleur, non la tige, attire ici la curiosité; l'art alors devient un métier plus souvent que le métier ne devient un art; et la curiosité, caractère de ces époques, exige une satisfaction trompeuse, irritante, que lui fournit l'invention à jet continu, l'invention sur commande et suivant la formule, de drames ou de romans roulant sur des événements fictifs, de tableaux fantaisistes, de musique inouïe, de monuments éclectiques. Les temps curieux ne veulent que des artistes d'imagination; les temps amoureux et croyants veulent des artistes pénétrés de leur foi et de leur amour.

— On le voit, soit par l'origine, soit par l'objet, soit par l'inspiration, l'art-mode diffère de l'art-coutume. Une différence analogue sous bien des rapports distingue les deux genres correspondants de moralité. Leur origine, en premier lieu, est bien distincte : les vertus de tradition, essentiellement religieuses, sont la floraison naturelle des besoins

du groupe restreint où elles éclosent; les vertus de reflet, à
savoir celles d'une classe inférieure qui cherche à s'appro-
prier les qualités morales d'une aristocratie, celles d'un
peuple qui en enseigne moralement ou immoralement un
autre, comme l'Angleterre copiait les mœurs françaises sous
la Restauration des Stuarts, sont un placage éthique, une
décoration voulue de la conduite ordinaire qu'elles recouvrent
et qui ne s'y rattache pas. Il en est ainsi alors même que les
vertus d'emprunt sont exhumées du passé, mais d'un passé
mort ou revivant par mode. Ce phénomène de mimétisme
moral, en quelque sorte, par lequel la mode prend un faux
air de coutume, n'est point rare en histoire; mais ces
*réformes* morales, où l'on voit, par exemple, des vertus qui
avaient leur raison d'être chez des patriarches hébreux ou
des chrétiens de la primitive Église, réapparaître en plein
XVIe siècle européen, sont en réalité des innovations qui, nées
quelque part dans une âme d'apôtre éprise d'un certain
passé mal compris, se sont propagées ensuite au dehors,
grâce à l'entraînement général des cœurs dans les voies de
l'imitation libre. En cela elles ressemblent tout à fait à ces
*renaissances* littéraires ou artistiques, autre genre d'archaïsme conventionnel, qui se sont vues plusieurs fois.
L'objet et les mobiles des deux moralités que je compare ne
se distinguent pas moins nettement. Les devoirs coutumiers
imposent à l'individu des sacrifices en vue des besoins particuliers, mais des besoins permanents, de sa société close
et murée, famille, tribu, cité, canton, État. Les devoirs
empruntés, conventionnels et soi-disant rationnels, ordonnent
à l'individu de se sacrifier à des intérêts plus généraux,
répandus sur un plus grand nombre d'hommes, mais à des
intérêts souvent plus momentanés, moins durables. La force
d'accomplir l'immolation qui lui est demandée, l'homme
des temps traditionnels la puise dans la solidarité héréditaire qui l'identifie à la série des générations dont il n'est
qu'un anneau, de telle sorte qu'en mourant pour sa famille,

pour sa tribu, pour sa cité, pour contribuer à l'immortalité de cette grande personne collective dont il fait partie, il croit se dévouer à lui-même. Il la puise aussi, le plus souvent, dans les promesses de sa religion héritée des ancêtres. Cette double source d'énergie tarit ou s'affaiblit pour l'homme des âges novateurs, où, l'imitation s'affranchissant de l'hérédité, les liens entre parents, ascendants et descendants, s'effacent devant les rapports entre individus étrangers, rapprochés par l'âge et détachés de leur famille [1]; et où le choc des religions différentes ou d'une religion par une philosophie tend à engendrer le scepticisme. Mais, dans une certaine mesure, l'homme des mêmes âges supplée à ces pertes par le développement tout nouveau d'une énergie morale de premier ordre, le sentiment de l'honneur.

J'entends l'honneur non au sens familial et aristocratique du mot, mais au sens démocratique et individuel, au sens moderne, puisque nous traversons incontestablement une période d'imitation-mode, remarquable entre toutes par sa largeur et sa durée. Ce dernier sens, qui date de la Renaissance italienne, d'après Burckhardt, en réalité a dû se former partout où le *public moral* s'est étendu rapidement par-

---

(1) De là le caractère individualiste de la morale-monde, analogue au caractère individualiste de l'art-mode. Cela signifie que, aux yeux de l'artiste comme aux yeux du moraliste, les individus considérés isolément commencent à compter ; ce qui n'empêche pas que le devoir des temps de mode n'ait pour objet des intérêts très généraux, mais très peu durables, comme les œuvres d'art des mêmes temps excellent à photographier sous les traits d'un individu des sentiments, des états psychologiques, très répandus, mais aussi très rapidement variables. — J'ai signalé aussi plus haut le caractère naturaliste de la morale-mode et de l'art-mode. « Dans la seconde moitié du xvıe siècle, dit très bien M. Brunetière, par-dessous les guerres de religion, la grande question qui s'agite, c'est de savoir si l'antique morale, cette morale fondée théologiquement sur le dogme de la chute, mais en réalité sur l'expérience de la perversité native de l'homme, sera dépossédée du gouvernement de la conduite humaine, et si la *nature* suffira désormais toute seule à maintenir l'institution sociale. » Ici, on remarquera incidemment que l'inspiration naturaliste et individualiste coïncide avec une inspiration optimiste. Est-ce que le pessimisme, j'entends le pessimisme vrai (chrétien et janséniste, par exemple), non de pur genre, serait propre aux âges de coutume, et l'optimisme aux âges de mode ?...

l'abaissement de quelques frontières sociales. Pourquoi, demandera-t-on, ce désir de considération personnelle doit-il grandir pendant que les antiques bases de la morale, la famille et la religion, sont sapées de plus en plus ? Parce que la cause même de l'ébranlement de celles-ci est propre à consolider et à étendre la nouvelle : je veux dire le progrès des communications et la circulation indéfiniment accélérée des idées dans un domaine incessamment élargi par-dessus toutes les clôtures de clans, de classes, de confessions, d'États. La substitution de l'imitation-mode à l'imitation-coutume a pour effet d'abattre l'orgueil du sang et la foi au dogme, mais en même temps de susciter, par l'assimilation progressive des esprits, la puissance devenue irrésistible de l'opinion. Or, qu'est-ce que l'honneur, si ce n'est l'obéissance passive, irréfléchie, héroïque, à l'opinion ?

On assiste tous les jours à la naissance, à la croissance, de ce nouveau et puissant mobile, quand un jeune conscrit passe de la cabane paternelle au régiment. Au bout de peu de temps, il ne pense guère plus à son père dont la crainte révérentielle le dominait, au champ qu'il convoitait, à la jeune fille qu'il courtisait en vue de fonder une nouvelle famille, et il songe encore moins au catéchisme de son curé : toutes les sources de son honnêteté laborieuse et de sa pureté de mœurs relative, ont cessé de couler. Mais sa moralité a changé plutôt que déchu, et ce qu'il a perdu en continence ou en amour du travail, il l'a regagné en courage et en probité, parce que, outre la pensée du conseil de guerre, il a eu pour le soutenir dans sa vie disciplinée à la caserne, pour le maintenir ferme au poste sur le champ de bataille, l'idée de la honte, de l'humiliation devant les camarades, à éviter, même au prix de la mort. — En même temps, il a conscience d'être utile, par l'accomplissement de ses devoirs nouveaux, à une foule d'hommes qui sont devenus depuis peu ses semblables, à cette grande patrie qui est en train de se l'assimiler et dont il se souciait si peu naguère, absorbé jusque-là dans ses préoccupations domestiques.

Nous pouvons ajouter que, si sa nouvelle morale est conforme au souci d'intérêts plus nombreux, moins particuliers, plus étendus, sa morale ancienne était adaptée à la prévision d'intérêts moins momentanés, plus durables. En tout cas, la portée des sacrifices exigés par ses devoirs actuels s'étend bien plus loin proportionnellement dans l'espace que dans le temps, tandis que, auparavant, les sacrifices que lui commandaient ses devoirs avaient une utilité étroitement circonscrite à son entourage immédiat, mais prolongée dans un avenir relativement considérable. Toutes les vertus proprement domestiques et patriarcales, locales et primitives, la chasteté des femmes, par exemple, sont des privations subies pour l'avantage d'une seule famille, il est vrai, mais de toute la postérité de cette famille. A l'inverse, la morale moderne, très coulante sur les vices dont nos petits-neveux seuls auront à souffrir, blâme sévèrement les fautes dont nos contemporains, même éloignés, pourraient supporter le contre-coup. En cela, il semble que la morale des âges de mode ressemble à leur politique. Quelle que soit la forme de leur gouvernement, les hommes d'État qui dirigent ces temps, diffèrent à la fois des hommes d'État antérieurs par l'horizon très élargi de leur surveillance sur un plus grand nombre d'intérêts similaires simultanément soumis à des lois identiqnes, et par le regard très raccourci de leur prévoyance. On a vu jadis le roi féodal de l'Isle-de-France, resserré dans son domaine étroit, viser dès le début, la formation séculaire de ce beau royaume de France et travailler péniblement à la poursuite de cet idéal futur. On a vu le roitelet de la petite Prusse sacrifier dans ses calculs le présent à un avenir impérial très éloigné que ses petits-enfants, hélas ! ont vu luire. Jamais, de nos jours, n'importe en quel pays, à commencer par l'Allemagne, une assemblée politique consentirait-elle à sacrifier un intérêt actuel en vue d'un bénéfice dont la seconde ou troisième génération après nous devrait seule profiter ? Loin de là, c'est sur nos descendants que nous rejetons la carte à payer de nos emprunts et de nos folies. Je n'ai pas besoin d'expliquer, après tout ce qui vient d'être dit, comment ce frappant contraste, cette sorte de compensation entre l'extension en surface ou en nombre et l'abréviation en durée, se rattache à la distinction des deux formes de l'imitation.

Mais, s'il est vrai que tout courant de mode tend à se reposer dans le lac agrandi de la coutume, ce contraste ne saurait être que passager. Sans doute, tant que ce fleuve coulera, les prescriptions ou les interdictions de la morale porteront de moins en moins sur les actes utiles ou préjudiciables à nos seuls enfants ou petits-enfants, notamment sur certains faits de continence ou d'infidélité conjugale, de piété filiale ou d'indiscipline domestique, de lâcheté ou de bravoure patriotique, regardés autrefois comme des vertus cardinales ou des crimes capitaux, mais dont l'effet salutaire ou désastreux ne se fait sentir qu'à la longue. Après moi le déluge, dira la société. Le malheur est qu'elle finirait par mourir de cette parole trop longtemps redite. Aussi y a-t-il lieu de penser qu'après un temps de myopie progressive mais transitoire, la prévoyance collective recommencera à s'étendre dans le temps après s'être déployée en étendue, et que les nations prendront conscience, avec la même ampleur, de leurs intérêts permanents et de leurs intérêts généraux. Ce moment arrivera quand la civilisation, au comble de son déploiement, se recueillera, enfin, comme elle s'est recueillie tant de fois déjà le long de l'histoire, en Égypte, en Chine, à Rome, à Byzance... Le passé répond de l'avenir. Alors la morale redeviendra, à bien des égards, ce qu'elle a été, à la grandeur et à la logique près. La casuistique renaîtra, sous des dehors plus rationnels. Au devoir d'honneur, morale artificielle dont se contente un âge asservi à l'opinion ambiante et mouvante, succédera le devoir de

conscience tel que nos pères l'ont connu, aussi impérieux,
aussi absolu, aussi enraciné au for intérieur, mais supérieur
en raison et en lumière. Et, en même temps, l'art, revenu de
ses brillants égarements, se retrempera aux sources profondes de la foi et de l'amour.

Il y aurait beaucoup de choses à dire pour expliquer ce
phénomène historique des Renaissances, le plus souvent
apparent, hybride de la mode et de la coutume, dont il a été
question plus haut. C'est un sujet un peu distinct de celui
du présent chapitre, car on y voit non pas une nouvelle
mode devenir coutume à son tour, mais revêtir l'aspect
d'une ancienne coutume. Cet autre rapport des deux branches de l'imitation mérite d'être examinée. Dans les sciences
et dans l'industrie, une idée entièrement nouvelle et se donnant comme telle peut se propager par mode ; car elle
apporte en naissant ses preuves expérimentales de vérité ou
d'utilité. Mais il en est autrement dans les beaux-arts, en
religion, en littérature, en philosophie même jusqu'à un
certain point, en politique, en droit, en morale, enfin partout où le choix entre les solutions est abandonné dans une
large mesure au pouvoir discrétionnaire du jugement et ne
saurait se fonder sur une démonstration rigoureuse. Dans
ce cas, sur quelle autorité, — celle des faits faisant à peu
près défaut, — pourrait s'appuyer la mode pour faire prévaloir ses nouveautés contre les vieilles constructions de la
coutume ? De quel droit se permettrait-elle d'opposer à des
règles, à des idées, à des institutions éprouvées par le temps
les produits d'une imagination ou d'une raison entrepre-
nante ? Elle doit donc, si elle veut réussir, se présenter
sous le masque de son ennemie et battre en brèche la coutume existante, en exhumant quelque coutume ancienne,
tombée en désuétude depuis longtemps et rajeunie pour
les besoins de sa cause. Aussi voyons-nous toutes les réformes religieuses affecter, avec une sincérité plus ou moins

complète, de remonter aux sources oubliées de la religion sur laquelle elles se greffent : c'était la prétention du protestantisme de toutes les sectes au xvie siècle, le premier siècle qui ait inauguré la *grande mode* dans les temps modernes ; c'était également la prétention de la secte musulmane des Ouahabites qui, née au siècle dernier, s'est répandue et se répand encore sur l'Asie et l'Afrique où elle se flatte de retremper l'islam dans le coran primitif (V. *Revue Scientifique*, 5 novembre 1887) ; c'est la prétention aussi de toutes les sectes qui, pullulant sur les vieux troncs de l'hindouisme, du brahmanisme fécond jusque dans sa décrépitude, croient régénérer l'antique religion de l'Inde dans son état originel, comme l'a cru aussi le bouddhisme, ce protestantisme oriental.

S'il en est ainsi des réformes religieuses, il n'en est pas autrement des réformes littéraires ou artistiques : quand une sève nouvelle se met à circuler dans les âmes artistes et poètes, c'est sous la forme d'une renaissance d'un lointain passé qu'elle se traduit au dehors ; citerai-je l'humanisme de la Renaissance italienne, le cicéronianisme d'Érasme, le néo-hellénisme ou le néo-romanisme des architectes, des statuaires, des peintres du xve, du xvie siècles, le cachet néo-gothique du romantisme de 1830 ? A partir d'Adrien, la fureur de poésie latine qui sévissait à Rome depuis Auguste parmi les hautes classes et qui s'étendait progressivement aux provinces, commence à s'apaiser. Pourquoi ? Parce qu'une nouvelle mode vient d'apparaître, celle des nouveaux sophistes grecs, dont l'art vient de renaître, — véritable renaissance en effet, — et d'exciter l'admiration puis l'imitation générales. Cet engouement dure longtemps et suscite un réveil factice et pareillement archaïque de patriotisme hellénique.

De même pour les réformes législatives : la *grande mode* en ce genre qui, au xvie siècle, a uniformisé tous les codes européens, a consisté à déterrer le Corpus-Juris et à introduire sous le couvert du nom romain toutes les usurpations

salutaires ou abusives des légistes, des empereurs et des rois.
De même pour les réformes politiques même ; quelquefois, c'est
clair : les parlements français, par exemple, en inaugurant un
contrôle tout nouveau et très original du pouvoir royal par
l'autorité judiciaire, invoquaient les antiques coutumes des
Francs et s'imaginaient ressusciter une constitution politique
qu'ils voyaient en rêve. D'autres fois, c'est moins manifeste,
mais ce n'est pas moins vrai, il n'est pas jusqu'à la Révolution
française qui ne se soit piquée de copier Athènes et Sparte.
Enfin, les philosophes même les plus hardis, les moins
respectueux des précédents, nos encyclopédistes français,
ont jugé insuffisant l'appui que la logique semblait prêter à
leurs projets de reconstructions sociales ; et le désir, parfois
sincère, de *retrouver* les titres oubliés du genre humain, de
reproduire en sa pureté première supposée l'état de nature,
se combine comme il peut dans leurs écrits avec le culte de
la Raison. Il y a, mélangé à leur idéologie, beaucoup
d'archéologie préhistorique.

D'ailleurs, les *Renaissances*, répétons-le, sont plus apparentes que réelles. Burckhardt montre que la résurrection de
l'antiquité n'est qu'une des innovations du XV$^e$ siècle italien,
de la Renaissance italienne, et que, en renaissant, l'antiquité grecque et latine s'est fortement italianisée. En outre,
cette innovation n'est qu'une mode survenue, tout comme une
autre mode quelconque, à la suite de découvertes, à savoir
de découvertes archéologiques obtenues par des fouilles
pratiquées dans le sol sacré de la Rome antique ou dans les
bibliothèques des couvents. Avant ces nombreuses trouvailles
de statues, d'inscriptions, de manuscrits, de ruines de tout
genre, l'antiquité pouvait bien être admirée de confiance,
mais non imitée.

La Réforme, pourrait-on dire, n'a été qu'une Renaissance
allemande, de même que la Renaissance n'a été qu'une
Réforme italienne. Ce retour de jeunesse et de vie que l'Italie
avait demandé à sa vieille antiquité classique soi-disant

imitée, l'Allemagne le demandait à l'imitation prétendue, et encore plus imaginaire, du christianisme primitif. (Ce serait une erreur, entre parenthèses, de ne voir dans le premier de ces deux mouvements que le prélude au second. Les humanistes n'ont été pour les luthériens que des alliés de rencontre. En fait, chacun d'eux était une évolution complète en soi. La Renaissance n'était pas, comme on l'a dit, une révolution superficielle des âmes, elle était, pour un groupe étroit d'âmes élevées dans l'aristocratie de l'art et de la pensée, une *déchristianisation profonde* qui, par-dessus la Réforme, allait trouver sa propagation chez nous au XVIII⁰ siècle.) — Comme la Renaissance se rattache à des découvertes artistiques et littéraires, la Renaissance procède, en grande partie, de l'invention de l'imprimerie. L'idée d'obtenir par la seule lecture des livres saints le plus haut degré de connaissances, la solution pleine des problèmes les plus ardus, ne pouvait naître qu'à une époque où la diffusion subite, l'invasion extraordinaire de livres jusque-là presque inconnus avait développé une épidémie générale de lecture et l'illusion de croire que les livres étaient la source de toute vérité. C'est peut-être pour cela que, l'invention de l'imprimerie ayant pris naissance en Allemagne, le protestantisme a été allemand d'origine, ce qui aurait lieu d'étonner sans cela, car, auparavant, toutes les grandes hérésies, toutes les tentatives de rébellion contre l'Église, étaient parties du midi de l'Europe, plus civilisé que le nord.

— La mode et la coutume ont encore un autre rapport dont nous n'avons rien dit et qui demande à être distingué soit de la réviviscence d'une antique coutume par une mode récente, soit de la consolidation coutumière d'une mode. Je veux parler des cas, très fréquents, où une nouvelle mode, pour s'introduire, se glisse sous une coutume encore vivante qu'elle altère et s'approprie insensiblement. Par exemple, on a remarqué que longtemps après l'importation du bronze parmi les populations auparavant réduites à la taille du silex, les outils et les armes de bronze ont imité la forme des outils et des armes de silex entièrement usités. On a démontré aussi que l'architecture grecque s'explique par la reproduction en marbre ou en pierre des particularités présentées par les cabanes des populations primitives de l'Hellade : les colonnes les plus riches des temples de Milet ou d'Athènes se modèlent sur ces antiques constructions en bois. En Chine, le type architectural s'explique par la tente primitive, etc. Qu'est-ce que cela signifie, sinon l'insertion de nouvelles modes sur le tronc vivace encore de vieilles coutumes, et la nécessité de ce greffage dans des sociétés coutumières et surtout un fait d'art et de morale, pour faire vivre et durer les innovations ? Quand la mode du fer, ou celle du marbre, s'est introduite à l'exemple de peuples étrangers, elle n'a pu s'acclimater qu'en adoptant l'uniforme des usages nationaux.

Un phénomène tout pareil se produit quand, dans un groupe social dont l'horizon tend à s'élargir, s'infiltrent de nouvelles maximes morales ou de nouveaux sentiments moraux qui, pour se faire accepter, doivent se faire *présenter* par les préjugés mêmes dont ils viennent prendre la place. C'est ainsi que, dans un clan où l'on n'a jusque-là reconnu de contrats valables qu'avec ses parents, on contracte avec l'étranger moyennant des cérémonies telles que le mélange de gouttes de sang qui sont un simulacre de consanguinité. C'est ainsi encore que, lorsque le morcellement féodal du moyen âge commence à faire place aux centralisations monarchiques, le devoir de fidélité au roi, qui va bientôt se substituer au devoir du vassal envers son seigneur, commence par affecter une couleur féodale et ne semble exprimer rien de plus qu'un lien de vassalité plus général, etc.

# CHAPITRE VIII

## REMARQUES ET COROLLAIRES

---

Après avoir étudié les principales lois de l'imitation, il nous reste à en dégager le sens général, à les compléter par quelques observations et à montrer plusieurs conséquences importantes qui en découlent.

La loi suprême de l'imitation paraît être sa tendance à une progression indéfinie. Cette sorte d'ambition immanente et immense[1] qui est l'âme de l'univers, et qui se traduit physiquement par la conquête lumineuse de l'es-

---

[1] Pour dire tout le fond de ma pensée sur la source inconnue et inconnaissable des répétitions universelles, ce n'est peut-être pas seulement une ambition immense et universellement répandue qui suffit à les expliquer. Il est des jours où une autre explication, je l'avoue, me vient à la pensée. Je songe que la complaisance à se répéter indéfiniment sans jamais se lasser est un des signes de l'amour, que le propre de l'amour, dans la vie et dans l'art, est de dire et de redire toujours la même chose, de peindre et de repeindre toujours les mêmes sujets ; et je me demande alors si cet univers qui semble se complaire en ses monotones répétitions ne révélerait pas, en ses profondeurs, une dépense infinie d'amour caché, encore plus que d'ambition. Je ne puis me défendre de conjecturer que toutes choses, en dépit de leurs luttes entre elles, ont été faites, séparément, *con amore*, et qu'ainsi seulement s'explique leur beauté, malgré le mal et le malheur. — Mais, d'autres fois, songeant à la mort, je suis porté à justifier le pessimisme. Tout se répète et rien ne demeure : tels sont les deux caractères de notre univers, et le second dérive du premier. Pourquoi faut-il qu'il soit chimérique de concevoir même un monde parfait, à la fois stable et original, où tout demeure et rien ne se répète ?... — Mais trêve à ces rêves !

pace, vitalement par la prétention de chaque espèce, même la plus humble, à remplir le globe entier de ses exemplaires, semble pousser chaque découverte ou chaque invention, même la plus futile, y compris chaque innovation individuelle, même la plus insignifiante, à se disséminer dans tout le champ social indéfiniment agrandi. Mais cette tendance, quand elle n'est pas secondée par la rencontre d'inventions logiquement et téléologiquement auxiliaires, ou par la faveur de certains prestiges attachés à des supériorités présumées, est entravée par divers obstacles qu'il s'agit pour elle de franchir ou de tourner successivement. Ces obstacles sont, ou les contradictions logiques et téléologiques qui lui sont opposées par des inventions différentes, ou les barrières que mille causes, principalement des préjugés et des orgueils de race, ont établies entre les diverses familles, les diverses tribus, les divers peuples, et, dans chaque peuple ou dans chaque tribu, entre les diverses classes. Il en résulte que, 'une bonne idée étant éclose dans un de ces groupes, elle s'y propage sans peine, mais se trouve arrêtée par ses frontières. Heureusement, cet arrêt n'est qu'un ralentissement. D'abord, en ce qui concerne les barrières des classes, il est bien vrai que, lorsqu'une innovation heureuse, née, par hasard, dans une classe inférieure, y a fait son chemin, elle ne se communique pas, dans les temps d'aristocratie héréditaire et d'inégalité pour ainsi dire physiologique, à moins que l'avantage de l'adopter ne soit évident aux classes élevées; mais, en revanche, les innovations formées ou accueillies par celles-ci descendent facilement, comme nous l'avons montré plus haut, aux couches d'en bas habituées à subir leur prestige. Et, par suite de cette chute prolongée, il arrive peu à peu que les couches inférieures, en s'élevant tour à tour, grossissent de leur afflux successif les hautes classes. Ainsi, à force de s'assimiler à leurs modèles, les copies s'égalent à eux, c'est-à-dire deviennent capables d'être modèles à leur tour, en revêtant une supériorité non plus héréditaire et attachée à toute la personne, mais individuelle et partielle. La marche de l'imitation de haut en bas n'a pas cessé de s'appliquer; mais l'inégalité qu'elle suppose a changé de sens. Au lieu de l'inégalité aristocratique, organique par nature, on a une inégalité démocratique, d'origine toute sociale, qu'on peut appeler égalité si l'on veut, mais qui, au fond, est la réciprocité de prestiges toujours impersonnels, alternativement exercés d'individu à individu, de profession à profession. De la sorte, le champ de l'imitation s'est sans cesse élargi et affranchi de l'hérédité.

En second lieu, relativement aux barrières des familles, des tribus ou des peuples, il est bien vrai également que, si les connaissances ou les institutions, les croyances ou les industries, propres à l'un de ces groupes lorsqu'il est victorieux et puissant, pénètrent sans peine chez les groupes voisins, vaincus et humiliés, en revanche, les exemples des vaincus et des faibles, sauf le cas où la supériorité de leur civilisation est manifeste, sont comme n'existant pas pour les vainqueurs et les forts. D'où il suit, entre parenthèses, que la guerre est bien plus civilisatrice pour le vaincu que pour le vainqueur; car celui-ci ne daigne pas se mettre à l'école de celui-là, qui, lui, subissant l'ascendant de la victoire, emprunte à l'ennemi nombre d'idées fécondes et les ajoute à son fonds national. Les Égyptiens n'ont rien pris aux livres des Hébreux captifs, ils ont eu grand tort; tandis que les Juifs ont beaucoup gagné à s'inspirer des hiéroglyphes de leurs maîtres. Mais, quand un peuple domine les autres par son éclat, les autres, avons-nous dit, l'imitent après n'avoir imité jusque-là que leurs pères. Or, cette propagation extra-nationale de l'imitation, à laquelle j'ai donné le nom de mode, n'est, au fond, que l'application aux rapports des États, de la loi qui régit les rapports des classes. L'imitation, grâce à l'invasion de la mode, descend toujours de l'État momentanément supérieur, aux États momentanément inférieurs, comme nous avons vu qu'elle descend des plus hauts aux plus bas degrés de l'échelle sociale. Par suite, on ne sera pas surpris de voir le règne de la mode produire des effets semblables à ceux de cette dernière loi. Effectivement, de même que le rayonnement exemplaire des classes élevées a pour conséquence de préparer l'élargissement de ces classes, où l'imitation est facile et mutuelle, par l'absorption en elles des classes inférieures, de même le prestige contagieux des États prépondérants a pour résultat de préparer l'extension de ces États, primitivement familles, puis tribus, plus tard cités et nations, sans cesse accrus par l'assimilation des voisins qu'ils s'annexent ou par l'annexion des voisins qu'ils s'assimilent.

Autre analogie : de même que le jeu de l'imitation de haut en bas, en se prolongeant, aboutit à ce qu'on appelle l'égalité démocratique, c'est-à-dire à la fusion de toutes les classes en une seule où se pratique admirablement l'imitation réciproque par l'acceptation des supériorités respectives, de même l'exercice prolongé de l'imitation-mode finit par mettre les peuples écoliers au niveau du peuple magistral, soit en fait d'armements, soit en fait d'arts et de sciences, et crée entre eux une sorte de fédération qui, dans les temps modernes, s'est appelée, par exemple, l'équilibre européen : on entend par là la réciprocité de services et d'emprunts de tous genres que ne cessent de se faire les divers grands foyers entre lesquels se partage la civilisation de l'Europe. — C'est ainsi que, dans les rapports internationaux eux-mêmes, le domaine libre et non entravé de l'imitation s'est agrandi presque sans interruption.

Mais, en même temps, la Tradition et la Coutume, formes conservatrices de l'imitation, fixaient et perpétuaient ses acquisitions nouvelles, consolidant ses agrandissements, aussi bien dans le sein de chaque classe élevée par l'exemple des classes supérieures, que dans le sein de chaque peuple élevé par l'exemple de voisins plus civilisés. En même temps aussi, chaque germe d'imitation déposé dans le cerveau d'un imitateur quelconque sous la forme d'une croyance ou d'une aspiration, d'une idée ou d'une faculté nouvelle, s'y développait successivement en manifestations extérieures, en paroles et en actions qui envahissaient le système nerveux et le système musculaire tout entiers, conformément à la loi de la marche du dedans au dehors.

Voilà donc les lois de nos précédents chapitres ramenées à un même point de vue. Par elles se traduit et se satisfait de mieux en mieux la tendance de l'imitation, émancipée de la génération, à une progression géométrique. Chaque acte d'imitation a donc pour effet de préparer les conditions qui rendront possibles et faciles de nouveaux actes d'imitation de plus en plus libre et rationnelle, et, en même temps, de plus en plus précise et rigoureuse. Ces conditions sont la suppression graduelle des barrières de castes, de classes, de nationalités, j'ajoute la diminution des distances par la rapidité des moyens de locomotion et aussi par la densité de la population. Cette dernière condition se réalise à mesure que des inventions agricoles ou industrielles fécondes, c'est-à-dire largement imitées, et la découverte non moins féconde de terres neuves, permettent aux races les plus inventives à la fois et les plus imitatives de pulluler sur le globe. Supposez toutes ces conditions réunies et poussées au plus haut degré, la transmission imitative d'une initiative heureuse apparue n'importe où sur toute la masse humaine serait presque instantanée, comme la propagation d'une onde dans un milieu parfaitement élastique. Nous courons à cet étrange idéal ; et déjà, envisagée sous certains aspects particuliers où les plus essentielles des conditions indiquées se rencontrent par hasard, par exemple dans le monde des savants, qui, quoique très épars, se touchent à chaque instant par de multiples communications internationales, ou dans le monde des commerçants qui sont en perpétuel contact par-dessus toutes les frontières, la vie sociale laisse apercevoir la réalité

de la tendance que je signale. Dans un discours prononcé
en 1882 sur le succès des théories de Darwin, Hœckel disait:
« L'influence prodigieuse que la victoire décisive de l'idée
unitaire exerce sur toutes les sciences, influence qui, d'année
en année, *s'accroît en progression géométrique*, nous ouvre
les plus consolantes perspectives. » Le fait est que ce succès
de Darwin et de Spencer a été foudroyant de vitesse. Quant
à la rapidité de l'imitation commerciale, dès qu'on cesse de
l'entraver, elle a été observée de tout temps, et non pas seulement dans notre siècle. Qu'on lise dans Ranke le tableau
des progrès d'Anvers dans l'intervalle de 1550 à 1566. Le
commerce de cette ville avec l'Espagne avait doublé pendant
ces seize ans; avec le Portugal, l'Allemagne, la France, plus
que triplé; avec l'Angleterre, il était devenu vingt fois plus
fort! Par malheur, la guerre vint mettre un terme à cette
prospérité. Mais de tels essors intermittents révèlent la force
constante qui pousse à ce déploiement indéfini.


# I


A présent, il est bon de mettre en lumière une observation générale, dont nous venons d'indiquer un plan spécial,
en signalant le passage de l'imitation unilatérale à l'imitation réciproque. Le simple jeu de l'imitation a donc eu pour
effet, non seulement de l'étendre, mais de la mutualiser. Or,
cet effet qu'elle produit sur elle-même, elle le produit sur
bien d'autres relations de personne à personne. Partout, elle
transforme à la longue en rapports mutuels les rapports unilatéraux.

Il y a longtemps qu'on ne croit plus au « contrat social »
de Rousseau; on sait que le contrat, loin d'avoir été le premier lien des volontés humaines, a été un nœud lent à se
former, et qu'il a fallu des siècles de sujétion sous l'empire

du *décret* non consenti, du commandement passivement
obéi, pour donner l'idée de cette sorte de décret réciproque,
de lien complexe, par lequel deux volontés s'enchaînent
l'une à l'autre, se commandent et s'obéissent tour à tour.
Mais nombre d'esprits se persuadent encore, erreur cependant toute semblable, que l'échange a été le premier début
de l'humanité. Il n'en est rien. Avant d'avoir l'idée de l'é-
change, on a eu celle de la donation ou du vol, rapports
beaucoup plus simples [1]. — Se persuaderait-on aussi, par
hasard, que les hommes ont commencé par discuter entre
eux, causer, échanger leurs idées, comme font les bergers
d'une églogue? Non, cet échange-là n'est pas plus primitif
que celui de leurs produits. La discussion suppose qu'on se
concède de part et d'autre le droit de s'enseigner réciproquement, et d'abord qu'on a l'idée de la vérité, c'est-à-dire d'une
perception ou d'une opinion individuelle qui s'attribue le
pouvoir légitime d'être admise par tous les cerveaux en bonne
santé. Est-ce que l'idée d'un pouvoir pareil serait possible
sans l'expérience préalable de ce pouvoir exercé par un
père, un prêtre, un précepteur? N'est-ce pas le *dogme* qui a
seul pu faire concevoir le *vrai?* — Pareillement, si quelque
lecteur d'idylles se laissait aller à penser que les hommes
primitifs, même les sauvages les plus doux, connaissaient la
politesse et les égards mutuels, il faudrait lui faire voir les
preuves qu'en France et partout ailleurs, l'urbanité, née
d'hommages et de compliments sans réciprocité, faits aux
chefs, seigneurs ou rois, est la vulgarisation graduelle, facile
à suivre en histoire, de cette flatterie unilatérale, devenue
mutuelle en se diffusant. — Hélas! il n'est même pas permis
de croire que la guerre, si nous entendons par ce mot une

---

(1) Voir à ce sujet le troisième volume de la Sociologie de Spencer, où
il est dit comment les présents, volontaires et unilatéraux au début (soit
du supérieur à l'inférieur, soit inversement), sont devenus peu à peu
habituels, obligatoires et réciproques. Ce que Spencer oublie de dire, c'est
le rôle capital de l'imitation en ceci.

lutte à armes à peu près égales et un échange de coups, a
été le premier rapport international des groupes humains.
La chasse, c'est-à-dire la destruction ou l'expulsion de quelqu'un qui ne peut se défendre, d'une tribu pacifique par
une horde de brigands, a précédé la guerre digne de ce
nom [1].

Or, comment la chasse humaine a-t-elle fait place à la
guerre humaine? Comment la flatterie a-t-elle fait place à
la politesse, la crédulité au libre examen et le dogmatisme
au mutuel enseignement? la docilité au libre consentement
et l'absolutisme au *self-government*? le privilège à la loi
égale pour tous, la donation ou le vol à l'échange [2]? l'esclavage à la coopération industrielle? au mariage, enfin, tel
que nous le connaissons, appropriation du mari par la
femme et de la femme par le mari, le mariage primitif,
appropriation de la femme par le mari sans nulle réciprocité? Je réponds : par l'effet lent et inévitable de l'imitation
sous toutes ses formes. Il sera aisé de le montrer rapidement, ne serait-ce que par l'indication des phases transitoires traversées au cours des transformations dont il s'agit.

Au début, un homme monopolise toujours le pouvoir et le
droit d'enseigner ; nul ne le lui conteste. Tout ce qu'il dit

(1) J'entends dans les rapports des hommes entre eux; mais dans les
rapports de l'homme primitif avec les animaux — rapports qui n'ont rien
à voir directement avec la sociologie — l'inverse *semble* s'être produit,
puisqu'on a *bataillé* contre les grands fauves avant d'être en mesure de
les chasser, comme nous l'avons vu plus haut.

(2) Primitivement (voir à ce sujet Paul Viollet, *Histoire du Droit français*, p. 385), l'administration des sacrements par les curés était gratuite ;
c'était un pur don. Peu à peu les populations répondirent à ces dons
par des dons aussi, par des cadeaux spontanés et nullement obligatoires;
jusqu'à ce qu'enfin les offrandes soient devenues des redevances. — Les
sociétés d'assurance contre l'incendie sont des sociétés de secours
mutuels ; sous cette forme réciproque, elles datent de 1786; mais elles
avaient été précédées par des sociétés de secours non mutuels, par des
aumônes organisées en faveur des incendiés. (V. Babeau, *La Ville sous
l'ancien Régime*, t. II, p. 146.) — Le droit au divorce a commencé par
être unilatéral, au profit exclusif du mari, avant de devenir réciproque, etc.

doit être cru de tous, et lui seul a le droit de rendre des
oracles. Mais, à la longue, chez ceux qui boivent avec le plus
de crédulité toutes les paroles du maître, naît le désir d'être
infaillible comme lui, de lui ressembler encore en cela. De
là des efforts de génie chez des philosophes qui finiront un
jour par faire reconnaître à chaque individu le droit de propager sa foi particulière et d'évangéliser même ses anciens
apôtres. Mais, auparavant, ils doivent se borner à de plus
humbles prétentions ; et l'imitation des théologiens est si
bien l'âme de leur révolte dissimulée qu'ils se sentent heureux si, tout en se soumettant au dogme sans discussion,
mais au dogme pour la première fois circonscrit dans une
sphère propre qu'on lui trace, ils obtiennent de dogmatiser
dans leur petit domaine, imposant aux savants ou aux expérimentateurs spéciaux des idées maîtresses réputées indiscutables, les théories d'Aristote ou de Platon, par exemple,
en tant que non contraires à la foi religieuse. D'autre part,
à la même époque de transition, les savants spéciaux, cour-
bés d'ailleurs sous le joug métaphysique dans une certaine
mesure déterminée, entendent bien dogmatiser à leur tour.
C'est une série de ricochets dogmatiques qui rendent pai-
pable le besoin d'imitation d'où procède cette singulière
étape de la pensée. Il n'en est pas moins certain que l'affranchissement de la raison humaine est venu de là. En effet, il
y a quelque chose de contradictoire et de factice dans l'attitude d'une raison individuelle qui sent déjà sa force, mais
qui, se croyant le droit d'imposer ses convictions sans discussion à certaines personnes, se croit néanmoins le devoir
d'accepter sans les examiner les convictions d'autres personnes. Une telle timidité jure avec un tel orgueil. Aussi
vient-il un moment où une raison individuelle, plus hardie
et plus conséquente, s'avise de vouloir, elle aussi, dogmatiser sans restriction, opposer et imposer ses convictions en
haut tout aussi bien qu'en bas. Mais son exemple est aussitôt
suivi ; la discussion devient générale, et la libre-pensée n'est

que ce choc mutuel et cette mutuelle limitation d'infaillibi-
lités individuelles qui s'affirment, multiples et contraires.

A l'origine, un homme commande et les autres obéissent.
L'autorité est monopolisée, comme l'enseignement, par le
père ou le maître ; le reste du groupe n'a d'autre fonction
que d'obéir. Mais cette autorité autocratique devient un objet
d'envie ; les ambitieux, parmi les sujets, conçoivent, d'abord,
de concilier leur sujétion avec leur soif de pouvoir, et ils
imaginent de limiter d'abord, de circonscrire l'autorité de
leurs maîtres sur eux, puis de la déverser, limitée et précisée
également, sur des sujets du second degré. C'est une cascade de commandements limités, mais indiscutables. Le
système féodal a été la réalisation de cette idée sur la plus
grande échelle. Mais, à vrai dire, l'organisation militaire de
tous les temps en est l'incarnation la plus évidente ; et cet
exemple montre que la conception dont il s'agit, de même
que la conception analogue ci-dessus, celle de la hiérarchie
des dogmatismes, répond à un besoin permanent des sociétés,
le besoin de la défense patriotique ou de l'éducation des enfants. — Plus tard, cependant, on ose mieux encore, on veut
pouvoir commander sous certains rapports à ceux mêmes
auxquels on obéit sous d'autres rapports, et réciproquement, ou pouvoir commander un temps à ceux auxquels on
a obéi ou on obéira en un autre temps. On obtient cette réciprocité par la libre accession de tous aux emplois publics,
aux magistratures viagères ou temporaires, et par le droit
de vote concédé à tous. Le seul fait de voter implique chez
l'électeur l'engagement de se soumettre à l'élu quel qu'il soit,
et donne de la sorte aux décrets de celui-ci le caractère
d'un contrat tacite. — Qu'on dise si la souveraineté populaire ainsi formée est autre chose que la multiplication à
millions d'exemplaires de la souveraineté monarchique, et
si, sans l'exemple de celle-ci, incarnée notamment dans
Louis XIV, celle-là eût jamais été conçue ?

Tous les progrès ou changements sociaux qui se sont opérés par la substitution du rapport réciproque au rapport unilatéral, conséquences, selon nous, de l'imitation en exercice, Spencer les attribue au remplacement du « militarisme » par « l'industrialisme » ; mais le développement de l'industrie elle-même est assujetti à la loi dont nous parlons. En effet, l'industrie a pour premier germe le travail servile non rémunéré ou le travail de la femme, qui est l'esclave-née de l'homme primitif. L'Arabe, par exemple, se fait servir, nourrir, habiller, loger même par ses nombreuses femmes, comme le Romain par ses esclaves ; et voilà pourquoi la polygamie lui est aussi nécessaire qu'à nous nos multiples fournisseurs. — Les relations du producteur et du consommateur commencent donc par être abusives comme celles du fils et du père ou de la femme et du mari. Mais à force de travailler gratis pour autrui, l'esclave aspire à faire travailler quelqu'un gratis pour soi-même, et il finit, grâce à la restriction graduelle du pouvoir de ses maîtres qui ne s'étend plus à tous ses actes ni à tout son temps, par se faire un pécule qui le conduit à l'affranchissement, puis à l'achat d'un ou plusieurs esclaves, ses victimes à leur tour. S'il ne rêvait que la liberté, il s'empresserait d'en jouir isolément *en se servant tout seul.* Mais non, il copie les besoins de ses anciens maîtres ; il veut être servi par autrui, comme eux, pour la satisfaction de ces besoins ; et, comme cette prétention se généralise, un moment arrive où tous ces anciens esclaves affranchis, qui tous prétendent avoir des esclaves, s'asservissent alternativement ou mutuellement. De là, la division du travail et la coopération industrielle [1].

(1) Plus les services de toutes sortes se mutualisent au cours du progrès industriel et commercial, et plus les besoins ainsi satisfaits prennent un caractère arbitraire et capricieux. De plus en plus, le consommateur, qui, d'ailleurs, est producteur en même temps, entend être servi quand bon lui semble et comme bon lui semble, et trouver tout au gré de ses désirs du moment, si fugaces et si extravagants qu'ils soient. Cela s'appelle, en langage noble, l'émancipation de l'individu. — Or, cela s'explique sans peine en vertu des lois de l'imitation. Au début, le caprice est le monopole du maître, *pater familias* ou roi, qui se fait servir par

Bien entendu, soit dit une fois pour toutes, le désir d'imitation n'aurait point réussi à opérer les transformations précédentes ni les suivantes, si certaines inventions ou découvertes ne les avaient rendues possibles. L'invention du moulin à eau, par exemple, en allégeant considérablement le travail des esclaves, a préparé leur émancipation future ; et, en général, sans un nombre suffisant de machines successivement inventées, il y aurait peut-être encore des esclaves parmi nous. Les découvertes scientifiques, astronomiques notamment, ont seules permis à la raison individuelle de lutter avec avantage contre l'autorité des dogmes. Les découvertes ou inventions juridiques, les formules de droits nouveaux édictées par des publicistes ou des littérateurs, ont seules permis à la souveraineté nationale de remplacer, en la multipliant, la souveraineté royale. — Mais il n'en est pas moins vrai que le besoin d'imiter le supérieur, d'être cru, d'être obéi, d'être servi comme lui, était une force immense, quoique virtuelle, qui poussait aux transformations dont je parle ; et elle n'attendait que le *nécessaire accident* de ces inventions ou de ces découvertes pour se déployer.

Continuons. La chasse humaine, avons-nous dit, est le premier rapport international. Une tribu, une peuplade, grâce à la découverte d'une arme nouvelle ou d'un perfectionnement nouveau dont elle a le secret, extermine ou subjugue toutes ses voisines. Telles ont été, sans doute, les rapides

---

ses enfants, ses esclaves ou ses sujets, sans réciprocité ; et aussi bien du dieu que ses adorateurs servent prosternés sans avoir le droit d'exiger de lui rien d'équivalent aux sacrifices faits à ses pieds. Si donc la réciprocité des services ne s'est produite à la longue que par l'imitation prolongée et répandue du service unilatéral dont bénéficiaient les pères de famille, les rois et leurs copies les nobles, les dieux et les demi-dieux, il est naturel que les consommateurs quelconques, en cherchant à singer les chefs d'autrefois, du moins en tant que consommateurs, aient affecté de donner à leurs besoins un air de caprice en quelque sorte royal et divin. — C'est ainsi que le sans-gêne et le laisser-aller démocratiques, toujours croissants, découlent en droite ligne de l'absolutisme monarchique et théocratique.

conquêtes des anciens Aryens, en possession des métaux, à travers des peuples armés de silex, poli ou éclaté ; telles ont été les « colonisations » des Européens en Amérique, parmi de malheureux Indiens sans chevaux ni fusils qui leur servaient de gibier. Or, à cette guerre unilatérale en quelque sorte, comment s'est substituée la guerre vraie, la chasse réciproque, à l'usage des nations civilisées quand elles se battent entre elles ? Par la diffusion imitative, chez tous ces peuples, des armements et des tactiques qui ont fait triompher l'un d'eux. Mais ils rêvent d'imiter autre chose encore de ce vainqueur, ils aspirent à exercer un monopole militaire comme lui, à découvrir quelque arme foudroyante qui les rende invincibles et ramène la guerre à n'être qu'une chasse. Par bonheur, ce rêve n'est jamais atteint que dans une faible mesure, quoique les Prussiens à Sadowa, avec leur fusil à aiguille, aient vraiment traité les Autrichiens comme un piqueur un lièvre. — Comme étape intermédiaire entre les deux termes de cette évolution, je remarque certaines époques de barbarie où un peuple battu à plates coutures et devenu tributaire se console de sa défaite, en écrasant sans motif un de ses voisins plus faible que lui, et lui fait payer tribut à son tour. En Gaule, au temps de César, il y avait des peuples *clients* d'autres peuples, régime international qui pourrait être défini le système féodal appliqué au rapport des États.

J'ai gardé pour la fin un exemple, qui, quoique le moins important de tous, est le plus propre à illustrer la vérité de notre idée. Dans une société démocratique, qui a toujours été précédée par un régime aristocratique, monarchique ou théocratique, on voit les gens dans la rue se saluer les uns les autres, s'aborder pour se faire des politesses qu'ils se rendent toujours et se serrer réciproquement la main. D'où viennent tous ces usages ? Je laisse à Spencer le soin de démontrer magistralement la source royale ou religieuse de tout cela, et comment la prostration de tout le corps devant le chef

s'est lentement transformée en une légère inclinaison du
buste ou un coup de chapeau. Ajoutons que si le coup de
chapeau est le reste bien affaibli du prosternement primitif,
il en est la forme mutualisée. J'en dirai autant de l'hommage
et de la flatterie de cour, dont · l'encens grossier, brûlé sur
l'autel des grands, nous suffoque à la distance d'un siècle ou
deux, quand il nous en arrive une bouffée dans la dédicace
d'un vieux livre. Les compliments que se font aujourd'hui
les gens bien élevés sont bien loin de ces hyperboles, mais
ils ont l'avantage d'être réciproques, comme le sont aussi
devenues les visites qui, jadis, ayant le caractère d'un hommage, étaient unilatérales. La politesse n'est guère que la
réciprocité dans la flatterie. Et nous savons d'ailleurs, à n'en
pouvoir douter, que « tout petit prince voulant avoir des
ambassadeurs, tout marquis voulant avoir des pages », tout
courtisan voulant avoir sa cour, le besoin généralisé d'être
flatté, visité, salué comme un grand, a été le mobile secret
qui a rendu peu à peu, en France et ailleurs, tout le monde
poli ; d'abord la cour, puis la ville, puis les châteaux, puis
toutes les classes jusqu'aux dernières. L'état intermédiaire,
analogue aux phases transitoires précédemment citées, a été
l'urbanité propré de l'ancien régime à partir de Louis XIV.
Chacun des innombrables étages entre lesquels se fraction-
nait la société d'alors se faisait rendre par l'étage inférieur
les politesses gratuites, les visites et les saluts que l'étage
supérieur ne lui rendait pas [1]. C'était une cascade d'imperti-

(1) Ou bien, si le supérieur rendait le salut, la visite, le compliment,
c'était *toujours* l'inférieur qui commençait à saluer, à aller voir, à com-
plimenter. Il y avait alors un salut obligatoire de classe à classe, comme
de grade à grade ; on ne connaît plus guère aujourd'hui que le salut
d'homme à homme, et l'on fait en sorte que ce ne soit pas toujours le
même qui salue le premier. — Dans La Bruyère aussi nous voyons se
peindre la phase transitoire entre l'unilatéral et le réciproque en fait de
politesses. Son *Ménippe*, quand on le salue, est « *dans l'embarras de
savoir s'il doit rendre le salut ou non*, et, pendant qu'il délibère, vous
êtes déjà hors de sa portée ». Voilà un trait qui a bien vieilli : voit-on
maintenant une personne quelconque, si haut placée qu'elle soit, hésiter
à rendre un coup de chapeau au dernier de ses concitoyens ?

nences, comme l'observe La Bruyère quelque part. Mais, à mesure qu'on avance vers la fin de ce monde disparu, les égards se font mutuels et l'on sent bien que « l'égalité » approche. Effectivement, de tous les moyens de nivellement inventés au cours de la civilisation, il n'en est peut-être pas de plus puissant ni de plus inaperçu que la politesse des manières et des mœurs. Ce que Cicéron a dit de l'amitié *amicitia pares aut facit aut invenit*, s'applique parfaitement à l'urbanité, et spécialement à la vie de salon. Le salon n'admet que des égaux ou égalise ceux qu'il admet. Par ce second caractère, il tend constamment à diminuer, même en dehors de lui, les inégalités sociales qui, en lui, s'effacent momentanément. Quand des fonctionnaires de rang hiérarchique très inégal se sont souvent fréquentés dans le monde, leurs relations s'en ressentent dans l'intervalle même de leurs rencontres mondaines ; ils se sont nivelés. Mieux que les chemins de fer, les manières polies suppriment les distances, non seulement celles des fonctionnaires, des magistrats et des officiers, mais celles des classes qui, à la longue, se rapprochent à force de coups de chapeaux et de poignées de main. Chaque jour, dans notre société en voie de transformation, des milliers de gens se sentent tout flattés de s'entendre appeler *monsieur* et *madame*. En cela, comme à tant d'autres égards, comme par son concours prêté au règne de la mode, comme par son engouement pour les idées philosophiques du xviii<sup>e</sup> siècle, la noblesse d'ancien régime a contribué à saper ses propres fondements et « s'est ensevelie dans son triomphe ».

## II

Les considérations précédentes sur le passage de l'unilatéral au réciproque nous conduisent assez naturellement à traiter une question d'un intérêt majeur, qui eût mérité d'être abordée par les sociologues, je veux dire la question de savoir ce qu'il y a de *réversible* et d'*irréversible* en histoire [1]. Tout le monde sent qu'à certains égards une société peut traverser en un sens précisément inverse certaines phases déjà parcourues par elle, mais qu'à d'autres égards cette régression lui est interdite. Nous avons vu plus haut qu'après avoir passé de la coutume à la mode prépondérante les peuples peuvent repasser de la mode à la coutume, élargie il est vrai, jamais rétrécie; mais peuvent-ils, après avoir substitué aux relations unilatérales des relations réciproques, rétrograder de celles-ci à celles-là? Non, et nous en avons dit implicitement la raison. « Les monopoles, dit très bien Cournot, les grandes compagnies marchandes et guerrières, la traite, l'esclavage des noirs, et toutes les institutions coloniales qui s'y rattachent, sont des choses dont le monde ne veut plus, qui ont disparu ou vont disparaître, sans qu'on puisse croire qu'elles renaîtront jamais, pas plus que l'esclavage ou le forum antiques, ou la féodalité du moyen âge. » C'est vrai; mais sur quoi se fonde cette conviction? Il faut le dire; et Cournot ne le dit pas. Nous savons maintenant que ce passage, nécessaire et irréversible, du monopole à la liberté du commerce, de l'esclavage à la mutualité des services, etc., est un corollaire des lois de l'imitation. Or, ces lois peuvent cesser, partiellement ou totalement, d'agir; et, dans ce cas, une société meurt d'une mort partielle ou totale; mais elles ne peuvent pas se *renverser*.

— Est-il concevable aussi qu'un grand empire, tel que l'Empire romain de Marc-Aurèle, retourne en arrière, redevienne une république italienne hellénisée par quelque

---

(1) J'entends les mots *réversible* et *irréversible* non dans le sens que leur donnent la langue juridique et le dictionnaire, mais dans l'acception qui leur est prêtée par les physiciens, notamment en thermo-dynamique, où l'on appelle *réversible* une machine dont le jeu peut s'opérer indifféremment en deux sens inverses.

Scipion, puis une république inculte et fanatique dirigée par un Caton l'Ancien, puis une petite bourgade barbare organisée par un Numa? Ou conçoit-on même qu'après avoir passé de la criminalité violente à la criminalité astucieuse et voluptueuse, comme il arrive toujours, et échangé ses crimes contre des vices, une société cesse d'être vicieuse pour redevenir austèrement sanguinaire? On concevrait aussi bien un organisme adulte rétrogradant de la maturité à la jeunesse, de la jeunesse à l'enfance, et finissant par rentrer dans l'ovule d'où il est sorti; ou un astre calciné, tel que la lune, se remettant à parcourir au rebours la série épuisée de ses anciennes périodes géologiques, de ses faunes et de ses flores disparues.' La dissolution, quoique Spencer ait semblé le croire, n'est jamais le pendant symétrique de l'évolution. Est-ce que cela signifie que le monde a vraiment un sens et un but; ou bien que, toujours mécontente de ses destinées, et préférant l'inconnu, le néant même, à son passé, toute réalité se refuse, avant tout, à revivre sa même vie, à rebrousser chemin?

Je me hâte d'ajouter que, par un côté important, la réversibilité ou l'irréversibilité historique n'est point explicable par les seules lois de l'imitation. Les inventions et les découvertes qui apparaissent successivement et dont l'imitation se saisit pour les divulguer, ne se suivent pas au hasard; un lien rationnel, sur lequel nous n'avons pas à insister ici, mais qui a été clairement indiqué par Auguste Comte, dans ses aperçus sur le développement des sciences, et nettement tracé par Cournot dans son magistral traité sur *L'enchaînement des idées fondamentales*, les rattache les unes aux autres; et, dans une large mesure, on ne saurait admettre que leur ordre, par exemple l'ordre des découvertes mathématiques depuis Pythagore jusqu'à nous, eût pu être interverti. Ici l'irréversibilité se fonde sur les lois de la logique inventive, et non sur celles de l'imitation.

— Arrêtons-nous un instant pour justifier, en passant, la

distinction que je viens d'établir. L'ordre des inventions
successives et l'ordre des imitations successives font deux,
bien que imitation signifie invention imitée. Les lois, en
effet, qui régissent la première de ces deux séries, ne sauraient se confondre avec les lois, même logiques, qui régissent la seconde. Il n'est pas nécessaire que les inventions
imitées parcourent *tous* les termes de la série irréversible
que les inventions, imitées ou non imitées, doivent nécessairement parcourir un à un. A la rigueur, on peut concevoir
que toute la suite des inventions logiquement antérieures à
la dernière, constituant le perfectionnement final, se déroule
dans un seul et même cerveau de génie ; et, en fait, il est
rare qu'un inventeur n'enjambe pas plusieurs degrés obscurs
de cette échelle avant d'atteindre l'échelon lumineux. Les
lois de l'invention appartiennent essentiellement à la logique
individuelle ; les lois de l'imitation en partie à la logique
sociale. — D'ailleurs, de même que l'imitation ne relève pas
exclusivement de la logique sociale, mais dépend aussi d'influences extra-logiques, n'est-il pas visible que l'invention
elle-même se produit, cérébralement, en vertu de conditions
qui ne sont pas seulement l'apparition cérébrale des prémisses dont elle est la conclusion logique, mais encore certaines autres associations d'idées qualifiées inspiration,
intuition, génie ?

N'oublions pas, cependant, que toute invention, toute
découverte, consiste en une rencontre mentale de connaissances déjà anciennes et le plus souvent transmises par
autrui. En quoi a consisté la thèse de Darwin sur la sélection
naturelle ? A avoir proclamé la *concurrence vitale ?* Non,
mais (V. *Rev. scientif.*, 1ᵉʳ déc. 1888, article de Giard) à avoir,
pour la première fois, combiné cette idée avec celles de *varia-
bilité* et d'*hérédité*. La première, proclamée déjà par Aristote, était demeurée stérile tant qu'elle ne s'était pas associée avec les deux autres. — Partant de là, on peut dire que
le terme générique, dont l'invention n'est qu'une espèce,

c'est l'interférence féconde des répétitions. S'il en est ainsi, il me sera peut-être permis d'émettre, sans y insister, une hypothèse qui me vient à ce sujet. Quelque nombreuses que soient les diverses variétés de choses qui se répètent, si l'on suppose que les foyers de ces rayonnements répétiteurs, autrement dit les inventions ou leurs analogues biologiques et physiques, soient régulièrement dispersés, leurs rencontres pourront être prévues; et ces rencontres elles-mêmes, nouveaux foyers, présenteront autant de régularité dans leur disposition que les foyers primitifs. Tout serait donc régulier dans un univers pareil, si compliqué qu'il pût être ; rien n'y serait, rien n'y paraîtrait accidentel. Si, au contraire, on admet que les foyers primitifs sont irrégulièrement dispersés, les foyers secondaires affecteront aussi une dispersion sans ordre, et leur irrégularité sera d'autant plus grande que celle des foyers primitifs l'aura été. Ainsi, il n'y aura jamais dans le monde qu'*une même quantité d'irrégularité*, pour ainsi dire, seulement apparue sous les formes les plus changeantes. Ajoutons que ces formes successives, malgré tout, doivent avoir une certaine similitude malaisée à définir. L'irrégularité originelle se reflète dans les irrégularités dérivées, ses images agrandies. D'où je conclus que, si l'idée de Répétition domine tout l'univers, elle ne le constitue pas. Car le fond, c'est, je crois, une certaine somme de diversité innée, éternelle, indestructible, sans laquelle le monde serait d'une platitude égale à son immensité. Stuart Mill avait été conduit, par ses réflexions, à quelque postulat du même genre.

Quoi qu'il en soit de la conjecture que je viens de hasarder, il me paraît certain qu'il faudrait combiner les deux sortes de lois distinguées ci-dessus, pour expliquer entièrement le caractère irréversible des transformations sociales, même des plus simples. Par exemple, envisageons les changements du costume en France depuis trois siècles, et supposons qu'ils se soient accomplis en sens contraire. *A priori,* l'hypothèse paraît acceptable, ou du moins ne pas plus impliquer contradiction que l'idée de jouer une mélodie à l'envers, en commençant par la dernière note et finissant par la première. Chose étrange, entre parenthèses, on produit de la sorte une mélodie toute nouvelle qui, sans avoir rien de commun avec l'autre, est parfois satisfaisante pour l'oreille. Mais qu'on se représente les courtisans de Louis XIV habillés en veston ou en habit noir, en pantalon et chapeau de soie, suivant nos modes d'à présent, puis, graduellement, le pantalon remplacé par la culotte courte, les cheveux courts par la perruque, le veston par l'habit brodé, doré, multicolore, avec l'épée au côté, et nos contemporains démocrates vêtus comme les familiers du Roi-Soleil; ce serait grotesque, et il y aurait là une telle dissonance entre les dehors de l'homme et ses idées, entre la succession des toilettes et celle des événements, des opinions et des mœurs, qu'il est inutile d'insister sur l'impossibilité de la chose. Cela est impossible parce que les événements, les opinions et les mœurs, dont les toilettes doivent être la traduction jusqu'à un certain point, se sont enchaînés depuis Louis XIV avec une certaine logique dont les lois s'opposent, aussi bien que les lois de l'imitation, à ce que leur *mélodie*, pour ainsi dire, fût retournée. Cela est si vrai, que le contresens impliqué dans l'hypothèse en question serait infiniment moins absurde, s'il s'agissait des toilettes féminines. On peut, à la rigueur, sans rien changer d'ailleurs à l'histoire moderne, imaginer que les dames de la Cour, au XVIIᵉ siècle, ont porté les robes et même les chapeaux de nos élégantes du XIXᵉ, que plus tard sont venues la crinoline, puis les hauts corsages grecs de Mᵐᵉ Récamier et de Mᵐᵉ Tallien, et que ces métamorphoses ont conduit nos contemporaines à s'habiller comme Mᵐᵉ de Maintenon ou à se coiffer comme Mˡˡᵉ de Fontange. Ce serait un peu étrange, mais non insensé. Pourquoi, cependant, le courant des modes féminines peut-il être supposé remonté, sans qu'il soit nécessaire de supposer remonté lui-même le courant des mœurs et des idées, tandis que celui des modes masculines ne saurait l'être? Cela s'explique sans nul doute par la participation infiniment moindre des femmes aux travaux de la politique et de la pensée, par leur préoccupation dominante, en tous temps et en tous lieux, de plaire physiquement, et, malgré leur amour du changement, par l'immutabilité fondamentale de leur nature, rebelle à l'usure de la civilisation.

Mais, remarquons-le, pour les femmes comme pour les hommes, il n'est pas possible de concevoir que la succession des inventions relatives au tissage et auxquelles nous devons des étoffes de plus en plus variées et compliquées, se soit déroulée, en sens contraire, de la complication extrême à la primitive simplicité. Les lois de la logique le défendent. Elles défendent de même de concevoir que la série des armes, depuis le moyen âge, ait pu être retournée, et qu'on ait pu passer des fusils à aiguille aux fusils à pierre, aux arquebuses, aux arbalètes et aux arcs, ou des canons Krupp aux couleuvrines et aux balistes. — En outre, les lois de l'imitation montrent l'impossibilité d'admettre que, soit féminines, soit masculines, les toilettes, après avoir été sous Louis XIV, par hypothèse, à peu près pareilles comme coupes et comme tissus pour toutes les classes de la nation et pour toutes les provinces de la France, ainsi qu'elles le sont de nos jours, aient pu se différencier par degrés et devenir dans notre siècle distinctes d'une classe à l'autre, d'un clocher à l'autre, comme elles l'étaient autrefois. Cela est inadmissible [1], même en admettant en même temps que, après avoir existé sous Louis XIV, tous nos télégraphes et tous nos chemins de fer ont été détruits, emportant avec eux les besoins intenses de relations et d'assimilations qu'ils ont fait naître. Car cette mort violente de notre civilisation

(1) Que devient ici la fameuse loi de différenciation progressive, consi dérée comme une nécessité de l'évolution universelle ?

frapperait d'inaction toutes ses fonctions imitatives, mais ne les ferait point rétroagir. — Nous lisons dans une chronique (v. Babeau, *La ville sous l'ancien régime*) que Louis XIII, en entrant à Marseille, admira fort les soldats de la milice et fut surtout satisfait de voir « qu'il y en avait d'habillés en sauvages, en *Amériquains*, en Indiens, en Turcs et en Maures ». C'est seulement, en effet, sous Louis XV, que l'uniforme se généralisa. Se figure-t-on l'effet que produirait de nos jours le retour à cette ancienne bigarrure des vête-ments militaires, s'il pouvait avoir lieu? On ne supporterait cette diversité de costumes, c'est-à-dire elle ne semblerait *naturelle*, normale, que si la mode s'en était répandue ; et, dans ce cas, cette multiformité même ne serait qu'une sorte d'uniforme, une similitude consistant à copier la variété d'autrui.

— Attachons-nous à cette espèce d'irréversibilité histo-rique dont les lois de l'imitation suffisent à rendre compte, comme les lois de la génération et de l'ondulation suffisent à expliquer certaines espèces, mais non toutes les espèces, d'irréversibilité naturelle. Un grand idiome national, né d'un petit dialecte local, ne saurait revenir à sa source ; non pas qu'il ne puisse, par quelque catastrophe politique, se mor-celer en fragments qui deviendront des dialectes ; mais, dans ce cas, la divergence dialectale sera due à l'emprisonnement forcé, dans chaque province, d'innovations linguistiques nées sur place et qui, auparavant, auraient rayonné jusqu'au fond du territoire. D'ailleurs, chacun des dialectes ainsi créés ne ressemblera en rien au dialecte primitif et tendra, non à reproduire celui-ci, mais à se répandre sur ses voisins et à rétablir à son profit l'unité de la langue sur une vaste étendue. Ce que je dis de la langue s'applique aussi bien à la religion. — Mais jetons un coup d'œil sur l'ensemble de la vie sociale.

On a souvent remarqué que la civilisation a pour effet d'élever le niveau moyen des masses au point de vue intellectuel et moral, esthétique et économique, plutôt que de surélever sous ces divers rapports les cimes supérieures de la société. Mais cette vague formule, sans contours définis, a pu être niée, non sans raison, parce qu'on a omis d'indiquer la cause du fait qu'on avait en vue. Cette cause, nous la connaissons. Puisque toute invention, une fois lancée, non repoussée par la masse des inventions déjà installées dans un milieu social, doit y rayonner et s'y établir à son tour, gagnant successivement toutes les classes jusqu'aux dernières, il s'ensuit que le résultat final où tend la continuation indéfinie de toutes ces irradiations dont les foyers apparaissent de loin en loin sur les hauteurs, doit être une illumination générale uniformément répartie. C'est ainsi qu'en vertu de la loi du rayonnement ondulatoire, les sources de chaleur apparues l'une après l'autre tendent à produire, suivant une conséquence fameuse déduite par les physiciens, un grand équilibre universel de température, supérieure à la température actuelle des espaces interstellaires, mais inférieure à celle des soleils. C'est ainsi, pareillement, que la dissémination des espèces, suivant la loi de leur progression géométrique, ou, en d'autres termes, de leur rayonnement prolifique, tend à remplir la terre entière, encore très inégalement peuplée, d'une couche uniforme de vivants, plus dense uniformément que ne l'est en moyenne sa population actuelle. — Les termes de nos comparaisons, on le voit, se correspondent exactement : la surface terrestre est le domaine ouvert au rayonnement de la vie, comme l'espace est le domaine ouvert au rayonnement de la chaleur et de la lumière, comme l'espèce humaine, en tant qu'espèce vivante, est le domaine ouvert au rayonnement du génie inventif. — Or, cela dit, on comprend que la tendance à une assimilation cosmopolite et démocratique soit une pente inévitable de l'histoire, par la même raison que le peuplement uniforme et complet du globe et la calorification uniforme et complète de l'espace sont dans les vœux de l'Univers vivant et de l'Univers physique. Cela est nécessaire, car des deux forces capitales, l'invention et l'imitation, qui nous servent à interpréter toute l'histoire, la première, source de privilèges, de monopoles, d'inégalités aristocratiques, est intermittente, rare en somme, éruptive à certaines époques éloignées, tandis que la seconde, si démocratique et si niveleuse, est continue et incessante, comme l'action sédimentaire de l'Euphrate ou du Nil. Mais, on le comprend aussi, il se peut fort bien, aux époques où les créations du génie se pressent et se stimulent, dans les âges bouillonnants et inventifs comme le nôtre, que le progrès de la civilisation s'accompagne d'un accroissement momentané d'inégalité en tout genre, ou, si la fièvre imaginative s'est spécialisée, en un certain genre. De nos jours, où l'esprit créateur s'est surtout porté vers les sciences, l'écart entre l'élite de nos grands savants et la lie de nos illettrés les plus grossiers est bien plus grand, au point de vue de la somme et du poids des connaissances, qu'au moyen âge ou dans l'antiquité. Toute la question est de savoir, dans les périodes novatrices dont je parle, si l'éruption précipitée des inventions a marché plus vite que la coulée de leur lave, c'est-à-dire de leur exemple, au pied de leurs auteurs. Or, c'est là une question de fait, que la statistique seule peut résoudre.

Persuadé que le passage du régime aristocratique au régime égalitaire est irréversible, Tocqueville repousse l'idée que, dans un milieu égalisé, une aristocratie quelconque puisse se former. Mais il faut s'entendre [1]. Si par suite de la cause qui nous est connue, les sociétés courent à une assi-

---

(1) Remarquons que, par une série régulière et ininterrompue de transformations, l'organisation ecclésiastique de l'Europe chrétienne a passé de la démocratie évangélique, égalitaire, à l'aristocratie des premiers évêques, puis à la monarchie tempérée de l'évêque de Rome, contenu par des Conciles, enfin à l'absolutisme du pape infaillible ; ce qui est précisément l'inverse de l'évolution accomplie par la société civile. Mais, en revanche, ici comme là, on a évolué de la multiformité à l'uniformité, du morcellement à la centralisation.

milation croissante et à une accumulation incessante de
similitudes, il n'en résulte pas qu'elles marchent aussi vers
une égalisation de plus en plus grande. Car l'assimilation
imitative n'est que l'étoffe dont les sociétés se font ; cette
étoffe est découpée et mise en œuvre par la logique sociale
qui tend à l'unification la plus solide par la spécialisation
des aptitudes et leur mutuel secours, par la spécialisation
des intelligences et leur mutuelle confirmation. Il est donc
fort possible et même probable qu'une hiérarchie très forte
soit le terme fatal d'une civilisation quelconque[1], quoique
toute civilisation consommée, parvenue à sa floraison ter-
minale, se reconnaisse à la diffusion des mêmes besoins
et des mêmes idées, sinon des mêmes pouvoirs et des
mêmes richesses, dans toute la masse des citoyens. Seulement, ce qu'on peut concéder à Tocqueville, c'est que jamais,
après avoir été détruite dans un pays, une aristocratie
fondée sur le prestige héréditaire du sang n'y renaîtra.
Nous savons, en effet, que la forme sociale de la Répétition,
l'imitation, tend à s'affranchir de plus en plus de la forme
vivante, l'hérédité.

On est en droit d'affirmer aussi que les agglomérations
nationales iront s'agrandissant de plus en plus, et, par suite,
se raréfiant, et que jamais, sans catastrophe, le contraire ne
se verra. C'est un effet (indiqué par M. Gide dans son opus-
cule sur les colonies[2]) de l'assimilation universelle, surtout
en faits d'armements. En effet, « le jour où nous serons
tous coulés dans le même moule, le jour où tout homme
vaudra un autre homme, il est clair que la puissance de

(1) Empire byzantin, terme de la civilisation gréco-romaine ; empire
chinois, terme de la civilisation chinoise ; empire mogol, terme de la
civilisation hindoue ; pharaonisme, terme de la civilisation égyptienne, etc.

(2) M. Gide se réfère expressément aux « lois de l'imitation », car il a
été des premiers à accepter ce point de vue, et dans ses *Principes d'économie politique*, il fait assez bon accueil à notre théorie de la valeur,
application de ce point de vue général, telle qu'elle a été il y a longtemps
exposée dans plusieurs articles de la *Revue philosophique*.

chaque peuple sera mathématiquement proportionnelle au chiffre de sa population, » et que, par suite, la lutte d'un petit État contre un grand deviendra impossible ou désastreuse pour le premier. Nouvel argument à joindre aux raisons si nombreuses que nous avons de prévoir dans l'avenir quelque Empire colossal. A toute époque, jusqu'à la nôtre, on a vu les États les plus grands s'étendre *aussi loin* ou *plus loin* que les moyens de communication alors en usage le leur permettaient pratiquement. Mais, de nos jours, il est manifeste que les grandes inventions de notre siècle rendraient possibles et durables des agglomérations bien supérieures en étendue à toutes celles qui existent. C'est donc là une anomalie historique sans exemple dans le passé, et nous devons croire qu'elle est destinée à disparaître. Le monde est plus mûr maintenant pour la concentration de toute l'Europe, du nord de l'Afrique et de la moitié de l'Asie en un seul État, qu'il ne l'a jamais été pour la conquête romaine, pour la conquête arabe ou l'empire de Charles-Quint. — Est-ce à dire que nous devions nous attendre à voir un Empire unique, étendu au globe entier ? Non. De la loi développée plus haut sur l'alternance de la mode et de la coutume, sur le retour final, inévitable, au protectionnisme coutumier après un temps plus ou moins long de libre-échange des exemples, il résulte que l'agrandissement naturel, je ne dis pas factice, d'un État quelconque, ne saurait jamais dépasser certaines limites. Par suite, il n'y a pas lieu de concevoir l'espérance qu'un seul État règne durablement sur toute la terre et que la possibilité de la guerre y soit supprimée. Bien mieux, à mesure que l'unification ou du moins la fédération des nations civilisées devient plus désirable et plus ardemment souhaitée, les obstacles qui s'opposent à sa réalisation, orgueil et ressentiments patriotiques, préjugés nationaux, intérêts collectifs mal compris ou étroitement conçus, souvenirs historiques accumulés, ne cessent de grandir. On dirait que cette aspiration grandissante, arrêtée par cette croissante difficulté, est le supplice infernal auquel la civilisation condamne l'homme. Toujours plus brillant, mais toujours plus reculé, luit à nos yeux, ce semble, le mirage de la paix perpétuelle et universelle.

— Dans un sens relatif et limité, cependant, il est à croire que cet idéal se réalisera temporairement, grâce aux conquêtes futures d'un peuple, — nous ne savons lequel, — destiné à ce glorieux rôle. Mais alors, quand cet Empire se sera assis et aura déroulé sur une grande partie du monde une sécurité comparable à la majesté de la *paix romaine* décuplée en étendue et en profondeur[1], il se pourra qu'un phéno-

(1) Le tort de certains historiens est d'éprouver ou d'affecter un mépris injustifiable pour toutes les grandes similitudes sociales, d'ordre linguistique, religieux, politique, artistique, etc., qui se sont *visiblement* opérées par imitation d'un modèle prestigieux, qu'il s'agisse du prestige d'un conquérant ou simplement d'un étranger. Ils ont l'habitude de traiter dédaigneusement les grandes agglomérations de peuples, les grandes unités sociales, rendues possibles de la sorte, par exemple l'unité de l'empire romain, et de les déclarer *factices*. Ce qui ne les empêche pas d'admirer beaucoup, beaucoup trop même, d'autres similitudes, d'autres unités, qu'ils jugent naturelles et spontanées celles-là, parce qu'ils ne voient pas qu'elles aussi ont l'imitation pour cause, l'imitation inconsciente et irréfléchie dans certains cas au lieu de l'imitation consciente et voulue, mais l'imitation toujours. Le culte superstitieux de l'inconscient et l'ignorance du rôle capital joué par l'imitation, sous ses formes multiples, visibles ou déguisées, dans les affaires humaines, provoquent chez les meilleurs esprits ces contradictions fréquentes.

En voici un exemple, que j'emprunte à la très savante *Histoire des institutions politiques* de M. Viollet (p. 256). Cet historien, d'ailleurs si distingué, est du très grand nombre de ceux qui opposent la *vieillesse* de l'empire romain à la *jeunesse* féconde et verveuse de la barbarie germaine. Il juge artificielle la grande unité impériale, et, par contraste, il est porté à juger naturelle, *née de soi*, toute petite unité produite par le morcellement de l'empire. Pour lui, cet affreux chaos, du VIe au Xe siècle, interrompu seulement par l'époque de Charlemagne, glorieux et conscient imitateur des Césars, est une crise génétique ; ces ténèbres sont « une aurore ». Tout lui paraît admirable alors, le morcellement d'abord, rétrogradation évidente pourtant à je ne sais combien de siècles en arrière, et aussi, ce qui me paraît contradictoire, la tendance manifeste, mais impuissante, à refaire l'unité rompue, sous forme de nationalités de nouveau grandissantes. « L'Occident, dit-il, *heureusement* et définitivement *fractionné*, n'ayant plus d'autre lien incontesté *qu'une communauté de croyances religieuses et philosophiques*, d'autres institutions similaires que des institutions nées, *pour ainsi dire spontanément, de besoins sem-*

mène social tout nouveau, ni conforme, ni contraire aux
principes exposés plus haut, apparaisse à nos petits-neveux.
On peut se demander, en effet, si la similitude universelle,
sous toutes ses formes actuelles ou futures, relativement au
costume, à l'alphabet, à la langue peut-être, aux connaissances, au droit, etc., est le fruit dernier de la civilisation,
ou si elle n'a pas plutôt pour unique raison d'être et pour
conséquence finale l'éclosion de divergences individuelles
plus vraies, plus intimes, plus radicales et plus délicates à la
fois que les dissemblances détruites. Certes, après une
inondation cosmopolite qui aura laissé une alluvion épaisse
de mœurs et d'idées sur toute l'humanité, jamais les nationalités démantelées ne se refermeront, jamais les hommes

_blables_, allait bientôt donner le spectacle admirable d'une diversité mille
fois plus riche, plus féconde et plus harmonique que la plus savante
unité. » Or, n'oublions pas que, sans la longue durée de l'Empire, sans
cette séculaire propagation de courants d'imitation en fait de langage,
d'idées, de mœurs, d'institutions, la _similitude des besoins_ n'eût pas
existé entre tant de peuples primitivement hétérogènes. Et, _quant à la
communauté des croyances religieuses, aussi bien que philosophiques_, il
est clair qu'elle est due à ces conversions multiples, à ces contagions
imitatives des âmes et des consciences, que l'unité romaine a seule rendues
possibles. — Ainsi ce que l'écrivain cité admire tant comme contraire à la
factice unité impériale, est impérial d'origine. Supprimez cela et il ne
reste plus qu'un fractionnement illimité qui nous ramène à l'état sauvage.

Si l'on se pénétrait bien de cette vérité d'observation, que l'homme en
société, à moins qu'il n'invente, ce qui est rare, ou à moins qu'il n'obéisse
à des impulsions d'origine purement organique, ce qui devient de plus en
plus rare aussi, _imite toujours en agissant ou en pensant_, soit qu'il en
ait, soit qu'il n'en ait pas conscience, soit qu'il cède à un entraînemen
_dit imitatif_, soit qu'il fasse un choix raisonné et réfléchi entre les modèles
qui s'offrent à son imitation; si l'on savait cela, et si l'on partait de là,
on se garderait bien d'admirer dans les faits sociaux, avec une supersti-
tion d'enfant, les grands courants d'imitation inconsciente et irréfléchie,
et on reconnaîtrait au contraire la supériorité des actes d'imitation
volontaire et raisonnée.

On verrait aussi ce qu'il y a d'invincible et d'irrésistible, en vertu des
lois de l'imitation, dans l'immense poussée universelle vers l'uniformité.
Je ne conteste pas le côté pittoresque de cette « riche diversité » que la
période chaotique des Mérovingiens et des Carolingiens allait produire
à la belle époque féodale. Mais, depuis les temps modernes, ne voit-on
pas l'uniformité se refaire, s'élargir même, et, en somme, le monde civilisé à présent n'est-il pas en train de se couler dans le même moule ? Au

ne retourneront au culte chinois des ancêtres, au mépris
des us étrangers, et ne préféreront à l'accélération de leur
grand changement d'ensemble, auquel tous participent, l'ac-
centuation de leur originalité *extérieure* fixe et consolidée.
Mais il se peut parfaitement que la civilisation s'arrête un
jour pour se recueillir et enfanter, que le flux de l'imitation
ait ses rivages, et que, par[1] l'effet même de son déploiement
excessif, le besoin de sociabilité diminue, ou plutôt s'altère et
se transforme en une sorte de misanthropie générale, très
compatible d'ailleurs avec une circulation commerciale mo-
dérée et une certaine activité d'échanges industriels réduits
au strict nécessaire, mais surtout très propre à renforcer en
chacun de nous les traits distinctifs de notre individualité

fond de quel désert africain, de quelle bourgade chinoise faut-il aller
maintenant pour ne plus voir les mêmes chapeaux et les mêmes costumes, les mêmes cigares et les mêmes journaux ?

Ainsi, malgré le morcellement politique qui, quoique bien amoindri, a
subsisté, le *nivellement social* s'est refait. Ce n'est donc pas à l'unité
politique qu'il faut l'imputer, dans le cas de l'Empire romain, comme à
sa seule ou à sa principale cause. La conquête romaine a favorisé l'assimilation sociale européenne, elle l'a accélérée, et, en cela, elle a rendu
grand service à la cause de la civilisation ; *puisque la civilisation n'est,
précisément, que ce travail d'unification et de complication sociale, de
mutuelle imitation harmonieuse.* Mais, même sans la conquête de Rome,
l'unité sociale de l'Europe se fût faite, — seulement elle se fût faite
comme s'est faite celle de l'Asie ou celle de l'Afrique, à savoir moins bien,
beaucoup moins paisiblement, à travers des massacres épouvantables, et,
sans nul doute, le progrès des inventions et des découvertes se fût élevé
moins haut, de même qu'en Asie et en Afrique.

Ne nous joignons donc pas à ceux qui jugent que l'unité impériale a
été désastreuse même par le souvenir qu'elle a laissé, et qui a halluciné
le moyen âge. « *Cette idée funeste* de monarchie universelle a duré
plus de mille ans... » Funeste en quoi ? N'est-il pas visible que le peu
d'ordre et d'harmonie supérieure qui subsistent dans cette anarchie de fiefs
batailleurs, poussière politique du bloc impérial, lui vient du rêve même
et du souvenir de l'Empire, et que, sans le pape, empereur spirituel, sans
le César allemand même, cette poussière eût été probablement incapable
de reprendre jamais vie et organisation ?

(1) Le penchant à imiter l'étranger ou le voisin ne va pas croissant
continuellement à mesure que les relations avec lui vont se multipliant.
Sans doute, quand ces relations sont à peu près nulles, on ne saurait
tendre à l'imiter, faute de le connaître aucunement ; mais, à l'inverse,
quand on le connaît trop pour pouvoir continuer à l'admirer ou à l'en-
vier, on cesse de prendre modèle sur lui. Il y a donc un *point*, entre le

intérieure. Alors éclora la plus haute fleur de la vie sociale, la vie esthétique, qui, exception si rare encore et si incomplète parmi nous, se généralisera en se consommant ; et la vie sociale, avec son appareil compliqué de fonctions assujettissantes, de redites monotones, apparaîtra enfin ce qu'elle est, comme la vie organique dont elle est la suite et le complément : à savoir, un long passage, obscur et tortueux, de la diversité élémentaire à la physionomie personnelle, un alambic mystérieux, aux spirales sans nombre, où celle-là se sublime en celle-ci, où lentement s'extrait, d'une infinité d'éléments pliés, broyés, dépouillés de leurs caractères différentiels, ce principe essentiel si volatil, la singularité profonde et fugitive des personnes, leur manière d'être, de penser, de sentir, qui n'est qu'une fois et n'est qu'un instant.

defaut et l'excès de communication, auquel s'attache le plus haut degré du besoin d'imiter autrui. Comment déterminer ce point ? C'est malaisé. On peut dire que c'est le point optique où l'on est assez rapproché pour, avoir toute l'illusion du décor et pas assez pour apercevoir les coulisses.

Ce qui est essentiel à noter, c'est la conséquence suivante du fait précédent : il s'ensuit que, à force de se multiplier par les chemins de fer, les télégraphes et les téléphones, les communications entre les peuples et entre les classes auront pour effet de les ramener séparément au goût et au maintien pieux de leurs originalités distinctives, de leurs usages et de leurs mœurs particuliers... Est-ce que ce retour à l'esprit de nationalité, qui se remarque à présent, n'aurait pas en partie (en faible partie) cette, cause, en même temps qu'il a pour cause principale le militarisme ?

BIBLIOTHÈQUE NATIONALE IMPRIMÉS.

# TABLE DES MATIÈRES

ÉVREUX, IMPRIMERIE DE CHARLES HÉRISSEY

ACIDIFIÉ à SABLE 1993

www.ingramcontent.com/pod-product-compliance
Lightning Source LLC
Chambersburg PA
CBHW050556270326
41926CB00012B/2077

* 9 7 8 2 3 2 9 1 5 7 2 8 3 *